HISTOIRE

DU

CONSULAT

ET DE

L'EMPIRE

TOME XIII

L'auteur déclare réserver ses droits à l'égard de la traduction en Langues étrangères, notamment pour les Langues Allemande, Anglaise, Espagnole et Italienne.

Ce volume a été déposé au Ministère de l'Intérieur (Direction de la Librairie), le 8 mai 1856.

PARIS. IMPRIMÉ PAR HENRI PLON, RUE GARANCIÈRE, 8.

HISTOIRE
DU
CONSULAT
ET DE
L'EMPIRE

FAISANT SUITE
A L'HISTOIRE DE LA RÉVOLUTION FRANÇAISE

PAR M. A. THIERS

TOME TREIZIÈME

PARIS
PAULIN, LIBRAIRE-ÉDITEUR
60, RUE RICHELIEU

1856

HISTOIRE
DU CONSULAT
ET
DE L'EMPIRE.

LIVRE QUARANTE ET UNIÈME.

LE CONCILE.

Naissance du Roi de Rome le 20 mars 1811. — Remise au mois de juin de la cérémonie du baptême. — Diverses circonstances qui dans le moment attristent la France, et compriment l'essor de la joie publique. — Redoublement de défiance à l'égard de la Russie, accélération des armements, et rigueurs de la conscription. — Crise commerciale et industrielle amenée par l'excès de la fabrication et par la complication des lois de douanes. — Faillites nombreuses dans les industries de la filature et du tissage du coton, de la draperie, de la soierie, de la raffinerie, etc. — Secours donnés par Napoléon au commerce et à l'industrie. — A ces causes de malaise se joignent les troubles religieux. — Efforts du Pape et d'une partie du clergé pour rendre impossible l'administration provisoire des diocèses. — Intrigues auprès des chapitres pour les empêcher de conférer aux nouveaux prélats la qualité de vicaires capitulaires. — Brefs du Pape aux chapitres de Paris, de Florence et d'Asti. — Hasard qui fait découvrir ces brefs. — Arrestation de M. d'Astros; expulsion violente de M. Portalis du sein du Conseil d'État. — Rigueurs contre le clergé, et soumission des chapitres récalcitrants. — Napoléon, se voyant exposé aux dangers d'un schisme, projette la réunion d'un concile, dont il espère se servir pour vaincre la résistance du Pape. — Examen des questions que soulève la réunion d'un concile, et convocation de ce concile pour le mois de juin, le jour du baptême du Roi de

LIVRE XLI.

Rome. — Suite des affaires extérieures en attendant le baptême et le concile. — Napoléon retire le portefeuille des affaires étrangères à M. le duc de Cadore pour le confier à M. le duc de Bassano. — Départ de M. de Lauriston pour aller remplacer à Saint-Pétersbourg M. de Caulaincourt. — Lenteurs calculées de son voyage. — Entretiens de l'empereur Alexandre avec MM. de Caulaincourt et de Lauriston. — L'empereur Alexandre sachant que ses armements ont offusqué Napoléon, en explique avec franchise l'origine et l'étendue, et s'attache à prouver qu'ils ont suivi et non précédé ceux de la France. — Son désir sincère de la paix, mais sa résolution invariable de s'arrêter à l'égard du blocus continental aux mesures qu'il a précédemment adoptées. — Napoléon conclut des explications de l'empereur Alexandre, que la guerre est certaine, mais différée d'une année. — Il prend dès lors plus de temps pour ses armements, et leur donne des proportions plus considérables. — Il dispose toutes choses pour entreprendre la guerre au printemps de 1812. — Vues et direction de sa diplomatie auprès des différentes puissances de l'Europe. — État de la cour de Vienne depuis le mariage de Napoléon avec Marie-Louise; politique de l'empereur François et de M. de Metternich. — Probabilité d'une alliance avec l'Autriche, ses conditions, son degré de sincérité. — État de la cour de Prusse. — Le roi Frédéric-Guillaume, M. de Hardenberg, leurs inquiétudes et leur politique. — Danemark et Suède. — Zèle du Danemark à seconder le blocus continental. — Mauvaise foi de la Suède. — Cette puissance profite de la paix accordée par la France pour se constituer l'intermédiaire du commerce interlope. — Établissement de Gothenbourg destiné à remplacer celui d'Héligoland. — Difficultés relatives à la succession au trône. — La mort du prince royal adopté par le nouveau roi Charles XIII laisse la succession vacante. — Plusieurs partis en Suède, et leurs vues diverses sur le choix d'un successeur au trône. — Dans leur embarras, les différents partis se jettent brusquement sur le prince de Ponte-Corvo (maréchal Bernadotte), espérant se concilier la faveur de la France. — Napoléon, étranger à l'élection, permet au prince de Ponte-Corvo d'accepter. — A peine arrivé en Suède, le nouvel élu, pour flatter l'ambition de ses futurs sujets, convoite la Norvége, et propose à Napoléon de lui en ménager la conquête. — Napoléon, fidèle au Danemark, repousse cette proposition. — Dispositions générales de l'Allemagne dans le moment où semble se préparer une guerre générale au Nord. — Tout en préparant ses armées et ses alliances, Napoléon s'occupe activement de ses affaires intérieures. — Baptême du Roi de Rome. — Grandes fêtes à cette occasion. — Préparatifs du concile. — Motifs qui ont fait préférer un concile national à un concile général. — Questions qui lui seront posées. — On les renferme toutes dans une seule, celle de l'institution canonique des évêques. — Avant de réunir le concile on envoie trois prélats à Savone pour essayer de s'entendre avec Pie VII, et ne faire au concile que des propositions concertées avec le Saint-Siége. — Ces prélats sont l'archevêque de Tours, les évêques de Nantes et de Trèves.— Leur voyage à Savone. — Accueil qu'ils reçoivent du Pape. — Pie VII donne un consentement indirect au système proposé pour l'institution canonique, et renvoie l'arrangement général des affaires de l'Église au moment où on lui aura rendu sa liberté et un conseil. — Retour des trois prélats à Paris. — Réunion du concile le 17 juin. — Dispositions des divers partis composant le concile. — Cérémonial, discours d'ouverture, et serment de fidélité au Saint-Siège. — Les prélats à peine réunis sont dominés par un sentiment commun de sympathie pour les malheurs de Pie VII et d'aversion secrète pour le despotisme de Napoléon. — La crainte les contient. — Premières séances du concile. — Projet d'adresse en réponse au message impérial. — Difficultés de la rédaction. — A la séance où l'on discute cette adresse les esprits s'enflamment, et un membre propose de se rendre en corps à Saint-Cloud pour demander la liberté du Pape. — Le président arrête ce mouvement en suspendant la séance. — Adoption de l'adresse après de nombreux retranchements, et refus de Napoléon de la recevoir. — Rôle modérateur de M. Duvoisin, évêque de Nantes, et de M. de Barral, archevêque de Tours. — Maladresse et orgueil du cardinal Fesch. — La question principale, celle de l'institution canonique, soumise à une commission. — Avis divers dans le sein de cette commission. — Malgré les efforts de M. Duvoisin, la majorité de ses membres se prononce contre la compétence du concile. — Napoléon irrité veut dissoudre le concile. — On l'exhorte à attendre le résultat définitif. — M. Duvoisin engage la commission à prendre pour base les propositions admises par le Pape à Savone. — Cet avis adopté d'abord, n'est accepté définitivement qu'avec un nouveau renvoi au Pape, qui suppose l'incompétence du concile. — Le rapport, présenté par l'évêque de Tournay, excite une scène orageuse dans le concile, et des manifestations presque factieuses. — Napoléon dissout le concile et envoie à Vincennes les évêques de Gand, de Troyes et de Tournay. — Les prélats épouvantés offrent de transiger. — On recueille individuellement leurs avis, et quand on est assuré d'une majorité, on réunit de nouveau le concile le 5 août. — Cette assemblée rend un décret conforme à peu près à celui qu'on désirait d'elle, mais avec un recours au Pape qui n'emporte cependant pas l'incompétence du concile. — Nouvelle députation de quelques cardinaux et prélats à Savone, pour obtenir l'adhésion du Pape aux actes du concile. — Napoléon, fatigué de cette querelle religieuse, ne vise plus qu'à se débarrasser des prélats réunis à Paris, et à profiter de la députation envoyée à Savone pour obtenir l'institution des vingt-sept évêques nommés et non institués. — L'esprit toujours dirigé vers la prochaine guerre du Nord, il se flatte que victorieux encore une fois, le monde entier cédera à son ascendant. — Nouvelles explications avec la Russie. — Conversation de Napoléon avec le prince Kourakin, le soir du 15 août. — Cette conversation laisse peu d'espoir de paix, et porte Napoléon à continuer ses préparatifs avec encore plus d'activité. — Départ des quatrièmes et sixièmes bataillons. — Emploi de soixante mille réfractaires qu'on a obligés de rejoindre. — Manière de les plier au service militaire. — Composition de quatre armées pour la guerre de Russie, et préparation d'une réserve pour l'Espagne. — Voyage de Napoléon

LIVRE XLI.

Mars 1811.

en Hollande et dans les provinces du Rhin. — Plan de défense de la Hollande. — La présence de Napoléon sert de prétexte pour réunir la grosse cavalerie et l'acheminer sur l'Elbe. — Création des lanciers. — Inspection des troupes destinées à la guerre de Russie. — Séjour à Wesel, à Cologne et dans les villes du Rhin. — Affaires diverses dont Napoléon s'occupe chemin faisant. — Arrangement avec la Prusse. — Le ministre de France est rappelé de Stockholm. — Suite et fin apparente de la querelle religieuse. — Acceptation par Pie VII du décret du concile, avec des motifs qui ne conviennent pas entièrement à Napoléon. — Celui-ci accepte le dispositif sans les motifs, et renvoie dans leurs diocèses les prélats qui avaient composé le concile. — Son retour à Paris en novembre, et son application à expédier toutes les affaires intérieures, afin de ne rien laisser en souffrance en partant pour la Russie.

Au milieu des événements si divers et si compliqués dont on vient de lire le récit, Napoléon avait vu se réaliser le principal de ses vœux : il avait obtenu de la Providence un héritier direct de sa race, un fils, que la France désirait, et qu'il n'avait cessé quant à lui d'espérer avec une entière confiance dans la fortune.

Naissance du Roi de Rome le 20 mars 1811.

Le 19 mars 1811, vers neuf heures du soir, l'impératrice Marie-Louise, après une grossesse heureuse, avait ressenti les premières douleurs de l'enfantement. L'habile accoucheur Dubois était accouru sur-le-champ, suivi du grand médecin de cette époque, M. Corvisart. Bien que la jeune mère fût parfaitement constituée, l'accouchement ne s'était pas annoncé avec des circonstances tout à fait rassurantes, et M. Dubois n'avait pu se défendre de quelque inquiétude en songeant à la responsabilité qui pesait sur lui. Napoléon, voyant, avec sa pénétration ordinaire, que le trouble de l'opérateur pourrait devenir un danger pour la mère et pour l'enfant, s'efforça de lui rendre plus léger le poids de cette responsabilité. — Figurez-vous, lui dit-il, que vous accouchez une marchande de la rue Saint-Denis; vous n'y pouvez pas davantage, et en tout cas sauvez d'abord la mère. — Il chargea M. Corvisart de ne pas quitter M. Dubois, et lui-même ne cessa de prodiguer les soins les plus tendres à la jeune impératrice, et de l'aider par d'affectueuses paroles à supporter ses souffrances. Enfin, le lendemain matin 20 mars, cet enfant auquel de si hautes destinées étaient promises, et qui depuis n'a trouvé sur ses pas que l'exil et la mort à la fleur de ses ans, vint au jour sans aucun des accidents qu'on avait redoutés. Napoléon le reçut dans ses bras avec joie, avec tendresse, et quand il sut que c'était un enfant mâle, il en éprouva un sentiment d'orgueil qui éclata sur son visage, comme si la Providence lui avait donné dans cette circonstance si importante une nouvelle et plus éclatante marque de sa protection. Il présenta le nouveau-né à sa famille, à sa cour, et le remit ensuite à madame de Montesquiou, nommée gouvernante des enfants de France. Le canon des Invalides commença immédiatement à annoncer à la capitale la naissance de l'héritier destiné à régner sur la plus grande partie de l'Europe. Il avait été dit d'avance que si le nouveau-né était un enfant mâle le nombre des coups de canon serait non pas de vingt et un, mais de cent un. La population, sortie des maisons et répandue dans les rues, comptait avec une extrême anxiété les retentissements du canon. Quand le vingt et unième coup fut dépassé, elle ressentit presque autant de joie qu'aux plus belles époques du règne, et, malgré beaucoup de causes de tristesse, dont les unes sont déjà connues, dont les autres vont l'être, elle fut heureuse de voir ce gage de perpétuité donné par la Providence à la dynastie de Napoléon. Pourtant ce n'était plus cette effusion de contentement et d'enthousiasme des premiers temps, alors qu'on ne voyait dans Napoléon que le sauveur de la société, le restaurateur des autels, l'auteur de la grandeur nationale, le guerrier invincible et sage qui ne combattait que pour obtenir une paix glorieuse et durable. De sombres appréhensions, inspirées par ce génie immodéré, avaient refroidi l'affection, troublé la quiétude et alarmé la prévoyance. Toutefois on se livra encore à la joie, et on reprit confiance dans la destinée du grand homme que le ciel semblait favoriser si visiblement.

D'après le décret qui avait qualifié Rome la seconde ville de l'Empire, et à l'imitation des anciens usages germaniques, où le prince destiné à succéder au trône s'appelait roi des Romains avant de recevoir le titre d'empereur, le prince nouveau-né fut appelé Roi de Rome, et son baptême, qui devait s'accomplir avec autant de pompe que le sacre, fut fixé au mois de juin. Pour le moment, on s'en tint à la cérémonie chrétienne de l'ondoiement, et on se contenta d'annoncer cet heureux événement aux divers corps de l'État, aux départements et à toutes les cours de l'Europe.

Singulière dérision de la fortune! cet héritier tant désiré, tant fêté, destiné à perpétuer l'Empire, arrivait au moment où cet empire colossal, sourdement miné de toutes parts, approchait du terme de sa durée! Peu d'esprits, à la vérité, savaient apercevoir les causes profondément cachées de sa ruine prochaine, mais de secrètes appréhensions avaient saisi les masses, et le sentiment de la sécurité avait disparu chez elles, bien que celui de la soumission subsistât tout entier. Le bruit d'une vaste guerre au Nord, guerre que tout le monde redoutait instinctivement, surtout celle d'Espagne n'étant pas finie, s'était répandu généralement et avait causé une inquiétude universelle. La conscription, suite de cette nouvelle guerre, s'exerçait avec la plus extrême rigueur; de plus, une crise violente désolait en cet instant le commerce et l'industrie; enfin, la querelle religieuse semblait s'envenimer et faire craindre un nouveau schisme. Tels étaient les divers motifs qui venaient de troubler assez gravement la joie inspirée par la naissance du Roi de Rome.

Napoléon avait passé tout à coup d'un armement de précaution contre la Russie à un armement d'urgence, comme si la guerre avait dû commencer en été ou en automne de la présente année 1811. En effet, la Russie, qui s'était bornée jusqu'ici à quelques travaux sur les bords de la Dwina et du Dnieper, à quelques mouvements de troupes de Finlande en Lithuanie, impossibles sans doute à cacher, mais faciles à expliquer d'une manière spécieuse, la Russie, apprenant de toutes parts le développement chaque jour plus étendu et plus rapide des préparatifs de Napoléon, s'était enfin décidée à la plus grave des mesures, à la plus pénible pour elle, à la plus significative pour l'Europe, celle d'affaiblir ses armées du Danube, ce qui devait mettre en question la conquête si ardemment souhaitée de

Mars 1811.

Causes qui troublent la joie inspirée par la naissance du Roi de Rome.

Napoléon en apprenant les armements de la Russie précipite ses propres préparatifs, et se prépare à entrer en campagne au mois d'août prochain.

la Valachie et de la Moldavie. Sur neuf divisions qui agissaient en Turquie, elle en avait ramené cinq en arrière, dont trois jusqu'au Pruth, deux jusqu'au Dnieper. La nouvelle de ce mouvement rétrograde, transmise par nos agents diplomatiques accrédités dans les provinces danubiennes, avait produit sur l'esprit de Napoléon une vive impression. Au lieu de se borner à voir dans un fait pareil la peur qu'il inspirait, il avait pris peur lui-même, et avait cru découvrir dans cette conduite de la Russie la preuve d'intentions non pas défensives, mais agressives. C'était une erreur; mais habitué aux haines de l'Europe, aux perfidies que ces haines avaient souvent amenées, il supposa un secret accord de la Russie avec ses ennemis ouverts ou cachés, avec les Anglais notamment, et il crut que ce ne serait pas trop tôt que de se préparer à la guerre pour les mois de juillet ou d'août de la présente année. Ainsi au lieu de remédier au mal en suspendant ses armements, sauf à les reprendre s'il n'obtenait pas une explication satisfaisante, il l'aggrava en multipliant et accélérant ses préparatifs de manière à ne pouvoir plus ni les cacher ni les expliquer.

Il avait déjà résolu d'envoyer sur l'Elbe les quatrièmes bataillons, car, ainsi que nous l'avons dit, les régiments du maréchal Davout n'en comptaient que trois présents au corps; il se décida à les faire partir immédiatement et à former un sixième bataillon dans ces régiments (le cinquième restant celui du dépôt), ce qui devait permettre de leur fournir cinq bataillons de guerre. Le maréchal Davout s'était tellement appliqué, depuis qu'il résidait dans le

Nord, à donner à ses troupes une instruction théorique égale à leur instruction pratique, qu'il était facile de trouver parmi elles les cadres d'un sixième, même d'un septième bataillon par régiment, en sous-officiers sachant lire et écrire et s'étant battus dans l'Europe entière. Pour accélérer l'organisation de ces sixièmes bataillons, Napoléon fit revenir les cadres des bords de l'Elbe à la rencontre des recrues parties des bords du Rhin; il envoya de plus des habits, des souliers, des armes à Wesel, Cologne et Mayence, pour que les hommes pussent en passant se pourvoir de leur équipement complet. Il espérait ainsi porter à cinq divisions françaises le corps du maréchal Davout, sans compter une sixième division qui devait être polonaise et formée des troupes de Dantzig qu'on allait augmenter. Il ordonna des achats de chevaux, surtout en Allemagne, aimant mieux épuiser cette contrée que la France, tira de leurs cantonnements les cuirassiers, les chasseurs, les hussards, destinés à la guerre de Russie, et enjoignit aux colonels de se préparer à recevoir des chevaux et des hommes afin de mettre leurs régiments sur le pied de guerre. Ne croyant pas avoir le temps de porter à cinq ni même à quatre bataillons le corps du Rhin, composé, avons-nous dit, des anciennes divisions qui avaient servi sous Lannes et Masséna, et qui étaient répandues en Hollande et en Belgique, il fit former dans leur sein des bataillons d'élite, dans lesquels devaient être versés les meilleurs soldats de chaque régiment. Il donna le même ordre pour l'armée d'Italie; il prescrivit la réunion et l'équipement sur le pied de guerre de

Mars 1811.

Mesures employées pour avoir au mois d'août 300 mille hommes sur la Vistule.

tous les corps de la vieille et jeune garde qui n'étaient pas en Espagne ; il écrivit à tous les princes de la Confédération germanique pour leur demander leur contingent, et se mit ainsi en mesure, pour les mois de juillet et d'août, de porter à 70 mille hommes d'infanterie le corps de l'Elbe, à 45 mille celui du Rhin, à 40 mille celui d'Italie, à plus de 12 mille la garde impériale (total, 167 mille fantassins excellents), à 17 ou 18 mille les hussards et chasseurs, à 15 mille les cuirassiers, à 6 mille les troupes à cheval de la garde (total, 39 ou 40 mille hommes de la plus belle cavalerie), enfin à 24 mille hommes l'artillerie, pouvant servir 800 bouches à feu, indépendamment de 100 mille Polonais, Saxons, Bavarois, Wurtembergeois, Badois, Westphaliens, ce qui faisait plus de 300 mille hommes parfaitement préparés à entrer en campagne sous deux mois.

Napoléon rappela d'Espagne le maréchal Ney, auquel il voulait confier le commandement d'une partie des troupes réunies sur le Rhin. Il destinait le surplus au maréchal Oudinot, déjà rendu en Hollande. Il rappela en outre d'Espagne le général Montbrun, que sa conduite à Fuentes d'Oñoro et dans une foule d'autres occasions désignait comme l'un des premiers officiers de cavalerie de cette époque.

Dans la crainte d'une subite invasion du duché de Varsovie par les Russes, Napoléon donna pour instruction au roi de Saxe et au prince Poniatowski, lieutenant du roi de Saxe en Pologne, de transporter toute l'artillerie, toutes les munitions, tous les objets d'équipement, des places ouvertes ou faiblement défendues dans les forteresses de la Vistule, telles que Modlin, Thorn, Dantzig, et à ce sujet il citait à l'un et à l'autre l'exemple de la Bavière, où les Autrichiens étaient toujours entrés avant les Français, mais d'où ils avaient été obligés de sortir presque aussitôt sans avoir pu enlever aucune partie du matériel de guerre. Il recommanda au roi de Saxe de tenir toutes prêtes les troupes saxonnes, afin de pouvoir les porter rapidement sur la Vistule à côté de celles du prince Poniatowski. Les unes et les autres devaient être rangées sous le commandement du maréchal Davout, qui avait ordre, au premier danger, de courir sur la Vistule avec 150 mille hommes, dont 100 mille Français devaient se placer de Dantzig à Thorn, et 50 mille Saxons et Polonais de Thorn à Varsovie. Avec de telles précautions on avait le moyen de répondre à tout acte offensif des Russes, et même de le prévenir.

Afin de remplir ses cadres, Napoléon avait été obligé de hâter la levée de la conscription de 1811, ordonnée dès le mois de janvier. Mais il ne s'en était pas tenu à cette mesure : il avait voulu recouvrer l'arriéré des conscriptions antérieures, consistant en soixante mille réfractaires au moins qui n'avaient jamais rejoint. La conscription n'était pas encore entrée dans nos mœurs, comme elle y a pénétré depuis, et la rigueur avec laquelle elle était appliquée alors, le triste sort des hommes appelés, qui avant l'âge viril allaient périr en Espagne, plus souvent par la misère que par le feu, n'étaient pas faits pour disposer la population à s'y soumettre. Dans certaines provinces, et particulièrement dans celles de l'Ouest, du Centre, du Midi, où la bravoure ne manquait pas, mais où la soumission à l'autorité centrale était moins établie, on résistait à la conscription, et il y avait eu à toutes les époques des masses de réfractaires qui avaient refusé de se rendre à l'appel de la loi, ou déserté après s'y être rendus. Ils couraient les bois, les montagnes, partout favorisés par la population, et quelquefois même faisaient la guerre aux gendarmes. Ces hommes, loin d'être des lâches ou des impotents, formaient au contraire la partie la plus brave, la plus hardie, la plus aventureuse de la population, et, en raison même de son énergie, la plus difficile à plier au joug des lois nouvelles. C'était la même espèce d'hommes qui dans la Vendée avait fourni les soldats de l'insurrection royaliste. Plus forts par le caractère, ils l'étaient aussi par l'âge, la plupart d'entre eux se trouvant en état d'insubordination depuis plusieurs années. On était successivement parvenu à recouvrer par des amnisties, des poursuites, des battues de gendarmerie, vingt mille peut-être de ces hommes sur quatre-vingts; mais il en restait soixante mille au moins dans diverses provinces de la France, qu'il importait autant de restituer à l'armée à cause de leur qualité, que d'enlever à l'intérieur à cause de leur aptitude à former une nouvelle chouannerie, car ils appartenaient presque tous aux départements où s'était conservé un vieux levain de royalisme.

Napoléon, qui ne ménageait pas les moyens quand le but lui convenait, forma dix ou douze colonnes mobiles, composées de cavalerie et d'infanterie légères, et choisies parmi les plus vieilles troupes, les plaça sous les ordres de généraux dévoués, leur adjoignit des pelotons de gendarmerie pour les guider, et leur fit entreprendre une poursuite des plus actives contre les réfractaires. Ces colonnes étaient autorisées à traiter militairement les provinces qu'elles allaient parcourir, et à mettre des soldats en garnison chez les familles dont les enfants avaient manqué à l'appel. Ces soldats devaient être logés, nourris et payés par les parents des réfractaires jusqu'à ce que ceux-ci eussent fait leur soumission. C'est de là que leur vint le nom, fort effrayant à cette époque, de *garnisaires*. Si on songe que ces colonnes étaient portées, d'après leur composition, à regarder le refus du service militaire comme un délit à la fois honteux et criminel, qui faisait peser exclusivement sur les vieux soldats les charges de la guerre, si on songe qu'elles avaient pris à l'étranger l'habitude de vivre en troupes conquérantes, on concevra facilement qu'elles devaient commettre plus d'un excès, bien qu'elles fussent dans leur patrie, et que leurs courses, ajoutées au déplaisir de la levée de 1811, devaient en diverses provinces pousser le chagrin de la conscription presque jusqu'au désespoir.

Les préfets, qui avaient la mission de diriger l'esprit des populations dans un sens favorable au gouvernement, furent alarmés, et plusieurs désolés d'une telle mesure. Néanmoins quelques-uns, voulant proportionner leur zèle à la difficulté, exagérèrent encore dans l'exécution les ordres de l'autorité supérieure, et poussèrent, au lieu de les retenir,

Mars 1811.

Organisation de colonnes mobiles pour la poursuite des réfractaires.

Excès commis par ces colonnes mobiles.

Mars 1814.

les colonnes occupées à donner la chasse aux réfractaires. Quelques autres eurent l'honnêteté de faire entendre des supplications en faveur des pauvres parents qu'on ruinait, et parmi ceux-là, M. Lezay-Marnézia, dans le Bas-Rhin, eut le courage de résister de toutes ses forces au général chargé de diriger les colonnes dans son département, et d'écrire au ministre de la police des lettres fort vives destinées à être mises sous les yeux de Napoléon. Mais le plus grand nombre de ces hauts fonctionnaires, gémissant en secret, et se contentant pour toute vertu de ne pas ajouter aux rigueurs prescrites, exécutèrent les ordres reçus plutôt que de renoncer à leurs fonctions.

Situation de l'industrie et du commerce en 1811, soit en Angleterre, soit en France.

Si la population des campagnes avait ses chagrins, celle des villes avait aussi les siens. Ces chagrins étaient causés par une crise industrielle et commerciale des plus graves. Nous avons déjà rapporté les mesures à la fois ingénieuses et violentes que Napoléon avait imaginées pour interdire au commerce anglais les accès du continent, ou pour les lui ouvrir à un prix ruineux dont le trésor impérial recueillait le profit. Ces mesures avaient obtenu, sinon tout l'effet que Napoléon s'en était promis, du moins tout celui qu'on pouvait raisonnablement en attendre, surtout lorsque pour réussir il fallait contrarier les intérêts, les goûts, les penchants, non-seulement d'un peuple, mais du monde presque entier. Sauf quelques introductions clandestines par les Suédois, qui transportaient frauduleusement les marchandises coloniales de Gothenbourg à Stralsund; sauf quelques autres introductions permises dans la Vieille-Prusse autant par négligence que par mauvaise volonté; sauf quelques autres encore effectuées en Russie sous le pavillon américain, les unes et les autres, condamnées à descendre du Nord au Midi, à travers mille dangers de saisie, en se chargeant d'immenses frais de transport, et en payant des tarifs ruineux; sauf, disons-nous, ces rares exceptions, aucune quantité de sucre, de café, de coton, d'indigo, de bois, de marchandises exotiques enfin, ne pouvait sortir d'Angleterre et diminuer la désastreuse accumulation qui s'était opérée à Londres. Cette situation, que nous avons déjà exposée, n'avait fait que s'aggraver. Les fabricants de Manchester, de Birmingham et de toutes les villes manufacturières d'Angleterre, dépassant comme toujours le but offert à leurs avides désirs, avaient produit trois ou quatre fois plus de marchandises que les colonies de toutes les nations n'auraient pu en consommer. Les bâtiments expédiés de Liverpool avaient été obligés de rapporter en Europe une partie de leurs chargements. Un petit nombre ayant trouvé à s'en débarrasser avaient reçu en échange des denrées coloniales qui restaient invendues dans les magasins de Londres, et s'y avilissaient à tel point que ces denrées, comme nous l'avons dit, coûtaient en frais de garde et d'emmagasinement plus que leur prix. C'était pourtant sur ce gage que la banque escomptait le papier des fabricants, et leur en donnait la valeur en billets dont l'augmentation croissante menaçait tous les jours d'une catastrophe. En 1811, la détresse était devenue si grande, que le Parlement britannique, dans la crainte d'une banqueroute gé-

Mars 1811.

Détresse des manufactures anglaises par suite d'un excès de fabrication.

nérale, avait voté un secours au commerce de 6 millions sterling (150 millions de francs) à distribuer à titre de prêt aux fabricants et commerçants les plus embarrassés. Une telle situation, maintenue quelque temps encore, devait aboutir inévitablement ou à une catastrophe financière et commerciale, ou à un désir de la paix irrésistible pour le gouvernement.

Mais il n'est point de combat en ce monde, quelles que soient les armes employées, où l'on puisse faire du mal sans en recevoir. Napoléon n'avait pas pu refouler en Angleterre tant de produits agréables, ou utiles, ou nécessaires aux peuples du continent, sans causer bien des perturbations, et il venait de provoquer en France et dans les pays voisins une crise commerciale et industrielle aussi violente, quoique moins durable heureusement, que celle qui affligeait l'Angleterre. Voici comment cette crise avait été amenée.

Les tissus de coton ayant en grande partie remplacé les tissus de chanvre et de lin, surtout depuis qu'on était parvenu à les produire par des moyens mécaniques, étaient devenus la plus vaste des industries de l'Europe. Les manufacturiers français, ayant à approvisionner l'ancienne et la nouvelle France, et de plus le continent presque entier, avaient espéré des débouchés immenses, et proportionné leurs entreprises à ces débouchés supposés. Ils avaient spéculé sans mesure sur l'approvisionnement exclusif du continent, comme les Anglais sur celui des colonies anglaises, françaises, hollandaises et espagnoles. En Alsace, en Flandre, en

Normandie, les métiers à filer, à tisser, à imprimer le coton s'étaient multipliés avec une incroyable rapidité. Les profits étant considérables, les entreprises s'étaient naturellement proportionnées aux profits, et les avaient même infiniment dépassés. L'industrie du coton, sous toutes ses formes, n'avait pas été la seule à prendre un pareil essor; celle des draps, comptant sur l'exclusion des draps anglais, sur la possession exclusive des laines espagnoles, avait pareillement oublié toute réserve dans l'étendue donnée à sa fabrication. L'industrie des meubles s'était aussi fort développée, parce que les meubles français, dessinés alors d'après des modèles antiques, étaient l'objet d'une prédilection générale, et parce que les bois exotiques, se trouvant au nombre des produits coloniaux admis sur licences, permettaient la production à bon marché. L'admission des cuirs en vertu de licences avait également procuré une grande extension à toutes les industries dont le cuir est la matière. La quincaillerie française, fort élégante, mais inférieure alors à celle de l'Angleterre sous le rapport des aciers, avait profité comme les autres de l'exclusion des Anglais. De notables bénéfices avaient encouragé et multiplié ces essais hors de toute proportion.

Ce n'était pas seulement vers la fabrication de ces divers produits que s'était dirigée l'ardeur du moment, mais vers l'introduction des matières premières qui servaient à les créer.

On courait sur tous les marchés où l'on savait que devaient se vendre des sucres, des cafés, des cotons, des indigos, des bois, des cuirs, on s'en

Mars 1811.

Folles spéculations sur les matières premières.

Mars 1811.

disputait les moindres quantités introduites sur le continent, et on spéculait avec fureur sur ces quantités. Les fonds publics étaient délaissés, parce qu'ils étaient peu abondants et presque invariables dans leur valeur, depuis que Napoléon maintenait la rente cinq pour cent à 80 francs par l'intervention secrète du trésor extraordinaire. Les actions de la banque, seul effet public prenant place à côté des rentes sur l'État, oscillaient entre 1,225 et 1,275 francs, pour un revenu de 50 à 60 francs, et ne dépassaient jamais ces termes extrêmes. Il n'y avait pas là de quoi tenter les spéculateurs, parce qu'il leur faut de grandes chances de gain, même au prix de grandes chances de perte, et ils s'étaient jetés sur les denrées coloniales, qui présentaient ces conditions au plus haut degré. On spéculait donc avec passion sur le sucre, le café, le coton, l'indigo; on courait à Anvers, à Mayence, à Francfort, à Milan, où le gouvernement faisait vendre les marchandises arrivées sur les chariots de l'artillerie, qui avaient porté des bombes et des boulets aux rives de l'Elbe, et en avaient rapporté du sucre et du café. Les bois eux-mêmes, qu'on savait indispensables à Napoléon pour les nombreux vaisseaux qu'il avait en construction dans tous les chantiers de l'Empire, étaient devenus l'objet d'un agiotage effréné, et sur la base mobile et dangereuse de ces spéculations on créait de brillants édifices de fortune, paraissant et disparaissant tour à tour aux yeux d'un public surpris, émerveillé et jaloux.

Dans un si grand essor, la prudence avait été naturellement la vertu la moins observée, et on avait spéculé non-seulement au delà des besoins à satisfaire, mais au delà des moyens de payer. Tandis que l'industrie produisait beaucoup plus qu'elle ne pouvait vendre, les agioteurs sur les matières premières cherchaient à en acheter beaucoup plus que l'industrie n'aurait pu en employer, et par une conséquence inévitable en faisaient monter la valeur à des prix exagérés. Pour solder tous ces marchés imprudents, on avait créé des moyens artificiels de crédit. Ainsi une maison de Paris, se livrant au commerce des bois de construction et des denrées coloniales, tirait jusqu'à quinze cent mille francs par mois sur une maison d'Amsterdam qui lui prêtait son crédit; celle-ci tirait sur d'autres, et ces dernières à leur tour tirant sur Paris pour se rembourser, on avait créé de la sorte des ressources fictives, que dans la langue familière du commerce on appelle *papier de circulation*. La police, épiant tout, mais ne comprenant pas tout, avait cru voir dans cet artifice commercial une trame des partis qu'elle s'était hâtée de dénoncer à l'Empereur. Celui-ci offusqué d'abord, avait fini par se rassurer en apprenant par le ministre du trésor le secret de cette prétendue conspiration[1].

Mars 1811.

Moyens artificiels de crédit employés pour soutenir les spéculations engagées.

On n'avait pas mis plus de réserve dans la manière de jouir de ses profits que dans les moyens de se les procurer. Les nouveaux enrichis s'étaient empressés d'étaler leurs fortunes rapidement acquises, et d'acheter de la caisse d'amortissement les hôtels,

Impudent étalage des fortunes subitement acquises.

[1] J'ai trouvé toute une correspondance du ministre de la police et du ministre du trésor sur ce fait singulier, qui offusqua longtemps l'autorité avant qu'elle fût parvenue à se l'expliquer.

2.

Mars 1811.

les châteaux de l'ancienne noblesse, dont l'État avait hérité sous le titre de biens nationaux. On ne les achetait plus comme autrefois à vil prix et avec des assignats, mais contre argent, contre beaucoup d'argent, et sans répugnance, parce que vingt ans écoulés depuis la confiscation avaient fait perdre le souvenir de l'injustice de l'État et du malheur des anciens propriétaires. C'était là cette ressource des aliénations de biens dont Napoléon se servait de temps en temps pour compléter ses budgets, surtout dans les pays conquis, et que la caisse d'amortissement lui avait ménagée, en vendant à propos, peu à peu, et avec la prudence convenable, les immeubles qu'on lui livrait. Il y avait à Paris des manufacturiers justement enrichis par leur travail, des spéculateurs sur denrées coloniales enrichis d'une manière moins honorable, qui possédaient les plus beaux domaines, et les mieux qualifiés [1].

Ce débordement de spéculations, de fortunes subites, de jouissances immodérées, avait pris naissance depuis plusieurs années, s'était arrêté un instant en 1809 par suite de la guerre d'Autriche, avait repris à la paix de Vienne, s'était développé sans obstacle et sans mesure dans tout le cours de l'année 1810, et avait enfin abouti au commencement de 1811 à la catastrophe inévitable, qui suit toujours les exagérations industrielles et commerciales de cette nature.

Accident qui fait éclater la crise depuis longtemps menaçante.

Depuis quelque temps on ne vivait que des crédits

[1] C'est encore dans la correspondance du ministre du trésor, analysant pour Napoléon la cause de la plupart des banqueroutes du temps, que j'ai trouvé la preuve de ce fait curieux et digne de remarque.

fictifs qu'on se prêtait les uns aux autres, surtout entre Hambourg, Amsterdam et Paris, lorsqu'une dernière vente, exécutée à Anvers pour le compte du gouvernement, et consistant en cargaisons américaines, attira un grand nombre d'acheteurs. Il s'agissait d'environ 60 millions de marchandises à acheter et à payer. Napoléon, remarquant l'embarras qui commençait à se révéler, accorda des délais pour le payement; mais tout le monde s'était aperçu de cette gêne, et il n'en fallait pas davantage pour faire naître la méfiance. Au même moment, des maisons considérables de Brême, de Hambourg, de Lubeck, qui s'étaient adonnées au commerce plus ou moins licite des denrées coloniales, gênées d'abord par le blocus continental, bientôt paralysées tout à fait par la réunion de leur pays à la France, succombaient, ou renonçaient volontairement aux affaires. Ce concours de causes amena enfin la crise. Une grande maison de Lubeck donna le signal des banqueroutes. La plus ancienne, la plus respectable des maisons d'Amsterdam, qui par l'appât de fortes commissions s'était laissé entraîner à prêter son crédit aux négociants de Paris les plus téméraires, suivit le triste signal parti de Lubeck. Les maisons de Paris qui vivaient des ressources qu'elles devaient à cette maison hollandaise, virent sur-le-champ l'artifice de leur existence mis à découvert. Elles se plaignirent, jetèrent de grands cris, et vinrent implorer les secours du gouvernement. Napoléon qui sentait bien, sans l'avouer, la part qu'il avait dans cette crise, et qui ne voulait pas que la naissance d'un héritier du trône qu'on avait tant

Mars 1811.

Secours donnés par Napoléon aux maisons embarrassées.

désirée, qu'on venait d'obtenir, et qu'on allait bientôt solenniser, fût accompagnée de circonstances attristantes, se hâta d'annoncer qu'il était prêt à aider les maisons embarrassées. Il voulait avec raison le faire vite et sans bruit pour le faire efficacement. Par malheur les opinions personnelles de son ministre du trésor, et l'étrange vanité de l'une des maisons secourues, s'opposèrent à ce que ses intentions fussent exactement suivies. M. Mollien, répugnant aux expédients même utiles, contesta en théorie le principe des secours au commerce. Napoléon n'en tint pas compte, et lui ordonna de secourir un certain nombre de maisons. Mais le ministre se dédommagea de sa défaite en contestant à ces maisons ou la sûreté des gages qu'elles offraient, ou la possibilité de les sauver. Il en résulta une grande perte de temps. De plus, l'une d'elles, se vantant d'une bienfaisance dont le bienfaiteur ne se vantait pas lui-même, proclama ce que le gouvernement avait fait pour elle. Alors tout l'avantage des secours prompts et secrets fut perdu. On sut qu'on était en crise, et on se livra à la panique accoutumée. Bientôt ce fut un chaos de maisons s'écroulant les unes sur les autres, et s'entraînant réciproquement dans leur chute. Napoléon, suivant son usage, ne se laissant pas intimider par la difficulté, secourut publiquement et à plusieurs reprises les principales maisons embarrassées, malgré tout ce que put lui dire le ministre du trésor. Mais il n'eut la satisfaction de sauver qu'une très-petite partie des commerçants et des manufacturiers auxquels il s'était intéressé.

Les maisons qui avaient spéculé sur les sucres,

les cafés, les cotons, les bois de construction, furent frappées les premières. Vinrent après celles qui n'avaient pas spéculé sur les matières premières, mais qui avaient filé, tissé, peint des toiles de coton au delà des besoins de la consommation, et qui vivaient des crédits que leur accordaient certains banquiers. Ces crédits venant à leur manquer, elles succombèrent. Les villes de Rouen, Lille, Saint-Quentin, Mulhouse, furent comme ravagées par un fléau destructeur. Après l'industrie du coton, celle des draps eut son tour. Une riche maison d'Orléans, vouée depuis un siècle au commerce des laines, voulut s'emparer de toutes celles que le gouvernement avait saisies en Espagne et faisait vendre à l'encan. Elle acheta sans mesure, revendit à des fabricants qui fabriquaient sans mesure aussi, leur prêta son crédit, mais en revanche emprunta le leur en créant une masse de papier qu'elle tirait sur eux, et que des banquiers complaisants escomptaient à un taux usuraire. Ces banquiers s'étant arrêtés, tout l'échafaudage s'écroula, et une seule maison de province fit ainsi une faillite de douze millions, somme très-grande aujourd'hui, bien plus grande en ce temps-là. L'exclusion des draps français de la Russie fut un nouveau coup pour la draperie. L'industrie de la raffinerie, qui avait spéculé sur les sucres, celle des peaux préparées, qui avait spéculé sur les cuirs introduits au moyen des licences, furent gravement atteintes comme les autres. Enfin la soierie, qui avait beaucoup fabriqué, mais qui n'avait pas commis autant d'excès, parce qu'elle était une industrie ancienne, expérimentée,

Mars 1811.

Mars 1811.

moins étourdie par la nouveauté et l'exagération des bénéfices, reçut un coup sensible par les derniers règlements commerciaux de la Russie, et par la ruine des maisons de Hambourg, qui, à défaut des Américains, servaient à l'exportation des produits lyonnais. Le resserrement de tous les crédits, s'ajoutant à la subite privation des débouchés, causa une suspension générale de la fabrication à Lyon.

Nombreuses classes d'ouvriers restés sans ouvrage.

Bientôt des masses d'ouvriers se trouvèrent sans ouvrage en Bretagne, en Normandie, en Picardie, en Flandre, dans le Lyonnais, le Forez, le comtat Venaissin, le Languedoc. A Lyon, sur 14 mille métiers, 7 mille cessèrent de fabriquer. A Rouen, à Saint-Quentin, à Lille, à Reims, à Amiens, les trois quarts des bras au moins restèrent oisifs dès le milieu de l'hiver, et pendant tout le printemps. Napoléon, fort affligé de ces ruines accumulées, et plus particulièrement de ces souffrances populaires, voulait y pourvoir à tout prix, craignant l'effet qu'elles pouvaient produire au moment des fêtes qu'il préparait pour la naissance de son fils. Il tenait conseils sur conseils, et apprenait trop tard qu'il y a des tourmentes contre lesquelles le génie et la volonté d'un homme, quelque grands qu'ils soient, ne peuvent rien. Ce n'était pas son système d'exclusion à l'égard des Anglais qui était la cause du mal, car on commet des excès de production dans les pays où le commerce est complétement libre tout aussi bien que dans ceux où il ne l'est pas, et même davantage. Mais ses combinaisons compliquées avaient contribué aux folles spéculations sur les matières premières; l'usurpation de la souveraineté de Hambourg y avait précipité la ruine de maisons indispensables au vaste échafaudage du crédit continental de cette époque; ses dernières ventes avaient hâté la crise, et ses secours, par suite des opinions personnelles de son ministre, avaient été trop lents ou trop contestés. Enfin son fameux tarif de 50 pour cent prolongeait le mal, car les manufacturiers, qui commençaient à se débarrasser de leurs produits fabriqués, et qui auraient voulu se remettre à travailler, ne l'osaient pas à cause de la cherté des matières premières provenant de l'élévation des droits. Aussi le tissage, la filature, la raffinerie, la tannerie étaient-ils absolument suspendus. On ne fabriquait pas moins, on ne fabriquait plus du tout.

Mars 1811.

Repoussant les théories de M. Mollien, et tenant des conseils fréquents avec les ministres de l'intérieur et des finances, avec le directeur général des douanes et plusieurs fabricants ou banquiers éclairés, tels que MM. Ternaux et Hottinguer, Napoléon imagina un moyen qui eut quelques bons effets : ce fut d'opérer en très-grand secret, et à ses frais, mais en apparence pour le compte de grosses maisons de banque, des achats à Rouen, à Saint-Quentin, à Lille, de manière à faire supposer que la vente reprenait naturellement. A Amiens, il prêta secrètement aux manufacturiers qui continuaient à fabriquer des lainages des sommes égales au salaire de leurs ouvriers. A Lyon, il commanda pour plusieurs millions de soieries destinées aux résidences impériales. Ces secours ne valaient pas sans doute une reprise réelle des affaires, mais ils ne furent pas sans influence, à Rouen surtout, où des

Moyens de tout genre employés par Napoléon pour hâter la reprise des affaires.

achats d'origine inconnue prirent l'apparence d'achats véritables, et firent croire que le mouvement commercial recommençait. En tout cas, ils permirent d'attendre moins péniblement la renaissance effective des affaires.

C'était spécialement la ville de Paris, dont le peuple vif, enthousiaste, patriote, s'était montré fort sensible à la gloire du règne, et dans laquelle une foule de princes allaient se rendre pour le baptême du Roi de Rome, qui intéressait plus que toute autre la sollicitude de Napoléon. Il avait déjà éprouvé que les fabrications pour l'usage des troupes s'exécutaient très-bien à Paris. Il ordonna sur-le-champ une immense confection de caissons, de voitures d'artillerie, de harnais, d'habits, de linge, de chaussure, de chapellerie, de buffleterie. Il fit en même temps commencer plus tôt que de coutume, et dans des proportions plus vastes, les travaux annuels des grands monuments de son règne.

Du reste, cette situation, quelque pénible qu'elle fût, avait cependant un avantage essentiel sur celle de l'Angleterre. Le temps devait bientôt l'améliorer en faisant disparaître la surabondance des produits fabriqués, en amenant les Américains, qui déjà s'apprêtaient à venir, et qui allaient remplacer les Hambourgeois et les Russes dans nos marchés, et nous apporter les cotons, les teintures dont l'industrie avait un pressant besoin. La situation des Anglais, au contraire, si on persistait à bloquer leur commerce, sans leur donner aucun allié sur le continent, devait devenir prochainement intolérable.

Néanmoins, pour le moment, la situation de l'industrie et du commerce français était extrêmement critique. Napoléon reçut les députations des chambres de commerce, et en son langage original, familier, plein de vigueur, leur tint un discours dont il voulut qu'on divulguât autant que possible le sens et les principales expressions. Tour à tour questionnant ou écoutant, mêlant les paroles caressantes aux boutades les plus vives, il parla à ces députations à peu près dans les termes suivants : — J'ai l'oreille ouverte à ce qui se dit dans vos comptoirs, et je sais les propos que vous tenez dans vos familles et entre vous sur ma politique, sur mes lois, sur ma personne. Il ne connaît que son métier de soldat, répétez-vous souvent, il n'entend rien au commerce, et il n'a personne autour de lui pour lui apprendre ce qu'il ignore. Ses mesures sont extravagantes, et ont causé notre ruine actuelle. Vous qui dites tout cela, c'est vous qui n'entendez rien au commerce et à l'industrie. D'abord la cause de votre ruine présente, ce n'est pas moi, c'est vous. Vous avez cru qu'on pouvait faire sa fortune en un jour comme on la fait quelquefois à la guerre en gagnant une bataille. Mais il n'en est pas ainsi dans l'industrie : c'est en travaillant toute sa vie, en se conduisant sagement, en ajoutant aux produits de son travail les accumulations de son économie, qu'on devient riche. Mais parmi vous les uns ont voulu spéculer sur les brusques variations de prix des matières premières, et ils s'y sont trompés souvent ; au lieu de faire leur fortune, ils ont fait celle d'autrui. D'autres ont voulu fabriquer dix aunes d'étoffe quand ils n'avaient des débouchés

Mars 1811.

Discours de Napoléon aux députations des chambres de commerce.

que pour cinq, et ils ont perdu là où ils auraient dû gagner. Est-ce ma faute à moi si l'avidité a troublé le sens à beaucoup d'entre vous? Mais avec de la patience on répare jusqu'à ses propres erreurs, et en travaillant plus sensément on recouvre ce qu'on a perdu. Vous avez commis des fautes cette année, vous serez plus sages et plus heureux l'année prochaine. Quant à mes mesures, que savez-vous si elles sont bonnes ou mauvaises? Enfermés dans vos ateliers, ne connaissant les uns que ce qui concerne la soie ou le coton, les autres que ce qui concerne le fer, les bois, les cuirs, n'embrassant pas l'ensemble des industries, ignorant les vastes rapports des États entre eux, pouvez-vous savoir si les moyens que j'emploie contre l'Angleterre sont efficaces ou nuisibles? Demandez cependant à ceux d'entre vous qui sont allés furtivement à Londres pour s'y livrer à la contrebande, demandez-leur ce qu'ils y ont vu? Je sais leur langage comme le vôtre, car je suis informé de tous vos actes et de tous vos discours. Ils sont revenus étonnés de la détresse de l'Angleterre, de l'encombrement de ses magasins, de la baisse croissante de son change, de la ruine de son commerce, et beaucoup à leur retour ont dit de moi et de mes mesures : « *Ce diable d'homme* pourrait bien avoir raison! » Eh bien, oui, j'ai raison, et plus vite que je ne m'en étais flatté, car l'Angleterre en est arrivée à un état presque désespéré beaucoup plus tôt que je ne l'aurais cru. Elle a saturé de ses produits les colonies de l'Espagne, les siennes, les vôtres, pour je ne sais combien d'années. On n'a pas pu la payer, ou bien quand on l'a pu on lui a donné en payement du sucre, du café, du coton, dont j'ai détruit la valeur dans ses mains. Sur ce sucre, ce coton, ce café, les négociants tirent des lettres de change qui vont à la Banque, et qui s'y convertissent en papier-monnaie. Le gouvernement, pour solder ses armées, sa marine, tire aussi sur la Banque, et cause de nouvelles émissions de ce papier-monnaie. Que voulez-vous que cela devienne après un peu de temps? Il faut bien que cet édifice s'écroule. En sommes-nous là? Non. Je vous ai débarrassés du papier-monnaie, et à peine s'il reste quelques rentes pour placer les économies des petits rentiers. L'Europe m'a fourni en numéraire près d'un milliard de contributions de guerre; j'ai encore 200 millions en or ou argent dans mon trésor, je touche par an 900 millions en impôts bien répartis, et qui s'acquittent en numéraire, et vous avez le continent entier pour y écouler vos produits. La partie n'est donc pas égale entre l'Angleterre et nous. Il faut tôt ou tard qu'elle succombe. Il lui reste bien quelques issues en Suède, en Prusse, et *plus loin* (allusion à la Russie), par lesquelles les produits anglais continuent à s'infiltrer en Europe. Mais soyez tranquilles, j'y mettrai ordre. Il y a des fraudeurs encore, je saurai les atteindre. Ceux qui échapperont à mes douaniers n'échapperont pas à mes soldats, et je les poursuivrai partout, partout, entendez-vous. —

En prononçant ces derniers mots, Napoléon était menaçant au plus haut point, et il y avait toute une nouvelle guerre dans ses gestes, son accent, ses regards. Il reprenait et disait : — Cette guerre à l'Angleterre est longue et pénible, je le sais. Mais que voulez-vous que j'y fasse? Quels moyens voulez-vous que je prenne? Apparemment, puisque vous vous plaignez tant de ce que la mer est fermée, vous tenez à ce qu'elle soit ouverte, à ce qu'une seule puissance n'y domine pas aux dépens de toutes les autres, et n'enlève pas les colonies de toutes les nations, ou ne s'arroge pas une sorte de tyrannie sur tous les pavillons? Pour moi, je suis irrévocablement fixé à cet égard; je n'abandonnerai jamais les droits des neutres, je ne laisserai jamais prévaloir le principe que le pavillon ne couvre pas la marchandise, que le neutre est obligé d'aller relâcher en Angleterre pour y payer tribut. Si j'avais la lâcheté de supporter de telles théories, vous ne pourriez bientôt plus sortir de Rouen ou du Havre qu'avec un passe-port des Anglais. Mes décrets de Berlin, de Milan seront lois de l'empire jusqu'à ce que l'Angleterre ait renoncé à ses folles prétentions. Les Américains me demandent à reparaître dans nos ports, à vous apporter du coton et à emporter vos soies, ce qui sera pour vous un grand soulagement. Je suis prêt à y consentir, mais à condition qu'ils auront fait respecter en eux les principes que je soutiens, et qui sont aussi les leurs, comme ils sont ceux de toutes les nations maritimes, et que s'ils n'ont pu obtenir de l'Angleterre qu'elle les respectât en eux-mêmes, ils lui déclareront la guerre; sinon, quelque besoin que vous ayez d'eux, je les traiterai comme Anglais, je leur fermerai mes ports, et j'ordonnerai de leur courir sus! Comment voulez-vous que je fasse? Sans doute, si j'avais pu former des amiraux, aussi bien que j'ai formé des généraux, nous aurions battu les Anglais, et une bonne paix, non pas une paix plâtrée comme celle d'Amiens, cachant mille ressentiments implacables, mille intérêts non réconciliés, mais une solide paix serait rétablie. Malheureusement je ne puis pas être partout. Ne pouvant pas battre les Anglais sur mer, je les bats sur terre, je les poursuis le long des côtes du vieux continent. Toutefois je ne renonce pas à les atteindre sur mer, car nos matelots sont pour le moins aussi braves que les leurs, et nos officiers de mer vaudront ceux de la marine britannique dès qu'ils se seront exercés. Je vais avoir cent vaisseaux du Texel à Venise; je veux en avoir deux cents. Je les ferai sortir malgré eux; ils perdront une, deux batailles, ils gagneront la troisième, ou au moins la quatrième, car il finira bien par surgir un homme de mer qui fera triompher notre pavillon, et en attendant je tiendrai mon épée sur la poitrine de quiconque voudrait aller au secours des Anglais. Il faudra bien qu'ils succombent, quand même l'enfer conspirerait avec eux. Cela est long, j'en conviens; mais vous y gagnez en attendant de développer votre industrie, de devenir manufacturiers, de remplacer sur le continent les tissus de l'Angleterre, ses quincailleries, ses draps. C'est, après tout, un assez beau lot que d'avoir le continent à pourvoir. Le monde change sans cesse; il n'y a pas un siècle qui ressemble à un autre. Jadis il fallait pour être riche avoir des colonies, posséder l'Inde, l'Amérique, Saint-Domingue. Ces temps-là commencent à passer. Il faut être manufacturier, se pourvoir soi-même de ce

Mars 1811.

Mars 1811.

qu'on allait chercher chez les autres, faire ses indiennes, son sucre, son indigo. Si j'en ai le temps, vous fabriquerez tout cela vous-mêmes, non que je dédaigne les colonies et les spéculations maritimes, il s'en faut, mais l'industrie manufacturière a une importance au moins égale, et tandis que je tâche de gagner la cause des mers, l'industrie de la France se développe et se crée. On peut donc attendre dans une position pareille. Pendant ce temps, Bordeaux, Hambourg souffrent ; mais s'ils souffrent aujourd'hui, c'est pour prospérer dans l'avenir par le rétablissement de la liberté des mers. Tout a son bien et son mal. Il faut savoir souffrir pour un grand but, et, en tout cas, cette année ce n'est pas pour ce grand but que vous avez souffert, c'est par suite de vos propres fautes. Je sais vos affaires mieux que vous ne savez les miennes. Conduisez-vous avec prudence, avec suite, et ne vous hâtez pas de me juger, car souvent quand vous me blâmez moi, c'est vous seuls que vous devriez blâmer. Au surplus, je veille sur vos intérêts, et tous les soulagements qu'il sera possible de vous procurer, vous les obtiendrez [1]. —

[1] Ce discours, comme plusieurs autres de Napoléon que nous avons rapportés ailleurs, n'est ici reproduit, en substance bien entendu, que parce qu'il est authentique, et que nous avons pu en retrouver le sens sinon les termes mêmes, et que dès lors il a toute la vérité désirable et possible. Malgré l'autorité des anciens, qui ont prêté des discours à leurs personnages historiques, et auxquels on l'a pardonné à cause de la vraisemblance morale de ces discours, nous ne croyons pas un pareil exemple admissible et imitable chez les modernes. Les anciens, placés plus près que nous de l'origine des choses, n'avaient pas encore entièrement séparé l'histoire de la poésie. Ce départ est fait chez nous, et il n'est plus permis d'y revenir. Il ne doit rester à l'histoire d'autre poésie que celle qui appartient inévitablement à la vérité rigoureuse. On peut

Tels étaient les discours par lesquels Napoléon embarrassait, subjuguait ses interlocuteurs du commerce, et les éblouissait sans les convaincre, quoiqu'il eût raison contre eux sur presque tous les points. Mais c'est un sujet d'éternelle surprise de voir combien on est sage quand on conseille les autres, en l'étant si peu quand il s'agit de se conseiller soi-même. Napoléon avait raison quand il disait à ces négociants qu'ils souffraient par suite de leurs fautes, pour avoir les uns trop produit, les autres trop spéculé, qu'il était obligé de conquérir la liberté des mers, pour la conquérir de combattre l'Angleterre, pour combattre l'Angleterre de gêner les mouvements du commerce, et qu'en attendant l'industrie de la France et celle du continent naissaient de cette gêne elle-même. Mais il eût été bien embarrassé si l'un de ces spéculateurs sur les sucres ou sur les cotons avait demandé à lui, spéculateur d'un autre genre, si, pour combattre l'Angleterre, il lui était absolument nécessaire de conquérir les couronnes de Naples, d'Espagne, de Portugal, et d'en doter ses frères ; si cette difficulté d'établir sa dynastie sur tant de trô-

Mars 1811.

---

analyser, résumer un discours tenu d'une manière certaine par un personnage, mais à condition que ce discours ait été véritablement tenu, que le sens soit exactement le même, et la forme aussi, quand on a pu la retrouver. C'est ce que j'ai toujours fait dans cette histoire, c'est ce que je viens de faire dans le discours dont il s'agit. Ce discours, adressé aux chambres de commerce, fut reproduit par une foule de journaux allemands, commenté par toutes les diplomaties, envoyé à la cour de Russie, recueilli par la police, et quoique dispersé dans la mémoire des contemporains, conservé pourtant de manière à pouvoir être recueilli dans ses traits principaux. Nous n'hésitons donc pas à affirmer qu'il est vrai dans sa substance, et même vrai dans sa forme pour la plupart des traits lancés par Napoléon à ses interlocuteurs industriels.

nes n'avait pas singulièrement accru la difficulté de triompher des prétentions maritimes de l'Angleterre ; si, avec les Bourbons tremblants et soumis à Madrid et à Naples, il n'eût pas obtenu autant de concours à ses desseins que de ses frères à demi révoltés ; si tous les soldats français dispersés à Naples, à Cadix, à Lisbonne, il n'eût pas mieux fait de les risquer entre Calais et Douvres ; si, en tout cas, la nécessité de ces conquêtes admise, il n'aurait pas dû commencer par jeter lord Wellington à la mer, en se contentant du blocus tel que la Russie le pratiquait, au lieu de changer tout à coup de système, de laisser les Anglais triomphants dans la Péninsule pour aller chercher au Nord une nouvelle guerre d'un succès douteux, sous prétexte d'obtenir dans l'observation du blocus un degré d'exactitude dont il n'avait pas indispensablement besoin pour réduire le commerce britannique aux abois, et si changer sans cesse de plan, courir d'un moyen à un autre avant d'en avoir complétement employé aucun, tout cela par mobilité, orgueil, désir de soumettre l'univers à ses volontés, était une manière directe et sûre de venir à bout de l'ambition tyrannique de l'Angleterre.

Ce questionneur hardi, qui sans doute aurait fort embarrassé Napoléon, ne se trouva point, et la vérité ne fut pas dite ; mais taire la vérité c'est cacher le mal sans l'arrêter. Ses ravages secrets sont d'autant plus dangereux qu'ils se révèlent tous à la fois, et quand il n'est plus temps d'y remédier.

Aux deux causes de malaise que nous venons de faire connaître, la conscription et la crise commerciale, s'en était joint une troisième : c'étaient les troubles religieux récemment aggravés par une nouvelle saillie de la vive volonté de Napoléon.

On a vu plus haut à quel point on en était resté avec le Pape détenu à Savone. Napoléon lui avait envoyé les cardinaux Spina et Caselli pour en obtenir d'abord, au moyen de pourparlers bienveillants, l'institution canonique des évêques nommés, ce qui était la principale des difficultés avec l'Église, et ensuite pour le sonder sur un arrangement de tous les démêlés de l'Empire avec la Papauté. Napoléon voulait toujours faire accepter à Pie VII la suppression du pouvoir temporel du Saint-Siége, la réunion de Rome au territoire de l'Empire, l'établissement d'une Papauté dépendante des nouveaux Empereurs d'Occident, faisant sa résidence à Paris ou à Avignon, jouissant de beaux palais, d'une dotation de deux millions de francs, et de beaucoup d'autres avantages encore, mais placée sous l'autorité de l'Empereur des Français, comme l'Église russe sous l'autorité des Czars, et l'islamisme sous l'autorité des Sultans. Pie VII avait d'abord assez froidement accueilli les deux cardinaux, s'était ensuite adouci à leur égard, ne s'était point montré absolument contraire à l'institution canonique des évêques nommés, mais peu disposé à la donner prochainement, afin de conserver un moyen efficace de contraindre Napoléon à s'occuper des affaires de l'Église, et avait paru décidé à ne point accepter les avantages matériels qu'on lui offrait, ne demandant, disait-il, que deux choses, les Catacombes pour résidence, et quelques cardinaux fidèles pour le conseiller, pro-

Mars 1811.

tion et d'une crise commerciale viennent se joindre les froissements produits par les dissensions religieuses.

Résultat de la mission des deux cardinaux envoyés à Savone.

Mars 1811.

mettant, si on lui accordait la liberté, la pauvreté et un conseil, de mettre à jour toutes les affaires religieuses en retard, et de ne rien faire pour provoquer à la révolte le peuple au sein duquel il irait cacher sa déchéance temporelle.

Quoique revenus sans rien obtenir, les deux cardinaux avaient cependant été amenés à penser que le Pape ne serait pas invincible, qu'avec de bons traitements, en lui accordant un conseil dont il pût s'aider pour expédier les affaires de l'Église, il reprendrait ses fonctions pontificales sans même sortir de Savone, et en se résignant à y vivre parce qu'il y était, et parce que dans cette espèce de prison il ne consacrait rien par son adhésion, tandis qu'en se laissant transporter à Avignon ou à Paris, en acceptant des dotations, il sanctionnerait les actes impériaux par le concours qu'il leur aurait donné. Des entretiens que le Pape avait eus depuis avec M. de Chabrol, préfet de Montenotte, on pouvait tirer les mêmes conclusions, et Napoléon cherchait une manière de concilier les inclinations du Pape avec ses propres vues, lorsque plusieurs incidents, survenus tout à coup, l'avaient porté à une exaspération inouïe et aux actes les plus violents.

Efforts renouvelés du Saint-Père pour empêcher l'administration provisoire des siéges vacants.

On se rappelle sans doute l'expédient imaginé pour administrer provisoirement les diocèses dans lesquels il y avait des prélats nommés et non institués. Il n'y avait pas moins de vingt-sept diocèses dans ce cas, et dans le nombre se trouvaient des siéges comme Florence, Malines, Paris, etc. Les chapitres, les uns libres, les autres contraints, avaient conféré la qualité de vicaires capitulaires aux évêques nommés, ce qui permettait à ceux-ci de gouverner au moins comme administrateurs leurs nouveaux diocèses. Le cardinal Maury, nommé archevêque de Paris à la place du cardinal Fesch, et non institué encore, administrait de la sorte le diocèse de Paris. Seulement il avait beaucoup de contrariétés à supporter de la part de son chapitre, et, comme nous l'avons dit ailleurs, lorsque dans certaines cérémonies religieuses il voulait faire porter la croix devant lui, ce qui est le signe essentiel de la dignité épiscopale, quelques chanoines dociles restaient, les autres, M. l'abbé d'Astros en tête, s'enfuyaient avec une affectation offensante.

Napoléon faisait entendre les rugissements du lion à chaque nouvelle inconvenance du clergé, mais il ne s'y arrêtait pas longtemps, comptant sur le prochain arrangement de toutes les affaires ecclésiastiques à la fois. Cependant, des rapports venus de Turin, de Florence et de Paris, lui révélèrent coup sur coup une trame ourdie dans l'ombre par des prêtres et des dévots fervents, afin de rendre impossible le mode provisoire d'administration imaginé pour les églises. Le Pape avait secrètement écrit à divers chapitres pour les engager à ne pas reconnaître comme vicaires capitulaires les évêques nommés et non institués. Il se fondait sur certaines règles canoniques assez mal interprétées, et soutenait que ce mode d'administration était contraire aux droits de l'Église romaine, parce qu'il conférait aux nouveaux prélats la possession anticipée de leurs siéges. A Paris il avait adressé au chapitre une défense formelle de reconnaître le cardinal Maury

Mars 1811.

Lettres du Pape à divers chapitres

Mars 1814.

pour les empêcher de conférer aux nouveaux prélats nommés par Napoléon la qualité de vicaires capitulaires.

comme vicaire capitulaire, et au cardinal lui-même une lettre des plus amères, dans laquelle il lui reprochait son ingratitude envers le Saint-Siége, qui, disait-il, l'avait accueilli dans son exil, doté de plusieurs bénéfices, et notamment de l'évêché de Montefiascone (comme si ce cardinal n'avait pas fait pour l'Église autant au moins qu'elle avait fait pour lui), et lui enjoignait, sous peine de désobéissance, de renoncer à l'administration du diocèse de Paris. Par une étrange négligence, cette double missive avait été adressée au chapitre et au cardinal par la voie du ministère des cultes, avec plusieurs autres dépêches relatives à diverses affaires de détail, que le Pontife voulait bien encore expédier de temps en temps. Le ministre ayant ouvert ces plis, fut fort surpris du contenu, n'en voulut rien dire au cardinal de peur de l'affliger, et remit tout à l'Empereur, dont on concevra facilement l'irritation lorsqu'il vit les efforts du Pape prisonnier pour faire évanouir en ses mains le dernier moyen d'administrer les diocèses vacants. Il recommanda le secret, et prescrivit des recherches pour s'assurer s'il n'y avait pas eu d'autres expéditions des lettres du Pape. Au même instant il lui arrivait du Piémont et de Toscane des informations exactement semblables. M. d'Osmond, nommé archevêque de Florence, actuellement en route pour se rendre dans son nouveau diocèse, s'était rencontré à Plaisance avec une députation du chapitre de Florence, chargée de lui déclarer qu'il y avait déjà un vicaire capitulaire en fonctions, qu'il n'était pas possible d'en élire un autre, et qu'on avait reçu à cet égard des injonctions de Savone auxquelles on était résolu de ne pas désobéir. Ce malheureux archevêque, esprit sage mais timide, était demeuré à Plaisance dans la plus cruelle perplexité. La princesse Élisa, sœur de Napoléon, qui gouvernait son duché avec un habile mélange de douceur et de fermeté, avait été informée de cette trame, avait appelé auprès d'elle le principal meneur du chapitre, plus un certain avocat qui servait d'intermédiaire au Pape, s'était fait livrer la correspondance de Pie VII, et avait tout mandé à Napoléon avant de prendre aucune mesure sévère. En Piémont, M. Dejean nommé à l'évêché d'Asti avait essuyé le même accueil, avec moins d'égards encore, car sans le prévenir on lui avait refusé toute autorité sur son nouveau diocèse, et on lui avait déclaré qu'on ne pouvait lui accorder aucune situation, même celle d'administrateur provisoire. Le prince Borghèse, gouverneur du Piémont, avait, comme sa belle-sœur, expédié à Paris les pièces de ce singulier et audacieux conflit.

Napoléon, en voyant ce concours d'accidents semblables sur des points fort éloignés, y découvrit tout de suite un système de résistance très-bien combiné, et dont le résultat devait être ou de l'obliger à traiter immédiatement avec le Pape, ou de susciter un véritable schisme. Sa colère fit explosion. Il avait appris presque en même temps, les 29, 30, 31 décembre 1810, les divers faits que nous venons de rapporter. Il tenait à arrêter partout la propagation des lettres du Pape, et pour y réussir il voulait frapper de terreur ceux qui avaient porté ces lettres, qui les avaient reçues, ou qui en étaient encore dé-

Mars 1811.

Découvertes de lettres semblables écrites aux chapitres de Paris, de Florence et d'Asti.

Mars 1811.

Soupçons conçus à l'égard de l'abbé d'Astros, et arrestation de cet ecclésiastique le 1er janvier, à la sortie des Tuileries.

positaires. Le lendemain, 1ᵉʳ janvier (1811), il devait recevoir les hommages des grands corps de l'État, notamment ceux du chapitre et du clergé de Paris. Il ne prononçait pas de discours d'apparat dans ces solennités, mais parlait familièrement aux uns et aux autres, suivant l'humeur du jour, récompensant ceux-ci par quelques attentions flatteuses, châtiant ceux-là par des mots où la puissance de l'esprit se joignait à celle du trône pour accabler les malheureux qui lui avaient déplu. Sa prodigieuse sagacité, perçante comme son regard, semblait pénétrer jusqu'au fond des âmes. A la tête du chapitre de Paris se trouvait l'abbé d'Astros, prêtre passionné et imprudent, partageant jusqu'au fanatisme toutes les idées du clergé hostile à l'Empire. Napoléon, sachant à qui il avait affaire, aborda sur-le-champ les points les plus difficiles de la querelle religieuse, et de manière à provoquer de la part de son interlocuteur quelque imprudence qui servît à l'éclairer. Il y réussit parfaitement, et après avoir fait dire à l'abbé d'Astros ce qu'il voulait, et l'avoir ensuite rudement traité, il appela, séance tenante, le duc de Rovigo, qui était dans le palais, et lui dit : Ou je me trompe bien, ou cet abbé a les missives du Pape. Arrêtez-le avant qu'il sorte des Tuileries, interrogez-le, ordonnez en même temps qu'on fouille ses papiers, et on y découvrira certainement tout ce qu'on désire savoir. —

Le duc de Rovigo, pour que l'esclandre fût moindre, pria le cardinal Maury de lui amener l'abbé d'Astros au ministère de la police, et prescrivit en même temps une perquisition dans le domicile de cet ecclésiastique. Le duc de Rovigo, qui avait acquis déjà toute la dextérité nécessaire à ses nouvelles fonctions, feignit en interrogeant l'abbé d'Astros de savoir ce qu'il ignorait, et obtint de la sorte la révélation de ce qui s'était passé. L'abbé d'Astros avoua qu'il avait reçu les deux brefs du Pape, l'un pour le chapitre, l'autre pour le cardinal, affirma toutefois qu'il ne les avait pas propagés encore, et fort imprudemment convint d'en avoir parlé à son parent M. Portalis, fils de l'ancien ministre des cultes, et membre du Conseil d'État impérial. Au même instant, les agents envoyés au domicile de l'abbé d'Astros avaient trouvé les lettres papales, et beaucoup d'autres papiers qui révélèrent entièrement la trame qu'on était occupé à rechercher. On sut qu'il y avait à Paris un petit conseil de prêtres romains et français, en communication fréquente avec le Pape, se concertant avec lui sur la conduite à tenir en chaque circonstance, et correspondant par des hommes dévoués, de Paris à Lyon, de Lyon à Savone.

Mars 1811.

Lorsque tout fut ainsi découvert, Napoléon, qui voulait faire peur, commença par une première victime, et cette victime fut M. Portalis. Ce fils du principal auteur du Concordat, soumis envers l'Église, mais non moins soumis envers Napoléon, avait cru concilier les diverses convenances de sa position en disant à M. Pasquier, préfet de police et son ami, qu'il circulait un bref du Pape fort regrettable et fort capable de semer la discorde entre l'Église et l'État, qu'on ferait bien d'en arrêter la propagation [1]; mais

M. Portalis, injustement impliqué dans l'affaire de l'abbé d'Astros, est violemment expulsé du Conseil d'État.

[1] C'est d'après les pièces elles-mêmes, c'est-à-dire, d'après les lettres

il s'en tint à cet avis, et ne désigna point son parent l'abbé d'Astros, car ses devoirs de conseiller d'État ne l'obligeaient nullement à se faire le dénonciateur de sa propre famille.

Le 4 janvier, le Conseil d'État étant assemblé, et M. Portalis assistant à la séance, Napoléon commença par raconter tout ce qui venait de se passer entre le Pape et certains chapitres, exposa les tentatives qu'on avait découvertes, et qui, selon lui, avaient pour but de pousser les sujets à la désobéissance envers leur souverain, puis affectant une extrême douleur, il ajouta que son plus grand chagrin en cette circonstance était de trouver parmi les coupables un homme qu'il avait comblé de biens, le fils d'un ancien ministre qu'il avait fort affectionné jadis, un membre de son propre Conseil ici présent, M. Portalis. Puis s'adressant brusquement à celui-ci, il lui demanda à brûle-pourpoint s'il avait connu le bref du Pape, si l'ayant connu il en avait gardé le secret, si ce n'était pas là une vraie forfaiture, une trahison et une noire ingratitude tout à la fois, et en interrogeant ainsi coup sur coup M. Portalis, il ne lui donnait pas même le temps de répondre. Nous avons vu les licences de la multitude, c'était alors le temps des licences du pouvoir. M. Portalis, magistrat éminent, dont l'énergie mal-

de Napoléon, du ministre de la police, du préfet de police, de la princesse Élisa, du prince Borghèse, enfin du ministre des cultes, que je rapporte ces détails. Je suis donc bien certain des faits que je raconte. A ce sujet je ferai remarquer que ce n'est pas à l'occasion de la bulle d'excommunication, comme on l'a écrit quelquefois, mais du bref du Pape au chapitre de Paris, qu'eut lieu l'explosion de colère dont M. Portalis fut la victime.

heureusement n'égalait pas les hautes lumières, aurait pu relever la tête, et faire à son maître des réponses embarrassantes; mais il ne sut que balbutier quelques mots entrecoupés, et Napoléon, oubliant ce qu'il devait à un membre de son Conseil, à ce Conseil, à lui-même, lui adressa cette apostrophe foudroyante : Sortez, monsieur, sortez, que je ne vous revoie plus ici. — Le conseiller d'État traité avec tant de violence se leva tremblant, traversa en larmes la salle du Conseil, et se retira presque anéanti du milieu de ses collègues stupéfaits.

Bien que dans tous les temps la méchanceté humaine éprouve une secrète satisfaction au spectacle des disgrâces éclatantes, ce ne fut point le sentiment éveillé en cette circonstance. La pitié, la dignité blessée l'emportèrent dans le Conseil d'État, qui fut offensé d'une telle scène, et qui manifesta ce qu'il sentait non par des murmures, mais par une attitude glaciale. Il n'y a pas de puissance, quelque grande qu'elle soit, à laquelle il soit donné de froisser impunément le sentiment intime des hommes assemblés. Sous l'empire de la crainte leur bouche peut se taire, mais leur visage parle malgré eux. Napoléon reconnaissant à la seule attitude des assistants qu'il avait été inconvenant et cruel, éprouva un indicible embarras, dont il tâcha vainement de sortir en affectant un excès de douleur presque ridicule, en disant qu'il était désolé d'être contraint de traiter ainsi le fils d'un homme qu'il avait aimé, que le pouvoir avait de bien pénibles obligations, qu'il fallait cependant les remplir quoi qu'il pût en coûter, et mille banalités de ce genre, lesquelles ne touchèrent personne. On le laissa s'agiter dans ce vide, et on se retira sans mot dire. Le plus puni après M. Portalis c'était lui.

A cet éclat Napoléon voulut joindre des mesures plus efficaces, afin d'intimider la partie hostile du clergé, et de prévenir les conséquences des menées récemment découvertes. Il fit détenir M. d'Astros, arrêter ou éloigner de Paris plusieurs des prêtres composant le conciliabule dont l'existence venait d'être découverte. Il ordonna à son beau-frère le prince Borghèse, à sa sœur Elisa, de faire arrêter les chanoines connus pour être les meneurs des chapitres d'Asti et de Florence, de les envoyer à Fenestrelle, de déclarer à ces chapitres que s'ils ne se soumettaient à l'instant même, et ne conféraient pas immédiatement aux nouveaux prélats la qualité de vicaires capitulaires, les siéges seraient supprimés, les canonicats avec le siége, et les chanoines récalcitrants enfermés dans des prisons d'État. La même déclaration fut adressée au chapitre de Paris.

Ces violences furent suivies d'autres mesures d'une nature plus triste encore, parce qu'elles étaient empreintes du caractère d'une colère mesquine. Napoléon ordonna de séparer le Pape de tous ceux qui l'avaient entouré jusqu'ici, excepté un ou deux domestiques dont on serait sûr, de ne lui pas laisser un seul secrétaire, de profiter du moment où il serait à la promenade pour lui ôter tout moyen d'écrire, d'enlever ses papiers et de les envoyer à Paris pour qu'on les y examinât, de réduire à quinze ou vingt mille francs par an sa dépense qui avait toujours été princière, et de déclarer au Pape qu'il lui était expressément défendu d'écrire ou de recevoir des lettres. Un officier de gendarmerie fut expédié pour le garder jour et nuit, et observer ses moindres mouvements. Le préfet, M. de Chabrol, était chargé d'effrayer Pie VII non-seulement pour lui-même, mais pour tous ceux qui se trouveraient compromis dans les menées qu'on découvrirait à l'avenir. Il devait lui dire que par sa conduite imprudente il se mettait dans le cas d'être jugé, déposé même par un concile, et qu'il exposait ses complices à des peines plus sévères encore.

Heureusement l'exécution de ces mesures de colère était confiée à un homme plein de tact et de convenance. M. de Chabrol parla au Pape non pas en ministre menaçant d'une puissance irritée, mais en ministre affligé, qui ne se servait de la force dont il était armé que pour donner à son auguste prisonnier quelques conseils de prudence et de sagesse. Il ne put pourtant pas épargner au Pape l'éloignement de ses entours, l'enlèvement de ses papiers, et beaucoup d'autres précautions aussi humiliantes que puériles. Le Pape, troublé d'abord plus qu'il ne convenait (et nous le rapportons avec regret, car on est jaloux de la dignité d'une telle victime), se remit bientôt, écouta avec douceur M. de Chabrol, dit que si on lui avait demandé ses papiers il les aurait livrés, sans qu'on eût besoin de recourir à une supercherie, comme de les prendre pendant qu'il était à la promenade, promit de ne plus correspondre, non à cause de lui, mais à cause de ceux qui pourraient devenir victimes de leur dévouement à

Mars 1811.

Conduite habile et respectueuse du préfet de Montenotte envers Pie VII.

l'Église, et ajouta que quant à lui, vieux, accablé par les événements, il était au terme de sa carrière, et tromperait bientôt ses persécuteurs en ne laissant dans leurs mains, au lieu d'un pape, qu'un cadavre inanimé.

M. de Chabrol le consola, tout en lui faisant entendre des paroles de sagesse utiles et nécessaires, et contribua par ce qu'il écrivit à obtenir l'adoucissement des ordres venus de Paris. Matériellement la dépense de la maison du Pape ne fut point changée.

Quant aux chapitres de Florence et d'Asti, ils se soumirent avec un empressement misérable. Les chanoines récalcitrants, excepté un ou deux qu'on envoya dans des prisons d'État, tombèrent aux genoux de la puissance temporelle, s'excusèrent, pleurèrent, et, sans une seule objection, confièrent à M. d'Osmond pour le diocèse de Florence, à M. Dejean pour le diocèse d'Asti, presque tous les pouvoirs non-seulement d'un administrateur, mais d'un prélat institué. A Paris, l'empressement dans la soumission fut encore plus marqué. On jeta tout sur l'imprudence de M. d'Astros, espèce de fanatique, disait-on, qui avait failli perdre le diocèse. Le cardinal Maury n'eut plus d'autre chagrin à éprouver que celui d'obéir à un tel pouvoir, de commander à de tels subordonnés! Les diocèses de Metz, d'Aix et autres, où s'était élevé le même conflit, se soumirent avec la même docilité. Ce n'était plus pour l'Église le temps ni du génie ni du martyre! Son chef, Pie VII, malgré quelques moments de faiblesse inséparables de la nature humaine, malgré quelques emportements inséparables de son état de souffrance, était seul digne encore des beaux siècles de l'Église romaine!

Napoléon, sitôt obéi, se calma. Cependant il résolut de mettre un terme à ces résistances, qui l'importunaient sans l'effrayer, qui l'effrayaient même trop peu, car elles étaient plus graves qu'il ne l'imaginait. Il s'arrêta donc à une idée, qui déjà s'était plusieurs fois offerte à son esprit, celle d'un concile, dont il se flattait d'être le maître, et dont il espérait se servir, soit pour amener le Pape à céder, soit pour se passer de lui, en substituant à l'autorité du chef de l'Église l'autorité supérieure de l'Église assemblée. Il avait déjà formé une commission ecclésiastique composée de plusieurs prélats et de plusieurs prêtres, et entre autres de M. Émery, le supérieur si respecté de la Congrégation de Saint-Sulpice. Il la convoqua de nouveau, en la composant un peu autrement, ce que la mort récente de M. Émery rendait inévitable, et lui renvoya toutes les questions que faisait naître le projet d'un concile. Le fallait-il général ou provincial? composé de tous les évêques de la chrétienté, ou seulement des évêques de l'Empire, du royaume d'Italie et de la Confédération germanique, ce qui équivalait à la chrétienté presque entière? quelles questions fallait-il lui soumettre, quelles résolutions lui demander, quelles formes observer, dans ce dix-neuvième siècle, si différent des siècles où les derniers conciles avaient été réunis? Napoléon insista vivement pour qu'on hâtât l'examen de ces diverses questions, se proposant d'assembler le concile au commencement du mois

Mars 1811.

Projet d'un concile afin de se servir de son autorité pour l'arrangement des affaires de l'Église.

Résolution de convoquer ce concile au mois de juin

Avril 1811.

de la présente
année 1811.

Suite
des affaires
diplomatiques
et militaires.

Élévation
de M. de Bassano au poste
de ministre
des affaires
étrangères.

de juin, le jour même du baptême du Roi de Rome.

En attendant le commencement de juin, Napoléon avait toujours l'œil sur les affaires du Nord, et s'occupait avec une égale activité de diplomatie et de préparatifs militaires.

Sous le rapport de la diplomatie il venait de faire un choix qui ne devait pas avoir sur ses destinées une heureuse influence, c'était celui de M. Maret, duc de Bassano, pour ministre des affaires étrangères. Déjà, comme on l'a vu, il s'était séparé des deux seuls personnages qui pussent alors être aperçus à travers l'auréole de gloire qui l'entourait, MM. Fouché et de Talleyrand. Ainsi que nous l'avons raconté, il avait remplacé M. Fouché par le duc de Rovigo, et il ne pouvait pas mieux faire, la faute de renvoyer M. Fouché une fois commise. Il avait remplacé M. de Talleyrand par M. de Champagny, duc de Cadore, homme sage et tempéré, ne retranchant rien des volontés de Napoléon, mais n'y ajoutant rien, et plutôt les amortissant un peu par la modération de son caractère. M. de Cadore faisait sur chaque objet des rapports excellents, mais il parlait peu, et en parlant peu n'amenait guère les diplomates étrangers à parler. Napoléon se plaignait souvent au prince Cambacérès de ce que son ministre des affaires étrangères *manquait de conversation*, et il finit par céder aux désirs de son secrétaire d'État, M. de Bassano, qui soupirait après le rôle de ministre des affaires étrangères et de représentant du grand empire auprès de l'Europe. Napoléon se décida à ce choix précisément en avril 1811, époque où l'état de l'Europe se compliquait, et où une pareille nomination pouvait avoir les plus grands inconvénients.

Nous avons déjà parlé de M. de Bassano. Le grand rôle qu'il fut appelé à jouer depuis exige que nous en parlions encore. Ce ministre avait exactement tout ce qui manquait à M. de Cadore. Autant celui-ci était modeste, timide même, autant M. de Bassano l'était peu. Honnête homme, comme nous l'avons dit, dévoué à Napoléon, mais de ce dévouement fatal aux princes qui en sont l'objet, poli, ayant le goût et le talent de la représentation, parlant bien, s'écoutant parler, vain à l'excès de l'éclat emprunté à son maître, il était fait pour ajouter à tous les défauts de Napoléon, si on avait pu ajouter quelque chose à la grandeur de ses défauts ou de ses qualités. Quand les volontés impérieuses de Napoléon passaient par la bouche hésitante de M. de Cadore, elles perdaient de leur violence; quand elles passaient par la bouche lente et railleuse de M. de Talleyrand, elles perdaient de leur sérieux. Cette manière de transmettre ses ordres, Napoléon l'appelait de la maladresse chez le premier, de la trahison chez le second, heureuse trahison qui ne trahissait que ses passions au profit de ses intérêts! Il n'avait rien de pareil à craindre de la part de M. de Bassano, et il était assuré que pas une de ses intraitables volontés ne serait tempérée par la prudente réserve de son ministre. Le plus orgueilleux des maîtres allait avoir pour agent le moins modeste des ministres, et cela dans le moment même où l'Europe, poussée à bout, aurait eu plus que jamais besoin d'être ménagée. Il faut ajouter, pour l'excuse de M. de Bassano, qu'il regardait Napoléon non-seulement comme le plus grand des capitaines, mais comme le plus sage des politiques, qu'il ne trouvait donc presque rien à changer à ses vues, bonne foi qui en faisait innocemment le plus dangereux des ministres.

Le 17 avril, Napoléon appela l'archichancelier Cambacérès, qu'il ne consultait plus que rarement, excepté en fait de législation pour l'écouter presque toujours, en fait de religion pour ne l'écouter presque jamais, en fait de personnes pour les préparer à ses brusques volontés. Il lui exposa ce qu'il reprochait à M. de Cadore, tout en l'estimant et l'aimant beaucoup, et sa résolution de le remplacer par M. le duc de Bassano. Le prince Cambacérès dit quelques mots en faveur de M. de Cadore, se tut sur M. de Bassano, silence suffisant pour Napoléon qui devinait tout mais ne tenait compte de rien, et prit la plume pour rédiger le décret. Napoléon le signa, et chargea ensuite le prince Cambacérès d'aller avec M. de Bassano redemander à M. de Cadore le portefeuille des affaires étrangères. Le prince Cambacérès, suivi de M. de Bassano, se rendit chez M. de Cadore, le surprit extrêmement par son message, car cet excellent homme n'avait pas deviné en quoi il déplaisait à son maître, et ne trouva chez lui qu'une résignation tranquille et silencieuse. M. de Cadore remit son portefeuille à M. de Bassano avec un chagrin dissimulé mais visible, et M. de Bassano le reçut avec l'aveugle joie de l'ambition satisfaite, le premier ignorant de quel fardeau cruel il se déchargeait, le second de quelles épouvantables catastrophes il allait prendre sa part! Heureux et terrible mystère de la destinée, au milieu duquel nous marchons comme au sein d'un nuage!

Le prince Cambacérès ayant discerné le chagrin de M. de Cadore, en rendit compte à Napoléon, qui, toujours plein de regret lorsqu'il fallait affliger d'anciens serviteurs, accorda un beau dédommagement à son ministre destitué, et le nomma intendant général de la couronne.

Napoléon avait été plus heureusement inspiré en choisissant son nouvel ambassadeur à Saint-Pétersbourg. Il avait, comme nous l'avons dit plus haut, donné pour successeur à M. le duc de Vicence M. de Lauriston, l'un de ses aides de camp, qu'il avait déjà employé avec profit dans plusieurs missions délicates où il fallait du tact, de la réserve, de l'esprit d'observation, des connaissances administratives et militaires. M. de Lauriston était un homme simple et sensé, n'aimant point à déplaire à son maître, mais aimant encore mieux lui déplaire que le tromper. Aucun ambassadeur n'était mieux fait que lui pour rapprocher les deux empereurs de Russie et de France, s'ils pouvaient être rapprochés, en ménageant le premier et en lui inspirant confiance, en persuadant au second que la guerre n'était point inévitable et dépendait uniquement de sa volonté. Il y avait peu de chances assurément de réussir dans une telle mission, surtout au point où en étaient arrivées les choses, mais il était certain qu'elles n'empireraient point par la faute de M. de Lauriston.

Napoléon, depuis qu'il avait tant précipité ses

Avril 1811.

Le duc de Cadore dédommagé du portefeuille des affaires étrangères par l'intendance de la couronne.

Nomination de M. de Lauriston pour remplacer M. de Caulaincourt à Saint-Pétersbourg.

Instructions

armements sur la nouvelle du rappel des divisions russes de Turquie, avait bien senti qu'il n'était plus temps de les dissimuler, et avait ordonné à M. de Caulaincourt, au moment de son départ, à M. de Lauriston, au moment de son arrivée, de ne plus rien cacher, d'avouer au contraire tous les préparatifs qu'il avait faits, de les étaler avec complaisance, de manière à intimider Alexandre puisqu'on ne pouvait plus l'endormir. Mais il les avait également autorisés l'un et l'autre à déclarer formellement qu'il ne désirait point la guerre pour la guerre, que s'il la préparait c'était uniquement parce qu'il croyait qu'on se disposait à la lui faire, parce qu'il était convaincu que les affaires de Turquie terminées la Russie se rapprocherait de l'Angleterre, ne fût-ce que pour rétablir son commerce avec elle, et jouir en égoïste de ce qu'elle aurait dû à l'alliance française; que déjà même elle l'avait fait à moitié en recevant les Américains dans ses ports; que, selon lui, recevoir les fraudeurs, c'était presque se mettre en guerre; que s'il était possible qu'on lui en voulût pour une misère comme celle d'Oldenbourg, on n'avait qu'à demander une indemnité, qu'il la donnerait, si grande qu'elle fût, mais qu'il fallait enfin se parler franchement, ne rien garder de ce qu'on avait sur le cœur, afin de prendre ou de déposer les armes tout de suite, et de ne pas s'épuiser en préparatifs inutiles. Toutes ces choses, il les avait dites lui-même au prince Kourakin et à M. de Czernicheff, avec un mélange de grâce, de hauteur, de bonhomie, qu'il savait très-bien employer à propos, et il avait pressé M. de Czernicheff d'aller les redire à Saint-Pétersbourg. Toutefois, comme il ne voulait s'expliquer aussi catégoriquement que lorsque ses armements seraient suffisamment avancés, il avait recommandé à M. de Lauriston, en le faisant partir de Paris en avril, de n'arriver qu'en mai à Saint-Pétersbourg, moment où ses préparatifs les plus significatifs pourraient être connus. Lui-même n'avait parlé ouvertement à MM. de Kourakin et Czernicheff qu'un peu avant cette époque.

Avril 1811.

Mais tout ce soin de Napoléon à mettre une habile gradation dans son langage était superflu, car Alexandre avait été informé jour par jour, et avec une rare exactitude, de ce qui se faisait en France. Quelques Polonais qui étaient dévoués à la Russie, beaucoup d'Allemands qui nous haïssaient avec passion, la plupart des habitants ruinés de Dantzig, de Lubeck, de Hambourg, s'étaient empressés de l'avertir de tous les mouvements de nos troupes. Enfin un misérable employé des bureaux de la guerre, gagné à prix d'argent par M. de Czernicheff, avait livré l'effectif de tous les corps. Aussi, à chaque effort de M. de Caulaincourt pour nier ou atténuer au moins les faits dont la connaissance parvenait journellement à Saint-Pétersbourg, Alexandre lui répondait : « Ne niez pas, car je suis certain de ce que j'avance. Évidemment on vous laisse tout ignorer, et on n'a plus confiance en vous. Toute la peine que je me donne pour vous éclairer, et que je me donne volontiers parce que je vous estime et vous aime, est perdue. L'empereur Napoléon ne vous croit pas, parce que vous lui dites la vérité; il

Inutilité des dissimulations avec l'empereur Alexandre, qui est informé des préparatifs faits en France, par ses divers correspondants, et par la trahison d'un employé de la guerre.

Avril 1811.

Nouvelles explications de l'empereur Alexandre avec M. de Caulaincourt.

prétend que je vous ai séduit, que vous êtes à moi et non à lui; il en sera de même de M. de Lauriston, qui lui aussi est un honnête homme, qui ne pourra que répéter les mêmes choses, et votre maître dira encore que M. de Lauriston est gagné. » —

M. de Caulaincourt, duquel Napoléon disait en effet tout cela, et sur qui la grâce séduisante de l'empereur Alexandre avait agi, mais pas jusqu'à lui faire écrire autre chose que la vérité, M. de Caulaincourt ayant à son tour répondu, et dit à son auguste interlocuteur qu'effectivement on armait en France, mais qu'on armait parce qu'il armait lui-même, lui ayant parlé des ouvrages qui s'exécutaient sur la Dwina et sur le Dniéper, du mouvement des troupes de Finlande, de celui des troupes de Turquie, Alexandre se voyant découvert, s'en était tiré par un entier déploiement de franchise, qu'il pouvait du reste se permettre sans inconvénient, car il était vrai qu'il n'avait pris ses premières précautions qu'à la suite de nombreux avis venus de Pologne et d'Allemagne, et lui-même d'ailleurs n'était pas fâché qu'on sût qu'il était préparé à se bien battre. — Vous prétendez que j'arme, avait-il dit à M. de Caulaincourt, et je suis loin de le nier; j'arme en effet, je suis prêt, tout à fait prêt, et vous me trouverez disposé à me défendre énergiquement. Et que penseriez-vous de moi si j'avais agi autrement, si j'avais été assez simple, assez oublieux de mes devoirs, pour laisser mon pays exposé à la volonté si prompte, si exigeante et si redoutable de votre maître? Mais je n'ai armé que lorsque des avis sûrs, infaillibles, dont, bien entendu, je n'ai pas à vous révéler la source, m'ont appris qu'on mettait Dantzig en état de défense, qu'on augmentait la garnison de cette ville, que les troupes du maréchal Davout s'accroissaient et se concentraient, que les Polonais, les Saxons avaient ordre de se tenir prêts; qu'on achevait Modlin, qu'on réparait Thorn, qu'on approvisionnait enfin toutes ces places. Ces avis reçus, voici ce que j'ai fait... — Conduisant alors par la main M. de Caulaincourt dans un cabinet reculé où étaient étalées ses cartes, Alexandre avait ajouté : J'ai ordonné des travaux défensifs non pas en avant, mais en arrière de ma frontière, sur la Dwina et le Dniéper, à Riga, à Dunabourg, à Bobruisk, c'est-à-dire à une distance du Niémen presque égale à celle qui sépare Strasbourg de Paris. Si votre maître fortifiait Paris, pourrais-je m'en plaindre? Et quand il porte ses préparatifs si en avant de ses frontières, ne puis-je pas armer si en arrière des miennes, sans être accusé de provocation? Je n'ai pas tiré des divisions entières de Finlande, mais seulement rendu aux divisions de Lithuanie les régiments qu'on leur avait enlevés pour la guerre contre les Suédois; j'ai envoyé à l'armée les bataillons de garnison, et changé l'organisation de mes dépôts. J'augmente ma garde, ce dont vous ne me parlez pas, et ce que je vous avoue, et je tâche de la rendre digne de la garde de Napoléon. J'ai enfin ramené cinq de mes divisions de Turquie, ce dont je suis loin de faire un mystère, ce dont au contraire je fais un grief contre vous, car vous m'empêchez ainsi de recueillir le fruit convenu de notre alliance, fruit bien modique en comparaison de vos conquêtes; en un mot, je ne veux pas être pris au dépourvu. Je n'ai pas d'aussi bons généraux que les vôtres, et surtout je ne suis, moi, ni un général ni un administrateur comme Napoléon; mais j'ai de bons soldats, j'ai une nation dévouée, et nous mourrons tous l'épée à la main plutôt que de nous laisser traiter comme les Hollandais ou les Hambourgeois. Mais, je vous le déclare sur l'honneur, je ne tirerai pas le premier coup de canon. Je vous laisserai passer le Niémen sans le passer moi-même. Croyez-moi, je ne vous trompe point, je ne veux pas la guerre. Ma nation, quoique blessée des allures de votre empereur à mon égard, quoique alarmée de vos empiétements, de vos projets sur la Pologne, ne veut pas plus la guerre que moi, car elle en sait le danger; mais attaquée elle ne reculera point. —

M. de Caulaincourt ayant répété au czar que, en dehors de la guerre, il y avait des choses qui pouvaient égaler la gravité de la guerre elle-même, que le projet secret de se rapprocher de l'Angleterre après la conquête des provinces danubiennes, de rétablir le commerce russe avec elle, serait jugé par Napoléon comme non moins dangereux que des coups de canon, Alexandre avait été aussi prompt à s'expliquer sur ce sujet que sur les autres. — Me rapprocher, avait-il dit, de l'Angleterre après l'arrangement des affaires de Turquie, je n'y pense pas! Après la guerre de Turquie, après avoir ajouté la Finlande, la Moldavie, la Valachie à mon empire, je considérerai la tâche militaire et politique de mon règne comme accomplie. Je ne veux plus courir de nouveaux hasards, je veux jouir en paix de ce que j'aurai acquis, et m'occuper de civiliser mon empire au lieu de m'attacher à l'agrandir. Or, pour me rapprocher de l'Angleterre, il faudrait me séparer de la France, et courir la chance d'une guerre avec elle, que je regarde comme la plus dangereuse de toutes! Et pour quel but? pour servir l'Angleterre, pour venir à l'appui de ses théories maritimes, qui ne sont pas les miennes? Ce serait insensé de ma part. La guerre de Turquie finie, je veux demeurer en repos, dédommagé de ce que vous aurez acquis par ce que j'aurai acquis moi-même, très-insuffisamment dédommagé, disent les adversaires de la politique de Tilsit, mais suffisamment à mes yeux. Je resterai fidèle à cette politique, je resterai en guerre avec l'Angleterre, je lui tiendrai mes ports fermés, dans la mesure toutefois que j'ai fait connaître et dont il m'est impossible de me départir. Je ne puis pas, en effet, je vous l'ai dit, je vous le répète, interdire tout commerce à mes sujets, ni leur défendre de frayer avec les Américains. Il entre bien ainsi quelques marchandises anglaises en Russie, mais vous en introduisez au moins autant chez vous par vos licences, et surtout par votre tarif qui les admet au droit de 50 pour cent. Je ne puis pas me gêner plus que vous ne vous gênez vous-mêmes. J'ai besoin, en persistant dans une alliance que vous ne prenez aucun soin de populariser en Russie, de ne pas la rendre intolérable à mes peuples par un genre de dévouement que vous n'y apportez point, et qui n'est pas nécessaire du reste pour réduire l'Angleterre aux abois, comme elle y sera bientôt réduite si vous ne lui créez pas vous-mêmes des alliés sur le continent. Il faut donc nous en tenir à ces termes,

Avril 1811.

car, je vous le déclare, la guerre fût-elle à mes portes, sous le rapport des mesures commerciales, je n'irai pas au delà. Quant aux autres points qui nous divisent, j'en ai pris mon parti. Les Polonais sont bien bruyants, bien incommodes, annoncent bien haut la prochaine reconstitution de la Pologne, mais je compte sur la parole de l'Empereur à ce sujet, quoiqu'il m'ait refusé la convention que j'avais demandée. Quant à Oldenbourg, j'ai besoin de quelque chose qui ne soit pas dérisoire, non pour ma famille, que je suis assez riche pour dédommager, mais pour la dignité de ma couronne. Et à cet égard encore je m'en rapporte à l'empereur Napoléon. Je vous ai dit, je vous répète, que, quoique blessé et embarrassé de ce qui s'est passé dans le duché d'Oldenbourg, pour ce motif je ne ferai pas la guerre. —

M. de Caulaincourt ayant insisté pour que l'empereur Alexandre désignât lui-même l'indemnité qui pourrait lui convenir, il refusa de nouveau de s'expliquer. — Où voulez-vous, lui dit-il, que je cherche une indemnité? En Pologne? Napoléon dirait que je lui demande une partie du duché de Varsovie, et que c'est pour la Pologne que je fais la guerre. Aussi m'offrirait-il le duché tout entier que je le refuserais. Demanderai-je cette indemnité en Allemagne? Il irait dire aux princes allemands que je travaille à les dépouiller. Je ne puis donc prendre l'initiative, mais je m'en fie à lui. Sauvons les apparences, et je serai satisfait. Mon trésor complétera l'indemnité si elle n'est pas suffisante. —

Alexandre, à mesure que le départ de M. de Caulaincourt approchait, avait redoublé de soins pour cet ambassadeur, et, tout fin qu'il était, avait évidemment manifesté dans ses épanchements avec lui ses véritables dispositions. La grandeur de Napoléon était loin de lui plaire, cependant il s'y résignait au prix de la Finlande, de la Moldavie et de la Valachie. Il ne voulait pas, pour se rapprocher de l'Angleterre, risquer avec la France une guerre dont la pensée le faisait frémir, mais il ne voulait pas davantage sacrifier les restes de son commerce, et pour ce motif seul il était capable de braver une rupture. Sa nation, et par sa nation nous entendons surtout la noblesse et la partie élevée de l'armée, le devinant sans qu'il s'expliquât, l'approuvant cette fois entièrement, ne voulant pas la guerre plus que lui, mais autant que lui, et aux mêmes conditions, ne montrait aucune jactance, même aucune animosité, et disait tout haut comme son empereur, avec une modestie mêlée d'une noble fermeté, qu'elle savait ce que la guerre avec la France avait de grave, mais que si on allait jusqu'à la violenter dans son indépendance elle se défendrait, et saurait succomber les armes à la main. Il y avait déjà une idée répandue dans tous les rangs de la nation, c'est qu'on ferait comme les Anglais en Portugal, qu'on se retirerait dans les profondeurs de la Russie, qu'on détruirait tout en se retirant, et que si ce n'était point par les armes russes, ce serait au moins par la misère que les Français périraient. Du reste, dans le langage, dans l'attitude, rien n'était provocant, et M. de Caulaincourt ainsi que les Français qui l'entouraient étaient accueillis partout avec un redoublement de politesse.

<small>Avril 1811.

de M. de Caulaincourt, l'empereur Alexandre redouble de soins pour lui.</small>

Mai 1811.

La nouvelle de la naissance du Roi de Rome étant parvenue à Saint-Pétersbourg avant l'arrivée de M. de Lauriston, Alexandre avait envoyé tous les grands de sa cour complimenter l'ambassadeur de France, et s'était comporté en cette circonstance avec autant de franchise que de cordialité. M. de Caulaincourt désirait terminer sa brillante, et, il faut le reconnaître, sa très-utile ambassade (car il avait contribué à retarder la rupture entre les deux empires), par une fête magnifique donnée à l'occasion de la naissance du Roi de Rome. Il désirait naturellement que l'empereur Alexandre y assistât, et celui-ci, devinant son désir, lui avait dit ces propres paroles : Tenez, ne m'invitez pas, car je serais obligé de refuser, ne pouvant aller danser chez vous lorsque deux cent mille Français marchent vers mes frontières. Je vais me faire malade pour vous fournir un motif de ne pas m'inviter, mais je vous enverrai toute ma cour, même ma famille, car je veux que votre fête soit brillante, telle qu'elle doit être pour l'événement que vous célébrez, et pour vous qui la donnez. Votre successeur arrive, peut-être m'apportera-t-il quelque chose de rassurant; alors, si nous parvenons à nous entendre, je vous prodiguerai à votre maître et à vous les témoignages d'amitié les plus significatifs. —

Arrivée de M. de Lauriston à Saint-Pétersbourg, en mai 1811.

Brillant accueil.

Les choses se passèrent en effet à cette grande fête comme l'avait annoncé l'empereur Alexandre, et toutes les convenances furent sauvées. M. de Lauriston, fort impatiemment attendu, arriva enfin le 9 mai 1811 à Saint-Pétersbourg. M. de Caulaincourt le présenta sur-le-champ à l'empereur Alexandre, qui l'accueillit avec une grâce parfaite et une confiance flatteuse, sachant que sous le rapport des dispositions amicales et véridiques, il ne perdait rien au change. Après quelques jours consacrés à des réceptions officielles pleines d'éclat, Alexandre, tantôt en présence de M. de Caulaincourt, tantôt en tête à tête, mit M. de Lauriston à la question pour ainsi dire, afin d'en obtenir quelque éclaircissement satisfaisant sur les projets de Napoléon; mais il n'en apprit rien que ne lui eût déjà dit M. de Caulaincourt, que ne lui eût rapporté M. de Czernicheff, récemment arrivé de Paris. Napoléon ne désirait point une rupture, mais il armait parce qu'il avait appris l'arrivée en Lithuanie des divisions de Finlande et de Turquie, parce qu'on remuait de la terre sur la Dwina et le Dniéper, parce qu'on lui annonçait partout la guerre, parce qu'il craignait qu'on ne la lui fît après l'arrangement des affaires de Turquie, parce qu'on admettait les Américains dans les ports de Russie, etc... — A ces redites, Alexandre ne put qu'opposer d'autres redites, et répéter qu'il armait sans doute, mais uniquement pour répondre aux armements de Napoléon; qu'il ne songeait nullement à commencer une nouvelle guerre après l'arrangement des affaires de Turquie; qu'il ne prendrait les armes que si on les prenait contre lui; qu'il engageait sa parole d'homme et de souverain de ne point agir autrement; qu'il recevait les Américains, parce qu'il ne pouvait pas se passer de ce reste de commerce, et qu'engagé à Tilsit, non aux décrets de Berlin ou de Milan qu'il ne connaissait point, mais au droit des neutres, il était fidèle, plus fidèle que

Mai 1811.

que lui fait l'empereur Alexandre.

la France à ce droit en admettant les neutres chez lui; qu'en un mot il était prêt à désarmer, si on voulait convenir d'un désarmement réciproque.

Après ces redites, qu'il fit entendre à M. de Lauriston comme il les avait fait entendre tant de fois à M. de Caulaincourt, il reçut les adieux de celui-ci, le serra même dans ses bras, le supplia de faire connaître à Napoléon la vérité tout entière, pria M. de Lauriston, qui était présent, de la répéter à son tour, en ajoutant avec tristesse ces paroles caractéristiques : « Mais vous ne serez pas cru plus que M. de Caulaincourt... On dira que je vous ai gagné, que je vous ai séduit, et que, tombé dans mes filets, vous êtes devenu plus Russe que Français... »

M. de Caulaincourt partit pour Paris, et M. de Lauriston, après quelques jours passés à Saint-Pétersbourg, écrivit au ministère français qu'en sa qualité d'honnête homme il devait la vérité à son souverain, qu'il était résolu à la lui dire, qu'il devait donc lui déclarer que l'empereur Alexandre, préparé dans une certaine mesure, ne voulait cependant pas la guerre, que dans aucun cas il n'en prendrait l'initiative, qu'il ne la ferait que si on allait la porter chez lui; que quant à Oldenbourg, il accepterait ce qu'on lui donnerait, même Erfurt, bien que cette indemnité fût dérisoire, et que pour l'amour-propre russe profondément blessé, il serait bon de trouver mieux; que relativement à la question commerciale, on obtiendrait plus de rigueur dans l'examen des papiers des neutres, quoiqu'il y eût déjà une certaine sévérité déployée à leur égard, puisque cent cinquante bâtiments anglais avaient été saisis en un an; mais que la Russie n'irait jamais jusqu'à se passer entièrement des neutres. — Je ne puis, ajoutait M. de Lauriston, voir que ce que je vois, et dire que ce que je vois. Les choses sont telles que je les expose, et si on ne se contente pas des seules concessions qui soient possibles, on aura la guerre, on l'aura parce qu'on l'aura voulue, et elle sera grave, d'après tout ce que j'ai observé tant ici que sur ma route. — M. de Czernicheff fut de nouveau envoyé à Paris pour répéter en d'autres termes, mais avec les mêmes affirmations, exactement les mêmes choses, et aussi pour continuer auprès des bureaux de la guerre un genre de corruption dont il avait seul le secret dans la légation russe, et auquel son gouvernement attachait un grand prix, parce qu'il en obtenait les plus précieuses informations sur tous les réparatifs militaires de la France.

Mai 1811.

Lorsque ces nouvelles explications parvinrent à Paris, par le retour de MM. de Czernicheff et de Caulaincourt, par les lettres de M. de Lauriston, Napoléon en conclut non point que la paix était possible, s'il le voulait, mais que la guerre serait différée d'une année, car évidemment les Russes ne prendraient pas l'initiative, puisqu'ils ne l'avaient pas déjà prise après tout ce qu'il avait fait pour les y provoquer, et évidemment aussi ils avaient de leur côté bien des préparatifs à terminer, et voudraient avoir fini la guerre de Turquie avant d'en commencer une autre; et comme Napoléon tenait à n'entreprendre cette nouvelle campagne au Nord qu'avec des moyens immenses, il ne fut

En revoyant MM. de Caulaincourt et de Czernicheff, en recevant les affirmations de M. de Lauriston, Napoléon, au lieu d'y voir la possibilité d'éviter la guerre, n'y aperçoit que la possibilité de la différer et de se mieux préparer à la faire.

pas fâché d'avoir encore une année devant lui, soit pour préparer ses troupes, soit pour compléter son matériel, qui constituait, avons-nous dit, la principale difficulté de sa prochaine entreprise. Pourquoi son intelligence de la situation n'alla-t-elle pas plus loin? pourquoi ne vit-il pas qu'il était possible nonseulement de différer la rupture, mais de l'éviter? Ce fut encore par la raison que nous avons donnée précédemment. Il avait tant de fois éprouvé qu'après un premier refroidissement on en arrivait inévitablement avec lui à la guerre, il avait vu tant de fois ses ennemis cachés prêts à se rallier au premier ennemi patent qui osait lever le masque; il voyait si bien dans la Russie l'ennemi vaincu mais non pas écrasé, autour duquel se rallieraient les ressentiments de l'Europe, qu'il se disait que tôt ou tard il aurait encore un conflit avec elle, et dans la guerre probable apercevant tout de suite la guerre déclarée, à ce point que sa propre prévoyance lui devenait un piége, lisant profondément dans le cœur des autres sans même regarder dans le sien, ne voyant pas que dans le rapide enchaînement de la froideur à la brouille ouverte il entrait comme cause principale son fougueux caractère, ne voyant pas qu'il dépendait de lui de briser ce cercle fatal, en devenant un instant modéré, patient, tolérant pour autrui, ne faisant aucune de ces salutaires réflexions, n'ayant personne auprès de lui pour l'obliger à les faire, ne recevant aucun avis utile ni de ses ministres, ni des corps de l'État, espèces de fantômes destinés à représenter la nation et n'osant pas même avouer ses plus cruelles souffrances, que livré entièrement à lui-même, il résolut une seconde fois, on peut le dire, en mai 1811, la guerre de Russie, en prenant cependant le parti de la différer. Toujours promptement décidé, il fit dès la fin de mai ses dispositions en conséquence, et donna ses ordres militaires, ses instructions diplomatiques, avec la certitude absolue que la guerre de Russie n'aurait lieu qu'en 1812, mais qu'elle aurait infailliblement lieu à cette époque.

Mai 1811.

N'ayant rien de caché pour le maréchal Davout, il lui écrivit sur-le-champ que les événements étaient moins pressants[1], mais qu'il ne renonçait à aucun de ses préparatifs, seulement que toutes les fois qu'il y aurait un avantage, ou d'économie ou de bonne exécution, à terminer une chose en quinze jours au lieu de huit, il fallait la terminer en quinze; que son intention était d'avoir l'armée du Nord prête pour le commencement de 1812, mais sur des proportions bien plus considérables que celles qu'il avait d'abord établies. Ce n'était plus de 300 mille hommes qu'il s'agissait maintenant; il voulait en réunir 200 mille dans la main du maréchal Davout sur la Vistule, en avoir 200 mille autres dans sa propre main sur l'Oder, avoir une réserve de 150 mille sur l'Elbe et le Rhin, une force égale à peu près dans l'intérieur pour la sûreté de l'Empire, et envoyer encore des troupes en Espagne au lieu d'en retirer. Napoléon contremanda le départ des quatrièmes et sixièmes bataillons du maréchal Davout, décida qu'ils seraient

Napoléon profite de ce que la guerre peut être différée d'une année pour donner à ses préparatifs des proportions plus considérables.

---

[1] Je rapporte ces faits en ayant sous les yeux les lettres de Napoléon au maréchal Davout, au ministre de la guerre, au roi de Saxe, au prince Poniatowski.

TOM. XIII. 5

LIVRE XLI.

Mai 1811.

formés au dépôt parce qu'ils s'y organiseraient mieux, en projeta même un septième, afin d'en avoir six en état de servir ; il revint sur la formation en bataillons d'élite ordonnée dans un moment d'urgence pour les régiments stationnés en Hollande et en Italie, et voulut même qu'il fût créé un quatrième et un sixième bataillon dans chacun de ces régiments. Sans restreindre les achats de chevaux, en les augmentant au contraire, il prescrivit de les faire plus lentement pour les faire mieux, et entreprit l'organisation de ses immenses charrois dans de plus vastes proportions, et sur un nouveau modèle, que nous décrirons ailleurs. Il profita enfin du temps qui lui restait pour composer autrement et plus grandement l'armée polonaise, et envoya des fonds à Varsovie afin d'avoir, l'année suivante, les places de Torgau, Modlin, Thorn entièrement achevées et armées. En un mot, loin de diminuer ses préparatifs, il leur donna tout à la fois plus de lenteur et plus d'étendue, pour qu'ils fussent plus parfaits et plus vastes.

Napoléon songe à préparer ses alliances comme ses armées pour la guerre prochaine.

La diplomatie fut conduite d'après les mêmes vues. On avait sondé l'Autriche, et on avait obtenu d'elle des réponses de nature à inspirer confiance, pour peu qu'on aimât à se faire illusion. M. de Metternich dirigeait le cabinet de Vienne depuis la guerre de 1809. Sa politique déclarée était la paix avec la France : ayant l'ambition d'en tirer pour son pays quelque résultat éclatant, il aurait voulu faire sortir de cette paix une espèce d'alliance, et de cette alliance la restitution de l'Illyrie, qui, à cause de Trieste et de l'Adriatique, était en ce moment ce

que l'Autriche regrettait le plus. C'est par ce motif
que l'idée d'un mariage de Napoléon avec Marie-
Louise avait été accueillie avec tant d'empressement. Mais cette politique trouvait à Vienne plus
d'un contradicteur. La cour, ne se croyant pas plus
que de coutume enchaînée aux volontés du ministère, obéissant comme toujours à ses passions, recevait les Russes, et en général les mécontents quels
qu'ils fussent, avec la plus grande faveur, tenait le
langage le moins mesuré à l'égard de la France, et
dans les nuages qui venaient de s'élever vers le
Nord croyant apercevoir de nouveaux orages, s'é-
tait mise à les appeler de ses vœux, car dans les
cours aussi bien que dans les rues, les mécontents
ont l'habitude de souhaiter les tempêtes. Avec un
empressement qui ne lui était pas ordinaire, la
cour de Vienne avait fait accueil aux écrivains.
MM. Schlegel, Gœthe, Wieland et d'autres encore,
avaient été attirés et reçus à Vienne avec beaucoup
d'éclat. Il y avait alors une manière détournée,
et du reste fort légitime, de dire que l'Allemagne
devait bientôt se soulever contre la France, c'é-
tait de célébrer, d'exalter ce qu'on appelait le génie germanique, de proclamer sa supériorité sur le
génie des autres peuples, d'ajouter naturellement
qu'il n'était pas fait pour vivre humilié, vaincu,
esclave, et d'annoncer son réveil éclatant et prochain. En brûlant beaucoup d'encens devant les
écrivains illustres que nous venons de nommer, la
société de Vienne n'avait pas voulu indiquer autre
chose; et cette aristocratie, plus élégante que spirituelle, avait flatté les gens d'esprit à force de haïr

Mai 1811.

Dispositions de l'Autriche à la veille de la guerre généralement prévue de la France avec la Russie.

La cour.

la France. La nation autrichienne, fatiguée de la guerre, se défiant des imprudences de son aristocratie, ne demandant pas mieux que d'être vengée des Français, mais l'espérant peu, imitait son sage et malicieux souverain, qui, entre les courtisans et les ministres, ne se prononçait pas, laissait parler les courtisans qui parlaient suivant son cœur, et agir les ministres qui agissaient selon sa prudence. On se doutait bien à Vienne que la guerre ne tarderait pas d'éclater entre la France et la Russie, et qu'on serait pressé d'opter; mais on avait pris son parti (nous voulons parler du gouvernement), et, si on ne pouvait pas rester neutre, on était décidé à se prononcer pour le plus fort, c'est-à-dire pour Napoléon. Ainsi on se ferait payer de son option par la restitution de l'Illyrie; on ne ferait en cela que ce que la Russie avait fait en 1809 contre l'Autriche; on l'imiterait même complétement; on serait allié de la France, mais allié peu actif, et, comme la Russie, on tâcherait d'obtenir quelque chose à la paix sans l'avoir gagné pendant la guerre. Ces vues subtiles du ministre dirigeant étaient celles aussi de l'empereur, qui, ayant été plus d'une fois abandonné par ses alliés, se croyait en droit de se tirer du naufrage de la vieille Europe comme il pourrait, ce qui ne l'empêchait pas de chérir sa fille, l'Impératrice des Français, et d'adresser des vœux au ciel pour qu'elle fût heureuse. Mais souverain avant tout d'un État vaincu, amoindri, il aspirait à le relever par la politique, la guerre ne lui ayant pas réussi contre son terrible gendre.

L'empereur laissait donc aller la cour comme elle

voulait, se contentant de ne prendre part à aucune de ses manifestations, écrivait les lettres les plus amicales à sa fille, aimait à apprendre d'elle qu'elle était satisfaite de son sort, encourageait son ministre à traiter lentement et prudemment avec la France, consentait tout d'abord à aider celle-ci en Turquie, car il s'agissait là d'empêcher les Russes d'obtenir les provinces du Danube, et permettait qu'on lui donnât à espérer l'alliance de l'Autriche dans le cas de nouvelles complications européennes, à condition toutefois de solides avantages. Mais, tout en entrant à ce point dans les intentions de son gendre, il voulait qu'on ne cessât pas de lui conseiller la paix, car, il faut le reconnaître à sa louange, ce sage empereur, ayant vu la guerre entraîner tant de maux dans ce siècle, aimait mieux la paix le laissant tel qu'il était, que la guerre pouvant lui restituer quelque chose de ce qu'il avait perdu.

Mai 1811.

Du reste M. de Metternich entrait profondément dans cette politique, mais l'action engage souvent plus qu'on ne veut, et il penchait de notre côté peut-être un peu plus que l'empereur, parce qu'obligé d'avoir tous les jours sa main dans la nôtre, il ne lui était pas facile de l'y mettre à demi. — Ne vous inquiétez pas, disait-il à M. Otto, de tout ce qui se débite à la cour. Les femmes sont ainsi faites : il faut qu'elles parlent, et elles parlent suivant la mode du jour. Laissons-les dire, et faisons les affaires. — Il expliquait ensuite ce qu'il entendait par les bien faire. Ce ministre, l'un des plus grands qui aient dirigé la politique autrichienne, adonné au luxe et aux plaisirs du monde, ayant le goût de parler, de

M. de Metternich

disserter, d'enseigner, mais sous des formes dogmatiques cachant une finesse profonde, professant la sincérité, la pratiquant souvent, et, entre beaucoup de qualités éminentes, ayant celle de n'accorder aux passions qui l'entouraient que des satisfactions en paroles, mais ne se laissant conduire en réalité que par l'intérêt de son pays grandement entendu, esprit supérieur, en un mot, appelé à exercer pendant quarante années une influence immense sur l'Europe, ce ministre disait à M. Otto, avec un singulier mélange d'abandon, de cordialité, de confiance en lui-même : —Laissez-moi faire, et tout ira bien. Votre maître veut en toute chose aller trop vite. A Constantinople vous ne commettez que des fautes. Vous croyez trop que les Turcs sont des brutes à mener avec le bâton. Ces brutes sont devenues aussi fines que vous. Elles voient les spéculations dont elles sont l'objet de la part de tout le monde, et de votre part notamment. Elles savent que vous les avez livrées aux Russes en 1807, que maintenant vous les voudriez reprendre pour vous en servir contre ces mêmes Russes. Elles vous détestent, sachez-le, et tout ce que vous leur dites va en sens contraire de vos désirs. Tenez-vous en arrière, soyez réservés à Constantinople, et nous arracherons des mains des Russes la riche proie que vous avez eu l'imprudence de leur abandonner. Fiez-vous-en à moi, et les Turcs ne céderont pas la Moldavie et la Valachie. Mais, de grâce, montrez-vous le moins possible. Tout conseil qui vient de vous est suspect à Constantinople. — Ces avis aussi sages que profonds révélaient un état de choses malheureusement trop vrai. Quand on arrivait à parler des probabilités de guerre avec la Russie, M. de Metternich conseillait fort la paix, disant que tout grand qu'était l'empereur Napoléon, la fortune pourrait bien le trahir, car elle avait trahi bien des grands hommes; que toutes les chances sans aucun doute étaient en sa faveur; que cependant il valait mieux ne pas mettre sans cesse au jeu; que, si par bonheur l'empereur Napoléon pensait ainsi, lui M. de Metternich ne demandait pas mieux que de s'entremettre, de servir de médiateur auprès de la Russie, et que probablement il réussirait; que quant à l'Autriche elle était obligée de se ménager beaucoup, qu'elle était extrêmement fatiguée, qu'elle avait grand besoin de repos, et que pour l'entraîner à servir la France dans une guerre qui contrariait l'inclination de la nation autrichienne, il fallait un prix digne d'un tel effort, et capable de fermer la bouche à tous les mécréants de la politique actuelle. —

Ces paroles et d'autres finement mêlées aux plus hautes théories indiquaient clairement qu'avec une province on aurait une armée autrichienne, comme avec la Finlande on avait eu jadis une armée russe. Mais M. Otto à Vienne, M. de Bassano à Paris, avaient ordre de s'envelopper d'autant de nuages que M. de Metternich, dès qu'il serait question de l'Illyrie ou de la Pologne, et de dire que la guerre ordinairement était féconde en conséquences, qu'on ne pouvait faire à l'avance la distribution du butin, mais qu'avec Napoléon, les alliés qui lui étaient utiles n'avaient jamais perdu leurs peines.

En Prusse la politique n'était point aussi calculée,

Mai 1811.

de la cour de Prusse.

Élévation de M. de Hardenberg au poste de principal ministre.

elle était triste et découragée. M. de Hardenberg, qu'on avait toujours réputé ennemi de la France, avait sollicité et obtenu de Napoléon l'autorisation de devenir le principal ministre de la Prusse. Le roi avait demandé qu'on lui laissât prendre ce ministre, disant qu'il était homme d'esprit, le seul peut-être dont il pût se servir utilement dans les circonstances, qu'avec lui on pourrait opérer les réformes indispensables, et payer à la France ce qu'on lui devait. Napoléon ne regardant plus comme ennemi un personnage qui se faisait recommander de la sorte, et fort sensible surtout à l'espérance d'être payé par la Prusse, avait consenti à laisser arriver M. de Hardenberg au ministère, et celui-ci en effet avait opéré quelques réformes utiles, adopté quelques mesures dictées par un esprit libéral, comme d'égaliser l'impôt, d'ouvrir l'accès des grades à tous les officiers de l'armée, ce qui avait offusqué les uns, enchanté les autres, satisfait le plus grand nombre, et ce que M. de Hardenberg avait présenté à Napoléon comme une imitation française, au parti germanique comme l'une de ces réformes qui devaient attacher les masses au gouvernement du roi, et fournir un jour les moyens financiers et militaires d'affranchir l'Allemagne. M. de Hardenberg et les ministres prussiens avaient imaginé pour l'armée un expédient, converti depuis en système permanent pour la Prusse, c'était d'avoir beaucoup de soldats en paraissant en avoir peu. On doit se souvenir qu'un article secret du traité de Tilsit défendait que la Prusse eût plus de 42 mille hommes sous les drapeaux. Pour échapper à cet article, on avait choisi ce qu'il y avait de meilleur dans l'armée prussienne, et on en avait composé les cadres; puis on faisait passer dans ces cadres le plus d'hommes qu'on pouvait, en les instruisant le plus vite, le mieux possible, et en les renvoyant ensuite dans leurs champs pour en appeler d'autres qu'on s'appliquait à former à leur tour. On comptait ainsi avoir au besoin 150 mille hommes au lieu de 42 mille, chiffre fixé par les traités. On gardait au dépôt du régiment les armes et les habits des soldats provisoirement renvoyés dans leurs champs, et on espérait que grâce à la haine inspirée à la nation prussienne par ses malheurs, ces soldats, retenus à peine un an sous les drapeaux, se comporteraient dans l'occasion comme les troupes les plus aguerries. L'avenir devait justifier cet espoir. Les cœurs, en effet, étaient remplis en Prusse d'une haine inouïe contre la France. Toute la jeunesse des classes élevées, toute celle des classes moyennes, nobles et bourgeois, prêtres et philosophes, se réunissaient dans des sociétés secrètes qui prenaient divers noms, *Ligue de la vertu*, *Ligue germanique*, sociétés dans lesquelles on promettait de n'aimer que l'Allemagne, de ne vivre que pour elle, d'oublier toute différence de classe ou de province, de ne plus admettre qu'il y eût des nobles et des non nobles, des Saxons, des Bavarois, des Prussiens, des Wurtembergeois, des Westphaliens, de repousser toutes ces distinctions, de ne reconnaître que des Allemands, de ne parler que la langue de l'Allemagne, de ne porter que des tissus fabriqués chez elle, de ne con-

<small>Mai 1811.

Système militaire de la Prusse, imaginé pour échapper aux stipulations secrètes du traité de Tilsit.

Sociétés secrètes allemandes.</small>

74   LIVRE XLI.

Mai 1811.

sommer que des produits sortis de son sein, de n'aimer, cultiver, favoriser que l'art allemand, de consacrer enfin toutes ses facultés à l'Allemagne seule. Ainsi le patriotisme exalté de l'Allemagne s'enfonçait dans l'ombre et le mystère, satisfaisant à la fois en cela un besoin de la situation, et un penchant du génie germanique.

Embarras du roi de Prusse et de M. de Hardenberg.

Le roi et M. de Hardenberg, placés sur ce volcan, étaient en proie à de cruelles perplexités. Le roi par scrupule, comme l'empereur d'Autriche par prudence, inclinait à ne pas rompre avec Napoléon, car il s'était engagé à lui par les plus solennelles protestations de fidélité, dans l'espérance de sauver les débris de sa monarchie. M. de Hardenberg, dans une position assez semblable à celle de M. de Metternich, cherchait de quel côté il pourrait trouver pour son pays le plus d'avantages. Le parti allemand exalté lui en voulant de son changement apparent de conduite, et de quelques rigueurs obligées envers les associations secrètes, était prêt toutefois à lui pardonner, à condition qu'il devînt l'instrument d'une perfidie toute patriotique, dont personne ne se faisait conscience à Berlin. Cette perfidie consistait à prendre prétexte de la situation menaçante de l'Europe pour armer, et armer très-activement, à parler d'alliance à Napoléon afin qu'il tolérât ces armements, à offrir, à promettre, à signer même cette alliance s'il le fallait, puis, le moment venu, à s'enfoncer dans la Vieille Prusse avec 150 mille hommes, et à se joindre aux Russes pour accabler les Français, tandis que l'Allemagne tout entière se soulèverait sur leurs derrières. Sans examiner la

Projet des patriotes allemands d'échapper au joug de la France au moyen d'une sorte de trahison.

La prudence

légitimité d'une pareille politique, et en admettant qu'il est beaucoup permis à qui veut affranchir son pays, il y avait bien à dire contre cette politique du point de vue de la prudence. La Prusse pouvait en effet perdre à ce redoutable jeu les restes de son existence. Le roi, M. de Hardenberg et quelques esprits sages le craignaient, et appelaient folie une telle conduite. Pour tâcher de les amener à leurs vues, les membres ardents du parti germanique répandaient mille bruits alarmants, et cherchaient à leur persuader que Napoléon avait l'intention d'enlever le roi et la monarchie elle-même par une subite irruption sur Berlin, ce qui était tout à fait faux, mais ce qui aurait pu se réaliser pourtant, si la Prusse avait commis quelque imprudence, car Napoléon, recevant de son côté des avis tout aussi inquiétants, se tenait sur ses gardes, et avait ordonné au maréchal Davout de se porter sur Berlin au premier danger.

Poursuivis ainsi des plus sinistres fantômes, le roi et M. de Hardenberg avaient adopté en partie le plan qu'on leur conseillait, moins la perfidie, qui répugnait à la droiture du roi comme à sa prudence. Ils avaient résolu d'armer, et ils avaient armé réellement au moyen de l'expédient que nous avons fait connaître, et bien qu'ils se fussent strictement renfermés dans l'effectif de 42 mille hommes, néanmoins ils en pouvaient réunir en peu de temps 100 ou 120 mille. Mais s'ils pouvaient équivoquer sur le chiffre vrai des troupes disponibles, il leur était impossible de cacher certains préparatifs, comme ceux par exemple qui se faisaient dans les places

Mai 1811.

et la bonne foi du roi de Prusse répugnent à ce projet.

Projet moyen adopté par le roi et par M. de Hardenberg pour forcer Napoléon à mieux traiter la Prusse.

restées à la Prusse. Napoléon tenait bien les forteresses les plus importantes de l'Oder, Glogau, Custrin, Stettin, et en outre les deux plus importantes de la Vistule, Thorn et Dantzig, mais le roi Frédéric-Guillaume avait encore en sa possession Breslau, Neisse, Schweidnitz, dans la haute Silésie, Spandau vers le confluent de la Sprée et du Havel, Graudentz sur la Vistule, Colberg sur le littoral de la Poméranie, Pillau sur le Frische-Haff, sans compter Kœnigsberg, la capitale de la Vieille-Prusse, et il avait déployé une grande activité dans les travaux de ces places, surtout dans ceux de Colberg et de Graudentz. On employait plus particulièrement à titre d'ouvriers les vieux soldats dont la conservation était importante, et qu'on gardait ainsi sous la main au delà des 42 mille hommes permis par les traités. L'intention du roi et de M. de Hardenberg, quand ils ne pourraient plus dissimuler ces armements, était de les avouer, d'en dire le motif, qui était le projet imputé à Napoléon de commencer la guerre contre la Russie par la suppression des restes de la monarchie prussienne, de parler en gens désespérés, et de placer la France dans l'alternative ou d'accepter leur alliance sincère, au prix d'une garantie solennelle de leur existence et de diverses restitutions territoriales; ou de les avoir pour ennemis acharnés, luttant jusqu'au dernier homme pour la défense de leur indépendance. C'était après tout la politique la moins chanceuse, bien qu'elle eût ses dangers; et quant à la proposition d'alliance, elle s'explique de la part du roi et de M. de Hardenberg par l'opinion générale alors en Europe, que vouloir combattre Napoléon était une folie. Avec une telle manière de penser, tout en détestant dans Napoléon l'oppresseur de l'Allemagne, le roi et son ministre croyaient plus sage de s'allier à lui, de refaire en le secondant la situation de la Prusse, de la refaire aux dépens de n'importe qui, plutôt que de s'exposer à être détruit définitivement.

Les choses en étaient arrivées à un tel point qu'il fallait parler clairement, car de part et d'autre dissimuler était devenu impossible. Napoléon, en effet, averti de tous côtés, avait ordonné au maréchal Davout de se tenir sur ses gardes, de se préparer à pousser la division Friant sur l'Oder, afin de couper au roi de Prusse et à son armée la retraite sur la Vistule, afin de l'enlever lui et la majeure partie de ses troupes au premier acte inquiétant, et avait en outre prescrit à ce maréchal de tenir prêts trois petits parcs de siége pour prendre en quelques jours Spandau, Graudentz, Colberg et Breslau. Ces ordres donnés, il avait enjoint à M. de Saint-Marsan, qui était ambassadeur de France, d'avoir une explication péremptoire avec le cabinet de Berlin, de lui demander sous forme d'ultimatum le désarmement immédiat et complet, et si cet ultimatum n'était pas accepté, de se retirer en livrant au bras du maréchal Davout la monarchie du grand Frédéric. Ces détails suffisent pour montrer quelle gravité prenaient de tout côté les événements.

Il s'était passé et il se préparait des événements non moins graves dans le voisinage de la Prusse, c'est-à-dire en Danemark et en Suède. Le Danemark, astreint comme tout le reste du littoral euro-

Mai 1811.

Significations de Napoléon à la Prusse afin d'obtenir la cessation de ses armements.

Ce qui se passe en Danemark et en Suède.

Mai 1811.

Embarras, souffrances et fidélité du Danemark.

péen aux lois du blocus continental, était fidèle à ces lois autant qu'on pouvait l'attendre d'un État allié défendant la cause d'autrui, car bien que le Danemark regardât la cause des neutres comme la sienne, au point où en étaient venues les choses la cause des neutres avait malheureusement disparu dans une autre, celle de l'ambition de Napoléon. Le Danemark, composé d'îles, ayant une partie de sa fortune dans d'autres îles situées au delà de l'Océan, ne pouvait vivre que de la mer, et quoiqu'il s'agît de la mer dans la querelle soulevée, trouvait dur, pour l'avoir libre un jour, d'en être si complétement privé aujourd'hui. Mais la probité naturelle du gouvernement et du pays, le souvenir du désastre de Copenhague, la haine contre les Anglais, le courage du prince régnant, sa dureté même, tout concourait à faire du Danemark l'allié le plus fidèle de la France dans la grande affaire du blocus continental. Cependant, bien que l'esprit général fût dans ce sens, l'infidélité de quelques individus, la souffrance de quelques autres, entraînaient plus d'un manquement. Altona surtout, placé à quelques pas de Hambourg, servait encore aux communications avec l'Angleterre. Les négociants de Hambourg, devenus Français malgré eux, et comme tels soumis aux rigoureuses lois du blocus, exposés de plus à l'inflexible sévérité du maréchal Davout, craignant (ce qui arrivait quelquefois) qu'on ne vînt visiter leurs livres de commerce pour savoir s'ils entretenaient des relations avec l'Angleterre, n'avaient gardé à Hambourg que la résidence de leurs familles, et avaient à Altona leurs comptoirs, leurs livres, leurs registres de correspondances. Ils passaient la journée à Altona pour y vaquer à leurs affaires, et la soirée à Hambourg pour vivre dans leurs familles. Ils se servaient surtout de la poste d'Altona pour leurs correspondances, n'osant se fier à celle de Hambourg, et quoique le roi de Danemark secondât franchement Napoléon, il n'avait pu admettre que la police française, avec ses ingénieuses persécutions, s'introduisît en Danemark. Le maréchal Davout réclamait, mais en vain. Le zèle du roi de Danemark ne pouvait égaler le sien, bien que par le caractère ce roi ne fût pas loin de ressembler à l'illustre maréchal. Au moyen des corsaires et de la contrebande, que secondait si bien la forme du pays, le Holstein s'était rempli de denrées coloniales, et Napoléon, agissant à son égard comme à l'égard de la Hollande, avait essayé de vider ce dépôt en accordant aux denrées coloniales deux mois pour entrer dans l'Empire au droit de 50 pour cent. La combinaison avait réussi, et avait produit sur ce point seulement 30 millions de perception. Le Holstein s'était vidé, et n'était plus un magasin de produits coloniaux anglais. La contrebande de ce côté était donc presque supprimée. Le Danemark nous avait fourni de plus trois mille marins excellents pour la flotte d'Anvers. On ne pouvait donc pas demander mieux à ce brave peuple pour la cause maritime, lorsqu'elle était d'ailleurs compliquée d'intérêts si étrangers par suite de la politique conquérante de Napoléon.

Mai 1811.

Un motif, il faut le dire, contribuait à sa fidélité, c'était la crainte de la Suède, et sous ce rapport il trouvait le prix de sa conduite dans la fidélité de

Liaison des affaires du Danemark avec celles de la Suède.

Napoléon envers lui. La Suède ayant perdu la Finlande par l'extravagance de son roi plus encore que par l'insuffisance de ses armes, avait la coupable pensée de s'en dédommager en prenant à plus faible qu'elle, c'est-à-dire en enlevant la Norvége au Danemark. Napoléon sur ce point s'était montré inflexible. Mais pour comprendre cette autre complication européenne, il faut connaître une nouvelle révolution qui s'était passée depuis quelques mois en Suède, le pays qui, après la France, était alors le plus fertile en révolutions.

On a vu précédemment comment le peuple suédois, fatigué des folies de Gustave IV qui lui avaient fait perdre la Finlande, s'était débarrassé par une révolution militaire de ce monarque insensé. C'était le troisième prince de ce temps atteint d'aliénation mentale. Chaque pays avait pourvu selon ses institutions à cette défaillance de l'autorité suprême. En Russie, on avait assassiné Paul Ier; en Angleterre, on avait respectueusement placé Georges III sous une tutelle de famille, par une simple délibération du Parlement; en Suède, un corps d'armée révolté avait ôté à Gustave IV son épée et son sceptre. Depuis lors, Gustave IV errait en maniaque à travers l'Europe, exposé à la pitié de toutes les nations, et obtenant du reste partout les égards dus au malheur, tandis que son oncle, le duc de Sudermanie, devenu roi sans l'avoir recherché, régnait à Stockholm aussi sagement que le permettaient les difficultés du temps. Sur sa demande, Napoléon avait accordé la paix à la Suède, à condition qu'elle se mettrait immédiatement en guerre avec l'Angleterre, qu'elle fermerait ses ports au commerce britannique, et qu'elle adopterait tous les règlements du blocus continental. Ainsi, pour avoir la paix avec la Russie et avec la France, la Suède avait été obligée d'abandonner la Finlande à la première, et de sacrifier son commerce à la seconde. A ce prix elle avait recouvré la Poméranie suédoise, à laquelle elle tenait par un vieux préjugé national qui lui faisait voir dans cette province son pied-à-terre sur le continent, comme si un nouveau Gustave-Adolphe ou un nouveau Charles XII avaient dû y descendre pour vaincre Wallenstein ou Pierre le Grand. A ce prix encore elle avait recouvré ses relations commerciales avec le continent; mais que servait de les recouvrer, si en acquérant la faculté d'introduire des marchandises de tout genre dans l'Europe continentale, elle perdait par la guerre avec l'Angleterre la faculté de les recevoir? A l'inconvénient d'être bloquée par terre, elle substituait celui d'être bloquée par mer. Le malade n'avait donc fait que se retourner sur son lit de douleur. Il est vrai qu'il avait changé de place, espèce de soulagement momentané qui trompe la souffrance et fait passer le temps à celui qui souffre.

Mai 1811.

La Suède était sortie d'embarras comme en sortent les faibles, en trompant. Elle n'avait fait à l'Angleterre qu'une déclaration de guerre fictive; elle lui avait fermé ses ports, mais en lui laissant ouvert le principal d'entre eux, le mieux placé, celui de Gothenbourg. Ce port, situé dans le Cattégat, vis-à-vis des rivages de la Grande-Bretagne, à l'entrée d'un golfe profond, se présentait avec des commodités infinies pour l'étrange système de contre-

Moyens par lesquels la Suède élude les conditions de la paix conclue avec la France.

Mai 1811.

Etablissement de contrebande anglaise créé à Gothenbourg, pour remplacer celui d'Héligoland.

bande imaginé à cette époque. C'était dans ce golfe de Gothenbourg et dans les îles dont il est parsemé que la contrebande anglaise s'était retirée, depuis qu'elle avait quitté l'île d'Héligoland devant la menace d'une expédition préparée par le maréchal Davout. La flotte de guerre anglaise, sous l'amiral Saumarez, stationnait ou à l'île d'Anholt, ou dans les divers mouillages du golfe de Gothenbourg. A l'abri du pavillon britannique, des centaines de bâtiments de commerce versaient sans aucun déguisement sur la côte de Suède leurs marchandises de toute nature, sucres, cafés, cotons, produits de Birmingham et de Manchester. Ces marchandises, mises là en entrepôt, s'échangeaient successivement contre des produits du Nord, tels que bois, fers, chanvres, grains appartenant à la Russie, à la Suède, à la Prusse, à l'Allemagne, quelquefois aussi contre des soies brutes d'Italie, et ensuite étaient transportées dans toute la Baltique sous divers pavillons soi-disant neutres, et particulièrement sous le pavillon américain. De petites divisions anglaises, composées de frégates et de vaisseaux de 74, escortaient les bâtiments voués à ce commerce, les menaient à travers les Belts afin d'éviter le Sund, les garantissaient des corsaires français, danois, hollandais, et les convoyaient jusqu'aux approches de Stralsund, de Riga, de Revel, de Kronstadt. Un signal convenu, consistant dans une girouette placée sur le grand mât de ces bâtiments, les faisait reconnaître, comme un mot d'ordre dans une ville de guerre, et les distinguait de tous ceux qui auraient voulu se glisser au milieu des convois. Sous ce rapport, Napoléon avait raison de dire que les neutres, même ceux qui portaient légitimement le pavillon des États-Unis, étaient complices des Anglais. Mais le principal aboutissant de ce commerce sur le continent était le port de Stralsund, dans la Poméranie suédoise. Introduits dans ce port comme marchandises suédoises, les produits anglais avaient libre accès en Allemagne depuis la paix de la France avec la Suède. Un gros commissionnaire du pays avait expédié jusqu'à mille chariots de ces marchandises.

Mai 1811.

C'est ainsi que les Suédois éludaient les conditions de leur paix avec la France. Ils avaient poussé le soin pour ce trafic jusqu'à disposer autour de Gothenbourg un cordon de cavalerie, lequel sous prétexte d'épidémie empêchait qui que ce fût d'approcher, et de voir des milliers de ballots de contrebande étalés sous des tentes, ainsi qu'un grand nombre d'officiers anglais venant manger des vivres frais et se consoler à terre des ennuis de leurs longues croisières. Divers agents envoyés par le maréchal Davout ayant réussi à percer le cordon qui ne couvrait d'autre épidémie que celle de la contrebande, avaient entendu parler les langues russe et allemande, mais surtout la langue anglaise, dans ce vaste établissement improvisé par le génie du commerce interlope.

De tels faits cachés un moment ne pouvaient être longtemps ignorés de Napoléon. De plus, une complication récente était venue ajouter de nouvelles singularités à cette étrange situation. Le duc de Sudermanie, oncle de Gustave IV, n'avait point d'enfants. Le plus simple eût été d'adopter pour héritier le fils du roi détrôné. Mais les gens de cour composant le

Difficultés de la succession à la couronne, ajoutées à toutes celles

Mai 1811.

qui compliquent la situation de la Suède.

parti du prince déchu, quelques-uns de leurs chefs surtout, avaient eu l'art de se rendre odieux à la Suède. Parmi les principaux on comptait le comte de Fersen, nom qui avait déjà figuré dans notre révolution, la comtesse de Piper, la reine enfin, épouse du roi régnant, et affichant des passions peu conformes à sa nouvelle situation. Il n'était aucune méchante pensée, aucun sinistre projet, qu'on ne fût disposé à imputer à ce parti, et, vu la haine qu'il inspirait, il était devenu impossible de rétablir l'hérédité dans la famille des Vasa, en prenant pour roi futur le fils du roi détrôné, enfant fort innocent des folies de son père. Dans cet embarras, le nouveau roi Charles XIII avait adopté un prince danois, duc d'Augustenbourg, et beau-frère du roi de Danemark. La couronne de Danemark était elle-même menacée de déshérence, car le roi de Danemark n'avait point de descendant direct. Beaucoup de gens sensés en Suède, voyant à Stockholm et à Copenhague deux trônes destinés à être bientôt vacants, voyant la déchéance progressive de leur patrie, menacée sur terre par la Russie, sur mer par l'Angleterre, pensaient que pour la relever il fallait revenir à la fameuse réunion des trois royaumes scandinaves, qui avait pu laisser de pénibles souvenirs dans le passé, mais qui dans l'avenir pouvait seule assurer l'indépendance et la grandeur de ces royaumes. Ils pensaient en outre que cette réunion des trois couronnes et l'alliance de la France, trop éloignée pour avoir aucun mauvais projet contre la Suède, et fortement intéressée à son indépendance continentale et maritime, constituaient la véritable politique suédoise.

Cette politique était la vraie, c'était celle que les Suédois devaient désirer, et celle aussi que l'Europe devait souhaiter aux Suédois. Malheureusement, bien qu'un certain instinct national secondât les gens éclairés qui l'avaient embrassée, chez les paysans, qui formaient l'ordre libéral, l'union de Calmar rappelait de fâcheux souvenirs, et l'idée qu'on se faisait du roi régnant de Danemark, prince sévère et dur, tout occupé de détails militaires, n'était pas de nature à les ramener. Le duc de Sudermanie devenu roi de Suède, penchant tout à fait pour cette politique aussi sage que profonde, s'en était approché en louvoyant, pour ainsi dire. N'osant pas en effet adopter pour héritier le roi de Danemark lui-même, il avait adopté le beau-frère de ce roi, appelé à monter plus tard sur le trône de Danemark.

<small>Mai 1811.</small>

<small>Le duc de Sudermanie, devenu roi, et se trouvant sans enfant, adopte le duc d'Augustenbourg.</small>

Le duc d'Augustenbourg, destiné ainsi à porter un jour les trois couronnes du Nord, n'avait rien pour séduire, mais tout pour se faire estimer. Il était froid, appliqué aux affaires, et fort occupé de ce qui concernait l'armée. N'ayant pas eu encore assez de temps pour conquérir les penchants du peuple suédois resté indécis à son égard, il fut subitement emporté par un accident imprévu et extraordinaire. Il était à cheval occupé à passer une revue, lorsque tout à coup on le vit tomber et demeurer sans mouvement. On accourut, il était mort. Rien n'annonçait un attentat, et il fut bien prouvé qu'une cause naturelle avait seule amené ce malheur. Mais le peuple suédois, se prenant tout à coup d'une vive sympathie pour ce prince sitôt frappé, se persuada qu'un crime intéressé l'avait enlevé à son amour naissant.

<small>Mort subite du duc d'Augustenbourg.</small>

Avec la violence ordinaire aux passions populaires, on chercha et on désigna les coupables, bien innocents du reste de ce crime : c'étaient, disait-on, le comte de Fersen, la comtesse de Piper, la reine, et tout le parti de l'ancienne cour. On proféra contre eux d'atroces menaces, qui ne furent malheureusement pas des menaces sans effet. Quelques jours après, le comte de Fersen, conduisant en vertu de la charge qu'il occupait à la cour le deuil du prince défunt, souleva par sa présence une affreuse tempête. Assailli, enveloppé par la populace, il fut traîné dans les rues et égorgé.

Toute la Suède frémit de ce forfait populaire, et sentit davantage le danger de sa situation. Les hommes éclairés, le roi Charles XIII en tête, à mesure que les événements s'aggravaient, inclinaient davantage vers l'union des trois royaumes, et ils étaient tentés de faire un pas de plus dans le sens de cette politique, soit en adoptant le cousin du roi de Danemark, le prince Christian, destiné à lui succéder, soit en allant droit au but, et en adoptant le roi de Danemark lui-même. Il est certain qu'à changer de dynastie, le mieux eût été de le faire pour rétablir la grandeur et l'indépendance des trois couronnes de Suède, de Norvége et de Danemark. Aller jusqu'au roi de Danemark était bien hardi, à cause de sa réputation de dureté d'abord, à cause de l'orgueil suédois ensuite, car la Suède aurait bien voulu imposer son roi au Danemark ou à la Norvége, et se les adjoindre pour ainsi dire, mais elle n'eût pas voulu se donner au Danemark en se donnant à son roi, vieille et éternelle difficulté de cette union, chacun des trois États consentant bien à absorber les deux autres, mais non point à s'unir fraternellement à eux! Choisir le prince Christian, appelé plus tard à succéder au trône de Danemark, semblait une politique plus prudente, et tout aussi bien dirigée vers le but désiré. On pouvait se tenir encore un peu plus loin du but en adoptant le duc d'Augustenbourg, frère du prince mort, et moins rapproché du trône que le prince Christian. Mais au milieu de ce conflit d'idées et de sentiments, quelques esprits, dont le nombre s'accroissait tous les jours, avaient tourné leurs vues d'un autre côté. Beaucoup de Suédois, inclinant vers la France par penchant pour les idées de la révolution française, par enthousiasme militaire, et aussi par ce vieil instinct qui porta toujours la France et la Suède l'une vers l'autre, avaient pensé qu'on ferait bien de s'adresser à celui qui en Europe élevait ou renversait les trônes, à Napoléon. On éprouvait pour lui en Suède quelque chose de ce qu'on avait éprouvé en Espagne avant la révolution de Bayonne, c'est-à-dire un mélange inouï d'admiration, d'entraînement, de confiance pour son génie militaire et civilisateur. Excepté son blocus continental, tout plaisait en lui, et cet importun blocus lui-même, on se flattait de l'éluder ou d'en être dispensé. S'adresser à l'Empereur des Français pour en obtenir ou l'un de ses parents, ou l'un de ses capitaines, était une pensée plus populaire encore que celle de réunir en un seul les trois royaumes scandinaves, et qui allait surtout au génie belliqueux des Suédois.

Mai 1811.

Au milieu du conflit d'idées soulevé par la difficulté de choisir un successeur à la couronne quelques esprits tournent les yeux vers la France.

Le roi régnant, porté vers le système de l'union des trois couronnes, mais sentant aussi profondé-

Message secret du roi régnant.

Mai 1811.

à Napoléon pour le consulter sur le choix d'un successeur.

ment le besoin de s'appuyer sur la France, avait dépêché un homme de confiance auprès de Napoléon, avec une lettre dans laquelle il lui disait que sa tendance était de travailler à l'union des trois couronnes, que c'était à ses yeux la meilleure des politiques, que toutefois il ne voulait rien faire sans consulter l'arbitre de l'Europe, le puissant Empereur des Français; que si cet arbitre approuvait une telle manière de voir, il prendrait son successeur dans la famille des princes de Danemark, en s'approchant plus ou moins du but auquel on tendait suivant les circonstances, mais que si au contraire Napoléon voulait étendre sa main tutélaire sur la Suède, lui accorder ou un prince de sa famille, ou l'un des guerriers illustrés sous ses ordres, la Suède l'adopterait avec transport. L'envoyé secret du roi était chargé d'insister pour que Napoléon donnât lui-même un roi aux Suédois.

Napoléon avait été plus embarrassé que flatté de ce message. Il n'était pas assez satisfait de ce système rénovateur des couronnes, consistant à mettre sur les trônes qui vaquaient ou qu'il faisait vaquer, tantôt des frères, tantôt des beaux-frères, et après les frères et beaux-frères des maréchaux, pour y persister surtout à cette distance. Il venait d'éprouver qu'il fallait soutenir à grands frais ces rois de création récente, qui malgré ce qu'ils coûtaient résistaient autant au moins que les anciens rois, parce qu'ils étaient obligés de se faire les instruments des résistances de leurs peuples, accrues encore par la présence de royautés étrangères. Il ne tenait donc pas à se mettre sur les bras de nouvelles difficultés de ce genre. De plus, il avait donné assez d'ombrages à l'Europe par la création de départements français à Hambourg et à Lubeck, sans y ajouter par l'élévation au trône de Suède d'un prince français, qui peut-être serait bientôt un ennemi. Recouvrant toute la justesse et la profondeur de son esprit dès que ses passions ne l'égaraient plus, il aimait mieux voir les trois couronnes du Nord se renforcer contre la Russie et contre l'Angleterre par leur union, que se procurer à lui-même le vain plaisir d'amour-propre d'élever en Europe une nouvelle royauté française. Du reste, on avait si peu indiqué jusqu'alors le prince français qui pourrait être appelé au trône de Suède, que le choix possible n'avait exercé aucune influence sur cette excellente disposition.

Mai 1811.

Napoléon avait donc répondu sur-le-champ qu'il n'avait ni prince ni général à offrir aux Suédois, qu'il n'ambitionnait rien en ce moment ni pour sa famille ni pour ses lieutenants; que l'Europe d'ailleurs en pourrait être offusquée, et que la politique qui, plus tôt ou plus tard, avait en vue la réunion des trois couronnes du Nord, était à ses yeux la meilleure, et la plus digne du prince habile qui régnait à Stockholm; qu'il ne demandait au surplus à la Suède que d'être une fidèle alliée de la France, et de l'aider contre l'Angleterre en exécutant ponctuellement les lois du blocus continental.

Sage réponse de Napoléon indiquant une préférence pour l'élection d'un prince danois, et pour l'union des trois royaumes scandinaves.

Cette réponse arrivée, le roi Charles XIII n'avait plus hésité à suivre son penchant. N'osant pas toutefois s'y livrer entièrement, il avait résolu d'adopter le frère du prince mort, le duc d'Augustenbourg. Le parti révolutionnaire et militaire qui avait ren-

Sur la réponse de Napoléon, le roi de Suède se décide à adopter le duc d'Augustenbourg.

versé les Vasa, ne voulant ni d'un Vasa ni du roi de Danemark réputé dur et absolu, avait poussé Charles XIII à ce choix, qui n'était après tout que la répétition de sa première adoption. Mais un nouvel incident avait compliqué encore une fois cette élection déjà si traversée. Le roi de Danemark, Frédéric VI, aspirant à la réunion des trois couronnes, aspirant surtout à la voir s'accomplir immédiatement sur sa tête, avait défendu au duc d'Augustenbourg d'accepter l'adoption dont il venait d'être honoré, et, par une démarche publique, faite en termes nobles et pleins de franchise, avait, dans l'intérêt, disait-il, des trois peuples, sollicité l'adoption de Charles XIII.

La réunion si hardiment présentée, et particulièrement sous les traits d'un roi de Danemark, qui non-seulement offensait l'orgueil suédois, mais par son caractère vrai ou supposé effrayait les nombreux partisans des idées nouvelles, avait causé une sorte de soulèvement général, et la confusion des esprits était devenue plus grande que jamais. Dans cette étrange situation, qui s'était prolongée pendant toute l'année 1810, l'opinion, toujours plus flottante et plus perplexe, s'était de nouveau tournée vers Napoléon, sans parvenir à pénétrer ses desseins. Pourquoi, disaient beaucoup de Suédois, principalement parmi les militaires, pourquoi Napoléon ne veut-il pas étendre vers nous sa main puissante? Pourquoi ne nous donne-t-il pas un prince ou un général à lui? Le brave peuple suédois ne lui semblerait-il pas digne d'un tel sort?... — Ils parlaient même avec une certaine amertume des gens de

commerce, qui, tous asservis à leurs intérêts, craignaient pour les tristes raisons tirées du blocus continental de rendre plus complète l'intimité avec la
France. Cette disposition, chaque jour accrue par
l'embarras qu'on éprouvait, était bientôt devenue
générale.

En pensant et parlant ainsi, on cherchait le prince
ou le général que Napoléon pourrait désigner au
choix des Suédois. Il y en avait un, le maréchal
Bernadotte, homme de guerre et prince, allié à la
famille impériale par sa femme, sœur de la reine
d'Espagne, qui avait séjourné quelque temps sur
les frontières de Suède, et contracté des relations
avec plusieurs Suédois. A l'époque où il se trouvait dans ces parages, il était chargé de menacer la
Suède d'une expédition qui devait partir du Jut-
land et seconder les Russes en Finlande; mais il
avait reçu sous main l'ordre de ne point agir. Se
targuant volontiers des mérites qui n'étaient pas
les siens, il s'était fait valoir auprès des Suédois de
son inaction, comme si elle avait été volontaire,
tandis qu'elle était commandée. Caressant en tous
lieux tout le monde, par un vague instinct d'ambition qu'éveillaient tous les trônes vacants ou pouvant vaquer, il s'était fait des amis dans la noblesse
suédoise, dont les goûts étaient militaires. Sachant
tour à tour flatter les autres et se vanter lui-même,
il avait conquis quelques enthousiastes qui voyaient
en lui un prince accompli. C'était donc l'ancien général Bernadotte dont quelques meneurs pronon-
çaient le nom, comme d'un parent cher à Napoléon,
comme d'un militaire qui lui avait rendu d'immenses

Mai 1814.

Quelques
Suédois ayant
eu
des relations
avec le prince
de
Ponte-Corvo,
ancien général
Bernadotte,
pensent à lui.

services, et qui vaudrait à la Suède, outre un grand éclat, toute la faveur de la France.

Mai 1811.

Silence obstiné de Napoléon.

Cette idée s'était rapidement propagée, et on avait fait de nouveaux efforts pour arracher à l'oracle qui se taisait une réponse qu'il ne voulait pas donner. Un dernier incident, singulier comme tous ceux qui devaient signaler cette révolution dynastique, était survenu récemment, et n'était pas de nature à éclaircir les doutes des Suédois. Notre chargé d'affaires, M. Désaugiers, venait d'être destitué pour s'être prêté avec un personnage suédois à une conversation de laquelle on aurait pu conclure que la France penchait pour l'union des trois couronnes. Ce soin à désavouer une pensée qui pourtant était la sienne, prouvait à quel point la France tenait à ne pas manifester son opinion. Que désirait-elle donc?

Le roi de Suède, n'osant se prononcer, présente aux États trois candidats, le duc d'Augustenbourg, le roi de Danemark, le prince de Ponte-Corvo.

Les États choisissent à la presque unanimité le duc d'Augustenbourg.

Dans ce cruel embarras, le roi ayant à faire enfin une proposition au comité des États assemblés, avait présenté trois candidats: le duc d'Augustenbourg, le roi de Danemark et le prince de Ponte-Corvo (Bernadotte). Le comité des États, sous l'influence de M. d'Adlersparre, chef du parti révolutionnaire et militaire qui avait détrôné Gustave IV, avait adopté comme la résolution la plus sage, la moins hasardeuse, bien que dirigée clairement dans le sens de la bonne politique, l'adoption du duc d'Augustenbourg, frère du prince défunt. Ce candidat avait eu onze voix, le prince de Ponte-Corvo une seule. On espérait bien vaincre ainsi l'opposition que le roi de Danemark avait mise à l'acceptation du duc d'Augustenbourg.

Les choses en étaient là, lorsqu'il était arrivé tout à coup un ancien négociant français, établi longtemps à Gothenbourg où il n'avait pas été heureux dans son commerce, et qui était dans un moment pareil un excellent agent d'élections à employer. Envoyé par le prince de Ponte-Corvo avec des lettres, avec des fonds, il avait mission de tout mettre en œuvre pour soutenir le candidat français. En quelques instants les bruits les plus étranges avaient circulé. Sans montrer ni des ordres ni des instructions du cabinet français qu'on n'avait point, on s'était mis à dire partout qu'il fallait avoir l'esprit bien peu pénétrant pour ne pas découvrir la véritable pensée de la France, pensée qu'elle était obligée de taire par des ménagements politiques faciles à deviner, mais pensée évidente, certaine, dont on était sûr, et qui n'était autre que l'élévation au trône de Suède du prince de Ponte-Corvo, cet illustre général, ce sage conseiller, l'inspirateur de Napoléon dans ses plus belles campagnes et ses plus grands actes politiques. On demandait de tous côtés comment on avait l'intelligence assez paresseuse pour ne pas comprendre cette pensée, et ne pas voir le motif du silence apparent, affecté même, auquel la France était condamnée? Cette comédie, jouée avec beaucoup d'art, avait parfaitement réussi. Personne n'avait voulu passer pour un esprit obtus, incapable de pénétrer la pensée profonde de Napoléon; tout le monde y avait cru, à tel point qu'en quelques heures la nouvelle opinion envahissant le gouvernement et les États, le roi avait été obligé de revenir sur la présentation qu'il avait faite, le comité

Mai 1811.

Un envoyé secret du prince de Ponte-Corvo survient, et en expliquant le silence de la France au profit de ce prince, amène une révolution dans l'élection.

Le prince de Ponte-Corvo élu à l'improviste.

électoral sur le vote qu'il avait émis, et qu'en une nuit le prince de Ponte-Corvo avait été présenté, et élu à la presque unanimité, prince royal, héritier de la couronne de Suède. Cet étrange phénomène, qui devait élever au trône la seule des royautés napoléoniennes qui se soit soutenue en Europe, prouvait deux choses, à quel point l'opinion en Suède était puissante en faveur d'une royauté d'origine française, et combien il faut peu de temps pour faire éclater une opinion, quand elle est générale quoique comprimée, et momentanément dissimulée!

Mais tout devait être bizarre dans cette révolution. Tandis que l'agent secret, auteur de ce brusque revirement électoral, était parti de Paris, Napoléon, averti de son départ, et se doutant qu'il abuserait du nom de la France, avait chargé le ministre des affaires étrangères de le désavouer[1], désaveu qui était arrivé trop tard à Stockholm. Le prince choisi pour être allié de la France (on verra bientôt comment il le fut) était élu. Napoléon, en apprenant cette élection, sourit avec une sorte d'amertume, comme s'il avait pénétré dans les profondeurs de l'avenir. Il n'en parla du reste qu'avec indifférence, ayant en sa force une foi absolue, et regardant l'ingratitude qu'il prévoyait comme l'un des ornements de la carrière d'un grand homme. Il reçut avec hauteur et douceur l'ancien général Bernadotte, qui venait solliciter une approbation indispensable en Suède ; il lui dit qu'il était étranger à son élévation, car sa politique ne lui permettait pas de s'en mêler,

[1] J'écris ceci d'après la lettre de désaveu existant aux archives des affaires étrangères.

mais qu'il y voyait avec plaisir un hommage rendu à la gloire des armées françaises, qu'il était au surplus bien assuré que le maréchal Bernadotte, officier de ces armées, n'oublierait jamais ce qu'il devait à sa patrie; que dans cette confiance il agréait l'élection faite par les Suédois, et que ne voulant pas qu'un Français fît à l'étranger une figure qui ne serait pas digne de la France, il avait ordonné à M. Mollien de lui compter tous les fonds dont il aurait besoin [1]. Après ce discours, Napoléon avait reconduit le nouvel élu avec une dignité gracieuse mais froide jusqu'à la porte de son cabinet.

Mai 1811.

Napoléon approuve le choix des Suédois, et donne au nouvel élu les moyens de se présenter convenablement en Suède.

Le prince de Ponte-Corvo, qui ne songeait alors à se présenter en Suède qu'entouré de la faveur de Napoléon, avait reçu de M. Mollien un million, et était parti sans délai pour Stockholm, où il avait été accueilli avec transport. Sur-le-champ il s'était attaché à flatter tous les partis, prenant avec chacun un visage différent, avec l'ancienne cour affichant la manière d'être du vieil aristocrate de l'armée du Rhin qui se faisait appeler Monsieur quand ailleurs on s'appelait citoyen; avec le parti libéral celle d'un ancien général fidèle à la République qu'il avait servie; enfin avec les secrets partisans de l'Angleterre, dont la classe commerçante était remplie, laissant percer toute la haine qu'il nourrissait au fond du cœur contre Napoléon, l'auteur de sa fortune.

Attitude du nouvel élu envers les partis qui divisent la Suède.

Pour quelque temps ces rôles si contradictoires étaient possibles, et devaient réussir jusqu'au moment où ils feraient place à un seul, celui d'un

---

[1] M. de Talleyrand, témoin de cette entrevue, m'a lui-même raconté plus d'une fois les détails que je rapporte ici.

ennemi irréconciliable de la France, dernier rôle qu'un déplorable à-propos devait faire réussir à son tour, lorsque éclaterait contre nous l'orage de la haine universelle. Allant au plus pressé, cherchant quelque chose à donner tout de suite à l'orgueil suédois, le prince royal de Suède, avec une précipitation de nouveau venu, avait imaginé de faire au ministre de France une ouverture étrange, et qui prouvait quelle idée il se formait de la fidélité politique.

C'était l'époque où, comme nous venons de le dire, Napoléon préparait, mais sans se presser, la campagne de Russie. On parlait de toute part d'une grande guerre au Nord. Ces bruits devaient bientôt se calmer un peu par la remise des hostilités à l'année suivante; mais ils avaient en cet instant toute leur intensité première. Le prince royal de Suède, montrant en cette occasion un dévouement affecté pour la France, dit à notre ministre qu'il voyait bien ce qui se préparait, qu'il y aurait bientôt une grande guerre, qu'il se rappelait celle de 1807, qu'il y avait rendu d'importants services (ce qui n'était rien moins que véritable, comme on doit s'en souvenir), qu'elle serait chanceuse et difficile, qu'il faudrait à Napoléon de puissantes alliances, qu'une armée suédoise jetée en Finlande, presque aux portes de Saint-Pétersbourg, pourrait être d'un immense secours, mais qu'il était peu probable cependant qu'on parvînt à recouvrer cette province; qu'en Suède on ne s'en flattait guère, qu'au contraire tout le monde regardait la Norvége comme le dédommagement naturel, nécessaire, et le seul possible de la perte de la Finlande, et, par exemple, que si Napoléon voulait assurer tout de suite la Norvége à la Suède, il mettrait tous les Suédois à ses pieds, et disposerait d'eux à son gré. Le nouveau prince royal eut la hardiesse assez peu séante, après avoir offert son concours, de menacer de son hostilité immédiate, si sa proposition n'était pas accueillie, et de s'attacher à montrer à quel point il pourrait nuire, après avoir montré à quel point il était capable de servir. Il le fit même avec un défaut de pudeur qui avait quelque chose de révoltant, l'habit de général français étant celui qu'il portait quelques jours auparavant, et celui qui lui avait ouvert l'accès au trône.

Mai 1811.

Le ministre de France surpris, ému de ce spectacle odieux, se hâta pourtant, vu la gravité de la proposition, d'en écrire à Paris, afin que Napoléon lui dictât la réponse à faire à une pareille ouverture. Napoléon, nous le disons à sa louange, éprouva un mouvement d'indignation qui eut de grandes conséquences, qui aurait dû lui mériter un autre sort, et qui le lui aurait certainement mérité, si sa prudence en toutes choses avait égalé sa loyauté en celle-ci. Pour donner la Norvége à la Suède, il fallait dépouiller effrontément son plus fidèle allié, le Danemark, qui, torturé par les lois du blocus continental, les supportait cependant avec une patience admirable, et fournissait même d'excellents matelots à nos flottes. Il rougit d'indignation et de mépris à une telle proposition, et adressa à son ministre des affaires étrangères l'une des plus belles lettres, et des plus honorables qu'il ait écrites de sa

Indignation de Napoléon en recevant la proposition de trahir le Danemark.

vie. — La tête du nouveau prince royal, il le voyait bien, et il ne s'en étonnait pas, était, disait-il, une tête mal réglée, agitée, effervescente. Au lieu d'étudier le pays où il arrivait, de s'y faire estimer par une attitude calme, digne, sérieusement occupée, le prince ne cherchait qu'à flatter celui-ci, à caresser celui-là, et allait imprudemment soulever des questions d'où pouvait jaillir un incendie. C'était une conduite regrettable, et à laquelle il ne fallait pas prêter la main. Trahir le Danemark était pour la France un crime impossible, et qu'il était aussi peu sage que peu séant de lui proposer. Tout cet étalage de services à rendre à la France, ou de mal à lui causer, ne pouvait point la toucher, car elle ne dépendait d'aucun ennemi au monde, encore moins d'aucun allié. Le prince s'oubliait donc en se permettant un tel langage; heureusement ce n'était que le prince royal, et point le roi ni le gouvernement qui s'exprimaient de la sorte. On voulait bien par conséquent n'en pas tenir compte. — Après ces réflexions, Napoléon recommandait à M. Alquier, notre ministre, de ne point blesser le prince, mais de lui faire entendre qu'il s'égarait en agissant et en parlant si vite, surtout en parlant de ce ton; de ne point lui répondre sur les sujets qu'il avait abordés si légèrement, de l'entretenir peu d'affaires, puisque après tout il n'était qu'héritier désigné; de n'avoir de relations qu'avec le roi et les ministres, et de dire à chacun d'eux, tout haut ou tout bas, que ce que la France attendait de la Suède c'était la fidélité aux traités, particulièrement au dernier traité de paix scandaleusement violé en ce moment, qu'elle en attendait par dessus tout la suppression de l'entrepôt de Gothenbourg, sans quoi la guerre recommencerait, et la Poméranie suédoise, restituée tout récemment, deviendrait encore une fois le gage dont on se saisirait pour forcer la Suède à rentrer dans le devoir. Par le même courrier, Napoléon fit recommander au Danemark, sans lui dire pourquoi, d'entretenir toujours beaucoup de troupes en Norvége.

Mai 1811.

Telle est la manière dont se dessinaient les dispositions de l'Europe à la veille de la grande et dernière lutte que Napoléon allait lui livrer. C'était extérieurement la soumission la plus complète avec une haine implacable au fond, et au moins de l'embarras là où il n'existait pas de haine. Ainsi nos alliés allemands, la Bavière, le Wurtemberg, la Saxe, Baden, faisaient tout ce que nous voulions, et préparaient leurs contingents, mais tremblaient secrètement en voyant les haines qui couvaient dans le cœur de leurs sujets, et l'animadversion inspirée par la conscription. Attachés à la cause de Napoléon par peur et par intérêt, souvent blessés par ses exigences et par son langage, mais craignant de perdre les agrandissements qu'ils avaient reçus de lui, ils souhaitaient qu'il ne s'exposât point à de nouveaux hasards, et par ce motif redoutaient singulièrement la prochaine guerre. Le roi de Wurtemberg notamment, ayant peu de scrupules en fait d'alliances, ne tenant pour bonne que celle qui augmentait ses revenus et son territoire, n'éprouvant par conséquent aucun remords de s'être donné à Napoléon, et joignant à beaucoup d'esprit une rare énergie de

Dispositions des petites cours allemandes, alliées de la France, à la veille d'une nouvelle guerre avec la Russie.

Sages objections du roi de Wurtemberg contre la guerre de Russie.

7.

Mai 1811.

Réponse de Napoléon à ces objections.

caractère, au point de dire toujours ce qu'il pensait au tout-puissant protecteur de la Confédération du Rhin, lui avait adressé quelques objections relativement aux préparatifs de la nouvelle guerre et à l'envoi d'un détachement wurtembergeois demandé pour Dantzig. Sur-le-champ Napoléon lui avait répondu une lettre longue et curieuse, qui révélait tout entière l'étrange fatalité sous l'empire de laquelle il courait à de nouvelles aventures. Dans cette lettre il lui disait que ce n'était pas à un régiment de plus ou de moins qu'il tenait, mais à l'avantage d'avoir à Dantzig des Allemands plutôt que des Français, parce qu'ils y excitaient moins d'ombrages; que voulant avoir des Allemands, il en désirait de tous les États de la Confédération; qu'il lui était impossible de ne pas prendre position à Dantzig, car c'était la vraie base d'opérations pour une campagne dans le Nord; que cette campagne ce n'était pas par goût, par fantaisie de jeune prince belliqueux cherchant un début brillant dans le monde, qu'il s'apprêtait à la faire, que loin de lui plaire elle lui déplaisait (ce qui était vrai, et rendait plus frappante la folie de son ambition), mais qu'il la regardait comme inévitable; que si elle n'éclatait pas en 1811, ce serait en 1812, qu'on pourrait tout au plus la retarder d'une année, et qu'il aurait bien mal géré ses affaires et celles de la Confédération s'il se laissait surprendre par un ennemi auquel il aurait permis impunément de se préparer; qu'il obéissait donc à la nécessité, non à son penchant, et insistait pour avoir les deux bataillons wurtembergeois destinés à compléter la garnison de Dantzig! — Nécessité!

telle était, avons-nous dit, la pensée de Napoléon, nécessité réelle assurément, étant admis comme une nécessité pour lui de se faire obéir sans délai, sans limite, sans une seule restriction, par toutes les puissances de l'Europe, celles qui étaient près et celles qui étaient loin, celles dont le concours importait à ses desseins, et celles dont le concours, bien que précieux, n'était pas indispensable, était même obtenu dans une suffisante mesure, et, dans cette mesure, ne laissait quelque chose à désirer qu'à son orgueil! Telle était la nécessité qu'on pouvait invoquer pour cette guerre! Le roi de Wurtemberg, qui avait pour Napoléon un penchant véritable, en recevant sa dernière lettre, et en reconnaissant l'inutilité des remontrances, avait cessé de résister. L'esprit rempli des plus sinistres pressentiments, il avait envoyé ses deux bataillons.

Mai 1811.

On venait de recevoir quelques nouvelles d'Orient, et d'apprendre comment avaient été accueillies les premières ouvertures faites à Constantinople. On avait sauvé la Moldavie et la Valachie, mais on n'avait pu sitôt convertir les Turcs en alliés. Ceux-ci en effet en voyant la Russie obligée de rappeler une partie de ses forces, s'étaient promis de ne rien céder pour avoir la paix avec elle, mais, se défiant de nous autant que l'avait dit M. de Metternich, s'étaient bien gardés d'écouter de notre part aucune proposition d'alliance. Loin d'être disposés à se battre à nos côtés, ils étaient résolus à ne se battre contre personne ni pour personne, convaincus qu'on voulait se servir d'eux un moment pour les abandonner ensuite. Aussi attendaient-ils avec impa-

Négociations à Constantinople pour nouer une alliance avec les Turcs.

Les Turcs, rassurés par la guerre qu'ils prévoient entre la Russie et la France, se décident à ne point concéder la Moldavie et la Valachie à la Russie, mais se montrent tout aussi décidés à refuser

tience le jour où la Russie, serrée de près par Napoléon, serait contrainte de traiter, pour conclure avec elle une paix avantageuse, et ne considéraient comme avantageuse que celle qui ne leur coûterait aucune partie de leur territoire. La Russie, regardant cet avenir comme très-prochain, leur avait adressé une proposition moyenne, celle de garder pour elle-même la Bessarabie et la Moldavie en leur restituant la Valachie. Elle avait demandé en outre l'indépendance de la Servie. Les Turcs, voyant venir l'heure où la Russie ne pourrait plus laisser ses troupes sur le Danube, repoussaient toutes ses offres, et réclamaient purement et simplement le *status ante bellum*. Mais, aussi astucieux qu'ils accusaient leurs ennemis de l'être, ils dissimulaient à la France leur ressentiment secret, affectaient d'avoir tout oublié, d'être même prêts à s'allier à elle, à condition qu'en preuve d'un sincère retour d'amitié les armées françaises passeraient tout de suite la Vistule. Jusque-là ils affectaient de douter d'un aussi grand revirement politique que celui dont on leur parlait, bien qu'ils n'en doutassent nullement. Leur soin à ne pas s'engager était tel, qu'ils éludaient même les ouvertures de l'Autriche, ne se montraient pas moins évasifs avec elle qu'avec nous, et n'hésitaient pas à lui dire qu'elle aussi les avait abandonnés lorsqu'il lui avait convenu de le faire, qu'ils ne se regardaient donc comme obligés envers personne, et que si elle redevenait leur alliée, ce serait par obéissance pour Napoléon et non par amitié pour eux. Il y avait en ce moment dans leur langage une sorte de persiflage qui prouvait, avec tout le reste de leur conduite, que, s'ils perdaient sous le rapport de cette énergie sauvage à laquelle ils avaient dû jadis leur grandeur, ils gagnaient chaque jour sous le rapport de la finesse politique. Triste progrès pour eux que de devenir des Grecs, des Grecs tels que ceux auxquels ils avaient enlevé Constantinople en 1453!

M. de Metternich n'avait donc pas auprès d'eux plus de crédit que la diplomatie française. Les empêcher de livrer la Moldavie et la Valachie aux Russes était un résultat acquis; mais les faire battre contre les Russes pour les Français et les Autrichiens était un résultat plus qu'improbable.

Tandis qu'il préparait ses alliances comme ses armées pour la grande guerre du Nord, différée mais malheureusement inévitable, Napoléon, avec son ordinaire activité d'esprit, tâchait d'expédier ses affaires intérieures, afin de ne laisser aucun embarras derrière lui lorsqu'il serait obligé de s'absenter pour un temps dont on ne pouvait prévoir la durée. Il avait voulu, ainsi que nous l'avons dit, réunir le concile duquel il attendait la fin des querelles religieuses, le jour même du baptême du Roi de Rome. Il lui semblait convenable de joindre à tous les corps de l'État, convoqués autour du berceau de son fils, l'Église catholique elle-même, et de faire consacrer par celle-ci le titre de Roi de Rome donné à l'héritier du nouvel empire. Soit que cette espèce d'engagement répugnât aux évêques, déjà rendus à Paris pour la plupart, soit que la raison alléguée fût sincère, ils prétendirent que le plus grand nombre d'entre eux étaient trop âgés pour suffire à la fatigue d'une double cérémonie dans le même jour, et la réunion du concile fut remise au dimanche qui devait suivre le baptême. Les évêques ne purent donc assister au baptême qu'individuellement, et non point en un corps représentant l'Église.

Baptême du Roi de Rome.

Le 9 juin fut choisi pour la cérémonie solennelle du baptême du Roi de Rome. Tout avait été mis en œuvre pour que cette cérémonie fût digne de la grandeur de l'Empire et des vastes destinées promises au jeune roi. Le 8 juin au soir Napoléon se transporta de Saint-Cloud à Paris, entouré d'un cortége magnifique, à peu près comme celui dont il avait donné le spectacle aux Parisiens en venant célébrer son mariage au Louvre. Un an s'était à peine écoulé, et déjà il avait un héritier, et il pouvait dire avec orgueil que la Providence lui accordait tout ce qu'il désirait avec la ponctualité d'une puissance soumise. Elle ne l'était pas, hélas, et devait le lui prouver bientôt! Mais il semblait qu'elle lui prodiguât tous les bonheurs, comme pour rendre plus grande la faute d'en abuser, et plus terrible le châtiment que cette faute entraînerait. Le 8 juin au soir, il vint à Paris, suivi des rois de sa famille, de Joseph, qui avait pris ce prétexte pour se soustraire aux horreurs de la guerre d'Espagne, de Jérôme, qui avait quitté son royaume pour assister à cette solennité, du duc de Wurzbourg, envoyé par l'empereur d'Autriche pour le représenter au baptême de son petit-fils. Napoléon avait eu en effet l'attention délicate de prier son beau-père d'être parrain de l'auguste enfant, et l'empereur François, pressé de complaire à son redoutable gendre, avait accepté la qualité de parrain, et chargé le duc de Wurzbourg d'en remplir pour lui les fonctions. Toute la population de Paris était accourue au-devant du superbe cortége, déjà consolée en partie des souffrances commerciales de cette année par un retour marqué d'activité industrielle, et par les immenses commandes de la liste civile et de l'administration de la guerre. Elle aimait d'ailleurs ce gage nouveau de durée accordé par le ciel à une grandeur inouïe, qui était non-seulement celle d'un homme, mais celle de la France, et si elle avait des jours de vif mécontentement contre Napoléon, c'était justement lorsqu'il semblait mettre cette grandeur en péril. Elle l'applaudit encore, quoique l'enthousiasme ne fût plus celui des premiers temps, elle l'applaudit, toujours saisie et séduite quand elle le voyait, toujours émerveillée de sa fortune et de sa gloire, toujours entraînée aussi comme toute population par le mouvement des grandes fêtes. Paris rayonnait de mille feux; tous les théâtres étaient ouverts gratis à la foule empressée; les places publiques étaient couvertes des dons offerts au peuple de Paris par l'heureux père du Roi de Rome, et ce qui ne contribuait pas peu à la satisfaction générale, c'est que le renvoi de la guerre à une année faisait espérer qu'elle pourrait être évitée. Des bruits de paix complétaient la joie de ces belles fêtes.

Le lendemain 9, jour de dimanche, Napoléon, accompagné de sa femme et de sa famille, conduisit son fils à Notre-Dame, l'église du sacre, et le présenta aux ministres de la religion. Cent évêques et vingt cardinaux, le Sénat, le Corps législatif,

Juin 1811.

les maires des bonnes villes, les représentants de l'Europe, remplissaient l'enceinte sacrée où l'enfant impérial devait recevoir les eaux du baptême. Quand le pontife eut achevé la cérémonie et rendu le Roi de Rome à la gouvernante des enfants de France, madame de Montesquiou, celle-ci le remit à Napoléon, qui, le prenant dans ses bras et l'élevant au-dessus de sa tête, le présenta ainsi à la magnifique assistance avec une émotion visible, qui devint bientôt générale. Ce spectacle remua tous les cœurs. Quelle profondeur dans le mystère qui entoure la vie humaine! Quelle surprise douloureuse, si, derrière cette scène de prospérité et de grandeur, on avait pu apercevoir tout à coup tant de ruines, tant de sang et de feux, et les flammes de Moscou, et les glaces de la Bérézina, et Leipzig, Fontainebleau, l'île d'Elbe, Sainte-Hélène, et enfin la mort de cet auguste enfant à dix-huit ans, dans l'exil, sans une seule des couronnes aujourd'hui accumulées sur sa tête, et tant d'autres révolutions encore qui devaient relever sa famille après l'avoir abattue! Quel bienfait de la Providence d'avoir caché à l'homme son lendemain! Mais quel écueil aussi pour sa prudence chargée de deviner ce lendemain, et de le conjurer à force de sagesse!

En quittant la métropole au milieu d'une multitude immense, Napoléon se rendit à l'hôtel de ville, où un banquet impérial était préparé. Sous les gouvernements absolus, on flatte volontiers le peuple dans certaines occasions, et la ville de Paris notamment a souvent reçu de ses maîtres des caresses qui ne les engageaient guère. C'est dans son sein que Napoléon avait voulu célébrer la naissance de son fils, et c'est dans son sein qu'il passa cette journée. Les habitants de Paris admis à la fête purent le voir assis à table, la couronne en tête, entouré des rois de sa famille et d'une foule de princes étrangers, prenant son repas en public comme les anciens empereurs germaniques, successeurs des empereurs d'Occident! Éblouis par ce spectacle resplendissant, les Parisiens applaudirent, se flattant encore que la durée se joindrait à la grandeur et la sagesse à la gloire! Ils faisaient bien de se réjouir, car ces joies étaient les dernières du règne! Hélas, à partir de cette époque, nos récits ne seront plus qu'un long deuil.

Juin 1811.

Les jours suivants, des fêtes de toute nature succédèrent à celles du premier jour, car en cette circonstance Napoléon désira prolonger autant que possible les manifestations de la joie publique. Mais la terrible destinée, qui dispose de la vie des plus grands comme des plus humbles des mortels, et les pousse sans relâche au but assigné à leur carrière, ne voulut pas lui laisser prendre longtemps haleine. Les plus graves affaires étaient là profondément emmêlées les unes aux autres, se succédant sans interruption, et réclamant sans un moment de retard son attention tout entière. Le dimanche 9 juin, il avait fait baptiser son fils, le dimanche 16 juin, il fallut convoquer le concile.

On a vu au commencement de ce livre les motifs qui avaient décidé Napoléon à réunir un concile. Une commission ecclésiastique composée de prélats, une commission civile composée de person-

Convocation du concile.

Examen préalable

Juin 1814.

Des questions que fait naître cette convocation.

nages politiques considérables, et comprenant entre autres le prince Cambacérès, avaient examiné et résolu comme il suit les questions nombreuses et graves que faisait naître la réunion d'une pareille assemblée.

Peut-on convoquer un concile sans la présence du Pape?

D'abord pouvait-on former un concile sans la volonté et la présence du Pape? L'histoire de l'Église à cet égard ne laissait aucun doute, puisqu'il y avait eu des conciles convoqués par les empereurs contre les papes, pour condamner des pontifes indignes, et d'autres convoqués par des papes contre des empereurs oppresseurs de l'Église. D'ailleurs le bon sens, qui est la lumière la plus sûre en matière religieuse comme en toute autre, disait en effet que l'Église ayant eu à se sauver elle-même, et y ayant réussi avec un rare discernement, tantôt contre des papes prévaricateurs, tantôt contre des empereurs abusant de leur puissance, il fallait bien qu'elle pût se constituer indépendamment de ceux qu'elle devait contenir ou punir.

Le faut-il œcuménique ou national?

Fallait-il former un concile œcuménique, c'est-à-dire général, ou seulement un concile national? Un concile général aurait eu plus d'autorité, aurait convenu davantage à la politique et à l'imagination grandiose de Napoléon. Mais bien que Napoléon possédât dans son empire ou dans les États alliés la plus grande partie de la chrétienté, il restait trop de prélats en dehors de sa puissance, en Espagne, en Autriche, dans quelques portions de l'Allemagne et de la Pologne, pour braver l'inconvénient de leur absence ou de leur opposition. Très-probablement ils ne seraient pas venus, ils auraient protesté contre la formation d'un concile, et tout de suite infirmé la légitimité de celui qu'on aurait tenu. En convoquant un concile exclusivement national, qui comprendrait les évêques de l'Empire français, ceux de l'Italie et d'une partie de l'Allemagne, on devait composer une assemblée des plus imposantes, et qui suffisait parfaitement pour résoudre les questions qu'on avait à lui soumettre.

Juin 1811.

S'il avait fallu lui donner à résoudre l'immense question de la souveraineté temporelle des papes, de leur séjour à Rome ou à Avignon, avec une dotation de deux millions et leur dépendance du nouvel empire d'Occident, un concile œcuménique aurait eu seul le pouvoir de statuer, et en tout cas il est douteux qu'on eût jamais trouvé une assemblée de prélats, quelque terrifiés qu'ils fussent, qui approuvât la spoliation du patrimoine de Saint-Pierre, et consentît à retrancher le chef de l'Église de la liste des souverains. Mais Napoléon se serait bien gardé de toucher à ces questions. Dans l'état des choses, que lui fallait-il? Pourvoir au gouvernement des Églises, en obtenant l'institution canonique des évêques nommés par lui. C'est en refusant cette institution, et en contrariant, à défaut de cette institution, l'expédient des *vicaires capitulaires*, que le Pape tenait en quelque sorte Napoléon en échec, et arrêtait tout court la marche de son gouvernement. Si au contraire on pouvait au moyen d'une décision imposée au Pape, ou approuvée par lui, s'assurer l'institution canonique, et empêcher qu'elle ne fût une arme dans les mains de l'Église romaine pour entraver l'administration des diocèses, Napoléon sor-

Quelles questions faut-il soumettre au concile?

tait d'embarras, car ne voulant rien entreprendre contre les dogmes de l'Église, voulant tout laisser comme dans le passé sous le rapport du spirituel, favoriser même le développement de la religion, il n'avait point à craindre un schisme. Il espérait bien que les affaires religieuses étant tirées par la régularisation de l'institution canonique de l'ornière où elles étaient versées pour ainsi dire, le Pape captif, voyant tout aller, et aller bien sans son concours, sans sa souveraineté, finirait par accepter la nouvelle situation qu'on lui avait proposée.

Le mode de nomination et d'institution canonique des évêques n'étant point uniforme dans les différents pays, et surtout ayant varié avec la marche des siècles, soulevait une question de discipline locale qu'un concile national pouvait résoudre, pour la France et l'Italie bien entendu, et cette solution suffisait à Napoléon, car le Pape était alors dépossédé de l'arme dont il se servait pour tout arrêter.

Par ces diverses raisons, il fut convenu que l'on formerait un concile composé des évêques d'Italie, de France, de Hollande, d'une partie de l'Allemagne, ce qui constituerait une assemblée des plus vastes et des plus majestueuses, qu'on le réunirait à Paris, au commencement de juin, et qu'on lui soumettrait le grave conflit qui venait de s'élever entre le pouvoir temporel et l'Église. La question devait être présentée dans un message impérial à peu près dans les termes suivants.

— Napoléon, en arrivant au gouvernement de la France, avait trouvé les autels renversés, les ministres de ces autels proscrits, et il avait relevé les uns, rappelé les autres. Il avait employé sa puissance à vaincre de redoutables préjugés nés d'une longue révolution et de tout un siècle philosophique; il avait réussi, et, par lui rétablie, la religion catholique avait refleuri. Des faits nombreux et patents prouvaient que depuis son avénement au trône il n'avait pas été commis un seul acte contraire à la foi, tandis qu'il avait été pris une multitude de mesures pour protéger la religion et l'étendre. A la vérité, un fâcheux dissentiment s'était manifesté entre le Pape et l'Empereur.

— Napoléon, comptant l'Italie au nombre de ses conquêtes, avait voulu s'y établir solidement. Or, depuis qu'il avait ramené le Pape à Rome, ce qu'il avait fait même avant le Concordat, il avait rencontré dans le souverain temporel des États romains un ennemi ouvert ou caché, mais toujours intraitable, qui n'avait rien négligé pour ébranler la puissance des Français en Italie. Le Pape avait donné asile à tous les cardinaux hostiles au roi de Naples, à tous les brigands qui infestaient la frontière napolitaine, et avait voulu demeurer en rapport avec les Anglais, les ennemis irréconciliables de la France. C'était donc, non pas le souverain spirituel, mais le souverain temporel de Rome, qui, pour une question d'intérêt tout matériel, s'était pris de querelle avec le souverain temporel de l'Empire français. Et quelle arme avait-il employée? l'excommunication, qui était ou impuissante, et dès lors exposait l'autorité spirituelle à la déconsidération, ou destructive de tout pouvoir, et ne tendait à rien moins qu'à rejeter la France et l'Europe dans l'anarchie. —

Juin 1811.

Sens du message impérial destiné au concile.

Juin 1811.

Ici les plaintes étaient faciles, et devaient trouver de l'écho, car, dans le clergé presque entier, excepté la portion fanatique, la bulle d'excommunication n'avait rencontré que des improbateurs, et, parmi les gens éclairés de tous les États, il n'y avait personne qui n'eût dit que la Papauté avait employé là un moyen, ou ridicule s'il était impuissant, ou coupable s'il était efficace, et digne des anarchistes de 1793.

— C'était le premier cas qui s'était réalisé, devait-on dire encore, et le Pape alors avait eu recours à un second moyen, celui de refuser l'institution canonique aux évêques nommés. Or il avait déjà, pour des intérêts temporels, laissé périr l'épiscopat en Allemagne, à ce point que sur vingt-quatre siéges germaniques il n'y en avait plus que huit de remplis, ce qui devait faire naître une grande tentation chez des princes, la plupart protestants, de s'emparer de la dotation des siéges. Le Pape agirait-il de même en France? On pouvait le craindre, car il y avait déjà vingt-sept siéges vacants, auxquels l'Empereur avait pourvu, et auxquels le Pape s'était refusé de pourvoir de son côté en ne donnant pas l'institution canonique. Or était-il possible d'admettre que le Pape, pour la défense de ses avantages temporels, pût mettre l'Église en péril, et laisser périr le spirituel?

L'Église devait veiller à ce qu'il n'en fût pas ainsi, et elle en avait le moyen. Le Pape, en refusant l'institution, avait violé le Concordat. Dès lors le Concordat était un traité aboli, et on pouvait à volonté se replacer dans la condition des an-

LE CONCILE.

ciens temps, où le Pape n'instituait pas les évêques, où les évêques élus par les fidèles étaient confirmés et sacrés par le métropolitain. Telle était la question que l'Empereur ne voulait pas résoudre à lui seul, mais qu'il posait à l'Église assemblée, afin qu'elle pourvût à sa propre conservation, et qu'elle se sauvât du danger auquel venait de succomber l'Église d'Allemagne presque entière. —

Juin 1811.

La forme du concile, la question à lui soumettre étant arrêtées, les principaux personnages qui dans les affaires ecclésiastiques éclairaient Napoléon de leurs lumières, et l'aidaient de leur concours, le supplièrent de tenter auprès du Pape une dernière démarche, de lui envoyer deux ou trois prélats de grand poids, pour lui annoncer la réunion du concile, et l'engager à rendre la tâche de ce concile facile, en adhérant d'avance à certaines solutions, qui, une fois consenties par lui, rencontreraient une adhésion unanime. On échapperait ainsi à la tempête dont on était menacé, et on procurerait à l'Église la paix, la sécurité, la réconciliation avec le pouvoir temporel, et la fin de l'affligeante captivité du Pontife.

On conseille à Napoléon une démarche préalable auprès du Pape, pour essayer de s'entendre avec lui sur les propositions à soumettre au concile.

Napoléon avait déjà envoyé à Savone les cardinaux Spina et Caselli, et le peu de succès de cette mission le portait à considérer comme inutile toute tentative de ce genre. Il croyait que les prélats réunis à Paris et sous sa main obéiraient à ses volontés, qu'ils formuleraient sous sa dictée une décision qu'on enverrait ensuite à Savone revêtue de l'autorité du concile, et que le Pape n'oserait pas y résister. Cependant on insista auprès de lui

Napoléon répugne à cette démarche.

TOME XIII.

Juin 1811.

avec beaucoup de force, et de manière à l'ébranler.

Parmi les ecclésiastiques dont il avait appelé le concours, il y en avait plusieurs d'une grande autorité, d'un véritable mérite, et tout à fait dignes d'être écoutés. Ce n'était pas son oncle, le cardinal Fesch, qui, placé par lui à la tête du clergé, s'y conduisait comme son frère Louis en Hollande, avec la bonne foi de moins; ce n'était pas le cardinal Maury, envers qui toute l'Église, par jalousie et par affectation d'austérité, se montrait cruellement ingrate; ce n'était pas l'abbé de Pradt, promu à l'archevêché de Malines, et l'un de ceux auxquels l'institution avait été refusée, prélat de beaucoup d'esprit, mais d'une pétulance d'humeur qui formait avec sa robe un contraste choquant, surtout dans un siècle où l'Église avait remplacé le génie par la gravité; ce n'étaient pas non plus M. l'abbé de Boulogne, évêque de Troyes, M. de Broglie, évêque de Gand, qui après avoir été les appuis les plus fermes et les plus utiles de Napoléon lors du Concordat, avaient passé de l'adhésion la plus chaude à une irritation violente, très-naturelle, très-légitime, mais imprudente; c'étaient M. de Barral, archevêque de Tours, M. Duvoisin, évêque de Nantes, M. Mannay, évêque de Trèves, et quelques autres encore.

Rôle de MM. de Barral, Duvoisin, Mannay, auprès de Napoléon; leur mérite, leur politique

M. de Barral était un des prélats les plus respectables, les plus instruits, les plus versés dans la connaissance des traditions de l'Église française, et les plus formés au maniement des affaires. Il avait été agent général du clergé, et jouissait d'une grande autorité. Quant à M. Duvoisin, évêque de Nantes, ancien professeur en Sorbonne, et professeur des plus renommés, il joignait à une connaissance profonde des matières ecclésiastiques une haute raison, un tact extrême, l'art de traiter avec les hommes, enfin un remarquable esprit politique, esprit qui devenait chaque jour plus rare parmi les chefs de l'Église, et qui ne consiste pas dans l'art de capter la confiance des souverains pour les dominer, mais dans ce bon sens supérieur qui a porté l'Église à s'adapter au génie des siècles où elle a vécu, et les lui a fait traverser victorieusement. M. Mannay, enfin, évêque de Trèves, inférieur aux premiers, et de plus fort timide, était néanmoins un sage et savant homme, toujours utile à consulter.

MM. de Barral, Duvoisin, Mannay, ne cherchaient point à s'emparer de Napoléon pour leur avantage personnel, car M. Duvoisin, notamment, ne voulant perdre aucun moyen de contribuer au bien en se faisant soupçonner d'ambition, avait refusé toutes les promotions que Napoléon lui avait successivement offertes. Ces prélats, tout en déplorant le caractère dominateur de Napoléon, qui voulait placer l'Église dans la dépendance de l'Empire, tout en étant profondément affligés des violences qu'il s'était permises envers le Saint-Père, étaient d'avis toutefois que, puissant comme il l'était, destiné sans doute à fonder une dynastie, ami de l'Église quoique n'ayant que la croyance d'un philosophe, doué de tous les genres d'esprit, et maniable quand on savait ne pas le heurter, il fallait chercher à le calmer et à le diriger, au lieu de l'irriter par une opposition dont l'intention n'était que trop facile à deviner, car elle n'était

Juin 1811.

ni religieuse ni encore moins libérale, mais royaliste. L'Église pour dominer avait employé quelquefois l'intrigue ; ne pouvait-elle pas, quand il s'agissait non de dominer mais d'exister, employer la prudence, afin de diriger un homme de génie tout-puissant ? Beaucoup de gens d'ailleurs craignaient de voir dans Napoléon un nouvel Henri VIII, prêt à pousser sa nation dans une sorte d'indépendance religieuse qui aurait fini par un véritable protestantisme. Napoléon en menaçait souvent, et quand on voyait des préfets français administrant à Hambourg et à Rome, une archiduchesse épousant un simple officier d'artillerie et donnant le jour à l'héritier de l'un des plus grands empires de la terre, pouvait-on affirmer qu'il y eût alors quelque chose d'impossible ?

Sur les instances des membres les plus éclairés du concile, Napoléon consent à envoyer au Pape une nouvelle députation.

Cette députation est composée de MM. de Barral, Duvoisin, Mannay.

Telles étaient les raisons de ces prélats pour user de ménagements envers Napoléon, bien qu'ils déplorassent le despotisme insensé qui le portait à vouloir changer la constitution du Saint-Siége, et à mettre l'Église dans la dépendance des empereurs, comme elle avait pu y être sous Constantin, et comme elle n'y était déjà plus sous Charlemagne. M. Émery, le chef si respecté de Saint-Sulpice, était mort. Il était ennemi de Napoléon par royalisme, mais d'avis cependant que le rôle de l'Église était de ménager César, et certainement il eût partagé l'opinion de MM. de Barral et Duvoisin. Ces messieurs, aidés du cardinal Fesch et de beaucoup de prélats réunis à Paris, ayant insisté, Napoléon consentit à envoyer à Savone une nouvelle députation, composée de MM. de Barral, Duvoisin, Mannay, pour faire avant l'ouverture du concile une démarche conciliatrice auprès de Pie VII.

Ces trois prélats devaient parler non point au nom de l'Empereur, qui était supposé connaître et permettre cette mission, sans toutefois l'ordonner, mais au nom d'une foule d'évêques déjà réunis à Paris, et désirant avant de se former en concile se concerter avec le chef de l'Église, pour agir d'accord avec lui, s'il était possible. Une trentaine d'évêques, après avoir conféré entre eux et avec le cardinal Fesch, avaient écrit des lettres pour le Saint-Père, dans lesquelles, tout en faisant profession de lui être dévoués, de vouloir maintenir l'unité catholique, ils le suppliaient de rendre la paix à l'Église, menacée d'un nouveau schisme par la puissance de l'homme qui l'avait rétablie, et qui seul pouvait encore la sauver.

M. l'archevêque de Tours, MM. les évêques de Nantes et de Trèves, devaient remettre ces lettres au Pape, et ensuite lui proposer, toujours au nom du clergé français, premièrement de donner l'institution canonique aux vingt-sept prélats nommés par l'Empereur, afin de faire cesser la viduité d'un si grand nombre d'Églises, et de mettre un terme aux conflits soulevés par la création des vicaires capitulaires, secondement d'ajouter au Concordat une clause relative à l'institution canonique. Il n'y avait personne dans le clergé qui ne fût frappé de l'usage abusif que pouvait faire un pape de l'institution canonique, en la refusant à des sujets dont il ne contestait l'idonéité ni sous le rapport des mœurs, ni sous celui du savoir, ni sous celui de l'orthodoxie,

Juin 1811.

Objet de la mission des prélats envoyés à Savone.

mais dont il voulait punir ou contrarier ou contraindre le souverain, en arrêtant dans ses États la marche des affaires religieuses. Elle était dès lors une arme dans ses mains pour satisfaire un ressentiment ou servir un intérêt. Les trois prélats envoyés à Savone devaient donc proposer une clause d'après laquelle le Pape serait obligé de donner l'institution dans un espace de trois mois, s'il n'avait à faire valoir aucune raison d'indignité contre les sujets choisis. Ces trois mois expirés, le métropolitain, ou à son défaut le plus ancien prélat de la province ecclésiastique, serait autorisé à conférer l'institution canonique.

Si quelque chose peut prouver à quel point l'Église française, si empressée depuis à sacrifier au Saint-Siége jusqu'à ses traditions nationales, a été dans ce siècle inconsistante dans ses opinions, c'est assurément ce qui se passait ici. Ce n'étaient pas seulement les modérés du clergé, portés à transiger avec Napoléon, qui étaient d'avis de prévenir l'usage abusif qu'un pape peut faire de l'institution canonique et de limiter sous ce rapport les prérogatives du Saint-Siége, c'étaient même les plus fougueux ennemis de Napoléon, c'étaient des prélats, ardents royalistes, qui allaient s'exposer bientôt à être enfermés à Vincennes. Or il suffit de la plus simple réflexion pour apercevoir toute la faiblesse de doctrine qu'une telle erreur supposait dans le clergé de cette époque.

S'il y a une disposition qui soit conforme au bon sens, à la politique, aux droits respectifs de l'Église et de l'État, c'est incontestablement celle qui confère le choix des évêques au souverain temporel de chaque pays, et la confirmation de ce choix au chef de l'Église universelle, sous forme d'institution canonique. Un pouvoir tel que celui des évêques ne saurait en effet provenir que de deux autorités, du souverain temporel d'abord, car seul il doit conférer des pouvoirs efficaces dans l'étendue du territoire national, et seul d'ailleurs il peut juger du mérite des sujets dans le pays où il gouverne; et secondement du souverain spirituel, qui doit intervenir pour s'assurer si les sujets nommés sont en conformité avec la foi catholique. Sans l'intervention de la première autorité, l'État n'est plus maître chez lui; sans l'intervention de la seconde, l'unité catholique est en péril. Il est bien vrai qu'un pape peut abuser de l'institution canonique, comme un souverain temporel peut abuser aussi de la nomination. L'un et l'autre abus sont possibles, et se sont produits dans des temps malheureux, dont pourtant l'Église et l'État sont sortis sans périr. Mais la destruction du double lien qui rattache les pasteurs au chef de l'État et au chef de l'Église, serait le renversement du beau système qui dans l'étendue de la chrétienté a permis qu'il existât deux gouvernements à côté l'un de l'autre, sans choc, sans confusion, sans empiétement, gouvernement religieux chargé d'élever les âmes vers le ciel, gouvernement civil chargé de les plier à tous les devoirs de la société politique.

Les partisans de l'opinion contraire, professée en ce moment par Napoléon, qui avait pensé autrement à l'époque du Concordat, faisaient valoir les anciennes traditions, et rappelaient les premiers temps de l'Église, où le pape n'instituait pas les évêques, car en France la faculté de les instituer n'avait été reconnue au Saint-Siége que par le concordat de François Ier et de Léon X. A cela il y avait une réponse fort simple, c'est que si le concordat intervenu entre Léon X et François Ier avait reconnu au Saint-Siége le pouvoir d'instituer, il avait aussi reconnu à la royauté le pouvoir de nommer, et si on remontait plus haut encore, on ne trouvait pas plus le chef de l'État nommant les évêques que le Pape les instituant. On trouvait la simplicité des temps primitifs, c'est-à-dire les fidèles élisant leurs pasteurs, et le métropolitain les consacrant. Avec les siècles ces pouvoirs avaient été peu à peu déplacés : la faculté d'élire avait été successivement transportée des fidèles assemblés aux chapitres, des chapitres aux rois, et la faculté de confirmer l'élection, dans l'intérêt religieux, avait été transférée du simple métropolitain à celui qui était le métropolitain du métropolitain, c'est-à-dire au Pape. C'est dans un grand intérêt moral et religieux qu'il en avait été ainsi, car il faut reconnaître que de nos jours l'élection appliquée à la nomination des évêques produirait d'étranges effets. On ne pouvait donc pas plus revenir à l'une de ces traditions qu'à l'autre ; si l'on revenait à l'une des deux, il fallait revenir à toutes deux, et dès lors rétablir l'élection. C'était faire rétrograder les siècles et la raison elle-même.

On demandait par conséquent une étrange concession au Pape en exigeant de lui l'abandon de l'institution canonique. Il est vrai qu'il ne s'agissait pas de la lui contester en principe, puisque le Pape avait trois mois pour instituer, et qu'il pouvait refuser l'institution par des raisons d'indignité. Mais de ces raisons, qui devait être le juge en définitive? évidemment l'Empereur, dans le projet proposé, puisque, s'il insistait, le métropolitain devait finir par instituer. Dès lors l'institution échappait au Pape. Mais en ce moment tous les esprits étaient vivement frappés de la destruction de l'Église germanique par la vacance de presque tous les siéges, du danger qui menaçait l'Église française par la vacance d'un quart des siéges existants, et enfin du spectacle de Pie VII faisant de l'institution canonique une arme défensive dans une cause assurément très-légitime, mais une arme après tout, et personne n'était disposé à accorder que l'institution pût être autre chose qu'un moyen de maintenir l'unité de la foi, en repoussant des prélats indignes sous le rapport des mœurs, du savoir ou de l'orthodoxie.

Ce qu'il y aurait eu de plus sage, c'eût été de chercher à obtenir du Pape, de sa douceur, de sa prudence, l'institution des vingt-sept prélats nommés par l'Empereur, de la lui demander dans l'intérêt de la religion, et de n'exiger de lui aucun sacrifice de principe. A la vérité il se serait désarmé pour le présent, mais désarmé d'une arme dangereuse, car Napoléon s'emportant pouvait briser et cette arme, et bien d'autres encore, et en venir à l'égard de l'Église aux dernières extrémités. Or on ne prévoyait alors ni Moscou ni Leipzig, et ce n'était pas d'ailleurs dans le clergé que se trouvaient des politiques assez clairvoyants pour deviner ces grands changements de fortune. Il aurait donc fallu arracher

Juin 1811.

à Pie VII une concession de fait, non de principe, en laissant le temps et la raison agir sur Napoléon, pour l'arrangement général de toutes les affaires de l'Église.

Quoi qu'il en soit, les prélats qui avaient chargé les trois envoyés de parler en leur nom appuyaient la clause additionnelle au Concordat autant que Napoléon lui-même. Quant à lui, il mettait le maintien du Concordat à ce prix, et comme on s'était fait de ce mot Concordat une sorte de mot magique qui signifiait : rétablissement des autels, cessation de la persécution des prêtres, et mille autres biens précieux, Napoléon en disant le Concordat aboli, semblait annoncer implicitement que toutes les garanties données à la religion, au culte, aux prêtres, seraient abolies du même coup, et qu'à l'égard de ces choses on pouvait revoir tout ce qu'on avait vu. Aussi espérait-il produire et produisait-il un grand effet en proclamant le Concordat aboli, dans le cas où la nouvelle clause relative à l'institution canonique ne serait pas acceptée.

Si les trois envoyés trouvaient le Pape plus traitable qu'il n'avait paru l'être jusqu'ici, ils étaient autorisés par Napoléon à étendre peu à peu l'objet d'abord restreint de leur mission, à parler au Saint-Père de la situation du Saint-Siége, de l'établissement futur des papes, et à s'avancer même jusqu'à signer avec lui une convention provisoire sur ce sujet. Les conditions devaient être les suivantes. Le Pape pourrait à son gré résider à Rome, à Avignon ou à Paris, dans une seule de ces résidences, ou dans toutes les trois alternativement. Un établissement magnifique lui serait assuré aux frais de l'Empire. Le Pape y jouirait de deux millions de revenu, sans aucune des charges de la Papauté, car les cardinaux et tous les ministres du gouvernement spirituel seraient richement entretenus par le trésor impérial. Le Pape aurait la faculté de recevoir des ambassadeurs de toutes les puissances, et d'entretenir des représentants auprès d'elles. Il serait entièrement libre dans le gouvernement des affaires spirituelles, et ne releverait à cet égard que de sa propre volonté. Tout ce qui pouvait contribuer à la prospérité, à l'éclat, à la propagation du catholicisme, serait ou maintenu, ou étendu, ou rétabli. Les missions étrangères seraient restaurées avec tout l'appui du nom de la France. Les pères de la Terre sainte seraient protégés, et les Latins remis dans tous les honneurs du culte à Jérusalem. Mais à cet état somptueux, auquel il ne manquait que l'indépendance, Napoléon mettait une condition. Si le Pape préférait la résidence de Rome, il prêterait à l'Empereur le serment que lui prêtaient tous les prélats de son Empire, ce qui entraînait évidemment l'abandon par le Pape du patrimoine de Saint-Pierre, et si cette condition lui répugnait trop fortement, et qu'il s'accommodât d'Avignon, il promettrait simplement de ne rien faire contre les principes contenus dans la déclaration de 1682.

Ainsi donc, s'il s'agissait de retourner à Rome, serment qui entraînait l'abandon des États romains à l'Empire, s'il s'agissait de vivre libre et bien doté à Avignon, reconnaissance des libertés gallicanes, telles étaient les conditions que Napoléon exigeait

Juin 1811.

du nouvel établissement pontifical tel que Napoléon l'entendait.

Juin 1811.

Mesure dans laquelle les trois envoyés doivent user de leurs pouvoirs.

pour faire cesser la captivité de Pie VII et lui accorder un établissement magnifique mais dépendant. Les trois envoyés étaient secrètement munis des pouvoirs nécessaires pour signer une convention sur ces bases. Mais ils devaient laisser ignorer à tout le monde, et surtout au Pape, qu'ils avaient ces pouvoirs, jusqu'à ce qu'ils eussent la certitude de réussir dans leur mission, tant pour ce qui regardait l'institution canonique que pour ce qui regardait le nouvel établissement de la Papauté.

Brièveté du temps accordé aux trois prélats pour remplir leur mission.

Comme il restait peu de jours entre le moment où Napoléon se décida à envoyer cette députation et l'époque de la réunion du concile, les trois prélats partirent en toute hâte, car il ne leur était accordé que dix jours pour remplir leur mission à Savone.

Situation du Pape à Savone depuis les dernières rigueurs dont il était devenu l'objet.

M. l'archevêque de Tours (de Barral), MM. les évêques de Nantes (Duvoisin), de Trèves (Mannay), partis sans retard pour Savone, y arrivèrent aussi vite que le permettaient les moyens de communication dont on disposait alors. Le Pape, quoique résigné avec une rare douceur à une captivité fort aggravée depuis quelque temps (il était sans papier, sans plumes, sans encre, sans secrétaire, et toujours surveillé par un officier de gendarmerie), le Pape sentait néanmoins la pesanteur de ses chaînes, et, bien qu'il appréhendât ce qu'on pouvait venir lui annoncer sur l'objet du concile, bien qu'il craignît par exemple, comme cela s'était vu dans des siècles antérieurs, que Napoléon n'eût réuni ce concile pour l'y faire comparaître et juger, il éprouva une sorte de soulagement en apprenant que trois prélats revêtus de la confiance impériale étaient envoyés pour l'entretenir. Il savait de quel poids, de quel mérite étaient ces hommes ; il savait aussi qu'ils étaient contraires aux opinions qu'on appelle en France ultramontaines, ce qui équivalait pour lui à être du parti ennemi ; mais tout cela était de nulle considération à ses yeux. L'important pour lui, c'est qu'ils eussent mission de le visiter, c'est qu'ils eussent quelque chose à lui dire. L'infortuné Pontife était comme le prisonnier qui éprouve un tressaillement de plaisir à entendre ouvrir la porte de sa prison, alors même qu'elle ne s'ouvre pas pour lui rendre la liberté.

Pie VII n'avait de communication qu'avec le préfet de Montenotte, qui lui avait plu, comme nous l'avons déjà dit, par ses égards, son tact, sa parfaite mesure. Ayant appris de M. de Chabrol l'arrivée et le nom des trois prélats, il consentit à les admettre tout de suite en sa présence. Il éprouvait même une sorte d'impatience de les recevoir. Ils se présentèrent tous les trois, le respect à la bouche, le front incliné, plus incliné que si le Pontife eût été à Rome sur le trône des Césars, lui demandant presque pardon de n'être pas captifs comme lui, et venant le supplier de mettre le comble à ses vertus en ajoutant à ses anciens sacrifices quelques sacrifices nouveaux et indispensables, en abandonnant dans l'intérêt même de la religion certaines prérogatives qui lui étaient chères. Le ton, le noble langage, le profond respect de ces dignes prélats touchèrent vivement Pie VII, et toutes les grâces de son caractère reparurent à l'instant sous l'im-

Juin 1811.

Accueil du Pape aux trois envoyés.

pression du plaisir qu'il ressentit. Il se montra plein de douceur, de bonté, presque d'enjouement, dès qu'il fut en confiance avec eux, et surtout dès qu'il sut qu'au lieu de s'assembler pour le juger, le concile voulait au contraire se concerter avec lui sur la manière de mettre fin aux troubles religieux, et le faisait supplier à l'avance de chercher quelques moyens d'accommodement avec cette puissance qui avait rétabli les autels, et qui, pouvant les détruire, ne le voulait heureusement pas, pourvu que dans le domaine temporel elle ne rencontrât aucune opposition.

Après une première séance employée à se voir, à se connaître, à s'apprécier, le Pape et les prélats se réunirent tous les jours, et même plusieurs fois par jour, bien que les trois envoyés, voulant ménager la santé débile de Pie VII, missent la plus grande discrétion à provoquer de nouvelles entrevues. C'était le Pape qui les faisait mander quand par égard ils n'osaient venir. L'évêque de Faenza, nommé patriarche de Venise, et en ce moment de passage à Savone pour se rendre au concile, avait demandé s'il ne serait pas de trop dans cette espèce de congrès ecclésiastique, et on avait consenti des deux côtés à l'y admettre, car il plaisait au Pape comme Italien et Italien fort spirituel, et il ne déplaisait point aux trois envoyés impériaux, comme Italien éprouvant le désir d'une prompte pacification de l'Église. Le Pape, qui, entendant très-bien le français, ne voulait cependant parler qu'italien, se servait souvent de l'évêque de Faenza pour rendre sa pensée, et se sentait plus à l'aise en ayant auprès de lui un ultramontain de naissance, élevé dans ses opinions quoiqu'il ne les partageât pas toutes.

Juin 1811.

Le Pape, après avoir fait remarquer avec dignité, avec douceur, l'odieuse captivité dans laquelle le chef de l'Église était plongé, le profond isolement dans lequel il était condamné à vivre, la privation de tout conseil et de tout moyen de communiquer à laquelle il était réduit, avait raconté à sa manière, comme il lui arrivait souvent, tout ce qu'il avait jadis éprouvé d'affection pour le général Bonaparte, aujourd'hui tout-puissant empereur des Français, puis la difficile démarche qu'il avait osé faire en venant le sacrer à Paris, et ensuite, montrant autour de lui les murailles qui le tenaient enfermé, avait fait ressortir sans aucun emportement l'étrange contraste entre les services rendus et la récompense qui en était le prix. Cela dit, il était entré dans le détail même des questions que les représentants du concile étaient chargés de traiter à Savone.

Langage du Pape.

Sur l'institution canonique des vingt-sept prélats nommés, il avait paru disposé à céder, avouant en quelque sorte, sans le dire, que son refus de l'accorder était plutôt une arme employée contre Napoléon, qu'une juste contestation dans l'intérêt de la foi du mérite des sujets promus, mais demandant si, après tout, ce n'était pas un intérêt de la foi que l'indépendance et la liberté du Pontife, le respect du Saint-Siége, la conservation du patrimoine de Saint-Pierre, le maintien de la puissance temporelle des papes, et si l'arme qui lui servait à défendre des choses de si grande importance pouvait être considérée comme mal et abusivement employée. —

Toutefois il était prêt à céder, même sur un détail de forme, et consentait à instituer les vingt-sept prélats dont il s'agissait, en omettant dans l'acte le nom de Napoléon (comme ce dernier le voulait bien), et en même temps à ne pas alléguer le *motu proprio*, qui lui aurait donné l'apparence de nommer lui-même, au lieu de confirmer seulement la nomination émanée de l'autorité impériale. En effet il avait déjà accordé l'institution canonique dans cette forme du *motu proprio* à quelques-uns des vingt-sept prélats nommés, entre autres à l'archevêque de Malines; mais Napoléon n'avait pas voulu l'agréer, consentant bien à ce que son autorité ne fût point mentionnée dans les bulles, mais n'admettant pas que celle du Pape fût substituée à la sienne.

Sur ces divers points Pie VII était prêt à se rendre, et à faire cesser l'interruption du gouvernement ecclésiastique en France, afin qu'on ne lui reprochât plus de l'interrompre dans un intérêt qui lui était personnel, mais sur la clause additionnelle au Concordat, tendant à limiter le temps dans lequel l'institution canonique serait accordée, il ne pouvait se résigner à céder. D'abord il trouvait le terme de trois mois beaucoup trop court; mais, quel que fût ce terme, il disait que si en définitive le terme écoulé l'institution pouvait être donnée par le métropolitain, le chef de l'Église était dépouillé et privé de l'une de ses prérogatives les plus précieuses. A cela les trois prélats répondaient en recourant aux souvenirs tirés des siècles passés. Ils disaient que le Pape n'avait pas toujours joui de la faculté d'instituer les évêques; que six mois, si on jugeait trop court le terme de trois, suffisaient pour examiner l'idonéité des sujets proposés, la critiquer si elle méritait d'être critiquée, et s'entendre en un mot avec le pouvoir temporel sur les choix qui devaient être réformés ; qu'il fallait après tout ne pas supposer ce pouvoir en démence, et s'appliquant à nommer des évêques indignes ou d'une foi douteuse pour le plaisir de mal composer son clergé ; que si on ne jugeait pas ces garanties suffisantes, c'est qu'alors on voulait faire de l'institution un autre usage que celui d'assurer le bon choix des sujets, et en faire un moyen d'action sur le temporel, afin de le tenir plus ou moins dans sa dépendance. Or il n'y avait personne, ajoutaient-ils, dans aucun parti, qui fût prêt à admettre que la faculté d'instituer pût devenir une arme dans la main des papes. Sur ce point il fallait renoncer à trouver de l'appui dans quelque portion du clergé que ce fût.

L'infortuné Pie VII, qui avec beaucoup d'esprit n'avait cependant pas toute la force de raison nécessaire pour remonter aux grands principes sur lesquels repose la double investiture des pasteurs par le pouvoir temporel et par le pouvoir spirituel, qui d'ailleurs, quand on lui disait que l'institution ne pouvait être une arme dans la main des papes, croyait apercevoir un reproche dans cet argument, parce qu'en effet beaucoup de gens lui avaient rapporté qu'on l'accusait en refusant les bulles de sacrifier les intérêts de la religion aux intérêts du Saint-Siége, Pie VII ne savait que répondre, reconnaissait qu'il ne fallait pas qu'on pût abuser à Rome de la faculté d'instituer, et puis cependant ne se

Juin 1811.

rendait pas, parce qu'il s'agissait d'abandonner une des prérogatives dont il avait trouvé le Saint-Siége pourvu. Or, à ses yeux, transmettre le Saint-Siége à ses successeurs moins riche de prérogatives qu'il ne l'avait trouvé, était une faiblesse, une lâcheté, dont à aucun prix il ne voulait souiller sa mémoire. Très-sensible à l'opinion publique, il craignait d'être accusé par la chrétienté de céder ou à la peur, ou à l'ennui de la captivité. Et quand on lui représentait qu'il s'abusait sur le jugement que le monde catholique porterait de lui s'il cédait (ce qui était exact, car on n'était pas alors aussi romain qu'on a aujourd'hui la prétention de l'être), il répliquait : Mais comment voulez-vous que je puisse en juger, seul, prisonnier, séparé de tout conseil, ne sachant sur l'opinion de qui m'appuyer pour prendre des déterminations si importantes... — Et, à cet argument, aussi vrai que douloureux, les trois prélats, indignés de sa captivité quoique envoyés de Napoléon, ne savaient que répondre à leur tour, et se taisaient les larmes aux yeux, ou lui parlaient de consulter un cardinal qui était dans le voisinage, le cardinal Spina, le seul dont ils fussent autorisés à lui offrir l'assistance.

Les trois prélats touchent avec ménagement à la grave question de l'établissement pontifical.

Sur l'établissement de la Papauté en général la question était bien plus difficile encore à aborder. Proposer au Pape de consacrer par son consentement l'abolition de la puissance temporelle du Saint-Siége, au prix d'une riche dotation et de beaux palais dans les capitales impériales, c'était proposer au Pape la plus désolante et la plus déshonorante des abdications. Cependant il connaissait le décret qui avait réuni les États romains à l'Empire, et il fallait admettre la chute de Napoléon, ce que bien peu d'esprits prévoyaient alors, pour ne pas regarder ce décret comme irrévocable. On pouvait donc, et les prélats l'essayèrent, lui conseiller par prudence et dans l'intérêt même du Saint-Siége, d'accepter un dédommagement que plus tard peut-être on n'obtiendrait plus, dédommagement accompagné d'ailleurs de tant d'avantages pour la protection et la propagation de la foi catholique. MM. de Barral et Duvoisin, tout en lui exprimant une douleur sincère des entreprises de Napoléon, insistèrent beaucoup sur la nécessité de ménager un homme qui pouvait jouer si facilement en France le rôle de Henri VIII en Angleterre, sur la sagesse qu'il y aurait peut-être à profiter des dédommagements qu'il se croyait obligé d'offrir dans le moment où il dépouillait l'Église, et qu'il ne songerait probablement point à accorder lorsque l'abolition du pouvoir temporel ne serait plus qu'une de ces catastrophes auxquelles le monde s'était si bien habitué depuis vingt ans; sur tous les secours enfin qu'on obtiendrait de lui pour le maintien et la propagation de la foi, lorsqu'on aurait donné satisfaction à son ambition déréglée. Le Pape, touché du ton, du langage avec lequel on lui soumettait ces conseils, ne les accueillit point mal, et en raisonna avec les envoyés de Napoléon comme avec des amis devant lesquels il s'ouvrait en confiance, non comme avec les ministres d'un adversaire devant lesquels il devait composer son attitude et son visage. Il convint de la difficulté de faire revenir Napoléon sur ses ré-

Juin 1811.

solutions; il ne contesta point la durée probable de son empire, sans toutefois le regarder comme impérissable, car il montrait quelquefois sur ce sujet des doutes singuliers, soit que ce fût chez ce Pape aussi pieux que spirituel une inspiration de sa foi ardente, ou une certaine lumière qui de temps en temps éclairait soudainement son esprit; mais en dehors de toutes ces considérations, pour ainsi dire mondaines, il manifesta du point de vue de la conscience et de l'honneur une répugnance absolument invincible à concéder ce qu'on lui demandait. Aller siéger pontificalement à Paris était pour lui un opprobre inacceptable. — Napoléon, disait-il, veut faire du successeur des apôtres son premier aumônier, mais jamais il n'obtiendra de moi cet abaissement du Saint-Siége. Il croit me vaincre parce qu'il me tient sous ses verrous, mais il se trompe; je suis vieux, et bientôt il n'aura plus dans ses mains que le cadavre d'un pauvre prêtre mort dans ses fers. —

Aller se fixer à Avignon, à cause des précédents qui faisaient de cette ville une résidence des Papes pour les temps de persécution, eût convenu davantage à Pie VII; mais reconnaître la déclaration de 1682, ce qui était la condition de l'établissement à Avignon, lui était, quoique moins odieux que le reste, très-pénible encore, tout plein qu'il était des préjugés romains. Il répétait sans cesse qu'Alexandre VIII, avant de mourir, avait prononcé la condamnation des propositions de Bossuet, et que les reconnaître, s'y engager, serait regardé comme une faiblesse arrachée à sa captivité. Toutefois, entre les propositions de Bossuet il distinguait, et il était prêt à admettre celle qui refusait au Pape le pouvoir de renverser les souverains temporels en déliant les sujets de leur devoir d'obéissance. Mais il était rempli de scrupule relativement aux autres, qui établissent, comme on sait, que l'Église n'est point un gouvernement arbitraire, qu'elle a ses lois qui sont les canons, que l'autorité du Pape, quoique ordinairement supérieure à toute autre, rencontre cependant quelquefois une autorité supérieure à la sienne, celle de l'Église elle-même quand elle est assemblée dans les conciles œcuméniques, c'est-à-dire universels. Ces maximes, qui ne sont qu'un beau résumé de l'histoire ecclésiastique fait par Bossuet, et qui rangent l'Église à la tête des gouvernements réguliers et légaux, au lieu de la faire descendre au rang des gouvernements despotiques et arbitraires, agitaient Pie VII, et le jetaient dans un trouble profond. — Je n'entreprendrai rien, disait-il, contre ces maximes, j'en donne ma parole d'honneur, et on sait que je suis un honnête homme ; mais qu'on ne m'oblige pas à les consacrer par un engagement formel de ma part, car j'aime mieux rester en prison que de commettre une pareille faiblesse. — Quant à retourner à Rome, même dépouillé de sa couronne temporelle, c'était le parti qui eût le plus complétement satisfait Pie VII. Rentrer à Rome, sans argent, sans cour, sans soldats, sans aucun des honneurs d'un souverain, lui eût presque semblé l'équivalent de son rétablissement sur la chaire de saint Pierre. Mais rentrer à Rome au prix du serment qui le constituait sujet de Napoléon, et le forçait à reconnaître la spoliation du patrimoine de Saint-Pierre, était pour lui plus im-

Juin 1811.

Ce qu'aurait désiré Pie VII.

Juin 1811.

possible encore que tout ce qu'on lui demandait. — Je ne désire aucune dotation, disait-il, je n'en ai pas besoin. On conteste aux papes leur pouvoir temporel : qu'on leur dispute plutôt leur richesse; mais qu'on ne leur ôte jamais Rome. C'est de là qu'ils doivent gouverner et sanctifier les âmes. Ce n'est pas le Vatican que je réclame, ce sont les Catacombes. Qu'on me permette d'y retourner avec quelques vieux prêtres pour m'éclairer de leurs conseils, et de là je continuerai mes fonctions pontificales, en me soumettant à l'autorité de César, comme les premiers apôtres, et en ne faisant rien pour ébranler ou détruire cette autorité. — Le saint Pape s'échauffait, devenait éloquent, lançait la lumière de ses yeux doux et vifs, à la seule perspective de se retrouver à Rome, dépouillé de tout revenu, mangeant le pain de l'aumône, et se doutant bien, il faut le dire, malgré la sincérité de son humilité, que ce Pape humilié serait plus puissant qu'assis sur le trône de saint Pierre, tiendrait du fond de ses Catacombes Napoléon en échec, et peut-être survivrait à son colossal empire. —

L'impossibilité de ce qu'il désire, respectueusement démontrée par les trois prélats envoyés en mission à Savone.

Ses désirs à cet égard étaient évidents, et même avoués avec une ardeur naïve. Mais MM. de Barral, Duvoisin et Mannay ne lui laissèrent à ce sujet aucune illusion. Ils lui firent parfaitement comprendre que Napoléon ne lui accorderait jamais la liberté de retourner comme prince détrôné dans la capitale où il avait régné comme souverain, à moins qu'il n'y rentrât dédommagé et soumis; que cette glorieuse pauvreté des Catacombes, aussi enviable pour un ambitieux que pour un saint, il fallait y renoncer, et choisir entre Savone, où il était captif et privé de l'exercice de ses fonctions pontificales, et Avignon, Paris ou Rome, villes où il serait libre, couronné de la tiare, en plein exercice de son autorité spirituelle, richement doté, mais sujet, qu'il eût ou n'eût pas prêté serment.

Ces explications prirent plusieurs jours. MM. de Barral, Duvoisin et Mannay, auxquels s'était joint l'évêque de Faenza, avaient fini par adoucir beaucoup Pie VII, et, ce qui était important auprès d'un Pontife consciencieux, très-sensible au jugement qu'on porterait de sa conduite, avaient agi sur sa conviction, en lui démontrant que si, pour son propre compte, il pouvait préférer la captivité à la moindre concession, pour l'Église il devait prendre garde de sacrifier des avantages que peut-être elle ne retrouverait plus. Ils lui firent enfin entendre qu'arrivés aux derniers jours de mai, ils étaient obligés de partir pour assister à l'ouverture du concile, fixée au commencement de juin, et qu'il fallait qu'il arrêtât sa pensée, et leur fournît le moyen d'éclairer les prélats réunis sur ses dispositions définitives.

Après avoir énuméré les questions l'une après l'autre, et lui avoir fait répéter son opinion sur chacune, après l'avoir amené à dire qu'il ne répugnait pas à instituer les vingt-sept prélats nommés, que voulant même au prix d'un grand sacrifice donner à l'Église de France un témoignage de confiance et d'affection, il reconnaissait, sans renoncer à l'institution canonique, qu'il fallait prévenir l'abus qu'un pontife malavisé ou malintentionné pourrait en faire;

Juin 1811.

Conclusion des longues conférences tenues entre Pie VII et les prélats envoyés auprès de lui.

après lui avoir arraché enfin l'aveu que, sur l'établissement nouveau offert à l'Église, il y avait au moins à délibérer, mais seulement lorsqu'il serait libre et assisté de ses conseillers naturels et légitimes, ils lui demandèrent pourquoi il ne leur permettrait pas d'écrire ces différentes déclarations, qu'il s'abstiendrait de signer pour qu'elles n'eussent pas le caractère d'un traité, mais qui serviraient à constater sinon ses volontés pontificales, qu'il ne pouvait exprimer qu'entouré des cardinaux, du moins ses dispositions personnelles, de manière qu'on ne pût rien y ajouter, ni rien en retrancher.

Pressé par les instances des quatre prélats, par l'annonce de leur départ, il consentit à laisser écrire une déclaration non signée, qui contenait en substance les propositions que nous venons d'exposer : 1° consentement, pour cette fois, à instituer les vingt-sept prélats nommés, sans mention du *motu proprio*; 2° obligation pour le Saint-Siége d'instituer à l'avenir, dans les six mois, les évêques nommés par le souverain temporel, à défaut de quoi le métropolitain serait censé autorisé par le Pape à les instituer en son nom; 3° enfin, disposition, lorsque le Pape serait libre et entouré de ses cardinaux, à prêter l'oreille aux arrangements qu'on lui soumettrait pour l'établissement définitif du Saint-Siége. La nature de ces arrangements n'était pas même indiquée.

Ainsi généralisée, cette déclaration, vu les opinions régnantes alors à l'égard de l'institution canonique, n'avait rien que de très-admissible et de très-honnête, et ne renfermait rien qui pût être compromettant. Le Pape, après l'avoir accordée, se sépara avec regret de ces prélats si sages, si indignement calomniés auprès de lui par une portion du clergé, et leur donna sa bénédiction avec beaucoup d'effusion. Ils partirent le 20 mai.

Pourtant Pie VII était intérieurement agité. La nuit qui suivit leur départ, il ne dormit point. Susceptible autant que consciencieux, redoutant le jugement de l'opinion publique presque autant que celui de Dieu, n'ayant pour se rassurer l'avis de personne, il se laissa peu à peu aller, après toute une nuit d'insomnie, à croire qu'il avait commis une insigne faiblesse, que toute la chrétienté en jugerait ainsi, qu'elle l'accuserait d'avoir, par peur de Napoléon ou par ennui de sa captivité, abandonné les intérêts de la foi, et il conçut cette crainte beaucoup moins pour les deux premières propositions que pour la dernière, celle par laquelle il s'engageait éventuellement, lorsqu'il serait libre et muni d'un conseil, à examiner les propositions qui pourraient lui être faites relativement à l'établissement pontifical. Il craignit d'avoir par là donné un commencement d'adhésion à la suppression de la puissance temporelle du Saint-Siége et à la réunion des Etats romains à l'Empire français. Cette vision le jeta dans un tel état de trouble et de désespoir, qu'il fit sur-le-champ appeler le préfet, lui demanda en le voyant arriver si les prélats avaient quitté Savone, le supplia, quand il sut qu'ils étaient partis dès la veille au soir, d'envoyer un courrier à leur suite pour les ramener, ou leur signifier, s'ils ne voulaient pas revenir, que la déclaration devait être considérée comme non ave-

Juin 1811.

Agitation de Pie VII après le départ des prélats; il croit s'être trop avancé, et veut qu'on lui rende la déclaration non signée à laquelle il a consenti

Sur les instances de Pie VII, le préfet de Montenotte envoie un courrier aux trois prélats pour retirer le dernier des paragraphes

Juin 1814.

de la déclaration, relatif à l'établissement pontifical.

nue; qu'elle avait été surprise à sa faiblesse, à sa fatigue, à sa santé défaillante, qu'il avait été, disait-il, comme jeté dans une sorte d'ivresse par les instances qu'on lui avait adressées, et qu'il s'était déshonoré en cédant; et il ajoutait : Voilà ce que c'est que de priver un pauvre prêtre, vieux, épuisé, dévoué mais insuffisant, voilà ce que c'est que de le priver de conseils qui le puissent éclairer! On l'expose ainsi à se couvrir d'infamie... — En disant ces choses, le malheureux Pontife, injuste envers lui-même, se calomniait de toutes les manières pour excuser son acte.

Le jour, la lumière, la présence des objets réels agissent heureusement sur les êtres troublés par l'exaltation des nuits. Le préfet de Montenotte, qui avait acquis sur le Pontife un certain ascendant par le calme, la douceur, la sagesse de ses entretiens, parvint à le tranquilliser un peu, à lui prouver que les deux premières propositions étaient, après tout, conformes à ce qu'il avait toujours pensé et toujours dit, et que quant à la troisième, elle n'était qu'une promesse d'examiner, qu'elle ne contenait pas même l'indication d'une solution, et surtout aucune mention d'un système quelconque d'arrangement. Néanmoins pour rassurer Pie VII sur ce dernier point, le préfet fit partir un courrier afin de dire aux prélats que le paragraphe de la déclaration relatif à la dernière proposition, devait être rayé, absolument rayé, que quant au reste, pourvu qu'on y vît, non point un traité ni un engagement, mais un préliminaire pouvant servir de base à une négociation, le Pape le maintenait. Cela obtenu, Pie VII se calma, et écrivit au cardinal Fesch une lettre dans laquelle, se louant beaucoup des trois prélats, et autorisant le concile à croire ce qu'ils diraient, il exprimait à peu près les dispositions que nous venons de faire connaître.

Juin 1811.

Lorsque les prélats envoyés à Savone furent de retour à Paris, Napoléon se montra assez satisfait du résultat de leur mission, car, bien que sur l'établissement futur de la Papauté on fût loin d'être d'accord avec Pie VII, sur l'institution canonique, et en particulier sur les vingt-sept prélats à instituer, on avait obtenu tout ce qu'il était possible de désirer, et le gouvernement de l'Église n'était plus menacé d'interruption. Toute crainte d'un schisme était entièrement écartée. Le concile, en effet, sous le rapport de l'institution canonique, ne pouvait manquer d'adopter une solution que le Pape lui-même agréait; et quant à l'établissement pontifical, l'accord naîtrait du temps, de la nécessité, de la toute-puissance de Napoléon, et de l'impuissance de l'infortuné Pie VII.

Napoléon satisfait du résultat obtenu par la députation envoyée à Savone.

Les évêques étaient presque tous arrivés; on en comptait une centaine environ, dont trente à peu près pour l'Italie. Ceux qui manquaient soit parmi les Français, soit parmi les Italiens, étaient des vieillards infirmes, incapables de voyager à de grandes distances, ou bien quelques évêques romains qui avaient refusé le serment à cause du renversement du gouvernement pontifical. Telle quelle, la réunion des prélats arrivés était suffisante pour que le concile eût l'éclat et l'autorité convenables, car, à très-peu d'exceptions près, tout ce qui avait pu venir était venu.

Presque tous les prélats étant arrivés à Paris, on s'occupe d'ouvrir le concile.

Juin 1811.

Dispositions des prélats appelés au concile.

Les dispositions des évêques étaient de nature à tromper le gouvernement, et à les tromper eux-mêmes sur le résultat du concile. Quoique pleins au fond du cœur d'une respectueuse compassion pour les malheurs de Pie VII, désapprouvant complétement l'abolition de la puissance temporelle du Saint-Siége, poussés au mécontentement par les coteries des royalistes dévots au milieu desquels la plupart d'entre eux avaient l'habitude de vivre, ils se seraient bien gardés de manifester leurs sentiments, surtout depuis la catastrophe des cardinaux noirs. La terrible réputation du duc de Rovigo les épouvantait à tel point que beaucoup d'entre eux avaient fait leur testament avant de quitter leurs diocèses, et avaient embrassé leurs principaux fidèles, comme s'ils n'avaient pas dû les revoir. Et c'étaient en général les plus hostiles qui étaient les plus soumis, car dans leur terreur ils croyaient Napoléon presque aussi instruit du secret de leur cœur que Dieu lui-même, et ils ne le croyaient pas aussi clément. Les modérés, habitués à penser de Napoléon un peu moins mal, étaient un peu moins épouvantés; ils auraient voulu apaiser le trouble survenu entre l'Empereur et le Pape, trouver pour cela un moyen terme qui les contentât tous deux, et sortir ainsi d'embarras, l'Église sauve, le Pape tiré de sa prison, et Napoléon satisfait. Pourtant qu'une étincelle vînt mettre le feu à tous les sentiments cachés au fond des cœurs, et il pouvait en jaillir une explosion. Personne ne s'en doutait, et personne dans le gouvernement de Napoléon n'était capable de le prévoir. M. Bigot de Préameneu, ministre honnête et

Danger qui peut résulter du concile, et

doux, n'avait aucune idée des assemblées délibérantes, et Napoléon lui-même, quoique habitué à deviner tout ce qu'il ignorait, croyait, à en juger par son Corps législatif, qu'il viendrait à bout de ses évêques comme de ses législateurs muets et appointés. Il ne s'inquiétait guère plus de son différend avec le Pape, que d'un différend qu'il aurait eu avec le grand-duc de Bade, bien qu'il fût importuné de cette *querelle de prêtres*, comme il l'appelait, querelle qui pour son goût devenait trop longue et trop tenace. Le duc de Rovigo seul, quoique n'ayant jamais appris par expérience ce que pouvait devenir une assemblée délibérante, mais très-avisé, ayant gagné adroitement la confiance de plus d'un prélat, et sachant combien les royalistes de Paris mettaient de soin à circonvenir les membres du concile, avait conçu quelques appréhensions, et en avait fait part à Napoléon. Celui-ci ayant toujours à sa disposition Vincennes, ses grenadiers, sa fortune, et tout étourdi d'ailleurs de l'effet produit par la naissance du Roi de Rome, effet qui égalait l'éclat de ses plus grandes victoires, n'avait tenu aucun compte des craintes qu'on avait cherché à lui inspirer.

Le concile, qui devait d'abord être réuni le jour du baptême, ne l'ayant pas été par la raison vraie ou simulée de l'impossibilité pour des vieillards d'assister à deux grandes cérémonies en un jour, le fut la semaine suivante, le lundi 17 juin, à l'église de Notre-Dame. Sur les vives instances du cardinal Fesch, qui prétendait à la présidence du concile en vertu de son siége (il était archevêque de Lyon), on avait consenti, dans une réunion préalable tenue

Juin 1811.

que personne ne prévoit, excepté le duc de Rovigo.

Confiance de Napoléon en cette occasion, égale à celle qu'il éprouve dans toutes ses entreprises.

La présidence du concile déférée au cardinal Fesch.

chez lui, à lui déférer cet honneur. Les évêques avaient adopté cette résolution non point par considération pour sa qualité de primat des Gaules, qu'ils ne reconnaissaient point, mais pour commencer les opérations du concile par un acte de déférence envers l'oncle de l'Empereur. Ils avaient décidé également qu'on suivrait le cérémonial adopté au concile d'Embrun en 1727, et qu'on prêterait le serment de fidélité au Saint-Siége, qui depuis le concile de Trente avait été imposé à toute réunion de prélats, provinciale, nationale ou générale.

Le 17 juin au matin, cardinaux, archevêques, évêques, au nombre de plus de cent, se rendirent processionnellement de l'archevêché à Notre-Dame, en observant le cérémonial usité dans les conciles. Bien que Napoléon, ne connaissant d'autre précaution contre la liberté que le silence, eût sévèrement ordonné l'exclusion du public et notamment celle des journalistes, un grand nombre de curieux étaient accourus aux portes, les uns pour recueillir tout ce qu'ils pourraient, les autres pour repaître leurs yeux de cet imposant spectacle.

On célébra la messe avec beaucoup de pompe, après quoi M. l'abbé de Boulogne, évêque de Troyes, chargé de prononcer le sermon d'usage à l'ouverture des conciles, prêcha longuement et avec une éloquence apprêtée. Dans sa harangue, il tint la balance assez égale entre le Pontife et l'Empereur, parla avec respect des deux puissances, de l'importance de leur accord, non pas avec la grandeur de Bossuet en 1682, mais avec un certain éclat de langage qui frappa les assistants. Il exprima formellement son adhésion aux doctrines de Bossuet, dit aussi qu'en cas de nécessité une Église devait trouver en elle-même de quoi se sauver, ce qui était la doctrine impériale tendant à se passer du Pape, mais en même temps fit grande profession de dévouement et d'amour envers le Pontife prisonnier. Singulier symptôme des sentiments qui remplissaient tous les cœurs! Ce qu'il dit des doctrines de 1682, de la nécessité où une Église pouvait être de se sauver elle-même, passa comme doctrine de convention accordée aux exigences du moment, et ce qu'il exprima de respect pour la puissance papale produisit au contraire une sensation profonde. Aussi son discours, quoique revu et censuré par M. le cardinal Fesch, eut toute l'apparence d'une manifestation secrètement hostile à l'Empereur.

Juin 1811.

Immédiatement après le sermon, le cardinal Fesch, la mitre en tête, montant sur un trône dressé pour cet usage, prêta le serment prescrit par Pie IV : *Je reconnais la sainte Église catholique et apostolique romaine mère et maîtresse de toutes les autres Églises; je promets et je jure une véritable obéissance au Pontife romain, successeur de saint Pierre, prince des apôtres et vicaire de Jésus-Christ.*

Serment prêté par le concile au Saint-Siége.

Ces paroles, quoiqu'elles ne fussent qu'une formule convenue, émurent profondément les assistants, car jurer obéissance au Pontife prisonnier, à quelques pas du palais de l'Empereur qui le tenait en captivité, pouvait paraître étrangement audacieux. Il en est toujours ainsi dans les assemblées : tout ce qui touche indirectement au sentiment secret qu'elles éprouvent, surtout lorsque ce sentiment est com-

Effet produit par la première séance du concile.

primé, les fait tressaillir. On se retira ému, surpris de ce qu'on avait senti, et tout homme expérimenté qui aurait vu cette assemblée, n'aurait pas manqué de prévoir qu'elle allait échapper à ceux qui prétendaient la mener, au gouvernement, et à elle-même.

Napoléon, informé par quelques avis de la manière dont les choses s'étaient passées, voulut connaître le discours de M. de Boulogne ainsi que le serment prêté, se plaignit vivement de les avoir ignorés, ce qui attestait chez lui et chez ses ministres l'inattention de gens étrangers à la conduite des assemblées délibérantes, réprimanda tout le monde d'une incurie dont il était le plus coupable, gourmanda particulièrement le cardinal Fesch, qu'il respectait fort peu, et dont il ne pouvait prendre au sérieux ni le savoir, ni la vertu, ni la gravité, et n'écouta que M. Duvoisin, qui lui expliqua l'origine et le sens de ce serment établi en 1564, immédiatement après le concile de Trente, pour répondre aux protestants par une formule solennelle d'adhésion à l'Église romaine. On acheva de le calmer en lui démontrant qu'à la veille d'une décision qui pouvait retrancher quelque chose de l'autorité du Saint-Siége, il fallait que l'Église de France, en faisant acte d'indépendance, fît acte aussi de fidélité, pour n'être ni soupçonnée, ni calomniée, ni infirmée dans son autorité morale.

Napoléon, quoique apaisé, fut dès ce moment un peu moins confiant dans le résultat du concile. Il voulut que la direction de l'assemblée fût confiée à des mains sur lesquelles il pût compter, et il décida par décret que cette direction serait remise à un bureau composé du président, de trois prélats nommés par le concile, et des deux ministres des cultes de France et d'Italie, MM. Bigot de Préameneu et Bovara. Il confirma dans ce décret la résolution qui avait déféré la présidence au cardinal Fesch.

On avait en outre préparé un message, rédigé par M. Daunou en un langage aussi littéraire qu'impolitique, fort remanié par Napoléon, mais pas assez pour le rendre convenable, message dans lequel toute l'histoire du conflit avec Rome était longuement et durement exposée, et la question à résoudre présentée d'une manière beaucoup trop impérative. C'est le jeudi 20 que le décret réglant la tenue de l'assemblée et le message furent apportés au concile. Les deux jours écoulés entre le lundi et le jeudi s'étaient passés en secrètes entrevues, infiniment plus actives du côté des mécontents que du côté des adhérents au pouvoir. La liberté, quand elle débute quelque part, trouve toujours le pouvoir novice, gauche, irritable parce qu'il est gauche, et lui cause autant de désagrément que de trouble. On devait ici en faire une nouvelle épreuve, et s'irriter maladroitement contre ce qu'on ne savait pas prévenir.

Le concile tint donc une séance générale le 20. Les deux ministres transportés à Notre-Dame dans les voitures de la cour, et escortés de la garde impériale, y arrivèrent en grande pompe, ayant en main le décret sur la formation du bureau, et le message. Ils prirent place à côté du président, et lurent d'abord le décret, chacun dans sa langue. Cette autorité, qui rappelait celle que les empereurs ro-

Juin 1811.

Les travaux de l'assemblée.

Le décret portant nomination du bureau, et le message impérial, présentés au concile dans la séance du 20 juin.

mains avaient exercée auprès des premiers conciles, lorsque le christianisme n'avait point encore institué son gouvernement et traité d'égal à égal avec les maîtres de la terre, causa une sensation assez vive, mais qui ne se manifesta que sur les visages. On laissa le moderne César confirmer le président qu'on s'était donné, établir ses deux commissaires impériaux à droite et à gauche du fauteuil présidentiel, et on se mit à jeter des noms dans une urne pour désigner les trois prélats qui devaient compléter le bureau. Dans une assemblée bien dirigée, les voix se seraient réparties en deux masses, l'une représentant l'opinion dominante, l'autre représentant l'opinion contraire, ce qui est la condition indispensable pour que toute réunion d'hommes aboutisse au but pour lequel elle est formée. L'assemblée n'étant pas même dirigée, l'éparpillement des voix fut extrême. Sur une centaine de membres présents, il y eut à peine trente voix pour le candidat qui en obtint le plus. Elles furent données à l'archevêque de Ravenne, parvenu à réunir ce nombre parce qu'on voulait faire aux Italiens la politesse d'appeler au bureau l'un de leurs prélats. Après lui, M. d'Aviau, archevêque de Bordeaux, ecclésiastique respectable mais très-peu éclairé, et ne prenant aucun soin de cacher l'indignation que lui faisait éprouver la captivité du Saint-Père, en obtint vingt-sept. M. l'archevêque de Tours (de Barral), M. l'évêque de Nantes (Duvoisin), l'un et l'autre assez connus par leur mérite, leur rôle conciliateur, leur récente mission à Savone, en obtinrent chacun dix-neuf. Comme il ne fallait qu'un membre pour compléter les trois nominations qu'on avait à faire, on appela le sort à prononcer entre MM. de Barral et Duvoisin, et ce dernier alla siéger au bureau. Après la composition du bureau, on lut le message. Sa rédaction dure, hautaine, produisit la plus pénible impression. Tous les griefs envers l'Église étaient rappelés dans ce message avec une excessive amertume, ce qui ne concordait pas avec la mission pacifique de Savone, qui semblait avoir été ordonnée dans le désir d'un arrangement amiable, et dont le gouvernement affectait même de se montrer satisfait afin de disposer favorablement les esprits. On se sépara donc triste et troublé.

Les choix du concile pour le bureau étaient un premier symptôme fâcheux. C'est en effet par les choix de personnes que les assemblées, même les plus discrètes, trahissent leurs véritables inclinations, car elles ont ainsi l'avantage de manifester leurs opinions sans s'exposer à la peine ou au danger de les exprimer. Or ici, au milieu de l'éparpillement des suffrages résultant du défaut de direction, le seul membre du concile qui eût obtenu une vraie majorité après l'archevêque de Ravenne, élu par convenance, était l'archevêque de Bordeaux, notoirement improbateur de la politique religieuse du gouvernement.

Il s'était produit un autre symptôme non moins fâcheux, et dû en grande partie aux tergiversations du cardinal Fesch, c'était la situation faite aux évêques nommés et non institués. Sur vingt-sept prélats qui se trouvaient dans ce cas, il y en avait dix-huit dont on ne pouvait pas contester la qualité

Juin 1811.

et non institués.

épiscopale, bien qu'on pût contester leur siége. C'étaient ceux qui, promus d'un diocèse à un autre, n'avaient un titre contestable que relativement à leur nouveau diocèse, mais en avaient un incontestable relativement à l'ancien. Ainsi le cardinal Maury, aux yeux du Pape, pouvait n'être pas encore archevêque de Paris, mais il était certainement évêque de Montefiascone. Neuf ecclésiastiques sur vingt-sept, promus pour la première fois à des siéges, n'étaient pas encore tout à fait évêques pour l'Église, quoiqu'ils le fussent pour le pouvoir qui les avait nommés. Puisqu'on les avait convoqués, il était peu séant de leur refuser voix délibérative, les anciens conciles surtout offrant l'exemple de membres délibérants qui n'étaient point évêques.

Par la faiblesse du cardinal Fesch, on refuse voix délibérative aux prélats non institués.

Dans les réunions préparatoires chez le cardinal Fesch, le cardinal Maury ayant voulu introduire l'un des évêques non institués, M. de Boulogne, l'auteur du sermon d'ouverture, s'était écrié que la présence de ces prélats dans leur diocèse était déjà un scandale, que ce scandale serait bien plus grand, qu'il serait intolérable dans l'assemblée où l'on allait décider de leur sort. Cette véhémente apostrophe, soufferte chez le président du concile, chez l'oncle de l'Empereur, aurait dû recevoir une réponse à l'instant même. Tout le monde au contraire s'était incliné avec une sorte de soumission devant les paroles de M. de Boulogne, le cardinal Maury aussi bien que le cardinal Fesch, et les *non institués,* comme on les appelait, avaient été exclus sans opposition des réunions préparatoires. Dans le scrutin pour la composition du bureau, on leur avait accordé voix délibérative, mais en spécifiant que ce serait pour cette fois seulement, et sans tirer à conséquence pour l'avenir. Personne n'avait osé combattre l'opinion qui écartait les prélats *non institués*. Il devenait évident que si hors du concile on tremblait devant le maître qui dominait l'Empire, dans l'intérieur du concile on tremblait davantage encore, s'il était possible, devant un autre maître déjà fort apparent, c'était l'opinion publique, qui condamnait les violences despotiques de Napoléon envers le Saint-Siége, et condamnait ses violences, il faut le dire, beaucoup plus que ses doctrines théologiques, puisque M. de Boulogne lui-même paraissait disposé à admettre des limites à l'institution canonique. Sans doute d'anciens royalistes, se cachant dans l'ombre, s'agitaient pour exciter cette opinion. Mais l'opinion travaillée se reconnaît bien vite : il faut la pousser pour qu'elle éclate. L'opinion spontanée, vraie, naturelle, cherche au contraire à se contenir, éclate à l'improviste et malgré elle, comme la passion, avec le regret de s'être abandonnée à ses élans. C'est ce qu'on voyait ici, et ce qu'on vit bien plus clairement encore à chaque séance de cette singulière assemblée.

Après ces réunions préliminaires, une sorte d'anxiété se manifesta partout. Les prélats partisans du gouvernement, et ils n'étaient pas les plus nombreux, auraient voulu qu'on leur donnât plus d'appui, et qu'on n'abandonnât point leurs collègues non institués. Ils se plaignaient de n'être soutenus ni par le cardinal Fesch, ni par le ministre des cultes, étrangers l'un et l'autre à l'art de conduire une assemblée, et fléchissant tour à tour devant l'Em-

Juin 1811.

Anxiété générale à la suite des premières séances du concile.

Juin 1811.

Opinions et vœux des hommes sages du concile.

pereur ou devant le concile. Les prélats, en plus grand nombre, qui, sans être précisément les partisans du gouvernement, désiraient un accommodement entre l'Empereur et l'Église, par amour du bien, par crainte d'une collision, étaient désolés de la forme du message. On leur avait assuré, et ils avaient cru qu'on était revenu de Savone d'accord avec le Pape. Était-ce vrai? était-ce faux? Ils ne savaient plus qu'en penser après avoir entendu ce message si aigre, si dur, on pouvait presque dire si brutal! Pourquoi, par exemple, cette véhémente sortie au sujet de la bulle d'excommunication? On convenait que cette bulle était une faute, car personne n'approuvait qu'on cherchât à ébranler l'autorité établie après une révolution sanglante dont le souvenir n'était point effacé. Mais le Pape, s'il avait eu la parole, que n'aurait-il pas pu dire, lui aussi, de son palais forcé, de sa personne sainte enlevée par des gendarmes, et tenue prisonnière comme celle d'un criminel d'État? Pourquoi d'ailleurs ces récriminations si on voulait s'entendre et se réconcilier?... Y avait-il chance d'y réussir?... L'espérait-on encore?... Pourquoi ne s'expliquait-on pas à ce sujet? pourquoi ne faisait-on pas savoir si on était oui ou non d'accord avec le Saint-Siége?

Dispositions particulières des prélats italiens.

Voilà ce que répétaient les prélats modérés, formant le grand nombre, et désirant une fin pacifique de tous ces troubles. Parmi eux, les Italiens surtout paraissaient stupéfaits. Ils étaient partis de chez eux avec l'idée que partout on admirait et craignait Napoléon, et à Paris, au milieu de la capitale de la France, ils trouvaient sans doute qu'on le craignait beaucoup, mais ils voyaient que malgré la crainte, la population parisienne, toujours indomptable, jugeait, critiquait son maître, le blâmait quelquefois avec violence, et qu'elle était loin de se soumettre à l'homme à qui elle voulait pourtant que le monde fût soumis. Ces pauvres Italiens demandaient qu'on leur expliquât ce contraste, et à l'anxiété générale joignaient le plus étrange étonnement.

Quant aux prélats résolûment hostiles au gouvernement, aussi peu nombreux que ceux qui lui étaient résolûment favorables, ils étaient dominés les uns par l'indignation sincère des attentats commis contre le Pape, les autres par les passions de l'ancien royalisme qui commençait à se réveiller grâce aux fautes du pouvoir. Quel que fût du reste le motif de leur hostilité, ils étaient fort satisfaits de l'esprit qui se montrait dans le concile, quoique effrayés des conséquences que cet esprit pouvait amener, et ils se laissaient aller à leur penchant avec une complète inexpérience du monde et des hommes, car la sainteté n'est pas toujours la sagesse.

Une nouvelle et importante occasion allait s'offrir pour le concile de manifester les dispositions dont il était animé. C'était l'adresse à rédiger en réponse au message impérial. Le gouvernement ayant de son point de vue énoncé les faits et les questions que ces faits soulevaient, le concile devait à son tour exposer les uns et les autres du point de vue qui lui était propre. De là résultait la nécessité d'une adresse. C'était naturellement une commission qui devait la rédiger. Cette commission, formée selon l'esprit du concile, se composait des cardinaux Spina et Caselli, personnages assez éclairés mais cherchant comme tous les Italiens membres de cette assemblée à éluder les difficultés plutôt qu'à les résoudre, des archevêques de Bordeaux et de Tours, le premier, comme nous l'avons dit, honnête mais aveuglé par la passion, le second, M. de Barral, revenant de Savone, et déjà parfaitement connu; des évêques de Gand et de Troyes, MM. de Broglie et de Boulogne, prélats respectables, passés tous deux de l'enthousiasme pour le Premier Consul à une haine imprudente contre l'Empereur; de l'évêque de Nantes, M. Duvoisin, dont il n'y a plus rien à dire pour le faire connaître : enfin des évêques de Comacchio et d'Ivrée, Italiens qui tâchaient de passer sains et saufs entre tous les écueils de cette situation. La commission se réunit chez le cardinal Fesch, qui devait la présider.

On y discuta toutes les questions générales que faisait naître la situation, bien plus que la question spéciale de l'institution canonique. Il était difficile de se mettre d'accord sur des sujets tels que les propositions de Bossuet, surtout en présence des prélats italiens; sur la bulle d'excommunication, qu'on déplorait généralement sans vouloir cependant en parler dans les mêmes termes; sur les relations du Saint-Siège avec le pouvoir temporel, dans un moment où un maître tout-puissant voulait ôter aux papes leur existence princière; sur les prérogatives de la Papauté et sur la faculté qu'elle pouvait avoir de s'en dessaisir dans tels ou tels cas. Sur quoi on était d'accord, c'était sur la nécessité de rapprocher Napoléon et Pie VII; mais tout en fléchissant sous la main du plus puissant des deux, en reconnaissant même les services par lui rendus à l'Église, on inclinait de cœur (disposition qui honorait le concile) vers celui qui était proscrit et prisonnier. Le texte du projet d'adresse, prudent envers Napoléon, était plein d'effusion envers Pie VII. Enfin après avoir modifié en divers sens ce texte, dont M. Duvoisin était l'auteur, on le présenta le 26 juin au concile assemblé.

Juin 1811.

Quoique le projet, rédigé par un homme sage, amendé ensuite par plusieurs personnages d'inclinations opposées, eût perdu les aspérités qui pouvaient blesser les susceptibilités contraires, il produisit sur les prélats émus par la situation, émus par leur réunion en un grand corps, les mêmes sensations que dans le sein de la commission. Les Italiens étaient choqués par les doctrines de Bossuet trop ouvertement professées; les modérés en général entendaient avec peine rappeler cette bulle d'excommunication, grande faute du Pape qui embarrassait tout le monde, excepté les partisans décidés du gouvernement. Ceux-ci trouvaient que les droits du pouvoir temporel auraient dû être plus expressément formulés, que la compétence du concile aurait dû être plus clairement énoncée. Leurs adversaires au contraire ne voulaient pas qu'on s'engageât d'avance sur cette dernière question, et désiraient qu'on restât dans les généralités, en exprimant la bonne volonté de mettre un terme aux maux de l'Église.

Présentation au concile du projet d'adresse.

Impressions diverses à la lecture de ce projet.

Ce sont là les perplexités accoutumées de toute assemblée délibérante, à moins que formée par une longue pratique elle n'ait ses partis pris, et n'ait acquis le talent de se gouverner. Ce ne pouvait être le cas d'une réunion si nouvelle, et appelée à traiter des sujets si difficiles. Mais il s'y passait un phénomène, étrange aux yeux des hommes inexpérimentés, fort ordinaire aux yeux des hommes habitués au régime des pays libres. A peine ces prélats, si timides dans Paris, étaient-ils réunis dans le concile, qu'ils étaient comme transformés : la peur les abandonnait; le sentiment qui possédait le plus grand nombre d'entre eux se faisait jour, et ce sentiment était une profonde douleur de la situation de Pie VII, douleur qui au moindre choc pouvait se changer en indignation! L'effet des grandes réunions d'hommes est d'effacer les sentiments particuliers, pour donner essor au sentiment général qui les anime, sentiment qui, tour à tour, violent s'il est contrarié, paisiblement dominateur s'il ne l'est pas, entraîne souvent ceux qui l'éprouvent plus loin qu'ils ne voudraient aller. C'est ce qui fait que dans les assemblées délibérantes il faut tant de caractère, de sang-froid, pour se gouverner soi et les autres, et que ces assemblées sont, suivant l'usage qu'on en sait faire, des instruments si utiles ou si dangereux.

Pas un des prélats présents à la discussion de cette adresse ne s'était douté des émotions qu'il éprouverait, ni des résolutions qu'il serait prêt à adopter dans cette séance. La plupart des membres du concile, intimidés avant d'entrer dans la salle des délibérations, échauffés, enhardis dès qu'ils y étaient réunis, approuvaient d'un côté, blâmaient de l'autre, s'interrompaient comme des laïques, et réclamaient ceux-ci tel retranchement, ceux-là tel autre, réclamations auxquelles M. Duvoisin, rapporteur du projet d'adresse, répondait avec beaucoup de patience et de mesure, afin d'arriver à un résultat. Il y avait cinq heures que cette agitation durait, lorsque l'évêque de Chambéry, prélat respectable, frère d'un général au service de l'Empereur, M. Dessoles, se lève, et les yeux animés par la nature de la proposition qu'il va faire, dit que les évêques réunis en concile ne peuvent pas délibérer ici comme membres de l'Église, tandis que le chef de l'Église universelle, le vénérable Pie VII, est dans les fers. Il propose au concile d'aller en corps à Saint-Cloud demander à l'Empereur la liberté de Pie VII, et ajoute que cette démarche faite, la liberté du Pontife obtenue, on pourra alors résoudre les questions proposées, et probablement parvenir à s'entendre. A ces paroles on sent vibrer tous les cœurs d'émotion, de pitié respectueuse, et même de remords, car il y avait peu de dignité à délibérer tranquillement sous les voûtes de la basilique métropolitaine, lorsque le Pape prisonnier n'avait pas seulement un ami pour s'ouvrir à lui, pas un lambeau de papier pour écrire les pensées qui agitaient son âme. Une grande partie des prélats, même les plus modérés, se lèvent involontairement en criant : Oui, oui, à Saint-Cloud ! Tous ces vieillards sont transportés d'enthousiasme. Les plus réservés, apercevant le danger d'une telle démarche, voudraient et n'osent opposer les conseils de la prudence aux impulsions de la générosité. Ils ont encore plus peur du sentiment qui domine

Juin 1811.

Soudaine proposition faite par l'évêque de Chambéry de se rendre à Saint-Cloud pour demander à Napoléon la liberté du Pape.

Émotion extraordinaire dans le concile.

les âmes au dedans du concile, que de la puissance terrible qui subjugue tout au dehors. Le cardinal Fesch éperdu, ne sachant que faire, consulte le bureau, ne trouve aucune lumière auprès des deux ministres dont la présence irrite le concile sans le diriger, et suivant l'avis de M. Duvoisin, seul capable de donner un conseil utile, lève la séance, qu'il renvoie au lendemain. La résolution était sage, et fut immédiatement exécutée, les plus avisés des prélats se hâtant de quitter leurs siéges afin d'entraîner les autres par leur exemple, et laissant les plus animés demander qu'on ne se séparât point sans avoir délibéré.

Malgré le silence des journaux, l'effet de cette séance fut grand dans Paris. La joie fut vive parmi les ennemis de Napoléon, autrefois peu nombreux, et par sa faute commençant à le devenir beaucoup. Les gens de parti se pressaient autour des Pères du concile, les flattaient, les encourageaient pour les pousser plus loin encore. Mais ces malheureux évêques, étrangers à la politique, bien que quelques-uns fussent d'anciens partisans de la maison de Bourbon, étaient tout étonnés de ce qu'ils avaient osé, et, sortis de Notre-Dame, avaient senti renaître la terreur que leur causait le duc de Rovigo. Celui-ci en effet n'avait pas manqué de leur faire dire par des prélats affidés, qu'il fallait qu'ils réfléchissent à leur conduite, car il n'était pas homme à les ménager, et à leur laisser renouveler les scènes de la révolution en habit religieux.

Le Corps législatif, réuni dans le moment, parce qu'on avait voulu qu'il assistât au baptême, et qu'une fois réuni on en profitait pour lui donner le budget à homologuer, était surpris, confus et jaloux. Corps sans vie, oisif, payé, n'ayant aucune question sérieuse à résoudre, il était honteux de sa nullité, et on entendait ses membres dire de toute part, que si on n'y prenait garde, la convocation de ces prêtres allait devenir la convocation des états généraux de l'Empire, et amener Dieu sait quelles conséquences, mais que sans doute l'Empereur y tiendrait la main, et qu'ils étaient prêts, quant à eux, à voter les lois dont on aurait besoin pour terminer ces querelles dignes d'un autre temps. Le mot de ces tristes législateurs n'était pas sans vérité. Ce concile ressemblait effectivement aux états généraux, surtout en un point, c'est que la première réunion de citoyens formée sous ce règne faisait éclater tout à coup, avec une violence qu'on n'avait pas prévue, et dont on n'était pas maître, les sentiments dont tous les cœurs étaient animés.

Napoléon, qui, malgré sa perspicacité, ne s'était pas attendu à cette explosion, était surpris, irrité, se promenait dans son cabinet avec agitation, proférait des menaces, mais n'éclatait pas encore, retenu qu'il était par MM. Duvoisin et de Barral, qui lui promettaient un heureux résultat de la convocation du concile, s'il savait patienter et user de modération.

Le jour suivant le concile fut calme, selon l'usage des assemblées, qui, semblables en cela aux individus, sont paisibles le lendemain d'une journée d'agitation, troublées le lendemain d'une journée de repos. MM. Duvoisin, de Barral, tous les hommes sages qui craignaient des violences et qui ne déses-

Juin 1811.

législatif à l'égard du concile.

Après de nouvelles explications, l'adresse en réponse au message impérial est enfin adoptée.

péraient pas encore d'une issue favorable, se répandirent dans les rangs de la sainte assemblée, disant que lorsqu'on aurait adopté l'adresse, lorsqu'on y aurait donné des garanties au pouvoir contre la puissance papale, qui avait aussi ses abus, témoin la bulle d'excommunication, lorsqu'on aurait montré la disposition du concile à faire cesser les refus d'institution canonique, Napoléon, rassuré, deviendrait plus accommodant, et rendrait le Pape aux fidèles. Grâce à beaucoup d'explications de ce genre données en tête-à-tête, grâce à de nouveaux retranchements qui lui ôtèrent tout caractère, l'adresse fut votée par la presque totalité des membres du concile, excepté les Italiens, qui ne purent s'y associer par leur vote à cause des propositions de 1682, mais qui ne se prononcèrent pas contre, afin de prouver que c'était de leur part abstention et non pas opposition.

Napoléon refuse de recevoir l'adresse.

L'adresse fut donc adoptée après les discussions et les difficultés dont on vient de lire le récit. Napoléon, profondément blessé des retranchements qu'elle avait dû subir, fit déclarer qu'il ne la recevrait pas, ce qui intimida le concile sans le modérer, car on peut jeter de la crainte dans les cœurs qu'un sentiment possède, mais on n'efface pas ce sentiment, et il jaillit de nouveau à la première occasion.

Les prélats non institués privés définitivement du droit de voter.

Admission du prince primat.

Dans ces séances les prélats non institués avaient été définitivement sacrifiés, ou plutôt ils s'étaient sacrifiés eux-mêmes en renonçant à la faculté de voter qu'ils désespéraient d'obtenir. Le prince primat, chancelier de la Confédération du Rhin, chef de l'Église allemande, avait été reçu dans le concile à grand'peine, car ces évêques, peu au fait des hommes et des choses de leur temps, s'étaient figuré, d'après ce qu'on leur avait raconté, que ce prince ecclésiastique était un philosophe, un illuminé, un incrédule. Ils n'imaginaient pas qu'un noble, un prêtre, qui osait se dire ami de Napoléon et de la France, pût être autre chose. Pourtant ils avaient écouté avec curiosité et avec quelque fruit ses doléances sur l'état de l'Église allemande, état qui était la preuve frappante de l'abus de l'institution canonique, lorsque, au lieu d'être la garantie des bons choix, elle devenait une arme de guerre. Ils avaient mieux jugé ce prince en l'écoutant, et l'avaient admis au concile avec l'un de ses suffragants.

Il fallait enfin aborder la grande question pour laquelle le concile était assemblé, et M. Duvoisin avait annoncé que l'Empereur exigeait qu'on s'en occupât immédiatement. Cette réunion en effet incommodait Napoléon, et il ne voulait pas qu'elle restât à rien faire. On ajouta à la commission qui avait rédigé l'adresse, l'évêque de Trèves, l'un des envoyés à Savone, l'évêque de Tournay, Alsacien de mœurs relâchées et d'opinions violentes, et on lui déféra la question si épineuse de l'institution canonique. Le gouvernement avait déclaré que le Concordat était violé à ses yeux par le refus d'institution qui laissait vingt-sept sièges vacants, qu'il se tenait donc pour dégagé à l'égard de ce traité, et qu'il ne pourrait y revenir que si on adoptait des modifications qui prévinssent le retour des abus dont il avait à se plaindre. C'était au concile à imaginer et à voter ces modifications.

La commission, composée de douze membres, se réunit chez le cardinal Fesch. Enfin elle était au cœur de l'œuvre. Il fallait renoncer à toutes les tergiversations, et s'expliquer sur la grave matière soumise aux Pères assemblés. Si quelqu'un en ce moment avait été à lui seul la sagesse armée, ce qui malheureusement est rare, il aurait dû prononcer à la fois, que le principe de l'institution canonique devait rester inviolable, et que le Pape devait instituer les vingt-sept prélats nommés; si de plus il eût été la sagesse puissamment armée, il aurait amené Napoléon ou à restituer Rome à Pie VII, ou à lui donner au moins Avignon, sans engagement contraire aux justes susceptibilités de ce Pontife; il lui aurait par exemple accordé Avignon, ses cardinaux, son gouvernement, convenablement dotés, sans lui faire sanctionner l'abandon du territoire romain, sans lui faire reconnaître cette déclaration de 1682, si vraie sans doute, si embarrassante néanmoins pour le chef de l'Église romaine, et si peu honorable à accepter dans la position où il se trouvait. La Papauté aurait ainsi vécu dans un lieu historique pour elle, libre et honorée, Dieu restant chargé de l'avenir, comme il convient à sa puissance, et non à la nôtre. C'était là tout ce que le temps comportait. Mais personne n'ayant le pouvoir de faire prévaloir cette solution moyenne, qui existe presque toujours dans chaque circonstance, et qui est le plus souvent la meilleure, on disputait violemment, chacun ayant en ses mains un fragment de la vérité.

La première chose à faire était d'exposer ce qui avait été convenu à Savone entre le Saint-Père et les trois prélats qu'on lui avait envoyés, ce qui du reste se rapprochait beaucoup des conclusions que nous venons d'énoncer comme les plus acceptables. M. de Barral le fit avec une grande convenance, un respect pour le Pape mêlé de la plus vive sympathie, et une entière sincérité. Il communiqua la note consentie par Pie VII, en ayant soin de retrancher le dernier article, qui était devenu de la part du Pontife l'objet de tant de scrupules. Cette note contenait à elle seule un arrangement tout fait, et par ce motif même ne répondait guère aux dispositions hostiles de la commission. On demanda pourquoi cette note n'était pas signée; M. de Barral le dit, et le cardinal Fesch lut la lettre du Pape, qui donnait à cette note une véritable authenticité. La lettre, la note, tout fut écarté. On ne voulut voir dans cette pièce non signée qu'un document sans caractère, surpris peut-être à la religion du Pape, arraché peut-être aussi à sa captivité, et après tout un commencement d'arrangement, non un arrangement précis et définitif. Tout était donc à faire, selon les membres de la commission, comme si on n'avait pas vu le Pape.

La solution si simple à laquelle on avait amené Pie VII étant écartée par des esprits qui n'étaient pas disposés à chercher les facilités de la question, il fallait traiter le sujet en lui-même, et le premier point à examiner était la compétence du concile. M. Duvoisin établit alors cette compétence avec autant de netteté que de vigueur de logique. Il était évident en effet qu'incompétent pour une question de dogme et de discipline générale que l'Église uni-

Juillet 1811.

est la première qui se présente.

verselle aurait pu seule résoudre, le concile était pleinement compétent pour une question de discipline nationale, qui ne regardait que l'Église française; et la preuve qu'il s'agissait d'une question de discipline particulière, c'est que le mode de nomination et d'institution varie de pays à pays, et se règle par des traités spéciaux entre les divers gouvernements et l'Église. En écoutant ces raisonnements, l'évêque de Gand (M. de Broglie), l'évêque de Tournay (M. d'Hirn), l'archevêque de Bordeaux (M. d'Aviau), trépignaient d'impatience, et demandaient à répondre au savant professeur de Sorbonne, qu'ils appelaient leur maître en fait de science ecclésiastique, et auquel cependant tous voulaient apprendre à penser juste sur la question soulevée. Une telle difficulté, suivant eux, ne pouvait être résolue sans le Pape, que de concert avec lui, et le concile dès lors était incompétent pour la décider à lui seul. Sans doute il aurait mieux valu qu'il en fût ainsi, répliquait M. Duvoisin, mais il s'agissait seulement du cas d'extrême nécessité, et il fallait bien admettre que pour ces cas fort rares chaque Église avait en elle-même le moyen de se sauver, il fallait admettre que si on était par une force majeure quelconque séparé du Pape pendant des années, que si pendant des années il n'y avait point de Pape, et que la chaire de saint Pierre fût vacante, ou, comme il était arrivé, fût occupée par un pontife indigne, il était indispensable que le métropolitain rentrât dans la faculté qu'il avait eue jadis d'instituer les évêques. Le cardinal Caselli lui-même s'écriait que s'il n'existait plus qu'un seul évêque au monde, celui-là aurait le droit d'instituer tous les autres. Cette supposition mettait hors de lui l'archevêque de Bordeaux; il disait qu'elle était contraire aux promesses de Jésus-Christ, qui avait promis l'éternité à son Église. — C'est pour que l'Église soit éternelle, lui répondait-on, qu'elle doit avoir le moyen de se perpétuer en obéissant aux règles du bon sens, et en se sauvant en cas de nécessité. — Les esprits sages voulaient que, sortant de ces suppositions chimériques, on se plaçât dans la réalité, et qu'on examinât si on pouvait dans la circonstance présente, par exemple, se passer du Pape pour instituer les évêques. Et en effet en se plaçant dans la véritable hypothèse, celle d'un pape s'obstinant à se servir du refus d'institution comme d'une arme, il était impossible de soutenir qu'une Église n'eût pas le droit de se suffire à elle-même et de se soustraire à l'abus d'une faculté destinée à un tout autre emploi.

Il fallait pourtant en finir de toutes ces subtilités, et se prononcer. Or au vote il n'y eut que trois voix pour la compétence du concile, celles des trois prélats envoyés à Savone. Le cardinal Caselli lui-même, qui avait posé la question comme M. Duvoisin, n'osa pas opiner comme lui, et le cardinal Fesch, toujours ménageant le parti ennemi de son neveu, commit la même faiblesse. C'est ainsi que sur douze voix, il n'y en eut que trois qui osèrent affirmer la compétence du concile. Qu'on usât de cette compétence avec une grande réserve, uniquement pour peser sur le Pape, pour peser sur Napoléon lui-même, pour arracher l'un à ses scrupules, l'autre à son humeur despotique, soit; mais nier la compétence du concile

Juillet 1811.

Vive contestation sur la compétence du concile.

Cette compétence n'est point admise par la commission.

Juillet 1841.

Napoléon, prêt à se porter aux dernières extrémités, est retenu par M. Duvoisin.

dans une question de discipline particulière, c'était se désarmer complétement, et laisser Napoléon et le Pape en présence l'un de l'autre, sans aucune puissance intermédiaire pour les rapprocher.

Dès ce moment, l'objet de la convocation était manqué, et on s'exposait à toutes les chances de la colère de Napoléon, qui voudrait résoudre la difficulté sans le secours du Pape ni du concile, c'est-à-dire en finir par des violences. On courut à Saint-Cloud pour l'instruire de ce qui arrivait. Il en fut exaspéré. La vue de son oncle venant à son tour l'informer, et déplorer auprès de lui le résultat qu'il n'avait pas eu le courage de prévenir, le jeta dans un surcroît d'irritation, qui s'exhala en paroles méprisantes et injurieuses. Le cardinal affectant de défendre la commission par des considérations théologiques, Napoléon l'interrompit, lui demanda avec dédain où il avait appris ce dont il parlait, lui dit que lui soldat en savait davantage, que du reste la plupart de ses collègues de l'Église française n'étaient guère plus savants, qu'il avait voulu leur rendre leur importance, restituer à l'Église gallicane la grandeur qu'elle avait eue sous Bossuet, mais qu'ils n'étaient pas dignes de cette mission, qu'*au lieu d'être les princes de l'Église ils n'en étaient que les bedeaux*, et qu'il se chargerait à lui seul de la tirer d'embarras; qu'il allait faire une loi par laquelle il déclarerait que chaque métropolitain suffisait pour instituer les évêques nommés, qu'elle serait à l'instant même exécutée dans tout l'Empire, et qu'on verrait si l'Église ne pouvait pas se sauver sans le Pape. Tout cela était possible assurément, mais c'était revenir à l'ancienne constitution civile du clergé, dont Napoléon s'était tant raillé dans le temps, et dont il avait eu la gloire de sortir par le Concordat.

Dans le moment survint M. Duvoisin, accouru de son côté pour calmer une colère facile à prévoir, et en prévenir les conséquences. La vue de ce prélat tira Napoléon de l'irritation où le jetait presque toujours la présence du cardinal Fesch, et reprenant son sang-froid, il dit : Écoutons M. Duvoisin, celui-là sait ce dont il parle. — M. Duvoisin, déplorant avec raison que le concile se fût désarmé en contestant lui-même sa compétence, soutint pourtant qu'il ne fallait pas agir comme si tout était perdu, et qu'en prenant une autre base que la compétence du concile, en s'appuyant sur la note même de Savone, il était possible par une autre voie d'arriver au même but. On pouvait, suivant lui, faire une déclaration par laquelle il serait stipulé, par exemple, que les chaires ne resteraient pas plus d'un an vacantes, que six mois seraient donnés au pouvoir temporel pour nommer, six mois au Pape pour instituer, et que ces six mois écoulés le Pape serait censé avoir délégué au métropolitain le pouvoir d'instituer les sujets promus à l'épiscopat. On pouvait en outre terminer cette déclaration en remerciant le Pape d'avoir, par cet arrangement émané de Sa Sainteté, mis fin aux maux de l'Église. M. Duvoisin ajouta qu'il lui semblait impossible que la commission ne voulût pas agréer une solution que le Pape avait lui-même acceptée.

Napoléon consentit à faire cette nouvelle tentative, et à remettre au lendemain l'usage de son autorité suprême, qui à ses yeux était suffisante pour tout résoudre, quoi qu'il arrivât et quoi qu'on pût dire. MM. Fesch et Duvoisin se retirèrent donc avec mission de faire adopter ce nouveau plan à la commission.

La commission, suivant l'usage de ce malheureux concile, flottant entre deux maîtres et entre deux craintes, entre Napoléon voulant être obéi et l'opinion voulant être respectée, la commission récalcitrante la veille parut tremblante le lendemain. Le cardinal Fesch fit grand étalage du courroux de son neveu. M. Duvoisin ne dissimula point que si on ne savait pas prendre un parti, on allait exposer l'Église à de dangereux hasards, que certainement le Pape était bien à plaindre, mais qu'il fallait le tirer de son affreuse position en se plaçant entre lui et l'Empereur, qu'on en avait le moyen dans la note de Savone par lui acceptée, qu'on n'avait qu'à la convertir par un décret du concile en loi de l'État, remercier ensuite Pie VII d'avoir par le consentement accordé à cette solution sauvé lui-même l'Église d'un abîme; que cette fin donnée à une partie des controverses religieuses les autres trouveraient leur solution à leur tour, car Napoléon satisfait deviendrait plus accommodant sur tout le reste, et certainement mettrait un terme à la captivité du Pontife. Les paroles fort sensées de M. Duvoisin ayant décidé la commission, son avis fut adopté, et la déclaration de Savone fut convertie en décret du concile, à l'unanimité, moins deux voix, celles de l'archevêque de Bordeaux et de l'évêque de Gand, toujours très-obstinés et très-véhéments.

Bien qu'en principe l'institution dût appartenir purement et simplement au Saint-Siége, on venait de faire ce qu'il y avait de plus raisonnable dans la situation présente, puisque c'était terminer avec le consentement du Pape un conflit des plus redoutables. Il y eut donc une vraie satisfaction de ce résultat parmi les gens sages; il y en eut une très-vive surtout dans la petite cour du cardinal Fesch, car bien que ce cardinal se vantât sans cesse de l'héroïsme dont il faisait preuve contre son neveu, ses familiers aimaient mieux ne pas le voir condamné à déployer cet héroïsme. On trouvait plus commode de jouir avec lui des honneurs de la résistance et des profits de la parenté. On se réjouit même trop fort, car avertis de ce triomphe les gens de parti, royalistes ou dévots, s'agitèrent toute la soirée, toute la nuit, circonvinrent les membres de la commission, les effrayèrent de ce qu'ils avaient fait, leur soutinrent qu'ils s'étaient déshonorés, qu'ils avaient livré l'Église à son tyran, que tout était perdu, et qu'il fallait qu'ils se rétractassent en expliquant leur vote à la prochaine séance. Ces meneurs pieux gagnèrent enfin leur cause, et on leur promit, après avoir essayé de se sauver de Napoléon dans la journée, de se sauver le lendemain du déshonneur.

Le lendemain, en effet, la commission s'étant réunie de nouveau, parut complétement changée. Ce n'était plus la crainte de Napoléon, c'était celle du parti catholique qui dominait. Les cardinaux Caselli et Spina, esprits sensés mais faibles, furent les premiers à se rétracter. Ils prétendirent qu'en votant la veille ils ignoraient le vrai caractère des lois

Juillet 1811.

Grande satisfaction parmi les hommes sages.

Intrigues auprès de la commission pour la faire revenir sur ses déterminations conciliantes.

La commission se rétracte.

de l'État, qu'ils avaient appris depuis qu'elles étaient irrévocables de leur nature, une fois consacrées par le Sénat, et que, dès lors, tout en persévérant dans l'adoption du décret ils étaient obligés de demander le consentement préalable du Pape, ce qui était une rechute dans la vieille ornière, celle de l'incompétence du concile. L'évêque de Tournay, ce membre du parti extrême, dont les mœurs faisaient avec ses opinions un si singulier contraste, ne mit pas la même précaution dans sa rétractation. Il revint de tous points sur l'opinion qu'il avait adoptée la veille, et déclara ne plus vouloir du décret. Les évêques de Comacchio et d'Ivrée, vacillants comme les prêtres italiens n'avaient cessé de l'être dans cette affaire, expliquèrent leur vote à leur tour, et le retirèrent. M. de Boulogne, plus ferme ordinairement, reprit aussi le sien, et il ne resta plus rien de l'ouvrage de la veille. On tomba alors dans une étrange confusion, et finalement, pour en sortir, on admit le fond du décret, qui était basé sur l'incontestable note de Savone, à condition qu'il recevrait le consentement du Saint-Père, afin d'obtenir la signature qui manquait à la note sur laquelle on se fondait. Cette solution équivoque, sans sauver en principe l'institution canonique qu'elle limitait fort étroitement, ne tranchait aucune des difficultés politiques du moment, car en abolissant l'autorité du concile, elle faisait tout dépendre d'une seconde démarche auprès du Pape, exposait celui-ci à de nouvelles perplexités, à de nouveaux scrupules, et s'il n'avait pas la force de les surmonter, à toute sorte de périls.

Ce vote, tel quel, obtenu, le cardinal Fesch pressa

vivement M. de Barral, puis M. Duvoisin, de consentir à être, l'un ou l'autre, le rapporteur de la résolution prise. Ces messieurs, dont l'avis n'avait point prévalu, ne crurent pas pouvoir se charger de la rédaction du rapport, en quoi ils commirent une faute, car les conclusions adoptées importaient peut-être moins que le langage qu'on allait tenir devant le concile. Au fond, puisque les uns et les autres on admettait des limites à l'institution canonique, sauf le recours au Pape pour valider le nouveau système, ce qui importait pour Pie VII comme pour Napoléon, c'était la manière dont on présenterait la chose, et il valait mieux confier ce soin à des gens voulant de bonne foi la solution paisible de la difficulté, qu'à des ennemis ne désirant que trouble et confusion. Mais MM. Duvoisin et de Barral s'étaient irrités à leur tour. Les passions sont de tous les états, de toutes les professions, et, après de longues contradictions, elles s'emparent souvent des cœurs les plus modérés. Ces deux prélats repoussèrent obstinément la mission qu'on voulait leur confier. Sur leur refus, on s'adressa au fougueux évêque de Tournay, qui accepta bien qu'il ne sût pas le français, et on pria M. de Boulogne de donner au rapport la correction grammaticale dont très-probablement il devait manquer. Il fallait que le cardinal Fesch, chargé plus que personne d'empêcher que les choses n'allassent aux abîmes, eût bien peu de sens pour consentir à de tels choix.

Les gens exaltés, qui ne demandaient que des esclandres, avaient lieu de se réjouir. Le rapporteur mit dans son exposé toutes les opinions de son

Juillet 1811.

L'évêque de Tournay malheureusement chargé du rapport.

parti; M. de Boulogne en retrancha ce que repoussait sa rhétorique habile, mais y laissa tout ce qu'une politique sensée aurait dû en écarter. Le rapport dut être lu au concile le 10 juillet.

Le secret avait été soigneusement gardé, comme le sont souvent les secrets de parti. Le 10 juillet le concile se réunit avec une extrême curiosité et une anxiété visible. A peine la lecture du rapport, faite avec une prononciation étrange, était-elle achevée, que l'émotion fut au comble dans tous les rangs de l'auguste assemblée. Une rédaction habile aurait pu calmer toutes les opinions en leur accordant à chacune des satisfactions raisonnables, et rendre acceptable par l'Empereur une solution qui était certainement acceptable par la portion hostile du concile, puisque cette solution émanait d'elle. Mais le rapport fait exclusivement pour un parti qu'il exalta en le satisfaisant, poussa à la colère le parti opposé qui en fut profondément blessé. Il n'y avait pas entre tous ces prélats un homme capable de reprendre cette assemblée irritée et désunie, de la rallier autour d'une résolution sage, de la ramener enfin à la raison : ce fut donc un chaos d'interpellations, de reproches, d'accusations réciproques. Les partisans du pouvoir disaient que proclamer l'incompétence du concile c'était de nouveau remettre toute la question dans les mains du Pape, et que de la sorte on n'en finirait jamais. Les autres répliquaient que le concile fût-il compétent, ses actes eux-mêmes ne pouvaient se passer de la sanction du Pape, car les décisions d'un concile n'avaient de valeur qu'autant que le Saint-Siége les approuvait. Cette omnipotence du Pape, soutenue par quelques-uns, portait les autres à rappeler l'usage récent que Pie VII en avait fait, à citer la bulle d'excommunication, et à la lui reprocher comme un attentat, comme une œuvre d'anarchie, car si elle eût réussi, disaient-ils, où en serait-on maintenant ?

Juillet 1811.

A ces mots l'archevêque de Bordeaux s'élance au milieu de l'assemblée, tenant en main un livre, celui des actes du concile de Trente, ouvert à l'article même qui confère au Pape le pouvoir d'excommunier les souverains lorsqu'ils attentent aux droits de l'Église. On veut en vain retenir ce vieillard chancelant mais obstiné, atteint de surdité, entendant à peine ce qu'on lui dit, et n'écoutant que lui-même et sa passion ; il s'avance, et jette sur la table le livre en s'écriant : Vous prétendez qu'on ne peut excommunier les souverains, condamnez donc l'Église qui l'a ainsi établi. — L'effet de ces mots est immense sur ceux qui les approuvent, et sur ceux qui en redoutent les conséquences, car c'était presque renouveler l'excommunication, la renouveler à la face de Napoléon, tout près de son palais, et sous sa main redoutable !

Violente exclamation de l'archevêque de Bordeaux.

Grand tumulte et levée de la séance.

Ici le cardinal Fesch recouvrant un peu de présence d'esprit, déclare qu'il est impossible de délibérer dans l'état où se trouve le concile, et remet au lendemain le vote définitif sur le sujet en discussion. On se sépare, à peine joyeux d'un côté, vivement indigné de l'autre, troublé de toutes parts, et généralement terrifié, ne comprenant pas le sentiment irrésistible auquel on vient de céder.

Bien qu'il n'y eût ni public, ni tribune, ni jour-

Juillet 1811.

naux, mille échos avaient déjà porté à Trianon, où résidait l'Empereur, la nouvelle de cette séance. Le duc de Rovigo, l'archevêque de Malines, le cardinal Fesch, s'y étaient rendus. En apprenant ces détails, Napoléon avait cru voir se lever devant lui la révolution tout entière. Que n'y voyait-il quelque chose qui était bien la révolution, mais la révolution dans ce qu'elle avait de meilleur, c'est-à-dire l'opinion publique, éclatant à son insu, malgré elle en quelque sorte, et lui reprochant non de vouloir affranchir l'État de la domination de l'Église, mais d'opprimer les consciences, et surtout de torturer un Pontife vénérable, autrefois son ami, son coopérateur dans ses plus belles œuvres, de le traîner de prison en prison comme un criminel d'État! Que n'y voyait-il cette leçon frappante, c'est qu'il ne pouvait pas réunir quelques hommes, quelques vieux prêtres, faibles, tremblants, étrangers à tout dessein politique, sans qu'ils fussent amenés, une fois réunis, à éclater, et à prononcer contre ses actes une énergique réprobation! Assurément il y avait des préjugés, de petites vues, de mesquines doctrines théologiques, des faiblesses enfin chez les membres de ce concile, mais leur émotion était honorable, et elle décelait un grand fait, la liberté renaissant sans le vouloir, sans le savoir, et, ce qui était plus extraordinaire, renaissant chez de vieux prêtres, victimes et ennemis pour la plupart de la révolution française, et n'ayant aucune intention d'en reproduire les désordres!

Napoléon, exaspéré, prononce

Napoléon ne vit dans tout cela que ce que pouvait y voir le despotisme, la nécessité d'employer la force pour arrêter des manifestations déplaisantes, comme si on supprimait le mal en attaquant les effets au lieu de la cause. Napoléon traita son oncle fort durement, lui reprocha ses faiblesses, ses illusions, lui fit même commettre une grave imprudence, celle de tout rejeter sur les évêques de Troyes, de Tournay, de Gand, qui avaient été fort incommodes dans la commission, imprudence du reste commise très-innocemment, puis fit rédiger sur-le-champ un décret pour prononcer la dissolution immédiate du concile, et donna des ordres de la dernière violence quant aux individus qui avaient été les chefs de l'opposition. L'évêque de Tournay (M. d'Hirn) pour avoir rédigé le rapport dans le plus mauvais esprit, l'évêque de Troyes (M. de Boulogne) pour l'avoir si mal retouché, l'évêque de Gand (M. de Broglie) pour avoir plus qu'aucun autre membre influé sur la commission par son autorité morale, furent désignés comme les principaux coupables, et comme devant être les premières victimes de cette espèce d'insurrection épiscopale. L'archevêque de Bordeaux avait bien mérité aussi cette distinction; mais un ecclésiastique récemment nommé à l'évêché de Metz et jouissant de la confiance du gouvernement, M. Laurent, fit valoir la surdité et le défaut d'esprit du prélat, et sur ses sages instances on se contenta de trois victimes. Par ordre de Napoléon, le duc de Rovigo les fit arrêter dans la nuit, et conduire à Vincennes, sans jugement, bien entendu, sans même aucune explication. C'était au public à comprendre pourquoi, et à eux à se soumettre.

Juillet 1811.

la dissolution du concile, et fait conduire à Vincennes les évêques de Troyes, de Tournay et de Gand.

Le lendemain on apprit, mais sans grand éclat, Terreur

grâce à la privation de toute publicité, que le concile était dissous, et que trois des principaux prélats étaient envoyés à Vincennes. Dans le clergé surtout on était fort sensible à ces actes extraordinaires, mais malheureusement il faut ajouter qu'on était aussi effrayé qu'indigné. Les partisans du gouvernement, pour excuser ces rigueurs, disaient bien bas, de peur de provoquer des démentis, qu'on avait trouvé les trois prélats compromis dans une trame ténébreuse, celle qui avait valu à M. d'Astros son emprisonnement, et à M. Portalis son exclusion du Conseil d'État. Du reste on n'avait pas grand'peine à tenir tête à la majorité du concile, car ses membres tremblaient presque tous, et cherchaient bien plus à se justifier qu'à récriminer. Séparés d'ailleurs les uns des autres par l'acte de dissolution, ils n'avaient plus la force qu'ils puisaient dans leur réunion, et se trouvaient livrés à leur timidité individuelle. Parmi les plus effrayés et les plus enclins à demander leur pardon, on rencontrait les Italiens, considérant tout ceci comme une querelle qui ne les regardait pas, qui se passait entre l'Église gallicane et Napoléon, et ne voulant pas, après avoir conservé leurs siéges même après la captivité de Savone, venir échouer au port dans une affaire de pure forme, telle que l'institution canonique. Ils disaient que les prélats français étaient des imprudents et des fous, qu'eux Italiens s'étaient généralement abstenus dans ces questions parce qu'elles ne les intéressaient guère, mais qu'ils étaient prêts, si on avait en quelque chose besoin de leur adhésion, à la donner sans réserve. Le cardinal Maury, qui ne voulait pas assister à de nouvelles révolutions, qui avait le cœur plein de reconnaissance pour Napoléon et de ressentiment contre l'Église si ingrate envers lui, ne manqua pas de porter toutes ces paroles au ministre des cultes, et à l'Empereur lui-même. Dix-neuf Italiens s'étaient offerts, et on pouvait bien compter sur cinquante ou soixante prélats français, moins indifférents que les Italiens à la solution, mais presque aussi effrayés, et demandant à en finir comme il plairait au gouvernement. — Prenez-les un à un, dit le cardinal Maury, et vous en viendrez plus facilement à bout qu'en masse. — Exprimant même sa remarque avec la familiarité originale qui lui était propre, il ajouta : *C'est un excellent vin, mais qui sera meilleur en bouteilles qu'en tonneau.* — On profita de l'avis, et on rédigea un décret à peu près semblable à celui qui avait prévalu dans la commission, lequel limitait à un an le délai pour remplir les siéges vacants, dont six mois pour la nomination par le pouvoir temporel, et six mois pour l'institution canonique par le Pape, après quoi le métropolitain de la province ecclésiastique était chargé d'instituer les sujets nommés. On ajouta à ce décret la clause d'un nouveau recours au Pape, pour lui demander sa sanction, mais avec un sous-entendu entièrement contraire aux conclusions de l'évêque de Tournay. Il était entendu en effet que si le Pape n'adhérait pas, le concile prendrait une résolution indépendante, voterait le décret nouveau, et l'enverrait à l'Empereur pour qu'il fût converti en loi de l'État. Il fut même convenu que pendant qu'une députation se rendrait à Savone afin

Juillet 1811.

On imagine de nouveau un moyen terme, consistant à adopter le fond du décret proposé, avec un recours de pure déférence au Pape, et la résolution de se passer de son adhésion s'il la refuse.

d'obtenir l'agrément du Saint-Père, on retiendrait à Paris les principaux membres du concile pour leur faire émettre un second vote en cas de refus de la part du Pontife. Ce plan ainsi arrêté, on appela les uns après les autres chez le ministre des cultes les prélats sur lesquels on croyait pouvoir compter. Dix-neuf évêques italiens adhérèrent avec empressement; soixante-six évêques français suivirent leur exemple, ce qui faisait quatre-vingt-cinq adhérents, sur cent six membres admis dans le concile. Ceux qui, au nombre de vingt environ, n'avaient pas adhéré, n'étaient pas tous des opposants déterminés. La moitié faisait des réserves plutôt que des refus.

Quand ce résultat fut acquis, le prince Cambacérès, qui était toujours appelé pour chercher les termes moyens, les expédients ingénieux, et qui avait beaucoup contribué à faire adopter cette solution pacifique, conseilla d'assembler de nouveau le concile, et de lui présenter l'acte dont l'adoption ne pourrait plus désormais faire doute. Napoléon y consentit, et ordonna par décret une nouvelle convocation pour le 5 août.

Le 5 août, en effet, le concile fut réuni dans le lieu ordinaire de ses séances. Personne ne demanda pourquoi on avait été si brusquement séparé, pourquoi on était si brusquement rappelé, pourquoi trois membres du concile au lieu d'être présents étaient à Vincennes; on entendit la lecture du décret, et on le vota presque à l'unanimité.

Restait à obtenir la sanction du Pape, non pas qu'on reconnût l'incompétence du concile, mais parce qu'il fallait se conformer à l'usage naturel et nécessaire de soumettre au chef suprême de l'Église les actes de toute assemblée de prélats. Napoléon consentit à envoyer une députation composée d'évêques et d'archevêques pour solliciter l'approbation papale, et à y joindre quelques cardinaux pour tenir lieu à Pie VII de ce conseil dont toujours il se disait privé, dès qu'on lui demandait une résolution quelconque. Les cardinaux choisis furent les cardinaux de Bayane, Fabrice Ruffo, Roverella, Doria, Dugnani. On y ajouta l'archevêque d'Édesse, aumônier du Pape. Les prélats désignés furent les archevêques de Tours, de Malines et de Pavie; les évêques de Nantes, de Trèves, d'Évreux, de Plaisance, de Feltre, de Faenza. Ils devaient partir sur-le-champ, pour ne pas faire trop attendre leurs collègues retenus à Paris afin d'émettre un nouveau vote en cas de refus de la part du Pape. Du reste on ne croyait guère à ce refus, surtout en se rappelant la note rapportée de Savone par MM. de Barral, Duvoisin et Mannay.

Napoléon avait accepté cette fin du concile, d'abord parce que c'était une fin, ensuite parce qu'il avait à peu près atteint son but en obtenant la limitation fort étroite de l'institution canonique. Mais moralement il se sentait battu, car une opposition d'autant plus significative qu'elle était involontaire et pour ainsi dire tremblante, s'était manifestée dans le clergé, et lui avait déclaré clairement qu'il était l'oppresseur du Pontife : elle avait de plus trouvé mille échos dans les cœurs! Il se consolait en se flattant que bientôt on lui rapporterait de Savone sinon le décret lui-même, au moins l'institution des

Août 1811.

Le nouveau décret porté au Pape par une députation nombreuse d'évêques et de cardinaux.

vingt-sept prélats nommés, ce qui suffisait pour remettre au complet l'Église de France, et pour lever les difficultés qui en gênaient l'administration. Quant à la question de principe, il verrait plus tard à s'en tirer comme il pourrait. D'ailleurs en ce moment toutes les questions matérielles, morales, politiques, militaires, se résumaient pour lui dans une seule, celle de la grande guerre du Nord. Vainqueur une dernière fois de la Russie, qui semblait seule, sinon lui tenir tête, du moins contester quelques-unes de ses volontés, il abattrait en elle tous les genres d'opposition, publics ou cachés, qu'il rencontrait encore en Europe. Que serait alors ce pauvre prêtre prisonnier, qui lui voulait disputer Rome? Rien ou presque rien, et l'Église, comme elle avait fait tant de fois, reconnaîtrait la puissance de César. Le Concordat de Fontainebleau, obtenu même au retour de Moscou, prouve que, si Napoléon s'aveuglait souvent, ce n'était pas en cette occasion qu'il s'aveuglait le plus.

Les cardinaux et les prélats désignés partirent donc pour Savone, et lui, ennuyé de cette *querelle de prêtres*, comme il l'appelait depuis qu'il s'était mis à mépriser le Concordat, sa plus belle œuvre, il revint tout entier à ses grandes affaires politiques et militaires.

Quoique privé de journaux libres, du moins en France, le public européen suivait avec une attention curieuse et inquiète la brouille déjà fort retentissante de l'empereur Napoléon et de l'empereur Alexandre. Tantôt on disait que la guerre était inévitable et serait prochaine, que les Français allaient passer la Vistule et les Russes le Niémen, tantôt que la querelle était apaisée, et que chacun allait se retirer fort en deçà de ses frontières. Surtout depuis l'arrivée de M. de Caulaincourt à Paris, de M. de Lauriston à Saint-Pétersbourg, on semblait espérer que la paix serait maintenue. Les esprits sages, à quelque pays qu'ils appartinssent, ne sachant quelle serait l'issue d'une nouvelle lutte, certains en tout cas que des torrents de sang couleraient, souhaitaient la paix ardemment, et applaudissaient à tout ce qui en présageait le maintien. Mais les mouvements continuels de troupes du Rhin à l'Elbe n'étaient guère faits pour les rassurer, et détruisaient le bon effet des bruits pacifiques qui avaient circulé depuis deux ou trois mois. Les amis de la paix n'avaient que trop raison d'être inquiets, car Napoléon, résolu à différer la guerre, mais toujours décidé à la faire, avait continué ses préparatifs, en prenant seulement la précaution de les dissimuler assez pour ne pas amener en 1811 la rupture que dans ses calculs il ne souhaitait que pour 1812. Ainsi, par exemple, après avoir retardé d'abord le départ des quatrièmes et sixièmes bataillons du maréchal Davout, et les avoir retenus au dépôt, il s'était ravisé, et, pensant que nulle part ils ne se formeraient mieux que sous cet instructeur vigilant et sévère, il les avait acheminés sur l'Elbe. Or ce n'étaient pas moins que trente-deux bataillons expédiés à la fois au delà du Rhin, ce qui ne pouvait guère se cacher. Pour opposer à cet effet trop frappant un effet contraire, il avait ordonné de ramener en arrière deux bataillons westphaliens, qui at-

Août 1811.

Vœux pour la paix dans toute l'Europe.

Inutilité de ces vœux, et activité soutenue des préparatifs de Napoléon.

Août 1811.

laient compléter la portion allemande de la garnison de Dantzig, et avait recommandé de faire grand bruit de ce mouvement rétrograde, et de dire quant aux bataillons français en route vers l'Elbe, qu'ils ne faisaient qu'achever une marche depuis longtemps commencée. Disposant des journaux français et d'une partie des journaux allemands, il pouvait bien ainsi abuser un moment le public, mais des centaines d'espions russes de toutes les nations devaient bientôt rétablir la vérité, et même exagérer les faits en sens contraire.

Aussi le cabinet russe ne s'y était-il pas trompé, et l'empereur Alexandre avait dit à M. de Lauriston qu'à la vérité deux bataillons allemands rétrogradaient, mais qu'en même temps plus de trente bataillons français s'avançaient de Wesel sur Hambourg. Toutefois, avait ajouté l'empereur Alexandre, je ne veux pas être en arrière de l'empereur Napoléon sous le rapport des manifestations pacifiques; il a fait rétrograder deux bataillons, et moi je vais faire rétrograder une division. — Il avait effectivement un peu rapproché du bas Danube l'une des cinq divisions qu'il avait d'abord reportées sur le Dniéper pour les transporter en Pologne. Il faut reconnaître qu'en cette circonstance sa sincérité commençait à valoir celle de Napoléon, car, ayant trop diminué ses forces devant les Turcs, il sentait le besoin de les augmenter en ramenant sur le Danube l'une des divisions qu'il en avait éloignées.

M. de Lauriston, qui craignait beaucoup une nouvelle guerre au Nord, et qui voyait avec désespoir qu'en armant ainsi les uns en représaille des autres, on finirait bientôt par se mettre réciproquement l'épée sur la gorge, priait, suppliait l'empereur Alexandre d'être le plus sage des deux, et de prendre l'initiative des explications qu'on différait de se donner ou par un faux amour-propre, ou par un calcul mal entendu. — Demandez donc, disait-il à l'empereur Alexandre, une indemnité pour Oldenbourg, et je ne mets pas en doute qu'on vous l'accordera. Envoyez quelqu'un à Paris pour y porter vos griefs, et j'ai la conviction qu'il sera reçu avec empressement. On pourra alors s'expliquer, et savoir enfin pourquoi on est prêt à s'égorger. — A ces pressantes instances, l'empereur Alexandre opposait un refus absolu. Il ne voulait, comme il l'avait déjà dit, rien demander pour Oldenbourg, ni en Allemagne ni en Pologne, parce qu'en Allemagne on ne manquerait pas de le dénoncer comme cherchant à spolier les princes allemands, parce qu'en Pologne Napoléon l'accuserait de chercher à démembrer le grand-duché de Varsovie, et s'en ferait un argument auprès des Polonais. L'empereur Alexandre ne voulait pas non plus se donner l'apparence d'un prince intimidé, qui envoyait demander la paix aux Tuileries. Il était d'ailleurs intimement convaincu qu'il ne l'obtiendrait pas, et redoutait même de précipiter la guerre en s'expliquant catégoriquement sur certains objets, tels que les affaires commerciales par exemple. Si, en effet, on le pressait, il était résolu à dire formellement que jamais il ne fermerait ses ports à ce qu'il appelait les neutres, et à ce que Napoléon appelait les Anglais, et craignait qu'une déclaration aussi nette n'amenât une rupture instantanée. La

Août 1811.

Efforts de M. de Lauriston pour amener de la part de l'empereur Alexandre une démarche qui serve de prétexte à un rapprochement.

Août 1811.

Raisons de l'empereur Alexandre pour se refuser à une pareille démarche malgré son désir sincère de la paix.

guerre, que Napoléon voulait à un an de distance, lui la prévoyait à un an aussi, et l'aimait mieux différée qu'immédiate. C'est pour cela qu'il se renfermait dans une extrême réserve, affirmant avec sincérité qu'il désirait la paix, et en preuve, promettant, si on désarmait, de désarmer à l'instant même, ajoutant que le grief qu'il avait dans la spoliation du prince d'Oldenbourg ne constituait point une affaire urgente, qu'il espérait une indemnité, mais qu'il n'insisterait pas pour l'obtenir sur-le-champ, qu'il saurait l'attendre, et qu'en agissant ainsi ce n'était pas un grief qu'il entendait se réserver, car il n'hésitait pas à déclarer que pour ce motif il ne ferait point la guerre [1].

Dans la situation présente un mot imprudent peut amener une rupture définitive.

Dans cette situation délicate et grave, il aurait fallu beaucoup de soins, beaucoup de ménagements pour prévenir la guerre, mais il suffisait d'un seul mot imprudent pour la rendre inévitable, peut-être même immédiate. Or, avec le caractère bouillant de Napoléon, avec sa hardiesse de langage surtout, on devait craindre que ce mot il ne le laissât échapper.

Le 15 août 1811, jour de sa fête et de grande réception, il y eut cercle à la cour. Comme on le connaissait prompt à dire ce qu'il avait sur le cœur, on le suivait, on l'écoutait pour recueillir quelque parole qui eût trait à l'importante question du moment. Il était ce jour-là dispos, gai, enclin à parler. Son superbe visage était rayonnant de bonne hu-

---

[1] Je rapporte tout ceci d'après les pièces les plus authentiques, d'après les lettres de M. de Lauriston, de Napoléon, du maréchal Davout, etc... L'on peut donc considérer ces détails non comme des conjectures, mais comme des certitudes absolues.

meur, de clairvoyance, et il eût attiré des hommes moins curieux, moins intéressés à l'entendre que ceux qui l'entouraient. La plupart des invités étaient partis : il restait auprès de lui les ambassadeurs de Russie et d'Autriche (princes Kourakin et de Schwarzenberg), les ambassadeurs d'Espagne et de Naples, et un ou deux de ces ministres des petites cours allemandes, toujours aux écoutes pour savoir ce que préparent les géants qui ont coutume de les fouler aux pieds[1]. Suivi de ces personnages, allant, venant, discourant sur tout, Napoléon dit à l'ambassadeur d'Espagne que c'était une mauvaise saison dans son pays pour les opérations militaires, que rien ne pouvait donc marcher vite en ce moment, mais qu'à l'automne il presserait les événements, et mènerait d'un pas rapide Espagnols, Portugais et Anglais. Se tournant ensuite vers le prince Kourakin, il parla d'une dépêche inventée par les Anglais, dépêche fort arrogante qui aurait été adressée par la France

Août 1811.

Fâcheuse conversation à laquelle Napoléon se laisse entraîner avec le prince Kourakin.

[1] Ici encore je parle d'après les documents les plus certains. Je fais peu de cas des discours inventés, et encore moins des conversations supposées, qui sont plus invraisemblables que les discours, parce qu'elles sont plus difficiles à recueillir et à rendre. Mais la conversation que je rapporte, comme deux ou trois autres de Napoléon que j'ai déjà reproduites, fut saisie par plusieurs témoins, par l'ambassadeur d'Autriche, par le ministre de Wurtemberg, et répétée par Napoléon à M. de Bassano, pour qu'il la communiquât à toutes les cours. Ces trois versions, dont aucune ne contredit absolument les deux autres, mais qui se complètent en reproduisant l'une ce que l'autre a négligé, sont les documents dont je me suis servi pour résumer, bien entendu, ce curieux entretien. Il n'y a que la forme qui soit à moi, et encore ai-je mis un grand soin à rendre autant que possible l'exacte physionomie du langage de Napoléon. C'était mon droit d'historien, parce que c'est la nécessité de l'art de recueillir ce qui en vaut la peine et de l'abréger, car autrement une histoire serait presque aussi longue à lire qu'elle a été longue à s'accomplir. Il faudrait vingt ans pour lire ce qui a duré vingt ans.

à la Russie, et dit qu'elle n'avait pas même la vraisemblance pour elle; à quoi le prince Kourakin répondit qu'assurément elle n'était pas vraisemblable, car jamais il n'aurait pu en recevoir une pareille. Napoléon sourit avec douceur à cette saillie de fierté du prince Kourakin, et puis, comme pour s'en venger un peu, amena l'entretien sur les événements de Turquie, dont, en effet, il y avait beaucoup à dire. Les Russes, dans la campagne dernière, étaient restés maîtres de toutes les places du Danube depuis Widin jusqu'à la mer Noire. Ils avaient été moins heureux cette année, n'avaient pu franchir le Danube, et avaient eu auprès de Rutschuk une affaire qu'ils disaient à leur avantage, que les Turcs prétendaient au contraire leur avoir été favorable, et à la suite de laquelle ceux-ci en effet étaient rentrés dans Rutschuk. Il était évident que les divisions ramenées en arrière avaient fait faute aux Russes. Expliquant les choses dans son sens, le prince Kourakin cherchait à pallier les désavantages de la campagne, et naturellement vantait beaucoup la bravoure du soldat russe. Pendant ces explications, Napoléon regardait le prince Kourakin avec infiniment de malice, et prenait plaisir à voir ce personnage, qui n'avait pas plus la dextérité de l'esprit que celle du corps, embarrassé dans ses récits, et ne sachant comment en sortir. — Oui, oui, lui dit-il, vos soldats sont très-braves; nous n'avons, nous Français, aucune peine à en convenir; pourtant vos généraux ne valent pas vos soldats. Il est impossible de se dissimuler qu'ils ont bien mal manœuvré. C'est une grande difficulté que d'avoir à défendre une ligne aussi longue que celle du Danube, de Widin à la mer Noire. On ne peut d'ailleurs disputer la rive d'un fleuve qu'en étant maître de se porter sur l'autre rive, en ayant en grand nombre des ponts et des têtes de pont, car le véritable art de se défendre est celui de savoir attaquer. Vos généraux ont agi contre toutes les règles. — Là-dessus Napoléon, parlant de la guerre aussi bien qu'il la faisait, tint longtemps ses auditeurs attentifs et émerveillés. Le prince Kourakin, voulant excuser les généraux russes, dit que les forces leur avaient manqué, qu'on avait été obligé d'en éloigner une partie du théâtre de la guerre, et, s'apercevant de la maladresse qu'il commettait, il ajouta que les finances de l'empire l'avaient ainsi exigé. Napoléon sourit aussitôt de la gaucherie de son interlocuteur, et, continuant à se jouer de lui avec autant d'esprit que de grâce : Vos finances, lui dit-il, vous ont obligés de vous éloigner du Danube... en êtes-vous bien assuré?... Si cela est ainsi, vous avez fait une mauvaise opération financière... En général, toutes les troupes dont l'entretien est trop pesant, il faut les envoyer sur le territoire ennemi. C'est ainsi que j'en use, et mes finances s'en trouvent bien... — Puis tout à coup, sans abandonner le ton de bienveillance qu'il avait pris dans cet entretien, mais avec la pétulance de quelqu'un qui ne se contient plus, Napoléon dit au prince Kourakin : Tenez, prince, parlons-nous sérieusement? dictons-nous ici des dépêches, ou écrivons-nous pour les journaux? S'il en est ainsi, je tomberai d'accord avec vous que vos généraux ont été constamment victorieux, que la gêne de vos

Août 1811.

finances vous a obligés de retirer une partie de vos troupes qui vivaient aux dépens des Turcs, pour les faire vivre aux dépens du trésor russe, j'accorderai tout cela; mais si nous parlons franchement devant trois ou quatre de vos collègues qui savent tout, je vous dirai que vous avez été battus, bien battus; que vous avez perdu la ligne du Danube par votre faute; que c'est moins le tort de vos généraux, quoiqu'ils aient mal manœuvré, que celle de votre gouvernement, qui leur a ôté les forces dont ils avaient un besoin indispensable, qui a ramené cinq divisions du Danube sur le Dniéper, et cela pourquoi? pour armer contre moi, qui suis votre allié, à ce que vous dites, contre moi, qui ne voulais point vous faire la guerre, et qui ne veux pas vous la faire encore aujourd'hui. Vous avez commis là fautes sur fautes. Si vous aviez quelque inquiétude de mon côté, il fallait vous expliquer. En tout cas, au lieu de porter ailleurs vos forces, il fallait au contraire les accumuler contre la Turquie, l'accabler, lui arracher la paix, qu'il suffisait d'une campagne pour obtenir aussi avantageuse que celle de Finlande, et puis vous auriez songé à vous précautionner contre moi! Mais politiquement, financièrement, militairement, vous n'avez rien fait qui vaille, et tout cela pour qui?... Pour le prince d'Oldenbourg, pour quelques contrebandiers... C'est pour de telles gens que vous vous exposez à la guerre avec moi! Et pourtant, vous le savez bien, j'ai six cent mille hommes à vous opposer, j'en ai quatre cent mille en Espagne, je sais mon métier, jusqu'ici vous ne m'avez pas vaincu, et, Dieu aidant, j'espère que vous ne me vaincrez jamais!... Mais vous aimez mieux écouter les Anglais, qui vous disent que je veux vous faire la guerre, vous aimez mieux vous en rapporter à quelques contrebandiers que vos mesures commerciales enrichissent, et vous vous mettez à armer; je suis bien obligé d'armer de mon côté, et nous voilà encore face à face, prêts à recommencer!... Vous êtes comme un lièvre qui, recevant du plomb dans la queue, se lève sur ses pattes pour regarder, et s'expose ainsi à en recevoir à la tête... Moi, je suis défiant comme l'homme de la nature... j'observe... Je vois qu'on se dirige de mon côté, je me défie, je mets la main sur mes armes... Il faut pourtant que cette situation ait un terme. — Napoléon, s'exprimant avec une extrême volubilité, sans laisser à son interlocuteur le temps de répliquer, et sans cesser néanmoins de se montrer bienveillant, même amical dans le ton, donna ici un moment au prince Kourakin pour lui répondre. Celui-ci, qui avait peu de mémoire, peu de connaissance des faits, bien qu'il ne manquât ni de finesse ni d'habitude des grandes affaires, ne songea point à rappeler à Napoléon que, dans la série des préparatifs militaires, la France avait précédé la Russie, et se confondit en protestations d'amitié et de dévouement, affirmant qu'on était encore dans les mêmes termes qu'à Tilsit, et que si quelqu'un avait lieu d'être étonné, c'était la Russie, qui n'avait pas cessé d'être fidèle à l'alliance; qu'elle avait dû être grandement affectée des traitements infligés au prince d'Oldenbourg; que c'était un proche parent de l'empereur, auquel la cour de Russie était fort attachée; qu'on ne pou-

vait rien faire qui atteignît plus sensiblement l'empereur Alexandre que de toucher aux États de ce prince; qu'au surplus la Russie s'était bornée sur ce sujet à exprimer des plaintes, des réserves...
— Des réserves, reprit Napoléon, des réserves!.. mieux que cela, vous avez fait une protestation en forme (ce qui était vrai), vous m'avez dénoncé à l'Allemagne, à la Confédération du Rhin, comme un spoliateur... Votre prince d'Oldenbourg, vous ne savez peut-être pas que c'était un grand faiseur de contrebande, qu'il manquait à ses traités avec vous et avec moi, qu'il violait le pacte qui lie entre eux les membres de la Confédération du Rhin, que d'après l'ancien droit germanique j'aurais pu l'appeler à mon tribunal, le mettre au ban de l'empire, et le déposséder sans que vous eussiez eu rien à dire. Au lieu de cela je vous ai prévenus, je lui ai offert un dédommagement... — En prononçant ces paroles, Napoléon souriait comme s'il ne les eût pas prises au sérieux, et semblait presque avouer qu'il avait agi beaucoup trop lestement. Puis il ajoutait avec un ton de regret et de douceur : Je conviens que si j'avais su à quel point vous teniez au prince d'Oldenbourg, j'aurais procédé autrement, mais j'ignorais le grand intérêt que vous portiez à ce prince. Maintenant comment faire? Vous rendrai-je le territoire d'Oldenbourg tout chargé de mes douaniers, car je ne vous le rendrais pas autrement? vous n'en voudriez pas... En Pologne, je ne vous donnerai rien... rien... — Et Napoléon prononça ces derniers mots avec un accent qui prouvait qu'Alexandre avait raison de ne pas vouloir four-

nir cette arme contre lui... — Où donc, ajouta-t-il, prendrons-nous une indemnité?... Mais n'importe, parlez, et je tâcherai de vous satisfaire... Pourquoi avez-vous laissé partir M. de Nesselrode dans un pareil moment?... (M. de Nesselrode, principal directeur des affaires de la légation, venait en effet de quitter Paris.)... Il faut que votre maître renvoie lui ou un autre, avec des pouvoirs pour s'expliquer, pour conclure une convention qui embrasse tous vos griefs et tous les miens, sans quoi je continuerai mes armements, je lèverai probablement bientôt la conscription de 1812, et, vous le savez, je n'ai pas l'habitude de me laisser battre... Vous comptez sur des alliés! Où sont-ils? Est-ce l'Autriche, à laquelle vous avez fait la guerre en 1809, et dont vous avez pris une province à la paix?... — Et en disant ces mots Napoléon regardait le prince de Schwarzenberg, qui se taisait, et tenait les yeux fixés à terre... — Est-ce la Suède, à qui vous avez pris la Finlande? Est-ce la Prusse, dont à Tilsit vous avez accepté les dépouilles après avoir été son allié?... Vous vous trompez, vous n'aurez personne. Expliquez-vous donc avec moi, et ne recommençons pas la guerre... — En terminant cet entretien, Napoléon saisit la main du prince Kourakin avec beaucoup d'amitié, puis congédia le cercle confondu de son esprit autant que de son imprudente audace, et riant joyeusement de l'embarras de l'ambassadeur russe, qui s'écriait, en sortant des Tuileries, qu'il étouffait, qu'il faisait bien chaud dans les salons de l'Empereur. Cette conversation rappelait celles que Napoléon avait eues avec lord

Août 1844.

Whitworth à la veille de la rupture de la paix d'Amiens, avec M. de Metternich à la veille de la campagne de Wagram, et, quoiqu'elle n'eût ni la violence de la première, ni la gravité calculée de la seconde, elle devait prêter à des exagérations fort dangereuses, fort embarrassantes surtout pour l'empereur Alexandre, déjà trop compromis aux yeux de sa nation sous le rapport de la dignité blessée.

Le lendemain, les flatteurs de Napoléon, habitués à célébrer les prouesses de sa langue comme celles de son épée, ne manquèrent pas de raconter qu'il avait accablé l'ambassadeur de Russie; et ses détracteurs, habitués à défigurer ses moindres actes, eurent grand soin de dire de leur côté qu'il avait violé toutes les convenances envers le représentant de l'une des principales puissances de l'Europe. Le prince Kourakin n'écrivit rien de pareil à Saint-Pétersbourg, il fut simple et modéré dans son rapport; et l'empereur Alexandre aurait laissé passer sans aucune remarque cette nouvelle boutade de son redoutable allié, si une quantité de lettres écrites à Saint-Pétersbourg, les unes de Paris, les autres de Vienne et de Berlin, n'avaient étrangement défiguré l'entretien du 15 août. Mis en quelque sorte au défi devant sa nation et devant l'Europe, il devait devenir plus susceptible, et désormais attendre les explications au lieu de les offrir. — J'aurais bien voulu, dit-il à M. de Lauriston, ne pas prendre garde à cette conversation, mais tous les salons de Saint-Pétersbourg en retentissent, et cette nouvelle circonstance ne fait que rendre plus ferme la résolution de ma nation, tout en ne provoquant pas la guerre, de défendre sa dignité, son indépendance jusqu'à la mort. Napoléon, du reste, ne parle ainsi que lorsqu'il est décidé à la guerre : alors il ne s'impose plus aucune retenue. Je me rappelle sa conversation avec lord Whitworth en 1803, avec M. de Metternich en 1809; je ne puis donc voir dans ce qui vient de se passer qu'un indice de très-mauvais augure pour le maintien de la paix. —

Août 1811.

guerre, est désormais inévitable.

L'empereur Alexandre, à la suite de ces observations, parut extrêmement triste; son ministre, M. de Romanzoff, dont l'existence politique tenait à la paix, parut l'être également, mais tous deux répétèrent de nouveau qu'ils ne prendraient pas l'initiative. Il était évident néanmoins qu'ils ne doutaient plus de la guerre, au plus tard pour l'année prochaine, que les impressions un peu plus favorables dues à la présence de M. de Lauriston et à son langage à Saint-Pétersbourg étaient complétement dissipées, et qu'on allait employer encore plus activement l'automne et l'hiver à se mettre en mesure de soutenir une lutte décisive et terrible.

C'était à peu près la disposition de Napoléon, avec cette différence que, puisant en lui-même les motifs de la guerre, il n'avait pas cessé de la regarder comme certaine, et de s'y préparer. Il venait d'envoyer sur l'Elbe les quatrièmes et sixièmes bataillons, ce qui devait faire cinq bataillons de guerre par régiment, et comme les régiments du maréchal Davout étaient au nombre de seize, le total devait s'élever à 80 bataillons de la plus belle infanterie. En y ajoutant les chasseurs corses et ceux du Pô, quelques détachements espagnols et portugais, Na-

L'automne et l'hiver employés en préparatifs de toute sorte.

poléon se proposait de porter à 90 bataillons le corps de l'Elbe, et de le distribuer en cinq divisions d'égale force. Une excellente division polonaise, une autre composée des anciens soldats des villes anséatiques actuellement licenciés, une troisième composée d'Illyriens, devaient porter à huit les divisions du maréchal Davout. Beaucoup d'officiers français, les uns revenus du service étranger depuis la réunion de leur pays natal à la France, les autres sortis de l'école des généraux Friant, Morand et Gudin, devaient contribuer à relever l'esprit de ces troupes d'origine étrangère. Napoléon se flattait que sous la main de fer du maréchal Davout, et près du foyer de patriotisme et d'honneur militaire allumé dans son armée, ces Espagnols, ces Portugais, ces Illyriens, ces Anséates, acquerraient la valeur des Français eux-mêmes.

En arrière de l'Elbe, Napoléon, comme nous l'avons dit, travaillait à former sa seconde armée, dite corps du Rhin, avec une douzaine de régiments qui avaient combattu à Essling sous Lannes et Masséna, et auxquels il voulait adjoindre les troupes hollandaises. Il se proposait de porter ces régiments à quatre et même à cinq bataillons de guerre, depuis qu'il avait renoncé aux bataillons d'élite, certain qu'il était d'avoir une année de plus pour achever ses préparatifs.

C'est ici le cas de montrer quelle incroyable fécondité d'esprit il déployait dans la création de ses moyens, fécondité qui poussée comme toutes les grandes facultés jusqu'à l'abus, devait l'entraîner quelquefois à des créations artificielles, et dont la faiblesse n'éclata que trop dans la campagne suivante. On a vu qu'à la classe de 1811, levée tout entière, il avait voulu ajouter un supplément fort considérable par le nombre et par la qualité des hommes, c'était celui qu'on pouvait se procurer avec les réfractaires des années antérieures. Onze ou douze colonnes mobiles, parcourant la France dans tous les sens, avaient obligé cinquante ou soixante mille de ces réfractaires à se soumettre. La mesure avait été dure, mais efficace. Cependant il était à craindre qu'on ne les eût fait rejoindre que pour les voir déserter de nouveau, lorsqu'ils sauraient leurs parents débarrassés des garnisaires. Les détenir, c'était mettre leur santé en péril et encombrer les prisons; les envoyer aux dépôts, c'était leur ouvrir les portes pour s'échapper. Napoléon eut la pensée de les instruire dans les îles qui bordent la France, et desquelles il leur était impossible de s'enfuir. Pour cela il créa dans ces îles, et avec de bons cadres, des régiments d'instruction, dont l'effectif était indéterminé et pouvait s'élever jusqu'à quinze mille hommes. Il en forma un dans l'île de Walcheren, un second dans l'île de Ré, un troisième à Belle-Ile, enfin deux dans la Méditerranée, dont l'un en Corse, et l'autre dans l'île d'Elbe.

Napoléon consacrait à ce qui les concernait une attention continuelle : armes, habillement, instruction, il s'occupait de tout lui-même. Enfin, les croyant mûrs, il essaya d'envoyer quelques milliers d'hommes tirés du régiment de Walcheren, pour compléter les quatrièmes et sixièmes bataillons du maréchal Davout. Son projet, si cet essai réussissait, était d'en fournir à ce maréchal de quoi porter tous ses bataillons à mille hommes chacun.

Août 1811.

Manière de conduire les réfractaires des régiments où ils avaient été instruits à l'armée.

Pour les transporter des bouches de l'Escaut aux bords de l'Elbe, Napoléon imagina de les faire passer par les îles qui longent la Hollande, tantôt en bateaux sur les eaux intérieures, tantôt à pied à travers les bruyères de la Gueldre et de la Frise, et quand ils arriveraient sur le continent de les faire escorter par la cavalerie légère du maréchal Davout, qui n'était pas disposée à ménager les déserteurs, et devait les ramener à coups de sabre.

Les premiers envois réussirent. Sur les hommes envoyés, on n'avait guère perdu qu'un sixième par la désertion. Ce sixième pour rentrer en France courait les bois le jour, les routes la nuit, passait les fleuves comme il pouvait, et trouvait asile chez les Allemands, que leur haine pour nous rendait hospitaliers envers nos soldats devenus déserteurs. Les cinq sixièmes restés dans le rang présentaient des sujets robustes et d'un âge fait, qu'on espérait avec de bons traitements amener à bien servir.

Le maréchal Davout, qui savait au besoin se départir de son extrême sévérité, avait ordonné qu'on les formât à la discipline par la douceur. On s'y appliqua, et ce ne fut pas sans succès. On en fit venir alors par milliers de toutes les îles de l'Océan, les conduisant par bandes, et à pas de course, afin de diminuer la désertion. Malheureusement beaucoup apportèrent les fièvres de Walcheren, et les répandirent autour d'eux. Cependant la route adoptée ne pouvait pas convenir à tous, et notamment à ceux qui appartenaient aux provinces de l'Est. On poussa ces derniers vers le Rhin, puis on les embarqua sur des bateaux qui les transportèrent jusqu'à Wesel, sans toucher terre. Mais ceux-là aussi contractèrent dans ce trajet, par suite de l'accumulation et de l'immobilité, des maladies très-dangereuses. On les mena ensuite à travers la Westphalie, souvent malades, et toujours révoltés contre le service militaire, qui commençait pour eux sous de tels auspices. Au début on avait pris le temps de les habiller et de les instruire; bientôt on les envoya en habits de paysans, avant toute instruction, comptant toujours sur le maréchal Davout pour convertir en soldats ces hommes conduits et traités comme des troupeaux.

Le maréchal mit tous ses soins à réparer une partie de ces maux[1], à ménager les malheureux qu'on lui envoyait, à les apaiser, à les pourvoir du nécessaire, à leur communiquer l'esprit de ses vieilles bandes, à profiter même des penchants aventureux qu'ils avaient déjà contractés dans la vie de réfractaire, pour leur inspirer le goût de la vie des camps, pour les disposer enfin à trouver dans l'héroïque et dure profession des armes les plaisirs que lui et ses soldats savaient y goûter. Mais que de cœurs à vaincre! Des Corses, des Toscans, des Lombards, des Illyriens, des Espagnols, des Portugais, des Hollandais, des Anséates à faire Français, et même de Français enlevés à leurs familles dans l'âge le plus tendre faire des soldats robustes, disciplinés, exclusivement attachés à leur drapeau, les arracher ainsi des bords du Pô, de l'Arno, du Rhône, du

---

[1] Je parle ici non d'après les pamphlets de 1815, mais d'après la correspondance administrative des agents du gouvernement.

Rhin, de la Gironde, de la Loire, pour les faire bivouaquer, grelotter, mourir de faim ou de froid sur les bords de l'Elbe, de la Vistule ou du Borysthène, quelle tâche! et quel danger, après y avoir réussi vingt années, d'y échouer enfin au moment où tous les sentiments les plus naturels, froissés sans mesure, seraient poussés au désespoir!

Jusqu'à ce jour redoutable le dehors des choses était superbe, et cette machine guerrière sous la main du maréchal Davout avait acquis un aspect formidable. Napoléon lui expédiait l'un après l'autre les régiments de cavalerie pour les monter en Allemagne, et pour instruire les nouvelles recrues. Craignant d'épuiser la France de chevaux, car il fallait qu'elle en fournît une quantité extraordinaire aux armées d'Espagne, il était décidé à prendre tous ceux qu'on pourrait tirer du nord du continent. Il en fit demander pour la cavalerie légère en Pologne et en Autriche, pour la cavalerie de ligne et la grosse cavalerie, en Wurtemberg, en Franconie, en Hanovre. Partout il promit de payer comptant, et il ordonna d'acheter jusqu'à trente et quarante mille chevaux de toutes armes, si on parvenait à se les procurer. Il donna les mêmes ordres pour les chevaux de trait. Il prescrivit la formation de toute la cavalerie en divisions, et fit partir les généraux pour veiller à l'équipement et à l'instruction de leurs corps.

Le matériel ne l'occupait pas moins que l'organisation des troupes. Son projet, comme nous l'avons dit, était d'avoir à Dantzig, outre la subsistance d'une garnison de vingt mille hommes pendant un an, l'approvisionnement d'une armée de quatre à cinq cent mille hommes pendant un an aussi. Afin d'y parvenir, il avait ordonné d'abord au général Rapp d'être attentif au mouvement des grains dans cette ville, qui est l'un des plus vastes dépôts de céréales connus en Europe, et de se tenir toujours informé des quantités en magasin, pour n'acheter qu'en temps opportun. Ayant désormais son parti pris, il prescrivit de commencer enfin les achats, de les pousser jusqu'à 6 ou 700 mille quintaux de froment, jusqu'à plusieurs millions de boisseaux d'avoine, et jusqu'à l'accaparement de tous les fourrages existants. Trois caisses, la première à Dantzig, la seconde à Magdebourg, la troisième à Mayence, connues de lui seul, pour qu'on ne s'habituât pas à y compter, devaient fournir secrètement les fonds nécessaires à ces achats.

Ce n'était pas tout que d'avoir ces masses de vivres, il fallait se procurer le moyen de les transporter avec soi. Napoléon, comme on l'a vu, avait prescrit la réorganisation d'un certain nombre de bataillons du train qui pouvaient atteler et conduire environ 1,500 voitures chargées de biscuit. Pensant continuellement à l'objet qui le préoccupait, et trouvant à chaque instant des combinaisons nouvelles, il avait, depuis l'année précédente, inventé des moyens de transport encore plus puissants et plus ingénieux que ceux auxquels il avait songé d'abord. Le caisson ordinaire, attelé de quatre chevaux, conduit par deux hommes, était bon pour transporter le pain quotidien à la suite des corps. Un caisson pouvait ainsi assurer la nourriture d'un bataillon pendant

Août 1811.

Création de voitures de divers modèles.

une journée. Il fallait autre chose à Napoléon, qui prétendait se faire suivre par cinquante ou soixante jours de vivres pour toute l'armée. Il conçut l'idée de gros chariots attelés de huit chevaux, conduits par quatre ou même trois hommes, et pouvant recevoir dix fois la charge du caisson ordinaire. Le résultat était ainsi décuplé, la dépense de traction et de conduite étant à peine doublée. Cependant après de nouvelles réflexions, jugeant cette voiture trop lourde pour les boues de la Pologne et de la Lithuanie, Napoléon s'en tint à un chariot attelé de quatre chevaux, dirigé par deux hommes, ce qui laissait subsister l'organisation ordinaire du train, et devait transporter quatre fois autant que le caisson ordinaire, ou trois fois si on ne voulait pas s'exposer à rendre la charge trop lourde. Il ordonna sur-le-champ de construire des chariots de ce modèle en France, en Allemagne, en Italie, partout où résidaient les dépôts du train, afin que les corps eussent à la fois les anciens caissons pour transporter le pain du jour, et les nouveaux chariots pour transporter l'approvisionnement d'un mois ou de deux mois. Se mettant pour ainsi dire l'esprit à la torture, afin de prévoir tous les cas possibles, il voulut ajouter à son matériel des chars à la comtoise et des chars à bœufs. Les chars à la comtoise sont, comme on le sait, légers, roulants, traînés par un seul cheval habitué à suivre celui qui précède, de façon qu'un seul homme en peut conduire plusieurs. Les chars à bœufs sont lents, mais l'animal qui les traîne, opiniâtre et vigoureux, les arrache des ornières les plus profondes, et pendant les instants de repos attaché à une roue, broutant le gazon qui est sous ses pieds, il ne donne le soir aucune peine après avoir rendu les plus grands services dans la journée. Enfin il peut lui-même servir de nourriture, bien mieux que le cheval, qui n'est que l'aliment des dernières extrémités. Par ces motifs, Napoléon, aux huit bataillons du train qu'il avait destinés à l'armée de Russie, résolut d'ajouter quatre bataillons à la comtoise, et cinq bataillons à bœufs, en déterminant lui-même le mode d'organisation qui permettrait à ces voituriers de se transformer tout à coup en soldats, pour défendre le convoi qu'on leur aurait confié. L'organisation des uns devait se faire en Franche-Comté, celle des autres en Lombardie, en Allemagne, en Pologne. On pouvait se flatter de réunir ainsi le pain et la viande dans les mêmes convois.

Napoléon estimait que ces dix-sept bataillons, conduisant de cinq à six mille voitures, lui assureraient des vivres pour deux mois et deux cent mille hommes, ou pour quarante jours et trois cent mille hommes. Ce résultat lui suffisait, car il comptait à Dantzig embarquer ses approvisionnements sur la Vistule, les amener par eau de la Vistule au Frische-Haff, du Frische-Haff à la Prégel, et de la Prégel par des canaux intérieurs au Niémen. Il avait même envoyé quelques officiers de ses marins pour arrêter en secret le plan de cette navigation. Arrivé avec cinq ou six cent mille hommes sur le Niémen, c'est tout au plus s'il en amènerait trois cent mille dans l'intérieur de la Russie, et ayant alors d'après le calcul qui précède quarante jours de vivres sur voitures, il espérait avec ce qu'il trouverait sur les lieux avoir le moyen de subsister, car, malgré leurs projets de destruction, les Russes pouvaient bien ne pas avoir le loisir de tout anéantir. Détruire est un abominable travail, mais c'est un travail qui exige du temps aussi, et l'exemple du Portugal lui-même prouvait que ce temps pouvait manquer à l'ennemi le plus décidé à ne rien ménager. C'est sur ces raisons et ces immenses préparatifs que Napoléon fondait son espérance de vivre dans les vastes plaines du Nord, qu'il s'attendait à trouver tour à tour désertes ou ravagées.

Mais ces cinq ou six mille voitures supposaient à elles seules huit ou dix mille hommes pour les conduire, dix-huit ou vingt mille chevaux ou bœufs pour les traîner, et si on ajoute trente mille chevaux d'artillerie, probablement quatre-vingt mille de cavalerie, on peut se former une idée des obstacles à vaincre en fait d'approvisionnements, car ces animaux destinés à faire vivre l'armée, il fallait songer à les faire vivre eux-mêmes. Napoléon espérait y pourvoir en ne commençant ses opérations offensives que lorsque l'herbe aurait poussé dans les champs.

Sachant que le soldat préfère beaucoup le pain au biscuit, et ayant reconnu que pour se procurer du pain la difficulté n'est pas de le cuire, mais de convertir le grain en farine, il ordonna de moudre la plus grande partie des grains de Dantzig, d'enfermer la farine qui en proviendrait dans des barils adaptés aux nouveaux chariots, et d'enrôler partout des maçons à prix d'argent, afin de construire des fours dans chacun des lieux où l'on séjournerait. Ces maçons devaient être incorporés dans les troupes d'ouvriers de toutes les professions qu'il voulait emmener avec lui, tels que boulangers, charpentiers, forgerons, pontonniers, etc.

Enfin les équipages de pont, objet non moins grave de ses préoccupations, reçurent de nouveaux perfectionnements dans cette seconde année de ses préparatifs. Il avait prescrit la construction à Dantzig de deux équipages de cent bateaux chacun, pouvant servir à jeter deux ponts sur les fleuves les plus larges, et suivant l'usage portés sur des haquets. Comme le bois manque rarement, surtout dans la région où l'on s'apprêtait à faire la guerre, et que les ferrures et les cordages constituent uniquement la partie difficile à rassembler, Napoléon fit réunir en câbles, ancres, attaches, montures de tout genre, etc., le matériel d'un troisième équipage de pont, les bois seuls étant omis puisqu'on s'attendait à les trouver sur les lieux. Voulant avoir aussi des ponts fixes, il fit préparer à Dantzig des têtes de pilotis en fer, des ferrures pour lier ces pilotis, des sonnettes pour les enfoncer, de façon que les pontonniers fussent pourvus de tout ce qu'il leur faudrait pour jeter, indépendamment des ponts de bateaux, des ponts sur chevalets ou sur pilotis. Tout ce matériel devait suivre l'armée sur de nombreux chariots. Le général Éblé, qui sur le Tage avait, presque sans ressources, exécuté tant de merveilles en ce genre, fut mis à la tête du corps des pontonniers. Deux mille chevaux furent assignés à ce nouveau parc. *Avec de tels moyens*, écrivait Napoléon, *nous dévorerons tous les obstacles*[1].

---

[1] Je n'ai pas besoin de répéter que c'est d'après la correspondance de

Août 1811.

Composition des corps destinés aux maréchaux Davout, Ney et Oudinot.

Quoique Napoléon eût confié au maréchal Davout l'organisation de la plus grande partie de l'armée, parce qu'il le regardait comme un organisateur consommé, un administrateur probe et sévère, il ne lui en destinait pas le commandement tout entier, que naturellement il se réservait pour lui seul. Mais il voulait, en cas d'hostilités soudaines, qu'il y eût sur l'Elbe et l'Oder, et dans une seule main, une armée de 150 mille Français et de 50 mille Polonais, prête à se porter au pas de course sur la Vistule. Il se proposait plus tard, lorsque les opérations seraient commencées, d'en détacher une portion, qui, jointe au corps du Rhin, serait partagée entre les maréchaux Oudinot et Ney. Le maréchal Oudinot devait réunir à Munster les régiments cantonnés en Hollande, le maréchal Ney à Mayence ceux qui étaient cantonnés sur le Rhin. Il avait été enjoint à l'un et à l'autre de se rendre sur-le-champ à leurs corps, et de commencer l'organisation de leur infanterie et de leur artillerie. Quant à la cavalerie, ils devaient en recevoir chacun leur part en entrant en Allemagne, où toutes les troupes à cheval avaient déjà été envoyées afin de se monter. Indépendamment de ces forces déjà si considérables, cent mille alliés de toutes nations devaient être répartis entre nos différents corps d'armée. Les généraux français désignés pour commander ces troupes alliées avaient ordre d'aller s'établir aux lieux de rassemblement.

Napoléon lui-même, admirable surtout par ce genre de prévoyance, d'après celle du maréchal Davout, du général Rapp, du ministre de l'administration de la guerre, des généraux commandant les ponts et l'artillerie, que je donne ces détails, vaguement connus jusqu'ici, jamais exposés avec la précision et l'exactitude nécessaires.

Napoléon enjoignit au prince Eugène d'être prêt pour la fin de l'hiver suivant à passer les Alpes avec l'armée d'Italie. Ainsi qu'on l'a vu, il avait, dans sa confiance actuelle pour l'Autriche, réuni en Lombardie la presque totalité des armées d'Illyrie et de Naples. Il avait choisi dans chacun des meilleurs régiments, portés tous à cinq bataillons, trois bataillons d'élite destinés à se rendre en Russie. Il se proposait d'en composer une armée de 40 mille Français, renforcée de 20 mille Italiens, laquelle, sous le prince Eugène, franchirait les Alpes en mars. Les quatrièmes et cinquièmes bataillons retenus aux dépôts, avec plusieurs régiments entiers et l'armée napolitaine de Murat, étaient chargés de garder l'Italie contre les Anglais et contre les mécontents. La conscription de 1811, et les réfractaires de l'île d'Elbe, soumis à une rude discipline, devaient pendant l'hiver remplir successivement les quatrièmes et cinquièmes bataillons, qui se seraient vidés pour compléter les trois premiers. Napoléon avait en outre pris dans les troupes d'Illyrie et d'Italie dix ou douze régiments entiers, pour créer une armée de réserve, qui devait aller en Espagne remplacer la garde impériale et les Polonais, dont le départ pour la Russie était ordonné. Ainsi même en se préparant à frapper un grand coup au Nord, Napoléon ne renonçait pas à en frapper un au Midi, poursuivant, selon sa coutume, tous les buts à la fois. Un an auparavant cette armée de réserve n'aurait été nulle part mieux placée qu'en Espagne, puisque là était le théâtre des événements décisifs; en ce moment, au contraire, la question étant transportée

Août 1811

Armée d'Italie, sa composition, l'époque de son départ.

Armée de réserve créée d'Italie pour aller remplacer en Espagne la garde impériale et les Polonais.

Août 1811.

Projet d'un voyage en Hollande pour s'occuper de combinaisons maritimes.

au Nord, c'est là qu'il eût fallu porter toutes ses forces, en se bornant en Espagne à une défensive énergique sur les limites de la Vieille-Castille et de l'Andalousie. Mais dans son ardeur, Napoléon, prenant pour réel tout ce que concevait sa vaste imagination, croyait pouvoir lancer en même temps la foudre à Cadix et à Moscou.

Tandis qu'il se livrait à ces vastes conceptions, dont l'exécution était irrévocablement arrêtée pour le printemps suivant, il songeait à aller visiter lui-même un pays récemment réuni à l'Empire, un pays auquel il tenait beaucoup, sur l'esprit duquel il se flattait de produire par sa présence une influence favorable, et d'où il lui était possible d'inspecter personnellement une partie de ses préparatifs de guerre : c'était la Hollande. Il avait remis plusieurs fois ce projet de voyage, et il avait à cœur de le réaliser avant la grande guerre du Nord, ne voulant pas que, lorsqu'il serait sur la Dwina ou sur le Borysthène, les Anglais pussent lui causer pour le Texel ou pour Amsterdam quelque grave inquiétude, comme celle qu'ils lui avaient fait éprouver pour Anvers pendant la campagne de 1809.

La suite à donner à ses combinaisons maritimes était un autre motif d'entreprendre ce voyage. Persistant à tout embrasser à la fois, il n'avait nullement renoncé à ses créations navales, et s'en occupait avec autant d'activité que s'il n'avait point songé à la guerre de Russie. Il voulait d'abord tenir les Anglais en haleine, les empêcher en leur causant des inquiétudes continuelles de dégarnir l'Angleterre, et d'en retirer des troupes pour les envoyer dans la Péninsule. Il avait résolu pour cela de les faire vivre sous la menace d'expéditions toujours préparées pour l'Irlande, la Sicile, l'Égypte même, et espérait ainsi, dans le cas peu probable mais possible où la guerre du Nord serait évitée, d'avoir le moyen d'embarquer environ cent mille hommes.

Août 1811.

Maintenant que l'Escaut était entièrement à sa disposition, il avait autrement combiné sa flottille de Boulogne. Après l'avoir réduite à ce qu'elle comprenait de meilleurs bâtiments, il pouvait y embarquer non plus comme autrefois 150 mille hommes, mais 40. En se bornant à ce nombre, le départ, le trajet, l'arrivée d'une expédition étaient parfaitement praticables. Il avait en outre dans l'Escaut 16 vaisseaux à Flessingue, lesquels devaient s'élever sous peu à 22. En y ajoutant une flottille de bricks, de corvettes, de frégates, de grosses chaloupes canonnières, il comptait sur des moyens d'embarquement pour 30 mille hommes, indépendamment d'une escadre de guerre capable de tenir la mer et de fournir une navigation assez longue. Il comptait de plus sur 8 ou 10 vaisseaux au Texel, si longtemps et si vainement demandés à son frère Louis, et déjà prêts depuis qu'il administrait la Hollande. Cette escadre, escortant une flottille, était en mesure d'embarquer 20 mille hommes. Il existait quelques frégates à Cherbourg, 2 vaisseaux à Brest, 4 à Lorient, 7 à Rochefort, et, avec ces éléments, Napoléon songeait, par des réunions adroitement opérées, à recomposer la flotte de Brest. Il voulait s'en servir pour envoyer quelques troupes aux îles

Vastes projets maritimes de Napoléon pour le cas où la guerre de Russie n'aurait pas lieu.

Sept. 1811.

Jersey et Guernesey, dont il prétendait s'emparer. Enfin à Toulon il avait 18 vaisseaux, qu'il se promettait avec le concours de Gênes et de Naples de porter à 24, non compris beaucoup de frégates, de gabares, et de bâtiments-écuries d'un nouveau modèle. Il avait ainsi préparé dans la Méditerranée des moyens d'embarquement pour 40 mille hommes, et pouvait établir ses calculs sur 30 environ, en employant le secours d'un certain nombre de vieux bâtiments armés en flûte. Cette expédition devait menacer alternativement Cadix, Alger, la Sicile, l'Égypte. Enfin 3 vaisseaux et quelques frégates étaient prêts à Venise, et allaient, soulevés par des chameaux, sortir des lagunes pour se rendre à Ancône. Ils devaient bientôt être suivis de deux autres vaisseaux et de plusieurs frégates, de manière à dominer l'Adriatique.

Ces ressources déjà si vastes, Napoléon voulait les augmenter encore en 1812 et en 1813, il espérait arriver à 80, à 100 vaisseaux même, et réunir ainsi des moyens de transport pour près de 150 mille hommes. Il en avait déjà pour environ 100 mille, et sans même essayer d'une invasion en Angleterre, il pouvait bien un jour jeter 30 mille hommes en Irlande, 20 en Sicile, 30 en Égypte, et causer un grand trouble aux Anglais. Il pouvait de plus recouvrer le Cap, perdu depuis longtemps, l'Ile de France et la Martinique, perdues depuis peu. Si donc la paix du continent se consolidait sans lui procurer la paix maritime, il avait des moyens de frapper directement l'Angleterre. C'est pour ces objets si divers et pour quelques-uns des préparatifs de la guerre de Russie, qu'un voyage sur les côtes lui était indispensable.

Sept. 1811.

Parti de Compiègne le 19 septembre, et séjournant successivement à Anvers et à Flessingue, il inspecta les travaux ordonnés pour rendre l'Escaut inaccessible, s'occupa surtout de l'artillerie à grande portée, nécessaire dans ces positions, s'embarqua sur la flotte de Flessingue sous le pavillon de l'amiral Missiessy, la fit mettre à la voile, fut surpris par un gros temps, resta trente-six heures en mer, sans pouvoir communiquer avec la terre, et fut très-content de l'instruction et de la tenue de ses équipages. Le sage et solide officier qui les commandait, quoique bloqué, avait profité des eaux de l'Escaut pour entrer et sortir souvent, et pour donner en naviguant dans ces bas-fonds un remarquable degré d'instruction à ses marins. Napoléon accorda des récompenses à tout le monde, de grands éloges à son amiral, et laissa la marine de cette région aussi satisfaite qu'encouragée.

Départ de Napoléon pour la Hollande.

Séjour à Flessingue.

Mais comme la vue des objets fécondait toujours son esprit, il trouva des procédés fort ingénieux pour perfectionner certaines choses, ou pour en corriger d'autres. On a vu combien son armée commençait à se bigarrer de soldats de toutes les nations, d'Illyriens, de Toscans, de Romains, d'Espagnols, de Portugais, de Hollandais, d'Anséates, etc.; il en était de même pour sa flotte. Elle comptait, outre d'anciens Français, des Hambourgeois, des Catalans, des Génois, des Napolitains, des Vénitiens, des Dalmates. A bord des vaisseaux, on n'était pas sans inquiétude sur la fidélité de ces ma-

Pour prévenir les infidélités

telots d'origines si diverses, et s'ils servaient bien dans les ports, on pouvait craindre qu'en mer ils ne contrariassent les manœuvres, afin de se faire prendre par les Anglais, ce qui était la captivité pour les Français, mais la délivrance pour eux. Sur des bâtiments sortis des ports, on avait découvert plusieurs fois des dégâts dans le gréement, causés évidemment par la malveillance, et par conséquent imputables à une infidélité cachée qui pouvait devenir dangereuse. Napoléon eut l'idée de placer à bord de chaque vaisseau une garnison composée d'une compagnie de 150 hommes d'infanterie, tous anciens Français. Il avait, indépendamment de la garde impériale et des régiments étrangers, 130 régiments d'infanterie, les uns à cinq, les autres à six bataillons. Il décida qu'on prendrait dans les bataillons de dépôt les mieux organisés, une compagnie d'infanterie, pour la mettre à bord des vaisseaux de ligne et l'y laisser habituellement en résidence. Le nombre actuel des vaisseaux armés étant d'environ 80, il suffisait d'ajouter une compagnie dans 80 de ces bataillons de dépôt pour remplir le vide qu'on y aurait opéré, et pour se procurer une force très-utile sur la flotte, soit qu'il fallût en garantir la sûreté, ou contribuer au combat en cas de rencontre avec l'ennemi.

Napoléon, suivant sa coutume d'exécuter sur-le-champ ses projets une fois conçus, donna immédiatement les ordres nécessaires pour l'envoi de ces compagnies de garnison dans tous les ports de mer où des escadres étaient réunies. Toujours impatient dans la poursuite des résultats, il avait fort insisté à Anvers pour que les constructions s'y succédassent sans relâche, et qu'aussitôt un vaisseau lancé à la mer, un autre le remplaçât sur les chantiers. Les bois de construction manquaient. Il imagina pour s'en procurer un vaste système de transports, de Hambourg à Amsterdam, au moyen de petits bâtiments passant entre la terre et les îles qui bordent le rivage de la mer du Nord, depuis les bouches de l'Elbe jusqu'au Zuyderzée. Il ne s'en tint pas là. Un été fort sec, qui avait donné des vins excellents (ceux dits de la Comète), avait nui au développement des céréales. Partout on annonçait une disette; le prix des grains augmentait à chaque instant. Napoléon retira les licences accordées pour l'exportation des grains, et ordonna à Hambourg d'acheter des blés qui devaient être transportés en France, en longeant les côtes, ou bien en suivant les fleuves et les canaux, et là où les uns et les autres ne se joignaient pas, en exécutant quelques petits trajets par terre, pour aller, par exemple, de l'Elbe au Weser, du Weser à l'Ems, de l'Ems au Zuyderzée. Vingt mille chevaux de l'artillerie et du train, oisifs jusqu'à l'ouverture des hostilités contre la Russie, furent employés à ces courts trajets, en faisant demi-travail pour les tenir en haleine sans les épuiser.

Après avoir inspecté le régiment de Walcheren, et prescrit différentes mesures relatives à la santé des hommes et à leur équipement, Napoléon passa en Hollande, et se rendit à Amsterdam. Le peuple hollandais, très-affligé d'avoir perdu son indépendance, espérait cependant trouver quelque dédommagement dans sa réunion à un grand empire et dans l'administration vivifiante de Napoléon. Il y avait eu

Octob. 1811.

Moyen de se procurer des bois.

Système de transports de Hambourg à Amsterdam.

Ce système appliqué d'abord au transport des grains, afin de se prémunir contre la disette qui s'annonce à la fin de 1811.

Napoléon à Amsterdam.

Bon accueil qu'il reçoit des Hollandais.

Octob. 1811.

quelque temps auparavant, à l'occasion de la conscription, des exécutions sanglantes dans l'Ost-Frise; néanmoins, soit le prestige de la gloire, soit l'entraînement des fêtes même chez les peuples les plus froids, les Hollandais reçurent avec des acclamations le conquérant qui leur avait ravi leur indépendance, et qu'ils n'aimaient point, comme ils le prouvèrent bientôt. L'accueil fut tel, que Napoléon put s'y tromper. A l'aspect de ce pays si riche, si heureusement disposé pour les grandes opérations maritimes, et l'accueillant si bien, il enfanta mille combinaisons nouvelles, lui accorda des facilités pour la pêche, supprima diverses entraves qui gênaient la navigation intérieure du Zuyderzée, et le laissa pour un moment rempli d'espérances et d'illusions.

Système de défense imaginé pour la Hollande.

Entre autres préoccupations qui avaient attiré Napoléon en Hollande, malgré la mauvaise saison, celle de la défense de nos nouvelles frontières n'était pas la moindre. Avec l'admirable coup d'œil qui, à la simple vue d'une carte, lui faisait discerner comment on pouvait défendre ou attaquer un pays, il découvrit sur-le-champ le meilleur système de défense pour la Hollande. Il décida d'abord que, vu les dangers qui pouvaient la menacer du côté des Anglais, le grand dépôt du matériel de guerre ne serait ni au Texel, ni à Amsterdam, ni même à Rotterdam, mais à Anvers, et il ordonna de commencer sans délai le transport à Anvers de toutes les richesses des arsenaux hollandais. Il décida qu'il y aurait une première ligne de défense passant par Wesel, Kœwerden et Groningue, embrassant non-seulement la Hollande proprement dite, mais les Gueldres, l'Over-Yssel et la Frise, ligne faible du reste, et n'ayant que la valeur d'ouvrages avancés. Il en désigna une seconde plus forte, se détachant du Rhin vers Emmerich, suivant l'Yssel, passant par Deventer et Zwolle, embrassant les Gueldres et une moitié du Zuyderzée, couvrant presque toute la Hollande, moins la Frise. Mais il établit que la vraie ligne de défense était celle qui, abandonnant le Rhin, ou Wahal, seulement à Gorcum, allait aboutir à Naarden sur le Zuyderzée. Cette ligne, en effet, couvrait la partie la plus hollandaise de la Hollande, composée de terres fertiles, de villes florissantes, toutes situées au-dessous des eaux, et pouvant au moyen des inondations être converties en îles imprenables, qui se rattacheraient au Rhin par le puissant bras du Wahal, de manière que la nouvelle France, défendue par la magnifique ligne du Rhin de Bâle à Nimègue, devait à partir de ce dernier point se changer en îles tout à fait inaccessibles à l'ennemi, même à l'ennemi maritime, moyennant les beaux ouvrages du Texel qui en formeraient la pointe extrême et invincible.

Secondé dans l'exécution de ses plans par l'habile général du génie Chasseloup, Napoléon ordonna au Texel même des travaux superbes, dont l'objet était d'abriter une immense flotte avec ses magasins, de lui ménager l'entrée et la sortie par tous les vents, et de fermer complétement le Zuyderzée.

Ces ordres, toujours conçus dans l'hypothèse d'une lutte suprême et formidable qu'il ne cessait d'avoir présente à l'esprit sans en être intimidé, ces ordres donnés, il se rendit à Wesel, où il prescrivit d'autres

Nov. 1811.

Ses projets sur cette place.

Il passe ses cuirassiers en revue, et profite de l'occasion pour les acheminer sur l'Elbe.

Napoléon à Cologne.

Séjour dans cette ville, et diverses résolutions relatives à la Prusse,

travaux pour assurer la défense de cette ville, et lui procurer une importance administrative qu'elle n'avait pas. Il voulait en faire le Strasbourg du Rhin inférieur. Il venait de décréter la belle route d'Anvers à Amsterdam; il projeta celle de Wesel à Hambourg, et en même temps prit prétexte de sa présence en ces lieux pour passer en revue deux belles divisions de cuirassiers. Il les inspecta entre Dusseldorf et Cologne, pourvut à ce qui leur manquait sous le rapport de l'organisation et de l'équipement, et profita de leur arrivée sur le Rhin pour les acheminer sans bruit sur l'Elbe. C'était une manière commode de faire passer presque inaperçue sa grosse cavalerie, dont ces deux divisions formaient environ la moitié. A cette occasion, il s'occupa de la création des lanciers. Il avait déjà pu s'apercevoir en Pologne de l'utilité de la lance. Il résolut de la mettre à profit dans la prochaine guerre, et se décida à convertir en régiments de lanciers six régiments de dragons, un de chasseurs, et deux de cavalerie polonaise, ce qui devait porter à neuf les régiments de cette arme. Il avait fait venir de Pologne des instructeurs, formés dans leur pays au maniement de la lance, et il en fit la répartition entre les nouveaux régiments. Après avoir donné à ces divers objets l'attention nécessaire, il se rendit à Cologne, et arrêta le genre de défense dont cette place était susceptible.

Pendant qu'il s'occupait chemin faisant de ces innombrables détails, il eut à prendre plusieurs déterminations relatives à la politique extérieure et intérieure de l'Empire. La cour de Prusse profondément inquiète, comme on l'a vu, de la guerre prochaine, en perdait le repos. Elle sentait bien que le territoire prussien étant le chemin obligé des armées belligérantes, il lui serait impossible de rester neutre, et, ne devant rien à la Russie, qui en 1807 avait conclu la paix à ses dépens, avait même accepté une portion de son territoire (le district de Bialistock), elle était disposée à s'allier à Napoléon, pourvu qu'il lui garantît l'intégrité du reste de ses États, et un dédommagement territorial si elle le servait bien. Malheureusement Napoléon se montrait sourd à ses insinuations, afin de ne pas révéler trop tôt ses desseins, et, dans la terreur dont elle était saisie, elle attribuait cette réserve au projet d'enlever à un jour donné la royauté, l'armée, la monarchie prussiennes. Cette pensée désolante assiégeant sans cesse le roi, il ne perdait pas un instant pour armer, et au lieu de 42 mille hommes (nombre fixé par les traités), il en avait plus de 100 mille, dont moitié envoyés en congé, mais prêts à rejoindre au moyen d'une combinaison qui a été précédemment expliquée.

Ainsi que nous l'avons dit, le plan de la cour de Prusse était, au moment où les événements paraîtraient mûrs, d'obliger Napoléon à se prononcer, et s'il refusait son alliance, de se jeter au delà de la Vistule avec 100 ou 150,000 hommes, et d'aller rejoindre les Russes par Kœnigsberg. Quelque dissimulés que fussent les préparatifs de cette cour, ils ne pouvaient échapper à un observateur aussi exercé que le maréchal Davout, présent sur les lieux, et fort vigilant. De plus, M. de Hardenberg, essayant chaque jour de faire expliquer le ministre de France, M. de Saint-Marsan, et, afin d'y réussir, s'attachant à lui montrer tout ce que la Prusse aurait de moyens à offrir à l'allié dont elle épouserait la cause, se laissa aller jusqu'à lui dire que, bien qu'elle eût seulement sous les armes une quarantaine de mille hommes, elle pourrait au besoin, et en quelques jours, en armer cent cinquante mille. Ces mots, échappés au premier ministre prussien, avaient été un trait de lumière, et Napoléon ordonna à M. de Saint-Marsan de se rendre immédiatement chez le ministre et chez le roi, de leur déclarer à l'un et à l'autre que ses yeux étaient enfin ouverts sur les projets de la Prusse, qu'il fallait qu'elle désarmât sur-le-champ, en se fiant à sa parole d'honneur de l'admettre dans son alliance à des conditions satisfaisantes, lorsque la prudence permettrait de s'expliquer, ou qu'elle s'attendît à voir le maréchal Davout marcher avec cent mille hommes sur Berlin, et effacer de la carte de l'Europe les derniers restes de la monarchie prussienne. Des ordres furent donnés en conséquence au maréchal Davout pour qu'il se portât sans retard sur l'Oder, qu'il coupât à l'armée prussienne le chemin de la Vistule, et enlevât au besoin la cour elle-même à Potsdam.

Napoléon eut aussi des résolutions fort importantes à prendre relativement à la Suède. Nous avons déjà raconté l'élection du nouveau prince royal. Ce prince n'avait pu pardonner à Napoléon de fermer l'oreille à la proposition de lui céder la Norvége. Arrivé de la veille en Suède, n'ayant dû son élection qu'à des circonstances passagères et surtout à la gloire des armées françaises, n'ayant en réalité aucun parti qui lui fût personnellement attaché, et gagnant peu à être vu de près, car on le trouvait bientôt vain, vantard, prodigue de folles promesses, et moins militaire qu'il n'avait la prétention de l'être, il avait songé à se recommander aux Suédois par une acquisition éclatante qui pût flatter leur patriotisme. Or, bien que désolés de la perte de la Finlande, les Suédois sentaient pourtant que cette province si nécessaire à la Russie serait l'éternel objet de ses désirs et de ses efforts, qu'en prenant définitivement pour séparation des deux États le golfe de Bothnie on adopterait une frontière plus vraie (sauf les îles d'Aland, indispensables à la sûreté de Stockholm, surtout pendant l'hiver), et que c'était bien plutôt en Norvége qu'il fallait chercher le dédommagement de ce que la Suède avait perdu. C'était là, comme on l'a vu, le motif pour lequel le prince Bernadotte avait, dans son agitation fébrile, demandé la Norvége et non la Finlande à Napoléon. Or Napoléon pouvait promettre et même donner la Finlande dans l'hypothèse d'une guerre heureuse contre la Russie, mais il eût commis une véritable trahison envers un allié fidèle, le Danemark, s'il eût seulement hésité à l'égard de la Norvége. Son silence significatif avait éclairé le prince royal, et celui-ci dès cet instant avait commencé à s'abandonner à une haine dont il portait depuis longtemps le germe au fond du cœur. Le roi régnant, affaibli par l'âge et la mauvaise santé, lui avait confié la régence des affaires, du moins pour le moment. Bernadotte en avait profité pour caresser le parti russe et le parti anglais, sans toutefois abandonner ostensiblement le parti français, auquel il devait son élection. Ne s'expliquant pas encore ouvertement contre la France, il ne cessait de se dire Suédois avant tout, et prêt à tout sacrifier à sa nouvelle patrie; de répéter que la Suède n'appartenait à personne, et qu'elle n'aurait pour alliés que ceux qui ménageraient et serviraient ses intérêts. Tandis qu'il tenait ce langage public, il favorisait plus que jamais le commerce interlope, faisait dire sous main aux Anglais qu'ils pouvaient continuer à fréquenter les environs de Gothenbourg, malgré la déclaration apparente de guerre, et insinuait à la légation russe que sans doute la perte de la Finlande était un malheur pour la fierté de la nation suédoise, mais que ce qui était perdu était perdu, et que le dédommagement auquel elle aspirait était ailleurs. Il avait en outre maintenu l'ordre donné à la marine suédoise de repousser nos corsaires, et protégé ouvertement des soldats qui à Stralsund avaient maltraité jusqu'au sang des matelots français.

M. Alquier était notre ministre à Stockholm, et comme il avait eu le malheur de se trouver à Madrid un peu avant la chute de Charles IV, et à Rome au moment de l'enlèvement de Pie VII, on l'accusait fort injustement d'être partout où il paraissait le sinistre précurseur des desseins de Napoléon. Tout ce qu'on pouvait lui reprocher c'était de joindre à une véritable droiture et à une remarquable clairvoyance, une roideur quelquefois dangereuse dans les situations délicates. C'est avec lui que le nouveau prince de Suède avait eu à s'expliquer sur les griefs articulés par la France, et il s'était engagé entre eux un entretien, dont le récit aurait paru incroyable, si M. Alquier, qui l'avait rapporté à Napoléon, n'avait été un témoin digne de toute confiance. Après d'inutiles et peu sincères explications sur l'établissement anglais de Gothenbourg, sur l'inexécution des principales clauses du dernier traité, et sur le sang français versé à Stralsund, l'ancien général Bernadotte avait demandé insolemment à M. Alquier comment il se faisait que cette France qu'il avait tant servie, qui lui avait de si grandes obligations, se conduisît si mal envers lui, à ce point qu'à Constantinople, à Stralsund et à Stockholm même, il n'eût que de mauvais procédés à essuyer de ses agents. — A ces mots étranges, M. Alquier, en croyant à peine ses oreilles, avait répondu au nouveau Suédois qui se plaignait de l'ingratitude de la France, que si la France lui avait des obligations, elle s'en était bien acquittée en le portant au trône de Suède. —

Sans doute, s'il eût été possible en ce moment de prévoir l'avenir, il eût fallu ménager cet orgueil insensé; mais on comprend l'indignation du ministre de France, car il y a des choses que, dût-on périr à l'instant même, on ne doit jamais souffrir. Poursuivant cet entretien, le prince parvenu s'était répandu en prodigieuses vanteries, avait rappelé toutes les batailles auxquelles il avait assisté, et prétendu, ainsi qu'il le faisait ordinairement avec ses familiers, que c'était lui qui avait gagné la bataille d'Austerlitz, où il n'avait pas brûlé une amorce, celle de Friedland, où il n'était pas, celle de Wagram, où il avait suivi la déroute de ses soldats. Il avait dit ensuite qu'on lui en voulait à Paris, il le savait bien, mais qu'on ne le détrônerait pas; qu'il avait en Suède un peuple dévoué qui lui était attaché jusqu'à la mort; que récemment ce peuple avait voulu dételer sa voiture et la traîner, qu'il avait failli s'évanouir d'émotion; que dès qu'il paraissait les soldats suédois étaient saisis d'enthousiasme, qu'il venait de les passer en revue, que c'étaient des hommes superbes, des colosses, qu'avec eux il n'aurait pas besoin de tirer un coup de fusil, qu'il n'aurait qu'à leur dire : *En avant, marche!* et qu'ils culbuteraient quelque ennemi que ce fût, et que sous ses ordres ils seraient ce qu'avaient été les Saxons à Wagram, c'est-à-dire les premiers soldats de l'armée française. — Ah! c'en est trop, s'était écrié M. Alquier qui n'y tenait plus, ces colosses, s'ils sont jamais opposés à nos soldats, leur feront l'honneur de tirer des coups de fusil, et il ne suffira pas de leur présence pour enfoncer les rangs de l'armée française. — Bernadotte, dans un état d'exaltation fébrile, s'était alors écrié, comme un homme en démence, qu'il était souverain d'un pays indépendant, qu'on ne l'avilirait pas, qu'il mourrait plutôt que de le souffrir... — Et son fils enfant étant entré par hasard dans le cabinet où avait lieu cet entretien, il l'avait pris dans ses bras en lui disant : N'est-ce pas, mon fils, que tu seras comme ton père, et que tu mourras plutôt que de te laisser avilir?... — Puis ne sachant plus comment se tirer de cette scène ridicule, désirant au fond du cœur qu'elle restât secrète, il avait cependant poussé la fanfaronnade jusqu'à dire à M. Alquier : Je vous prie de mander à l'empereur Napoléon tout ce que vous venez de voir et d'entendre. — Vous le voulez, lui avait répondu M. Alquier, eh bien, il sera fait comme vous désirez. Et il s'était retiré sans ajouter une parole. Dans la bouche d'un personnage aussi peu vrai que le prince royal, ses derniers mots signifiaient : Ne dites rien de ce que vous avez entendu. — Mais M. Alquier, qui eût été plus utile à son souverain en taisant cette scène, n'osa pas manquer au devoir strict de sa profession, et il manda tout à Paris[1]. Napoléon, qui ne prévoyait pas alors les cruelles punitions que la Providence lui réservait, qui ne prévoyait pas combien pour l'humilier davantage elle ferait partir de bas les coups qui le frapperaient bientôt, sourit de pitié en lisant ce dangereux récit, se dit qu'il avait bien deviné ce cœur dévoré d'envie, en le regardant depuis longtemps comme capable des plus noires trahisons, et ne voulut répondre que par un haut dédain à de si ridicules emportements. Il ordonna à M. Alquier de quitter Stockholm sans rien dire, sans prendre congé du prince royal, et de se rendre de sa personne à Copenhague. Il enjoignit à M. de Cabre, secrétaire de la légation, d'en prendre les affaires en main, de ne jamais visiter le prince royal, de n'avoir de relation qu'avec les ministres suédois, et pour les affaires indispensables de sa mission. Il fit savoir au ministre de Suède à Paris que si satis-

Nov. 1811.

Tort de M. Alquier de mander à Napoléon tout ce qu'il avait entendu.

Ordre envoyé par Napoléon à M. Alquier de quitter Stockholm, et menace de se remettre avec la Suède sur le pied de guerre.

[1] J'écris ces lignes ayant sous les yeux la dépêche même de M. Alquier.

faction n'était pas accordée, surtout pour l'affaire de Stralsund, le traité de paix avec la Suède serait non avenu, et les relations rétablies comme sous Gustave IV, c'est-à-dire sur le pied de guerre. C'était annoncer d'avance le sort réservé à la Poméranie suédoise.

Napoléon eut encore pendant ce voyage des ordres à donner relativement aux affaires religieuses.

La députation de prélats et de cardinaux envoyée à Savone avait trouvé Pie VII, comme de coutume, doux et bienveillant, quoique agité par la gravité des événements, et n'avait pas eu beaucoup de peine à lui persuader que le décret du concile était acceptable. Ce nouveau décret, comme on doit s'en souvenir, obligeait le Pape à donner aux évêques nommés l'institution canonique dans un délai de six mois, après quoi le métropolitain était autorisé à la conférer. Quoique ces dispositions portassent une atteinte évidente au principe de l'institution canonique, dont personne alors ne prenait souci parce qu'on était exclusivement frappé dans le moment de l'abus qu'un pape, même excellent, pouvait en faire, tout le monde insista auprès de Pie VII pour qu'il approuvât le décret du concile. Quant à la grande question de la possession de Rome et de la situation future de la Papauté, on lui répéta que l'urgente question de l'institution canonique vidée, l'autre serait résolue à son tour, et probablement d'une manière satisfaisante. Pie VII, que le recours du concile à son autorité touchait beaucoup, car il y voyait une reconnaissance implicite des droits du Saint-Siége, se rendit aux instances de la députation, et accepta le nouveau décret, promit même d'instituer sans retard les vingt-sept nouveaux prélats. Seulement il voulut rédiger sa décision en un langage à lui, langage romain, qui avait pour but non de sauver le principe de l'institution canonique, seul ici en péril, mais de se garder des grands et nobles principes de Bossuet, qui sont pourtant l'honneur et la dignité de l'Église française, sans porter aucune atteinte à l'autorité de l'Église universelle.

Ces résultats une fois acquis, les cardinaux et les prélats partirent en laissant le Pape plus calme et plus disposé à une réconciliation avec l'Empereur. Ils se flattaient en arrivant à Paris qu'au prix des concessions qu'ils apportaient, ils obtiendraient un sort moins dur pour le Pontife et plus digne pour l'Église.

La nouvelle de ce qui s'était passé à Savone avait été mandée à Napoléon pendant son voyage en Hollande, et la grande affaire de l'Église était l'une de celles sur lesquelles il avait à se prononcer chemin faisant. Chose singulière, la querelle avec le Pape le fatiguait, l'ennuyait à peu près autant que la guerre d'Espagne. Dans l'une comme dans l'autre il trouvait cette ténacité de la nature des choses, contre laquelle les coups d'épée sont impuissants, et contre laquelle la vérité et le temps, c'est-à-dire la raison et la constance, sont seuls efficaces. Or il aimait tout ce qui pouvait se trancher, et détestait ce qui ne pouvait que se dénouer. D'ailleurs toutes ces questions difficiles, incommodes, résistantes, qui l'importunaient en ce moment, il croyait avoir trouvé le moyen de les réunir en une seule, qu'il trancherait d'un coup de sa terrible épée, en acca-

Nov. 1811

les nouveaux évêques.

Napoléon importuné de la suite à donner aux affaires religieuses, au milieu d'une tournée exclusivement militaire.

Nov. 1811.

blant la Russie dans la prochaine guerre. Selon lui, vainqueur dans cette dernière lutte, il triompherait de toutes les résistances ou matérielles ou morales que le monde lui opposait encore; il triompherait des résistances intéressées du commerce, des résistances patriotiques des Espagnols, des résistances maritimes des Anglais, des résistances religieuses du clergé, et pour ainsi dire des résistances de l'esprit humain lui-même. Aussi demandait-il qu'on le laissât tranquille, qu'on ne le fatiguât plus de toutes ces mille affaires qui n'étaient pas la grande affaire, c'est-à-dire la guerre de Russie, laquelle occupait seule son esprit; et lorsqu'au milieu de sa tournée en Hollande, des dépêches du ministre des cultes vinrent appeler son attention sur une nouvelle phase de la querelle religieuse, il en fut singulièrement contrarié, et répondit par un cri d'impatience plutôt que par une solution.

Forcé de prendre un parti, Napoléon accepte le dispositif du bref pontifical, et en défère les motifs à une commission du Conseil d'État.

L'acceptation du décret du concile lui plut, bien qu'il y tînt moins qu'à l'époque où les évêques étaient assemblés et bouillonnants. En juillet, c'eût été une victoire; dans le moment, c'était un avantage un peu effacé comme l'impression produite par les événements du concile. Ce qui lui plut davantage, ce fut la promesse d'instituer les vingt-sept nouveaux évêques, car c'était l'administration interrompue de l'Église dont le cours était rétabli. Mais le bref accompagnant et motivant ces concessions lui déplut fort, parce qu'il était en opposition avec les doctrines de Bossuet. Or Napoléon, qui n'aimait pas la liberté là où il pouvait dominer, l'aimait au contraire là où il ne dominait point, ce qui était le cas au sein de l'Église. Il était donc un disciple ardent de Bossuet, disciple qui sans doute eût autant flatté qu'épouvanté l'illustre législateur de l'Église française. En conséquence, Napoléon résolut de faire un triage dans ce qu'on lui avait apporté de Savone, d'admettre le dispositif du bref pontifical, et d'en repousser les motifs. Il prescrivit donc de présenter au Conseil d'État le décret du concile approuvé par le Pape, afin que ce décret prît place au bulletin des lois. Relativement au bref lui-même, qui contenait des doctrines ultramontaines, Napoléon ordonna de le déférer à une commission du Conseil d'État, laquelle examinerait lentement, très-lentement, la conformité de ce bref avec les doctrines gallicanes, et tiendrait les choses en suspens aussi longtemps qu'il conviendrait. Quant à la promotion des vingt-sept nouveaux prélats, Napoléon ordonna d'envoyer sur-le-champ à Savone les pièces concernant chacun d'eux, pour que l'institution canonique fût demandée et obtenue sans perdre de temps. Enfin, pressé de mettre à néant toute cette affaire, il enjoignit au duc de Rovigo de faire partir les évêques qui étaient demeurés à Paris dans l'attente de la décision du Pape. Ils n'étaient restés en effet que pour voir si après cette décision leur concours serait encore nécessaire. Napoléon étant satisfait, ils n'avaient plus aucun rôle à jouer, et l'hiver s'approchant, l'âge de la plupart d'entre eux exigeant qu'ils se missent en route avant la mauvaise saison, il était naturel et nullement offensant de les congédier. Le duc de Rovigo avait les moyens d'autorité et même de douceur nécessaires pour hâ-

Nov. 1811.

Ordre de faire partir de Paris tous les membres du concile qui s'y trouvent encore.

Nov. 1811.

ter tous ces départs, et d'ailleurs il savait mêler assez de bonhomie à la terreur qu'il inspirait, pour s'acquitter de sa commission à la plus grande satisfaction de son maître et de ceux qu'il s'agissait d'éloigner. Napoléon lui en donna l'ordre, ne voulant plus en rentrant à Paris y trouver ce qu'il appelait une *convention de dévots*.

Fin du voyage de Hollande et retour de Napoléon à Paris, dans les premiers jours de novembre.

Ces résolutions prises, Napoléon continua son voyage, acheva l'inspection des troupes et du matériel qu'on acheminait du Rhin sur l'Elbe, et puis repartit pour Paris, où il arriva dans les premiers jours de novembre. D'autres suites de grandes affaires l'y attendaient. La Prusse, la Suède avaient répondu à ses sommations impérieuses. La Prusse, mise en demeure de suspendre ses armements, et placée entre cette suspension ou une marche immédiate du maréchal Davout sur Berlin, s'était soumise. La parole solennelle donnée par Napoléon avait d'ailleurs rassuré le roi de Prusse, et ce prince avait demandé seulement qu'on procédât sur-le-champ à la discussion du traité d'alliance qui devait lui garantir ses États actuels et un agrandissement à la paix. Napoléon consentit à ouvrir cette négociation, mais en ordonnant de la traîner en longueur, pour que la Russie, qui croyait la guerre certaine, ne la crût pas si prochaine.

La Prusse se soumet à toutes les volontés que Napoléon lui a signifiées pendant son voyage.

Embarras et tardives explications du prince royal de Suède.

L'ordre envoyé à M. Alquier de se transporter à Copenhague avait terrifié le prince royal de Suède, qui n'était fier qu'en apparence. Il se prit à dire que M. Alquier, accoutumé à brouiller son gouvernement avec tous les cabinets auprès desquels il résidait, avait défiguré les scènes qui s'étaient passées.

Il n'en était rien, et M. Alquier n'avait dit que la stricte vérité. Mais ce nouveau Suédois, si épris de sa nouvelle patrie, et qui avait demandé qu'on répétât tout à Napoléon, était fort embarrassé maintenant de ce qu'il avait dit, car c'était par imprudence, et non par prévoyance, qu'il tenait une si mauvaise conduite envers son pays natal. Le roi encore régnant, ne voulant pas laisser gâter davantage les relations avec la France, reprit la gestion des affaires, mais la haine du prince royal, un peu plus cachée, n'en devint que plus dangereuse. Il commença dès ce moment de sourdes menées pour rapprocher l'Angleterre de la Russie, et obligé de s'expliquer avec ceux qui l'avaient nommé par penchant pour la France, il se tira d'embarras en disant que la mésintelligence qu'on déplorait, et qu'il déplorait aussi, était la suite d'un malheur particulier de sa vie, malheur qu'il se voyait forcé d'avouer, c'était d'avoir inspiré à Napoléon une ardente jalousie. —

Nov. 1811.

Le roi régnant reprend la gestion des affaires, et Napoléon ordonne au ministre de France de s'abstenir de toute relation avec le prince royal.

On comprend avec quel dédain Napoléon dut accueillir de telles forfanteries : il recommanda de nouveau une abstention complète de toutes relations avec le prince royal, et la poursuite modérée mais inflexible des réclamations de la France relativement à la contrebande et à l'effusion du sang des matelots français.

Rentré à Paris, Napoléon ordonna à ses ministres de rechercher avec soin les affaires administratives, de quelque nature qu'elles fussent, qui pouvaient réclamer une solution, afin de n'en laisser aucune en souffrance lorsqu'il partirait au printemps pour la Russie, et se mit à les expédier toutes, sans

Napoléon emploie l'hiver à expédier toutes les affaires intérieures, afin de n'en laisser aucune en souffrance en partant

Nov. 1844.

pour la Russie.

cesser de donner à ses préparatifs militaires l'attention la plus constante. Sa puissante organisation pouvait, en effet, suffire aux unes comme aux autres. Malheureusement, si grand, si puissant que soit le génie d'un homme, il y a quelque chose de plus grand que lui, c'est l'univers, qui lui échappe quand à lui seul il veut l'embrasser tout entier! Avant de suivre Napoléon dans le gouffre où il allait bientôt s'engager, il faut retracer les derniers événements qui venaient de se passer en Espagne, et dont l'importance, soit en eux-mêmes, soit par rapport à l'ensemble des affaires, était loin d'être médiocre. Ce récit sera l'objet du livre suivant.

FIN DU LIVRE QUARANTE ET UNIÈME.

LIVRE QUARANTE-DEUXIÈME.

TARRAGONE.

Suite des événements dans la Péninsule. — Retour de Joseph à Madrid, et conditions auxquelles il y retourne. — État de l'Espagne, fatigue des esprits, possibilité de les soumettre en accordant quelques secours d'argent à Joseph, et en lui envoyant de nouvelles forces. — Situation critique de Badajoz depuis la bataille d'Albuera. — Empressement du maréchal Marmont, successeur de Massena, à courir au secours de cette place. — Marche de ce maréchal, sa jonction avec le maréchal Soult, et délivrance de Badajoz après une courageuse résistance de la part de la garnison. — Réunion de ces deux maréchaux, suivie de leur séparation presque immédiate. — Le maréchal Soult va réprimer les bandes insurgées de l'Andalousie, et le maréchal Marmont vient s'établir sur le Tage, de manière à pouvoir secourir ou Ciudad-Rodrigo ou Badajoz selon les circonstances. — Lord Wellington, après avoir échoué devant Badajoz, est forcé par les maladies de prendre des quartiers d'été, mais il se dispose à attaquer Badajoz ou Ciudad-Rodrigo au premier faux mouvement des armées françaises. — Opérations en Aragon et en Catalogne. — Le général Suchet, chargé du commandement de la basse Catalogne et d'une partie des forces de cette province, se transporte devant Tarragone. — Mémorable siége et prise de cette place importante. — Le général Suchet élevé à la dignité de maréchal. — Reprise de Figueres un moment occupée par les Espagnols. — Lord Wellington ayant fait des préparatifs pour assiéger Ciudad-Rodrigo, et s'étant approché de cette place, le maréchal Marmont quitte les bords du Tage en septembre, et réuni au général Dorsenne qui avait remplacé le maréchal Bessières en Castille, marche sur Ciudad-Rodrigo, et parvient à le ravitailler. — Extrême péril de l'armée anglaise. — Les deux généraux français, plus unis, auraient pu lui faire essuyer un grave échec. — Fin paisible de l'été en Espagne, et résolution prise par Napoléon de conquérir Valence avant l'hiver. — Départ du maréchal Suchet le 15 septembre, et sa marche à travers le royaume de Valence. — Résistance de Sagonte, et vains efforts pour enlever d'assaut cette forteresse. — Le général Blake voulant secourir Sagonte vient offrir la bataille à l'armée française. — Victoire de Sagonte gagnée le 25 octobre 1811. — Reddition de Sagonte. — Le maréchal Suchet quoique vainqueur n'a pas des forces suffisantes pour prendre Valence, et demande du renfort. — Napoléon fait converger vers lui toutes les troupes disponibles en Espagne, sous les généraux Caffarelli, Reille et Montbrun. — Investissement et prise de Valence le 9 janvier 1812 avec le secours

228   LIVRE XLII.

Juin 1811.
de deux divisions amenées par le général Reille. — Inutilité du mouvement ordonné au général Montbrun, et course de celui-ci jusqu'à Alicante. — Lord Wellington profitant de la concentration autour de Valence de toutes les forces disponibles des Français, se hâte d'investir Ciudad-Rodrigo. — Il prend cette place le 19 janvier 1812 avant que le maréchal Marmont ait pu la secourir. — Injustes reproches adressés au maréchal Marmont. — Dans ce moment Napoléon, au lieu d'envoyer de nouvelles troupes en Espagne, en retire sa garde, les Polonais, la moitié des dragons, et un certain nombre de quatrièmes bataillons. — Il ramène le maréchal Marmont du Tage sur le Douro, en lui assignant exclusivement la tâche de défendre le nord de la Péninsule contre les Anglais. — Profitant de ces circonstances, lord Wellington court à Badajoz, et prend cette place d'assaut le 7 avril 1812, malgré une conduite héroïque de la part de la garnison. — Avec Ciudad-Rodrigo et Badajoz tombent les deux boulevards de la frontière d'Espagne contre les Anglais. — Napoléon, se préparant à partir pour la Russie, nomme enfin Joseph commandant en chef de toutes les armées de la Péninsule, en lui laissant des forces insuffisantes et dispersées. — Résumé des événements d'Espagne pendant les années 1810 et 1811, et les premiers mois de l'année 1812.

État des affaires d'Espagne depuis les batailles de Fuentès d'Oñoro et d'Albuera.

C'est le moment d'exposer ce qu'étaient devenues les affaires d'Espagne depuis la bataille indécise de Fuentès d'Oñoro et la bataille perdue d'Albuera, l'une et l'autre livrées en mai 1811. L'armée de Portugal, à laquelle on avait enlevé le seul chef capable de la conduire, l'illustre Masséna, était répandue autour de Salamanque dans un état de misère, de mécontentement, de désorganisation difficile à décrire. Le maréchal Marmont, administrateur intelligent et soigneux, s'était empressé en arrivant de lui consacrer tous ses soins; mais l'évacuation du Portugal, l'impossibilité apparente d'expulser les Anglais de la Péninsule, augmentaient la confiance et l'audace des insurgés, rendaient les provinces du nord plus que jamais insoumises, et aggravaient ainsi la détresse de nos troupes autant que celle des habitants. Un accident récent venait de donner un triste éclat à cet état de choses.

Désorganisation de l'armée de Portugal.

TARRAGONE.

Le 25 mai, le célèbre Mina, successeur de son neveu qui était détenu à Vincennes, ayant réussi à former une bande de trois mille hommes, qu'il avait l'art de transporter tour à tour de la Navarre dans les provinces basques, et des provinces basques dans la Navarre, avait assailli un convoi composé d'un millier de prisonniers espagnols et d'une centaine de voitures chargées de blessés français. Ce convoi rentrait en France sous la protection de 400 fusiliers de la jeune garde, et de 150 hommes, tant sous-officiers que soldats, formant les cadres du 28ᵉ léger et du 75ᵉ de ligne. Le colonel Dentzel, commandant de l'escorte, en avait signalé l'insuffisance au général Caffarelli; mais celui-ci n'avait tenu compte de ces observations, et le convoi s'était mis en route de Vittoria pour Bayonne. Mina, toujours exactement informé, s'était caché dans les bois, à droite et à gauche de la route de Tolosa, et lorsque la colonne des prisonniers et des blessés occupant plus d'une lieue, avait gravi la montagne qui s'élève à la sortie de Vittoria, et s'était engagée dans le défilé de Salinas, il avait fondu sur elle comme un vautour, s'était appliqué d'abord à dégager les prisonniers espagnols, puis, aidé de leur concours, s'était mis à égorger impitoyablement nos blessés et nos malades. L'escorte, divisée en trois pelotons, un en tête, un au centre, un en queue, assaillie à la fois par l'ennemi et par les prisonniers, avait fait des efforts héroïques, mais n'avait pu ni retenir ses prisonniers, ni sauver les blessés. Plus de 150 hommes de l'escorte avaient payé de leur vie cette fatale rencontre, et beaucoup de nos mal-

Juin 1811.

Surprise par Mina d'un convoi de blessés et de prisonniers.

heureux blessés avaient été achevés sur la route par la main d'un ennemi féroce. Si quelque chose pouvait nous consoler de cette horrible scène, c'est que les prisonniers espagnols, placés entre le feu de nos soldats et celui de Mina, avaient expié en grand nombre la cruauté de leur sauvage libérateur.

Au bruit de la fusillade, le général Caffarelli était accouru avec un renfort pour assaillir Mina à son tour; mais il avait trouvé les prisonniers espagnols délivrés, nos blessés et nos malades égorgés, Mina en fuite. Au lieu de s'accuser lui-même, et lui seul, il avait accusé les braves gens qui venaient de soutenir une lutte désespérée, et qui, à l'entendre, ne s'étaient pas bien éclairés. Et pourtant le général Caffarelli était un honnête homme, digne de son illustre frère! Mais c'était là un nouvel exemple, sur mille, de l'état de désolante confusion auquel toutes choses étaient alors arrivées en Espagne!

A Madrid, l'absence du roi qu'on ne se flattait plus de revoir, la misère des employés, la cherté des subsistances enlevées par les bandes aux portes mêmes de la capitale, la fatigue, le dénûment, l'éparpillement de l'armée du centre, s'épuisant à courir de Guadalaxara à Talavera, de Ségovie à Tolède, sans réussir à protéger les communications, portaient le découragement, le désespoir même jusques au cœur du royaume.

En Estrémadure et en Andalousie les affaires n'allaient pas mieux. Après la bataille d'Albuera, livrée pour sauver Badajoz, le maréchal Soult s'était retiré à Llerena, et s'était établi sur le penchant des montagnes qui séparent l'Estrémadure de l'Andalousie.

De ces hauteurs il imposait aux Anglais par sa présence, donnait aux malheureux assiégés tout l'appui moral qu'il était en son pouvoir de leur procurer, et demandait avec instance et avec raison qu'on vînt à son secours. Bien qu'il n'eût pas écouté la voix de Masséna l'année précédente, il fallait écouter la sienne en ce moment, et accourir, ne fût-ce que pour la brave garnison qui défendait Badajoz, et qui, entourée de murailles renversées par le feu de l'ennemi, avait précipité plusieurs fois les Anglais au pied des brèches qu'ils avaient tenté d'assaillir. Si le secours demandé n'arrivait pas, si l'armée de Portugal, oubliant ses griefs, ne descendait promptement sur la Guadiana malgré les difficultés que la chaleur opposait à la marche des troupes, Badajoz allait succomber, et la puissante armée d'Andalousie, partie de Madrid l'année précédente au nombre de quatre-vingt mille hommes, et bien réduite, hélas! depuis ce temps, allait se voir enlever un trophée qui était le seul prix qu'elle eût obtenu de ses souffrances et de son courage.

{Juin 1811.}

En Andalousie, la situation, moins périlleuse, était pourtant tout aussi triste. Le siége de Cadix, qui aurait dû être l'unique occupation de l'armée d'Andalousie, tandis que la conquête de Badajoz, imaginée par le maréchal Soult pour se dispenser d'aller en Portugal, n'avait fait que diviser ses forces et lui créer d'inutiles dangers, le siége de Cadix n'avançait pas. Le maréchal Victor, réduit à deux divisions sur trois, n'avait pas plus de douze mille hommes à mettre en bataille, et pouvait à peine garder ses lignes, loin de faire le moindre progrès. Il restait

{Inaction forcée du duc de Bellune devant Cadix.}

devant l'île de Léon avec sa flottille qu'il avait créée, avec ses gros mortiers qu'il avait fondus, sans matelots pour manœuvrer l'une, sans munitions pour faire usage des autres. Humilié et mécontent du rôle auquel l'avait condamné le maréchal Soult, il demandait pour unique prix de ses services en Espagne d'en être immédiatement rappelé. Les insurgés de la Ronda n'étaient pas moins incommodes pour le général Sébastiani, toujours occupé à se maintenir à Grenade contre les Anglais d'un côté, contre les troupes de Murcie et de Valence de l'autre. Ce général, administrateur modéré et sage, était dénoncé par le maréchal Soult comme ne sachant pas gouverner la province de Grenade, qu'il gouvernait mieux cependant que le maréchal ne gouvernait l'Andalousie, et sollicitait son rappel avec des instances non moins vives que celles du duc de Bellune.

Juin 1811.

Embarras du général Sébastiani à Grenade.

État florissant de l'Aragon sous le général Suchet.

Une seule province, comme nous l'avons déjà dit, une seule armée présentaient un aspect satisfaisant, c'étaient la province et l'armée d'Aragon sous le commandement du général Suchet. Ce général était habile, et il était heureux aussi, car il y a des vies dans lesquelles une certaine sagesse semble attirer un certain bonheur. On doit se souvenir qu'il avait successivement pris Lerida, Mequinenza, Tortose, et fait régner l'ordre et la bonne administration dans sa province, qui, par une autre espèce de bonne fortune, n'était ni traversée par les armées françaises dont elle n'était pas le chemin, ni menacée par les Anglais dont elle n'était pas le but, de sorte qu'elle se trouvait presque heureuse au milieu des affreuses convulsions de l'Espagne, et aimait presque son vainqueur au milieu des haines déchaînées contre les Français.

C'était aux frontières de son gouvernement que le général Suchet rencontrait de sérieuses difficultés. Sur la limite des territoires de Valence, de Guadalaxara, de Soria, de Navarre, de Catalogne, il se voyait sans cesse assailli par les bandes. Villa-Campa près de Calatayud, l'Empecinado vers Guadalaxara, Mina en Navarre, et les miquelets sur la frontière de Catalogne, ne laissaient pas un jour de repos à ses troupes. Mais ce fortuné général commandait à des lieutenants et à des soldats dignes de lui, et il n'avait pas une affaire de détail avec les bandes qui ne fût un petit triomphe.

En Catalogne au contraire tout était en combustion. Les miquelets, appuyés, excités par l'armée espagnole de Catalogne, qui avait sa base à Tarragone, désolaient cette province. Il n'y avait pas un défilé près duquel ils n'attendissent les convois pour attaquer les escortes trop faibles, leur arracher les prisonniers, égorger entre leurs bras les malades et les blessés, et leur enlever les vivres qu'elles étaient chargées d'introduire dans les places, et surtout dans Barcelone. Tandis que les miquelets rendaient les routes de l'intérieur impraticables, les flottilles anglaises rendaient tout aussi dangereuses les routes qui longeaient la mer. La ville de Barcelone, où il fallait nourrir à la fois la garnison et les habitants, avait de la peine à subsister, bien qu'une armée entière, celle du maréchal Macdonald, fût exclusivement consacrée à la ravitailler, et qu'on eût hasardé

Juin 1811.

La Catalogne désolée par les miquelets et les flottes anglaises.

Situation de Barcelone : difficulté d'y faire parvenir des vivres.

plusieurs expéditions maritimes pour lui envoyer par mer des vivres et des munitions. En général il y entrait à peu près le quart de ce qu'on lui destinait. Le général Maurice-Mathieu, qui en était le gouverneur, déployait autant d'intelligence que de fermeté pour se soutenir dans cette situation si difficile, et pour intimider les habitants sans les pousser au désespoir. Il venait récemment de se trouver dans un grand péril, et s'en était fort heureusement tiré. On avait découvert au sein de la ville un complot ourdi par les ennemis du dedans pour la livrer aux ennemis du dehors. Le général en avait été informé à temps, avait feint de ne pas l'être, avait laissé les insurgés s'avancer avec sécurité, puis, sortant tout à coup de ce sommeil simulé, avait fait des assaillants extérieurs une vraie boucherie, et des conspirateurs de l'intérieur une justice sévère. Cet acte de vigueur, joint à une administration probe et ferme, le faisait respecter et craindre. Mais il écrivait qu'il était impossible de tenir encore longtemps une aussi nombreuse population dans de semblables étreintes.

L'armée catalane, trouvant à Tarragone une base solide, des vivres, des munitions, des secours de tout genre fournis par la marine anglaise, et au besoin un refuge assuré, osait quelquefois se porter des bords de la mer où est située Tarragone, jusqu'au pied des Pyrénées, et, au grand étonnement de tout le monde, elle venait d'introduire des secours dans l'importante forteresse de Figuères, qu'une trahison, comme on l'a vu plus haut, avait fait sortir de nos mains. Profitant du moment où les Français, sous le général Baraguey-d'Hilliers, n'avaient pas eu le temps encore d'amener assez de troupes devant la place pour en commencer le siége, M. de Campo-Verde avait percé notre faible ligne de blocus, et introduit des secours en vivres et en hommes dans la forteresse, aux grands applaudissements de toute la Catalogne.

Juin 1811.

Nous avons déjà dit quelle était au milieu de toutes ces misères la situation de nos officiers et de nos soldats, endurant plus de maux encore qu'ils n'en causaient à leurs ennemis, quelquefois poussés à des excès regrettables par la vue des cruautés commises sur leurs camarades, mais toujours les moins inhumains des gens de guerre de toute nation qui attaquaient ou défendaient la Péninsule. Les soldats, quand ils avaient pu se procurer un peu de grain ou quelque bétail dans ces champs restés incultes et dépeuplés, quand ils avaient pu se fabriquer quelques chaussures avec la peau des animaux dont ils s'étaient nourris, étaient presque satisfaits. Les officiers au contraire, habitués et obligés à vivre autrement pour soutenir la dignité de leur rang, supportaient de cruelles souffrances de corps et d'esprit. Faute de paye, ils n'avaient pas de quoi mettre des bottes à leurs pieds. Napoléon, en accordant pour la solde 4 millions par mois, c'est-à-dire 48 millions par an, et en laissant au pays le soin de fournir le pain, la viande, le riz, avait cru suffire au nécessaire. Mais la solde seule aurait exigé 165 millions pour 1810 et 1811, c'est-à-dire plus de 80 millions par an au lieu de 48. Sur les sommes dues il avait envoyé 29 millions en 1810, 48 en 1811,

Déplorable
état
des troupes
françaises.

c'est-à-dire 77 millions au lieu de 165. Le reste s'élevant à 88 millions, ou était demeuré impayé, ou avait été pris sur le pays au moyen des gouvernements militaires. Quant aux 77 millions expédiés par Napoléon, partie avait été pillée en route, partie avait été consacrée à des marchés d'urgence, ou à des réparations indispensables d'artillerie, partie enfin était restée dans certains dépôts. L'armée d'Andalousie n'avait presque rien reçu; elle habitait cependant un pays riche, et si le maréchal Soult avait administré comme le général Suchet, elle n'eût manqué de rien. Quant à l'armée de Portugal, condamnée à faire la guerre dans les champs pierreux du Portugal ou de Salamanque, elle était privée des choses les plus nécessaires à la vie. Les officiers faisaient pitié à voir, et ils souffraient presque sans espoir de dédommagement, car d'une part l'Empereur était loin, et de l'autre ils n'avaient auprès de lui d'autres titres que des revers, après s'être conduits pourtant de manière à obtenir les plus belles victoires. Voilà, après les espérances conçues en 1810, après deux années de nouveaux combats, après 200 mille hommes de renfort envoyés depuis la paix de Vienne, après tant de soldats et de généraux sacrifiés, après tant d'illustres renommées compromises, celles de Masséna, de Ney, de Jourdan, d'Augereau, de Soult, de Victor, de Saint-Cyr, voilà où en était la conquête de l'Espagne!

Cette funeste contrée était-elle donc invincible, comme une ancienne tradition lui en attribue le mérite, comme dans son légitime orgueil elle se plaît à le supposer, comme l'opinion s'en est répandue depuis la grande invasion tentée par Napoléon? D'excellents juges, ayant horreur de la guerre d'Espagne, et l'ayant vue de près, Saint-Cyr, Jourdan, Joseph lui-même ne le croyaient pas, et pensaient qu'on eût pu réussir avec des moyens plus complets, avec plus de patience et plus de suite. On faisait beaucoup sans doute, beaucoup plus qu'il n'aurait fallu pour un objet qui n'eût pas été l'objet principal de la politique impériale, mais partout, faute d'un complément indispensable, les grands moyens employés demeuraient sans effet. L'armée de Portugal faute de quarante mille hommes de renfort et de quelques millions pour s'équiper et se nourrir, l'armée d'Andalousie faute de vingt-cinq mille hommes, faute de matelots, de munitions et d'une flotte qui était oisive à Toulon, la cour de Madrid faute de quelques millions pour payer ses employés et les Espagnols entrés à son service, les armées du nord faute d'une vingtaine de mille hommes et de quelques millions pour se créer des magasins, n'arrivaient qu'à être impuissantes et malheureuses. En un mot, près de quatre cent mille hommes devenaient inutiles faute de cent mille hommes et de cent millions! En toutes choses les sacrifices les plus grands sans le dernier qui doit les compléter, restent stériles! Assurément il était cruel de s'imposer de tels sacrifices pour l'Espagne, mais pourquoi s'y était-on engagé? Et ne valait-il pas mieux lui donner cent mille hommes de plus, que d'en préparer cinq cent mille pour la Russie?

Sans doute si les cent mille hommes qu'il s'agissait d'ajouter avaient dû demeurer inutiles comme les

Juin 1811.

Divers signes qui autorisent à croire le contraire.

Juin 1811.

Réflexions auxquelles se livre l'Espagne dès qu'elle jouit d'un moment de repos.

quatre cent mille envoyés jusqu'alors, on aurait eu raison de n'en pas sacrifier davantage, mais il était facile de discerner déjà dans certaines provinces les symptômes d'une fatigue dont on aurait pu profiter. Le sentiment qui avait soulevé l'Espagne avait été violent, unanime et légitime; cependant après quatre années de guerre, à l'aspect de tant de sang et de ruines, il n'était pas possible qu'elle ne se demandât pas pour qui et pourquoi elle endurait tant de maux? En effet, dès qu'un peu de calme se produisait quelque part, et laissait place à la réflexion, comme à Saragosse par exemple, à Madrid, à Séville, et dans quelques autres grandes villes, on se disait que les princes pour lesquels on combattait étaient bien peu dignes du dévouement qu'on leur montrait; que, dans cette illustre et auguste famille de Bourbon, la branche d'Espagne était la branche véritablement dégénérée, celle qui méritait d'être livrée au fer destructeur du temps, car le principal des descendants de Philippe V, l'honnête et inepte Charles IV, vivait à Marseille entre le prince de la Paix et sa femme, aussi esclave de tous les deux hors du trône que sur le trône; son fils aîné, prisonnier à Valençay, demandait tous les jours au conquérant qui l'avait spolié de lui accorder une princesse du sang des Bonaparte, et de peur d'être compromis par ceux qui tentaient de le délivrer, les dénonçait à la police impériale; et enfin parmi eux tous, pas un rejeton, homme ou femme, qui songeât à tendre la main à la nation héroïque dont le sang coulait pour eux en abondance! Les cortes de Cadix, après avoir proclamé quelques principes incontestables, mais bien précoces pour l'Espagne, n'avaient abouti qu'à une sorte d'anarchie. Elles vivaient à Cadix dans la misère, la discorde et les contestations perpétuelles avec les Anglais. Toutes ces choses l'Espagne les savait, et les appréciait dès que le canon s'éloignait un moment de ses oreilles. Joseph, au contraire, était aux yeux de tous ceux qui pouvaient l'approcher un prince doux, éclairé, représentant modéré de la révolution française, promettant et faisant justement espérer un gouvernement sagement réformateur. C'était un prince nouveau, usurpateur si on le voulait, imposé par un autre usurpateur, mais n'était-ce pas la tradition historique en Espagne que le pays fût régénéré par des dynasties étrangères? Philippe V n'était-il pas venu rajeunir l'Espagne en remplaçant les descendants dégénérés de Charles-Quint? Et Charles-Quint lui-même, quoique héritier légitime, n'avait-il pas été un prince étranger, apportant la brillante civilisation des Flandres à l'Espagne, où il ne restait de Ferdinand et d'Isabelle que Jeanne la folle? Ne pouvait-on pas concevoir de Joseph de semblables espérances? A Madrid, où il était vu de près, on avait fini par l'apprécier, et par s'apaiser un peu à son égard. En Aragon, où l'on avait le général Suchet pour représentant du nouveau gouvernement, on s'habituait à penser du bien de ce gouvernement, et à se dire que sans la guerre il vaudrait cent fois mieux que celui de l'inquisition, du prince de la Paix et de la reine Marie-Louise. Seulement la guerre éternelle, la misère, les incendies, les pillages, l'idée généralement répandue que si Napoléon ne prenait pas

Juin 1811.

Symptômes de fatigue dans certaines provinces.

Juin 1811.

l'Espagne tout entière il prendrait au moins les provinces de l'Èbre, révoltaient les Espagnols les plus modérés. Mais il était facile d'apercevoir à Madrid et autour de ce centre, que si Joseph avait pu payer ses fonctionnaires, solder son armée, la nourrir sur ses magasins et non aux dépens du pays, maintenir l'ordre et la discipline comme en Aragon, obtenir de Napoléon et des généraux les respects dus au souverain de tout pays, mais indispensables envers le roi d'une nation aussi fière que la nation espagnole, que si on avait pu surtout dissiper la crainte de voir enlever à l'Espagne les bords de l'Èbre, on serait parvenu à obtenir un commencement de soumission. Ce sentiment produit dans la capitale, où il se manifestait toutes les fois que les choses allaient un peu moins mal, se serait communiqué aux grandes villes, où déjà on le voyait percer de temps en temps. Chose digne de remarque, les soldats espagnols, qui dans le principe désertaient lorsqu'on les enrôlait au service de Joseph, commençaient, soit fatigue, soit jalousie des guérillas, à se montrer fidèles quand on prenait le soin de les payer. Joseph en avait quatre ou cinq mille qui servaient bien, et restaient au drapeau moyennant qu'on acquittât leur solde. Il

Conditions auxquelles on aurait triomphé de la résistance des Espagnols.

était évident qu'avec de l'argent on aurait pu en avoir vingt ou trente mille, autant qu'on aurait voulu, et qu'ils seraient devenus d'excellentes troupes à l'école des Français. Les guérillas mêmes, vrais bandits qui ne désiraient que le pillage, se laissaient peu à peu attirer par l'appât de la solde. On en avait amnistié un certain nombre dans la Manche, autour de Tolède, vers Guadalaxara, on les avait payés, et ils s'étaient soumis, avaient même pris du service.

Juin 1814.

Sans doute aucun de ces symptômes favorables ne se produisait près des foyers d'insurrection, où les passions étaient énergiques et persistantes, où les Anglais excitaient et soutenaient les sentiments hostiles à la France, où les espérances de succès se maintenaient dans toute leur ferveur, où le pillage surtout était lucratif; mais ailleurs il en était autrement, et bien que la situation des Français fût extrêmement difficile dans la Péninsule, il est vrai que la fatigue, très-grande dans les classes aisées, immense chez le paysan, l'absence d'un but raisonnable, car ce n'en était pas un que de recouvrer les Bourbons de Marseille et de Valençay, allaient décider de la soumission des Espagnols, si on tentait un dernier et puissant effort, si avant tout on expulsait les Anglais, si on employait à cette œuvre essentielle les forces nécessaires, si on prenait Lisbonne et Cadix qui pouvaient être pris, si on s'attachait à réprimer les guérillas sans imiter leurs ravages, si on ajoutait aux forces existantes les forces que réclamaient ces divers objets, si non-seulement on ajoutait ces forces, mais si on faisait les frais de leur entretien, si on épargnait ainsi au pays les principales misères de la guerre, si enfin on ajoutait à ces moyens une direction supérieure, impossible de loin, ce qui veut dire que si on avait consacré à l'Espagne non une moitié mais la presque totalité des ressources de l'Empire, et l'Empereur lui-même, il est à peu près certain qu'on eût réussi. Une partie seulement de ce qu'on préparait pour pénétrer en Russie eût suffi pour trancher victorieusement la question qu'on avait soulevée en envahissant l'Espagne. Et c'est justement à quoi Napoléon ne voulait pas se décider! — L'Espagne, écrivait-il à Joseph, me dévorerait si je me laissais faire. — Parole d'une inconséquence déplorable, et qui devait bientôt avoir des suites funestes! Nous l'avons déjà dit, puisque Napoléon avait eu le tort de transporter la question européenne en Espagne, il fallait la résoudre là où il l'avait placée, et ne point chercher à la résoudre ailleurs. Puisque la fortune, le favorisant encore, même dans ses fautes, comme si elle eût voulu lui laisser le loisir de les réparer, lui amenait les Anglais sur le continent, les Anglais insaisissables sur les mers, il fallait à tout prix les vaincre sur l'élément où nous dominions, car eux vaincus le monde se serait rendu. Mais les avoir à portée de nos armées et ne pas les battre, se laisser battre par eux au contraire, c'était renoncer volontairement au prestige de notre invincibilité sur terre, et en rendant au continent l'espérance de nous vaincre, lui en inspirer la pensée! Expulser les Anglais par un grand effort militaire, soumettre les Espagnols par la persévérance et la douceur, était la double tâche qu'on s'était imposée par l'attentat de Bayonne, dont l'accomplissement eût amené la fin non-seulement des affaires d'Espagne, mais des affaires européennes (autant du moins qu'il y a quelque chose de fini pour les dominations exorbitantes); et se détourner de cette tâche obligée, par dégoût des difficultés, par dégoût surtout des lenteurs de cette guerre, pour aller chercher en d'autres lieux une solution des plus hasardeuses, avec la moitié seulement de ses forces, l'autre moitié restant en Espagne pour n'y rien faire d'utile, est une faute qu'on retrouve partout dans cette histoire, qu'on ne peut s'empêcher de signaler sans cesse, car elle poursuit l'esprit avec la puissance et l'amertume d'un affreux remords.

Lorsque Joseph, poussé au désespoir, avait quitté Madrid pour aller demander à Napoléon ou une autre direction des affaires espagnoles, ou la faculté de rentrer dans la vie privée, beaucoup d'honnêtes gens à Madrid, à Valladolid, à Burgos, à Vittoria, l'avaient abordé, et lui avaient dit : — Voyez ce que nous souffrons, et jugez si on peut espérer de nous ramener avec un tel régime! Nous sommes pillés, incendiés, souvent assassinés par vos soldats et par ceux qui se disent les nôtres; nos biens, nos vies sont ainsi à la merci des bandits de toutes les nations. Nous n'espérons rien du gouvernement anarchique de Cadix, du gouvernement corrompu de Ferdinand, et nous nous résignerions à tout recevoir du vôtre. Mais privés pour toujours peut-être de nos colonies, nous sommes menacés encore de l'être de nos provinces de l'Èbre, et on ne veut pas même nous rendre honorable le retour vers vous! On vous méprise vous-même, on vous insulte publiquement, au moment où l'on travaille à faire de vous notre roi : comment veut-on que nous nous soumettions? Vos fonctionnaires, bafoués par les généraux, mourant presque de faim, sont réduits à se nourrir de la ration du soldat; comment pourraient-ils jouir de la moindre considération? Vous allez à Paris, rapportez nos paroles à l'Empereur. Votre départ est interprété de deux façons : par vos ennemis, comme l'heure où le voile va être enfin déchiré, où l'Espagne va être déclarée province française, à la façon de Lubeck, de Hambourg, de Florence et de Rome; par vos amis, rares encore, comme un recours au génie supérieur de votre frère, afin de l'informer de ce qu'il ignore, peut-être même de l'amener ici, et de tout arranger par sa présence. Tâchez que cette dernière supposition se réalise. Courez à Paris, parlez, faites entendre la vérité, obtenez de nouvelles forces, rapportez pour vous de l'autorité, pour nous une déclaration rassurante quant à l'intégrité de notre territoire, rapportez des moyens de discipline, c'est-à-dire de quoi payer vos troupes et les nôtres, et soyez certain que s'il en coûte de l'argent à la France, l'Espagne rendra bientôt avec usure les avances qu'on lui aura faites. L'instant est propice, car malgré vos revers apparents, malgré les succès momentanés de vos ennemis, la lassitude est générale, elle peut se convertir ou en soumission, ou en désespoir, désespoir qui sera terrible pour ceux qui l'auront provoqué. —

Ces paroles, proférées par des bouches honnêtes et dignes de foi, avaient été portées à Paris par Joseph, qui, venu en France pour le baptême du Roi de Rome, y avait passé les mois de mai, de juin et de juillet. Malheureusement Joseph, tout en ayant raison, avait ses faiblesses, qui étaient fort pardonnables assurément, mais qui lui ôtaient auprès de Napoléon l'autorité dont il aurait eu besoin. Il était, comme nous l'avons dit, bon, sensé, honnête, mais indolent, ami des plaisirs, de la dépense et des complaisants (en quoi les princes nouveaux ou anciens ne diffèrent guère), infiniment trop persuadé de ses talents militaires et très-jaloux de son autorité. C'étaient là de bien petits défauts sans doute, mais quand il était venu dire qu'il lui fallait de l'argent, beaucoup plus encore que des soldats français, car avec des Espagnols bien payés il conquerrait l'Espagne et s'y ferait adorer; que cependant il lui fallait aussi des soldats français, spécialement contre les Anglais; qu'il lui fallait enfin du pouvoir, et notamment le commandement supérieur des armées, afin de réprimer les excès et d'obtenir le respect dû à sa qualité de roi, ces choses vraies en grande partie, mais suspectes dans sa bouche, avaient été très-mal accueillies, à ce point qu'un intermédiaire était devenu nécessaire pour empêcher des scènes fâcheuses entre les deux frères. Le prince Berthier, comme major général des armées d'Espagne, avait été choisi, et on n'en pouvait trouver un plus judicieux, plus discret, plus informé de toutes choses. Par malheur il n'avait pas autant d'influence que de raison, et s'il était incapable de trahir la vérité, il n'était pas toujours assez hardi pour la dire tout entière. De plus, Napoléon était en ce moment exaspéré contre ses frères. Récemment, Louis avait jeté à ses pieds la couronne de Hollande; Jérôme, qui avait reçu le Hanovre en addition à la Westphalie, à condition de supporter certaines charges, n'avait pas rempli ses engagements, et il en avait été puni par le retrait d'une partie du Hanovre; Murat, bon mais léger

Juin 1811.

Le prince Berthier chargé d'être intermédiaire entre Joseph et Napoléon, afin d'éviter des scènes fâcheuses entre les deux frères.

et remuant, excité par sa spirituelle et ambitieuse épouse, avait cruellement déplu en dépensant trop, en négligeant sa marine. En outre, on l'avait accusé d'avoir sous divers prétextes parlementé avec les Anglais le long des côtes de son royaume. Napoléon en avait été irrité au point d'envoyer des instructions secrètes au général Grenier, pour que ce général eût toujours l'œil ouvert sur Naples et fût prêt à y marcher avec le corps de réserve qu'il commandait. Enfin on a vu quels emportements avaient inspirés à Napoléon les demi-trahisons du cardinal Fesch. L'infortuné Joseph venait donc fort mal à propos pour exprimer dans les circonstances présentes des vérités désagréables. Napoléon lui avait fait dire que s'il voulait abdiquer comme Louis, il en était le maître; que ses frères pouvaient tous quitter les trônes qu'il leur avait donnés, qu'il n'avait aucun besoin d'eux, que même cette conduite de leur part simplifierait bien des choses en Europe, que jusque-là cependant ils étaient non-seulement rois, mais généraux sous ses ordres, et qu'il n'entendait pas qu'ils désertassent leur poste sans l'en prévenir, sans recevoir son autorisation; que si lui, Joseph, se présentait à Bayonne sans ce préliminaire indispensable, il serait arrêté. — C'étaient là les premières explosions de la vive humeur de Napoléon. Cet instant passé, on en était venu, par l'intermédiaire du prince Berthier, à des explications plus précises et plus calmes. Joseph avait dit qu'il fallait d'abord qu'on respectât en lui le frère de l'Empereur et le roi d'Espagne, qu'on ne permît pas aux généraux de le traiter, comme ils le faisaient, avec le dernier mépris; que d'ailleurs ils étaient divisés entre eux au point de sacrifier à leurs jalousies le sang de leurs soldats; que si on voulait lui rendre la dignité convenable, rétablir l'unité dans les opérations militaires, empêcher les excès et les pillages, il fallait lui attribuer le commandement supérieur, sauf à lui donner pour chef d'état-major un maréchal digne de confiance, et à lui adresser de Paris des instructions auxquelles il se conformerait scrupuleusement; qu'il fallait ne laisser dans les provinces que des lieutenants généraux probes et habiles, qu'il y en avait de pareils dans l'armée française, et souvent très-supérieurs aux maréchaux sous lesquels ils étaient employés; qu'il n'était pas moins urgent, si on voulait faire cesser l'exaspération des Espagnols, de renoncer au système dévastateur de nourrir la guerre par la guerre, qu'au lieu de chercher à tirer de l'argent de l'Espagne on devait commencer par lui en envoyer, qu'on serait plus tard abondamment remboursé des avances qu'on lui aurait faites; que si on accordait à lui, Joseph, un subside de trois à quatre millions par mois, il aurait des fonctionnaires bien rétribués et fidèles, une armée espagnole dévouée, et meilleure que les Français pour la répression des bandes, qu'il aurait même pour le servir une partie des bandes prêtes à passer sous ses drapeaux moyennant qu'on les payât; que si on aimait mieux convertir ce subside en emprunt, il le rembourserait exactement sous peu d'années, que par chaque million avancé il rendrait mille hommes de troupes françaises; que si de plus on voulait bien payer celles-ci, les nourrir à l'aide de magasins, les employer surtout à chasser l'armée anglaise, et enfin rassurer l'Espagne sur la conservation des provinces de l'Èbre, on verrait se former à Madrid et dans les environs une région de calme et d'apaisement, laquelle s'étendrait de proche en proche de la capitale aux provinces, et qu'avant peu l'Espagne soumise restituerait à la France ses armées et ses trésors, subirait une seconde fois, à l'avantage des deux nations, la politique de Louis XIV; qu'au contraire, si on persistait dans le système actuel, l'Espagne deviendrait le tombeau des armées de Napoléon, la confusion de sa politique, peut-être même le terme de sa grandeur, et la ruine de sa famille.

<small>Ce qu'il y avait de vrai et de faux dans les assertions de Joseph.</small>

Toutes ces allégations étaient vraies à quelques erreurs près, qui devaient servir de prétexte à Napoléon pour refuser les demandes les plus fondées. Qu'on fût arrivé à un moment favorable pour soumettre l'Espagne épuisée, que les Anglais expulsés elle dût perdre l'espérance, et que la fatigue se joignant à l'espérance perdue, à la discipline rétablie, aux dévastations supprimées, elle dût être subjuguée en assez peu de temps, ce qui se passait en Aragon et même autour de Madrid en était la preuve. Qu'avec quelques millions on pût créer une administration dévouée, une armée espagnole fidèle et bonne pour la police intérieure, ce qu'on voyait à Madrid autorisait à l'espérer; que sans même déplacer Napoléon, ce qui était difficile, on pût suppléer à sa présence par un chef d'état-major habile et ferme, tel que le général Suchet, par exemple; qu'en donnant à celui-ci une autorité absolue sur tous les généraux, des troupes suffisantes et de l'argent, il parvint à conquérir Cadix et à pacifier l'Espagne, comme il réussit bientôt à conquérir Tarragone et à pacifier Valence; que laissant en dehors de sa direction une seule opération, celle d'expulser les Anglais, on la confiât à Masséna, qu'on procurât à celui-ci une armée de cent mille hommes et des moyens de transport suffisants, nul doute que le sage Suchet, l'énergique Masséna, ne se fussent entendus, et que le génie réuni des deux n'eût terminé la guerre cruelle qui, mal conduite, allait devenir le gouffre où irait bientôt s'abîmer la fortune de Napoléon et de la France. Mais c'était une erreur à Joseph de croire qu'il fallait donner des millions et non pas des milliers d'hommes, car il fallait donner l'un et l'autre; c'était une illusion à lui de croire qu'il pût commander, et qu'il pût n'avoir qu'un complaisant pour chef d'état-major, car il lui aurait fallu subir un vrai chef d'armée, un chef comme le général Suchet, ayant l'art de mêler la guerre sagement dirigée à l'administration habile, à la politique conciliante; il lui aurait fallu enfin subir un Vendôme, c'est-à-dire Masséna, faisant la guerre aux Anglais pour les expulser, tandis que Suchet la ferait aux Espagnols non pour les expulser, mais pour les soumettre et les ramener.

Juin 1811.

Il y avait donc beaucoup de vérité, un peu d'erreur dans le système de Joseph, et cela suffisait pour que Napoléon recommençât ses impitoyables railleries contre les prétentions de son frère [1]; pour

Railleries et sévérités de Napoléon en réponse aux demandes de Joseph.

---

[1] Pas plus que de coutume, je n'imagine ici des discours de fantaisie. Napoléon eut avec M. Rœderer, lorsque celui-ci revint de Madrid, des conversations étincelantes d'esprit et de génie, dans lesquelles il dit

qu'il répétât, comme il l'avait dit tant de fois, que Joseph voulait commander, qu'il se croyait général, qu'il s'imaginait que pour l'être il suffisait de ne pas se montrer absolument dépourvu d'esprit, de monter à cheval et de faire quelques signes de commandement; que cela ne se passait pourtant pas de la sorte, qu'il pouvait en être ainsi de beaucoup de stupides généraux placés à la tête des armées pour leur honte et pour leur perte, mais qu'il n'en était pas de même des généraux vraiment propres à conduire les hommes; qu'il fallait pour commander joindre à une vaste et profonde intelligence, à un grand caractère, un travail opiniâtre, une attention continue aux moindres détails; qu'il avait, lui, ses états de troupes sur sa table, et les y avait toujours; que c'étaient là ses lectures favorites; qu'il les avait à portée de sa main en se couchant, et les feuilletait la nuit quand il ne dormait pas; que grâce à ces aptitudes naturelles d'esprit et de caractère, à cette application incessante, à une expérience immense, il pouvait commander et être obéi, parce que ses soldats avaient confiance en lui; mais que quant à Joseph, Dieu ne l'avait pas fait général; qu'il était doux et spirituel, mais indolent; qu'il lui fallait des plaisirs, et pas trop de travail; que les hommes devinaient instinctivement ces dispositions, et que

plus longuement et plus injurieusement tout ce que nous allons rapporter. M. Rœderer, qui écrivait chaque jour ce qu'il voyait et entendait, a écrit ces conversations au moment même où elles eurent lieu, et c'est en les rapprochant, grâce à une communication que nous devons à sa famille, des lettres de Napoléon, que nous pouvons rapporter les pensées de celui-ci. On fit en outre écrire la plus grande partie de ces choses à M. de Laforêt, notre ministre à Madrid.

s'il lui confiait la direction des armées françaises personne ne se croirait commandé par un tel chef; que derrière lui on verrait toujours l'officier chargé de le conseiller, et que personne n'obéirait, parce qu'on se rirait du roi général, et qu'on jalouserait le général roi, exerçant en réalité l'autorité suprême; qu'il ne pouvait donc pas lui accorder au delà du commandement de l'armée du centre, étendant son action à vingt ou trente lieues de Madrid; que pour de l'argent, il n'en avait pas, que ses frères, régnant sur les pays les plus riches de l'Europe, étaient sans cesse à lui en demander; que l'Espagne en avait assez pour en fournir à tout le monde; que si Joseph savait administrer il trouverait des ressources; qu'il avait bien su se procurer de l'argent pour en donner à des favoris, pour bâtir des résidences royales, et pour payer un luxe inutile dans l'état de ses affaires; que si l'Espagne souffrait c'était un malheur auquel il n'y avait pas de remède; que les soldats français souffraient aussi, et que la guerre était la guerre; que si les Espagnols étaient las de souffrir, ils n'avaient qu'à se soumettre; que ces prétentions de Joseph à la bonté, à l'art de séduire les peuples, étaient ridicules; que son espoir de faire avec des millions ce qu'on ne faisait pas avec des milliers d'hommes ne l'était pas moins; que si on lui envoyait de l'argent et lui retirait des troupes, cet argent serait bientôt mangé, et lui, Joseph, avec sa cour reconduit honteusement à Bayonne par quelques bandes armées; qu'il fallait beaucoup de soldats, beaucoup de vigueur, et de la terreur même, pour réduire les résistances de l'Espagne, que la terreur amènerait la soumission, et que, la soumission venue, la bonne administration, qu'on devait à tous les peuples, s'ensuivrait, que l'Espagne rattachée par ces moyens à son nouveau roi, le temps viendrait alors pour Joseph de se faire adorer, s'il y était aussi habile qu'il le prétendait, etc.

Napoléon, ne prenant que le côté ridicule des demandes de Joseph, n'y répondait pas de bonne foi, car il était beaucoup trop clairvoyant pour ne pas sentir ce qu'il y avait de vrai dans ce qu'on lui disait; mais il ne pouvait plus changer de système, ni accorder à la guerre d'Espagne ce qu'il s'était mis dans la nécessité de consacrer à la guerre de Russie. Il voulait donc continuer à soutenir cette guerre d'Espagne à peu près par les mêmes moyens, espérant qu'en exigeant beaucoup des hommes ils feraient peut-être comme un cheval qu'on force, et donneraient plus qu'à l'ordinaire; qu'avec moins de ressources on réussirait plus lentement, mais qu'on réussirait pourtant, et qu'en tout cas, si on ne réussissait pas, il réussirait, lui, pour tout le monde, et que ses succès sur le Borysthène suppléeraient à ceux qu'on n'aurait pas obtenus sur le Tage : pensée funeste, née chez lui de l'éloignement des lieux sur lesquels il raisonnait, et de l'étourdissement un peu volontaire de sa trop grande fortune!

Dans une pareille disposition, le voyage de Joseph, entrepris pour persuader à Napoléon d'adopter une autre conduite en Espagne, ne devait produire aucun résultat, et pouvait tout au plus amener quelques palliatifs qui ne changeraient rien au fond des choses. Les premières boutades passées, Napoléon,

TARRAGONE.

Juin 1811.

qui n'était dur que par moment, qui d'ailleurs chérissait ses frères, accorda certains changements de forme plutôt que de fond. Joseph fut toujours réduit au commandement de l'armée du centre, mais il dut avoir sur toutes les provinces l'autorité civile, judiciaire et politique. Il fut enjoint aux généraux de le respecter comme roi, et comme souverain d'un pays dont les provinces étaient temporairement occupées pour les besoins de la guerre. Seulement, si Joseph avait la tentation, peu probable, de se rendre auprès de l'une des armées de la Péninsule, le commandement lui en serait immédiatement déféré. De plus, reconnaissant l'utilité d'accroître son influence sur les provinces du Nord, à travers lesquelles passait la ligne de communication avec la France, et où il y avait beaucoup de gens fatigués de souffrir et disposés à se rendre, Napoléon offrit à Joseph de remplacer le maréchal Bessières, duc d'Istrie, par le maréchal Jourdan. La difficulté était d'amener ce dernier à retourner en Espagne et à recevoir une mission de Napoléon, dont il n'était pas aimé et qu'il n'aimait pas, et dont il repoussait le système immodéré en toutes choses.

Quant à l'argent, il aurait fallu à Joseph pour payer ses fonctionnaires dans la capitale et les provinces du centre, pour fournir à la dépense de sa maison et de sa garde espagnole, quatre millions par mois, et cela sans prodigalité, car il ne lui restait rien des papiers d'État qu'il avait eus à sa disposition au commencement de son règne, et dont il avait consacré quelques parties (d'ailleurs peu importantes) à ses créatures et à l'une des résidences royales.

Juin 1811.

Faible secours d'argent accordé à Joseph.

Une fois même il avait été obligé de vendre l'argenterie de sa chapelle pour payer sa maison. Sur les quatre millions par mois qu'il lui aurait fallu, il en touchait à peine un, étant réduit aux octrois de Madrid pour tout revenu, et il lui en manquait trois[1]. Napoléon consentit à lui accorder un subside d'un million par mois, et à lui abandonner le quart des contributions imposées par les généraux dans toutes les provinces d'Espagne. Il semblait que ce quart dût suffire pour compléter les quatre millions dont Joseph ne pouvait se passer. Mais quelle chance que, laissant souvent leurs troupes sans solde, et ayant la plus grande peine à faire arriver un courrier, les généraux commandant voulussent distraire des millions de leurs caisses, et pussent les expédier à travers l'Espagne? Le général Suchet le pouvait à la rigueur, bien qu'après avoir entretenu largement ses soldats il tînt à consacrer l'excédant des revenus de sa province aux besoins du pays; il le pouvait toutefois, et on verra qu'en effet il le fit, mais lui seul, car aucun des autres n'en avait ni la volonté ni le pouvoir.

Quoi qu'il en soit, ce furent là les secours financiers dont on gratifia Joseph. Quant à la grave question de l'intégrité territoriale de l'Espagne, Napoléon tint le langage le plus évasif. Il dit à Joseph qu'il voulait bien lui laisser son royaume tel quel, mais qu'il fallait pour intimider les Espagnols leur inspirer la crainte de perdre quelques provinces s'ils s'obstinaient à résister, que du reste la France, si la guerre

[1] Tout ceci est extrait de la correspondance même de Joseph avec le prince Berthier et avec M. de Laforêt.

devenait plus longue et plus coûteuse, finirait par désirer une indemnité de ses sacrifices. Il lui conseilla même, loin de chercher à rassurer les Espagnols, de faire au contraire de cette crainte un moyen, moyen étrange sur des gens qui avaient bien plus besoin d'être apaisés qu'effrayés. Au surplus, ne voulant pas avoir quelque nouvelle scène de famille, qui se dénouerait avec le roi d'Espagne comme avec le roi de Hollande, par une abdication, Napoléon tâcha d'adoucir les chagrins de Joseph, de l'encourager, de lui donner des espérances; il lui dit qu'il envoyait une réserve imposante dans la Péninsule, que Suchet, après avoir pris Lerida, Mequinenza, Tortose, prendrait Tarragone, puis Valence; que, cette conquête achevée, on aurait une armée à diriger vers le Midi; qu'alors l'armée d'Andalousie pourrait seconder l'armée de Portugal, actuellement occupée à se réorganiser, et que l'une et l'autre, accrues de la réserve qui passait en ce moment les Pyrénées, recommenceraient vers l'automne contre les Anglais une campagne probablement plus heureuse que la précédente; que dans un temps assez prochain la Péninsule pourrait ainsi être conquise, que les commandements militaires cesseraient d'eux-mêmes, que lui, Joseph, ressaisirait alors l'autorité royale pour l'exercer comme il l'entendrait : étranges et funestes illusions que Napoléon partageait sans doute, mais moins qu'il ne le disait, car dans sa pensée l'Espagne n'importait plus, et tout ce qui n'irait pas bien au midi du continent devait trouver sa réparation au nord.

Joseph, quoique dégoûté de ce trône, d'où ses

Juin 1811.

A défaut de secours efficaces, Napoléon accorde à Joseph quelques paroles de consolation et d'espérance.

Retour

yeux n'apercevaient que d'affreuses misères, Joseph, ne voulant pas non plus d'une scène de famille, qui vaudrait à Napoléon le nouvel abandon d'un de ses frères, et à lui la vie privée, dont il aimait le calme, mais non la modestie, Joseph se paya de ces vaines promesses, et repartit pour l'Espagne, moins chagrin sans doute qu'il n'en était venu, mais peu encouragé par les promesses beaucoup trop vagues de Napoléon.

En traversant Vittoria, Burgos, Valladolid, il trouva les habitants plus malheureux encore qu'il ne les avait laissés, ne put leur rien dire de rassurant tant sur les provinces de l'Èbre que sur les autres objets de leurs préoccupations habituelles, leur donna ce qu'on lui avait donné à lui-même, des promesses insignifiantes, et, pour se soustraire à des questions importunes, se hâta d'arriver à Madrid, où tout avait empiré depuis son départ. Le seul avantage réel qu'il eût rapporté de Paris, c'était la promesse d'un million par mois en argent envoyé de France. Deux de ces millions étaient échus. Le premier avait été consommé à Paris en frais de représentation et de voyage ; le second devait venir avec des convois militaires, et n'était pas venu ; l'attribution faite à Joseph du quart des contributions levées par les généraux ne pouvait être qu'une chimère, et comme d'ordinaire il ne restait que l'octroi de Madrid, tous les jours plus appauvri. Aussi la maison royale, la garde espagnole, les fonctionnaires n'avaient-ils pas reçu une piastre pendant l'absence de Joseph. Par surcroît de malheur, l'affreuse sécheresse qui avait rendu si mauvaise la récolte de cette année sur tout le continent, s'était fait sentir en Espagne comme ailleurs, et le pain à Madrid était d'une cherté qui réduisait le peuple à une véritable famine. Joseph ne rentra donc dans sa capitale que pour y assister au spectacle le plus désolant. Il manda ses chagrins à Paris en termes plus amers encore que ceux dont sa correspondance était remplie avant son voyage. Mais Napoléon, occupé de l'objet qui en ce moment absorbait toutes ses pensées, ne voulait rien entendre, et la réserve tirée d'Italie, actuellement en marche vers les Pyrénées, était le seul secours qu'il songeât à accorder à l'Espagne.

Juin 1811.

Dans l'état des choses, le mieux eût été d'user de cette réserve pour consolider la position des Français, et pour former en la réunissant à l'armée de Portugal une masse capable de contenir les Anglais, de leur disputer alternativement Badajoz ou Ciudad-Rodrigo, et de les empêcher de faire aucun progrès dans la Péninsule, en attendant que Napoléon eût résolu au Nord toutes les questions qu'il s'était promis d'y résoudre. La fatale expédition d'Andalousie, que le maréchal Soult avait désirée pour effacer le souvenir de celle d'Oporto, et Joseph pour étendre son autorité royale sur un pays nouveau, qui nous avait fait manquer Cadix et Lisbonne pour Badajoz dont la conquête ne décidait rien, qui nous avait fait négliger l'objet principal de cette guerre en dispersant inutilement les 80 mille hommes qui eussent suffi pour expulser les Anglais, cette déplorable expédition aurait dû nous servir de leçon, et si on ne rétrogradait pas de l'Andalousie sur la Manche, ce

Vu les difficultés de la situation et la pénurie des moyens, le mieux eût été de se tenir sur la défensive, et de consacrer la réserve à tenir tête aux Anglais.

Juin 1811.

Au lieu de ce plan trop modeste, Napoléon songe à conquérir le royaume de Valence, et à reporter sur Lisbonne les armées d'Andalousie et de Portugal.

qui certainement eût été le plus sage pendant que Napoléon allait s'enfoncer dans le Nord, du moins aurait-il fallu s'arrêter à la limite du pays conquis, et s'y établir solidement. Le général Suchet aurait pu conserver l'Aragon, prendre même Tarragone, d'où l'insurrection catalane tirait ses ressources; le maréchal Soult aurait pu, sans prendre Cadix, garder l'Andalousie; l'armée de Portugal enfin, renforcée par la réserve qui arrivait, aurait pu suivre tous les mouvements de lord Wellington sur Ciudad-Rodrigo ou sur Badajoz, pour les faire échouer. Mais Napoléon ne l'entendait pas ainsi. Jugeant toujours les choses de loin, les supposant comme il lui plaisait de les imaginer, croyant que Joseph ne sollicitait de l'argent que pour le dissiper, que ses généraux ne réclamaient des renforts que par l'habitude de demander toujours au delà de leurs besoins, il s'était persuadé qu'en accordant une partie de la réserve au général Suchet, celui-ci, Tarragone prise, serait en mesure de conquérir Valence, que Valence conquise il lui serait facile de s'avancer vers Grenade, que dès lors le maréchal Soult dégagé de ce côté serait libre de se reporter vers l'Estrémadure, et que joint à l'armée de Portugal renforcée du reste de la réserve, il pourrait contribuer avec elle à refouler les Anglais vers Lisbonne. Comme Napoléon ne comptait rappeler la garde et les Polonais que dans le courant de l'hiver, il pensait que la réserve entrant en Espagne à la fin de l'été, on aurait le temps durant l'automne d'avancer beaucoup les affaires d'Espagne, et de conquérir presque toute la Péninsule, sauf le Portugal, avant que lui-même partît pour la Russie. Telles étaient les nouvelles illusions sur lesquelles fut fondé le plan des opérations pour la fin de l'année 1811.

Juin 1811.

Mais en attendant que la réserve fût arrivée en Espagne, que le général Suchet eût pris Tarragone, le maréchal Soult, posté à Llerena en vue de Badajoz, demandait qu'on l'aidât à sauver cette place, qui, malgré sa défense héroïque, était à la veille de succomber.

Danger que court en attendant la place de Badajoz.

Le maréchal Marmont, compagnon d'armes généreux, et impatient d'ailleurs de se signaler à la tête de l'armée de Portugal, ne négligeait aucun soin pour se préparer à voler au secours de Badajoz. Bien que Napoléon lui eût recommandé de ne rien entreprendre tant que son armée ne serait pas reposée, passablement équipée, et pourvue de chevaux, il n'hésita pas à se mettre en route dès qu'il eut satisfait aux besoins les plus urgents de ses soldats. Sachant que réuni au maréchal Soult il serait toujours numériquement assez fort, il s'inquiéta plus de la qualité que de la quantité des troupes qu'il emmenait avec lui. Il porta tous ses bataillons à 700 hommes, en versant l'effectif dans les cadres les meilleurs, et en laissant les cadres vides à Salamanque pour s'y refaire, et y recevoir les malades rétablis et les recrues arrivant de France. Il réduisit ainsi son armée, qui n'était plus que de 40 mille hommes depuis la bataille de Fuentès d'Oñoro, à environ 30 mille combattants, dont 3 mille de cavalerie. Avec les chevaux qu'il se procura, il attela trente-six bouches à feu. C'était bien peu, mais c'était tout ce que les circonstances permettaient de réunir. Il

Instances du maréchal Soult pour qu'on aille au secours de cette place.

Empressement du maréchal Marmont à répondre aux désirs du maréchal Soult.

Réorganisation d'une partie de l'armée de Portugal.

17.

supprima la distribution en corps d'armée, bonne sous Napoléon, qui pouvait confier les corps d'armée à des maréchaux et se faire obéir de ces grands dignitaires, mais fâcheuse, incommode, peu maniable pour un simple maréchal n'ayant guère qu'une trentaine de mille hommes à sa disposition. Il lui substitua la formation en divisions, confia ces divisions aux meilleurs lieutenants généraux, ne garda que Reynier parmi les anciens chefs de corps, pour avoir au besoin un lieutenant capable de le remplacer, renvoya en outre tous les officiers fatigués ou de mauvaise volonté, et, après avoir rendu un peu de discipline et de vigueur physique à ses troupes par un mois de repos et de bonne nourriture, il résolut de répondre aux pressantes instances du maréchal Soult, et d'exécuter son mouvement sur l'Estrémadure en descendant par le col de Baños sur le Tage, en traversant ce fleuve à Almaraz, et en s'avançant par Truxillo sur la Guadiana. Prévoyant quelle peine il aurait à vivre dans la vallée fort appauvrie du Tage, surtout au mois de juin, il fit demander à l'état-major de Joseph de lui envoyer par le Tage à Almaraz trois ou quatre cent mille rations de biscuit, avec un équipage de pont qu'il savait exister à Madrid, afin de n'être point arrêté au passage du fleuve.

Toutes ces précautions prises, il eut recours à une feinte pour tromper les Anglais, et les retenir devant Ciudad-Rodrigo pendant qu'il s'acheminerait sur Badajoz. Il fit dans cette intention préparer quelques vivres, comme s'il voulait uniquement ravitailler Ciudad-Rodrigo, et s'y porta en effet le 5 juin avec son avant-garde et une partie de son corps de bataille, tandis que Reynier avec le reste de l'armée consistant en deux divisions, franchissait le col de Baños, descendait sur le Tage, et, au moyen du matériel venu de Madrid, préparait le passage du fleuve à Almaraz. Le général Spencer, resté sur l'Aguéda avec quelques troupes anglaises et portugaises en l'absence de lord Wellington, qui avait conduit trois divisions sous les murs de Badajoz, était incapable de tenir tête à l'armée française, et n'y pensait même pas. Il se replia à la vue des avant-postes du maréchal Marmont, qui put communiquer sans difficulté avec Ciudad-Rodrigo et y introduire les quelques vivres qu'il avait amenés. Cette opération heureusement terminée, le maréchal revint promptement sur ses pas, et rejoignit Reynier sur le Tage, sans s'arrêter aux objections du maréchal Bessières, qui déclarait ce mouvement de l'armée de Portugal prématuré, très-dangereux même pour le nord de la Péninsule, tant qu'une forte partie du corps de réserve ne serait pas entrée en Castille. Le maréchal Marmont persista néanmoins dans ses résolutions, et continua sa marche vers l'Estrémadure.

Juin 1811.

Il était temps qu'il parût devant Badajoz, car cette place allait succomber si on ne venait tout de suite à son secours. Le maréchal Soult, bien qu'il eût été rejoint par le général Drouet avec le 9ᵉ corps, lequel avait reçu ordre de se porter en Estrémadure après la bataille de Fuentés d'Oñoro, le maréchal Soult, comptant malgré ce renfort tout au plus 25 mille soldats présents sous les armes, n'osait pas se commettre dans un combat contre l'armée anglaise,

Dangers et résistance de la place de Badajoz pendant le temps qu'on met à venir à son secours.

forte d'au moins 40 mille hommes depuis l'arrivée de lord Wellington avec trois divisions. Il ne parvenait même pas à faire savoir aux malheureux assiégés qu'on allait les secourir, tant ils étaient étroitement bloqués ; mais ceux-ci, résolus de périr les armes à la main, ne voulaient céder ni aux menaces d'assaut ni aux assauts mêmes, et plutôt que de se rendre avaient le parti pris de s'ensevelir sous les ruines de la place, en y engloutissant avec eux le plus d'Anglais qu'ils pourraient. Rien en effet dans la guerre de siéges, si féconde chez les Français en faits admirables, ne surpasse la conduite de la garnison de Badajoz durant les mois d'avril, de mai et de juin 1811.

Après avoir soutenu un premier siége du 22 avril au 16 mai, époque de la bataille d'Albuera, et avoir pendant ce temps arrêté par un feu toujours supérieur les approches de l'ennemi, qui avait perdu mille hommes sans réussir à faire brèche ; après avoir été investie de nouveau à la suite de la bataille d'Albuera sans avoir pu recevoir ni un homme ni un sac de grain, cette brave garnison avait été, à partir du 20 mai, assiégée par une armée de 40 mille hommes, et cette fois attaquée à outrance. Le chef de bataillon du génie Lamare, qui dirigeait les travaux de la défense, avait eu soin de rétablir et de compléter les ouvrages du fort de Pardaleras (voir la carte n° 52), de le fermer à la gorge, et en outre de pratiquer des galeries de mines en avant des fronts que les Français avaient choisis pour le point de leur attaque lorsqu'ils firent la conquête de Badajoz.

Les Anglais avertis n'avaient osé porter leurs efforts de ce côté, et ils les avaient dirigés à l'est contre le château, et au nord contre le fort de Saint-Christoval, situé, comme on l'a dit, sur la rive droite de la Guadiana. Les eaux du Rivillas, retenues par un barrage, étaient devenues un puissant moyen de défense pour le château. Malheureusement il était construit sur une saillie de terrain, et montrait ses flancs à découvert à l'artillerie anglaise. Celle-ci, le battant sans relâche avec plus de vingt bouches à feu, avait complétement démoli ses hautes tours et son revêtement extérieur; mais les terres en cette partie ayant une grande consistance, avaient conservé leur escarpement, et la garnison déblayant le pied des brèches sous un feu continuel de mitraille, de grenades et d'obus, les avait rendues impraticables. De plus, le commandant Lamare avait élevé un retranchement intérieur en arrière de la brèche, avait disposé sur les flancs une artillerie chargée à mitraille, tandis que le général Philippon, posté en cet endroit avec ses meilleures troupes, attendait les assaillants pour les recevoir avec la pointe de ses baïonnettes. A cette vue, les Anglais avaient changé leur plan et tourné toute leur fureur contre le fort de Saint-Christoval, de l'autre côté de la Guadiana. Attaquant ce fort par le bastion de droite, ils y avaient ouvert deux larges brèches, et étaient résolus de les assaillir avant même d'avoir conduit leurs approches jusqu'au bord du fossé. Cent cinquante hommes d'infanterie et quelques soldats d'artillerie et du génie défendaient, sous le capitaine Chauvin du 88ᵉ, le bastion menacé. Les assiégés, après avoir comme au château déblayé

Juin 1811.

Assauts victorieusement repoussés.

courageusement le pied de leurs murailles sous le feu ennemi, avaient en outre hérissé le fond du fossé d'obstacles de tout genre, disposé une ligne de bombes au sommet de chaque brèche, braqué sur les flancs plusieurs bouches à feu chargées à mitraille, et rangé par derrière une ligne de grenadiers pourvus de trois fusils chacun. Dans la nuit du 6 juin, sept ou huit cents Anglais, sortant hardiment de leurs tranchées, et parcourant à découvert quelques centaines de mètres, s'étaient portés au bord du fossé, avaient été obligés de sauter dedans, la contrescarpe n'ayant pas été démolie, et avaient ensuite essayé d'escalader la brèche. Mais le feu de la mousqueterie les accueillant de front, celui de la mitraille les prenant en flanc, les bombes roulant dans leurs jambes, ils n'avaient pas tenu devant tant d'obstacles, et s'étaient enfuis en laissant trois cents hommes morts ou blessés dans les fossés du fort de Saint-Christoval.

La brave garnison ayant eu à peine cinq ou six blessés, était dans l'enthousiasme, et ne demandait qu'à recommencer. La population, cruellement traitée par le feu de l'ennemi, et ayant presque fini par s'attacher aux Français, dont le triomphe pouvait seul la sauver des horreurs d'une prise d'assaut, était remplie d'admiration. Confus et irrités, les Anglais s'étaient vengés en accablant les jours suivants la cité infortunée de projectiles incendiaires, et en essayant d'élargir avec un puissant renfort d'artillerie les brèches du fort de Saint-Christoval. Le 9 juin, en effet, ils avaient tenté de nouveau, et avec une égale bravoure, d'assaillir les deux brèches.

Deux cents hommes du 24ᵉ, sous le capitaine Joudiou et le sergent d'artillerie Brette, les défendaient, et on avait pris les mêmes précautions pour en rendre l'abord presque impossible. Au milieu de la nuit, les Anglais s'étaient élancés de leurs tranchées dans les fossés, et avaient escaladé les décombres des murailles. Mais nos grenadiers, les renversant à coups de fusil au pied des brèches, et fondant ensuite sur eux à la baïonnette, en avaient fait un affreux carnage. Quelques centaines d'Anglais avaient encore payé de leur vie cette tentative infructueuse.

Juin 1814.

Il n'y avait plus de danger qui pût intimider cette garnison exaltée. Malheureusement les vivres lui manquaient, elle était exténuée de fatigues et de privations, et on craignait qu'elle ne succombât sous le besoin, si elle ne succombait sous les coups de l'ennemi. Mais l'approche d'une armée de secours, qui n'avait pu lui être connue, l'avait été de lord Wellington, toujours exactement informé de nos mouvements, et le 10 juin, apprenant la marche du général Reynier sur le Tage, le général anglais s'était résolu à lever le siège, et avait commencé à s'éloigner de la place. Une raison contribuait surtout à le décider à ce sacrifice. On avait épuisé les munitions de guerre amassées à Elvas, et il fallait sans perdre de temps employer tout ce qu'on avait de moyens de transport pour aller en chercher à vingt-cinq lieues, c'est-à-dire à Abrantès, principal dépôt de l'armée britannique.

L'approche de l'armée de secours décide lord Wellington à s'éloigner.

Lord Wellington, fort dépité d'avoir inutilement perdu deux mille hommes de ses meilleures troupes sous Badajoz, et d'avoir deux fois échoué devant cette place défendue par une poignée de Français, leva successivement tous ses camps les 13 et 14 juin, se retira le 17 sur la Caya, et vint s'adosser aux montagnes de Portalègre, dans une position défensive bien choisie, comme il avait coutume de le faire en présence des impétueux soldats de l'armée française.

La brave garnison en voyant disparaître l'un après l'autre les camps de l'ennemi, se douta de ce qui se passait, et bientôt elle apprit avec des transports de joie partagés par la population, que, grâce à sa bravoure et aux secours qui lui arrivaient, elle allait sortir triomphante de ce second siége comme du premier. En effet, le maréchal Marmont, après avoir perdu quelques jours devant le Tage par l'insuffisance de ses moyens de passage, car on n'avait pu lui envoyer de Madrid qu'une partie de ce qu'il avait demandé, franchit le fleuve, traversa les montagnes de Truxillo, et le 18 juin entra dans Merida. Le même jour, il opéra sa jonction avec le maréchal Soult. Ce dernier le remercia avec beaucoup d'effusion du secours qu'il venait d'en recevoir, et sans lequel il aurait eu le déshonneur de se voir enlever Badajoz, seul et périlleux trophée de deux années de guerre en Andalousie.

Le 20 juin les deux maréchaux, comptant cinquante et quelques mille hommes, firent leur entrée dans Badajoz, félicitèrent l'héroïque garnison qui avait si vaillamment défendu la place confiée à son courage, lui distribuèrent des récompenses bien méritées, et portèrent leurs avant-postes fort près des Anglais, qui à la vue de l'armée combinée se renfermèrent soigneusement dans leur camp. Si cette belle armée, qui, excepté celle du maréchal Davout, n'avait pas d'égale en Europe, car elle était composée des anciens soldats d'Austerlitz, d'Iéna, de Friedland, et venait d'ajouter à ses longues campagnes trois années des plus formidables épreuves en Espagne; si cette belle armée, malheureuse uniquement par la faute de ses chefs, eût été commandée par un seul maréchal au lieu de l'être par deux, et que ce maréchal eût été Masséna, elle n'aurait pas manqué d'aller chercher les Anglais, et de faire expier à lord Wellington tant de succès, dus sans doute à son incontestable mérite, mais dus aussi aux erreurs et aux passions de ses adversaires. Mais le maréchal Soult, heureux d'avoir échappé à la confusion de voir tomber Badajoz sous ses yeux, n'était pas disposé à braver de nouveaux hasards. Le maréchal Marmont éprouvait pour son collègue une incurable défiance[1], et peu de penchant à concourir avec lui à une action commune. Regardant d'ailleurs comme un succès la marche qu'il venait d'exécuter, il ne voulait pas compromettre ce succès en s'exposant aux chances d'une bataille décisive. Il n'y avait alors dans l'armée française que Masséna en qui la vue de l'ennemi allumât cet ardent patriotisme militaire, qui s'oublie lui-même pour ne songer qu'à succomber, ou à écraser l'adversaire placé devant lui.

[1] Les Mémoires manuscrits du maréchal Marmont, destinés à paraître un jour, donneront à ce sujet des détails que nous croyons inutile de reproduire ici.

Les deux maréchaux commirent donc la faute, l'une des plus graves de cette époque, de demeurer avec 50 mille hommes devant 40 mille ennemis, parmi lesquels on ne comptait pas 25 mille Anglais, sans aller les combattre. Ils passèrent quelques jours autour de Badajoz afin de pourvoir aux besoins de la place, de renforcer sa garnison, de réparer les brèches faites à ses murs, et de remplir ses magasins restés absolument vides. Le maréchal Marmont, remarquant même qu'on ne s'occupait pas assez activement de ce dernier soin dans l'armée du maréchal Soult, obligea ses régiments à moissonner le blé qui était mûr, et à transporter les grains recueillis dans l'intérieur de Badajoz. Déjà beaucoup d'habitants s'étaient éloignés lors du premier siége. A la veille du second d'autres avaient suivi cet exemple. La crainte d'un troisième siége en fit fuir encore un certain nombre, et la plus grande partie de la ville se trouva ainsi déserte. Ce n'eût pas été un mal, si la portion qui restait n'avait été la plus pauvre, la moins capable de se nourrir, et la plus difficile à contenir. Au surplus, si le troisième siége était probable, il n'était pas prochain d'après toutes les vraisemblances, et la garnison renforcée avait le temps de prendre ses précautions, et de se préparer à soutenir une nouvelle épreuve.

Les deux maréchaux étaient à peine réunis depuis quelques jours qu'une collision faillit éclater entre eux. Il y avait longtemps que le maréchal Soult était absent de l'Andalousie. Parti de Séville pour venir livrer la bataille d'Albuera, s'étant opiniâtré depuis, et avec raison, à demeurer en position à Llerena, d'où il avait réussi à amener une concentration de forces en Estrémadure, il aurait bien voulu attirer définitivement l'armée de Portugal dans le cercle ordinaire de ses opérations, lui laisser la garde de Badajoz, se décharger ainsi sur elle de cette partie difficile de sa tâche, et consacrer enfin toutes ses forces au siége de Cadix, si fâcheusement négligé pour celui de Badajoz. Ce vœu était naturel, mais en se plaçant au point de vue plus élevé de l'ensemble des choses, il n'était point raisonnable, car l'armée de Portugal avait pour résidence nécessaire Salamanque, pour conquête à conserver Ciudad-Rodrigo, pour tâche essentielle la défense contre les Anglais de la Vieille-Castille, qui était la base d'opération de toutes les armées françaises. Elle était encore dans son rôle, mais dans la partie extrême de son rôle, lorsque suivant les Anglais du nord au midi, elle venait leur disputer Badajoz; mais exiger qu'elle s'établît d'une manière permanente en Estrémadure, c'était lui faire abandonner le principal pour l'accessoire. En effet, tandis qu'elle eût gardé Badajoz et que le maréchal Soult eût enfin assiégé Cadix, lord Wellington n'aurait pas manqué de venir prendre Ciudad-Rodrigo (ce qu'il put faire plus tard par suite d'une faute assez semblable à celle que l'on conseillait en ce moment) et de couper ensuite en se portant à Valladolid toutes les communications des Français. Il faut ajouter que confiner l'armée de Portugal à Badajoz en l'y laissant seule, c'était la condamner à l'impuissance dans laquelle s'était trouvé le maréchal Soult à Llerena, et à la confusion de voir prendre Badajoz sous ses yeux. Réduite

Juin 1811.

Le maréchal Soult voudrait attirer le maréchal Marmont en Estrémadure, et lui faire prendre la position qu'il avait lui-même longtemps occupée à Llerena.

à trente mille hommes, comme elle l'était actuellement, elle ne pouvait rien, et elle n'avait chance de remonter de cet effectif à celui de quarante ou quarante-cinq mille combattants, qu'en revenant au Nord, et en se mettant en mesure de rallier tous ses hommes malades, blessés ou fatigués, qu'elle avait laissés à Salamanque. Il n'était donc ni raisonnable ni juste d'exiger d'elle qu'elle se fixât à Badajoz ou dans les environs.

Le maréchal Soult, pressé par les lettres qu'il recevait de Séville, s'étant présenté un matin au quartier du maréchal Marmont pour lui faire part de ses embarras et de ses désirs, le jeta dans un grand étonnement et dans une excessive défiance. Laisser le maréchal Marmont seul à Badajoz, c'était l'exposer au danger d'être assailli par plus de 40 mille ennemis tandis qu'il n'aurait que 30 mille hommes à leur opposer. C'était satisfaire le vœu le plus ardent de lord Wellington, qui attendait sur la Caya que l'un des deux maréchaux fût abandonné par l'autre pour l'accabler. Le maréchal Marmont, dont l'esprit était fort prévenu contre le caractère de son collègue, crut voir dans cette proposition, outre une ingratitude inouïe, le désir perfide d'exposer l'armée de Portugal à un désastre, et conçut de cette intention, très-gratuitement supposée, un profond ressentiment. Il s'exagérait beaucoup les torts de son collègue, et, comme il arrive souvent, lui prêtait des calculs que ce collègue ne faisait pas. Le maréchal Soult, en effet, ne songeait pas à compromettre l'armée de Portugal, car il se fût compromis lui-même, mais il voulait se décharger sur elle de la plus ingrate partie de sa tâche, quoi qu'il pût en advenir, et ensuite aller vaquer au soin de ses propres affaires. Le maréchal Marmont lui répondit avec une extrême aigreur que s'il voulait s'éloigner de sa personne en laissant à Badajoz le gros de l'armée d'Andalousie, rien ne serait plus facile, car il resterait, lui maréchal Marmont, pour commander les deux armées réunies, que sinon il partirait sur-le-champ, et ne reviendrait sur la Guadiana que lorsqu'il serait assuré d'y trouver une force assez considérable pour que réuni à elle il pût battre les Anglais. Après avoir dit cela au maréchal Soult, il le lui écrivit en termes secs et péremptoires, et fit ses préparatifs de départ.

Puisqu'ils ne demeuraient pas réunis pour combattre les Anglais, les deux maréchaux n'avaient pas mieux à faire que de mettre Badajoz dans un état de défense respectable, puis d'aller, chacun de leur côté, s'occuper de leurs devoirs essentiels. En effet, la présence du maréchal Soult en Andalousie était indispensable, et il n'y aurait eu qu'une grande bataille gagnée sur les Anglais qui eût pu l'excuser de n'y pas être. Le nord de la Péninsule exigeait aussi que le maréchal Marmont s'en rapprochât. En conséquence le maréchal Soult quitta Badajoz le 27 juin, avec une forte partie de son armée pour se rendre à Séville ; seulement il laissa le général Drouet d'Erlon avec deux divisions et quelque cavalerie pour servir de corps d'observation autour de Badajoz. C'était une faute, car ce corps, inutile si les Anglais s'éloignaient, insuffisant s'ils restaient, ne pouvait qu'être compromis, comme le résultat ne tarda pas à le prouver, et il eût bien mieux valu se borner à laisser dans Badajoz une garnison de dix mille hommes au lieu de cinq, avec des vivres proportionnés à ce nombre, et emmener toute l'armée d'Andalousie. Badajoz eût été mieux en état de se défendre, et le maréchal Soult plus capable de remplir ailleurs la tâche qui lui était assignée.

Quoi qu'il en soit, il partit de Badajoz pour Séville, et le maréchal Marmont se mit en route pour remonter vers le Tage. Les Anglais, fatigués de deux siéges infructueux, n'ayant pas le matériel nécessaire pour en recommencer un troisième, comptant dans leur armée beaucoup de malades qui avaient gagné au bord de la Guadiana les fièvres de l'Estrémadure, s'établirent sur la Sierra de Portalègre, ayant besoin, eux aussi, de quelque repos. Ils prirent leurs quartiers d'été, équivalant dans ces pays brûlants à ce qu'on appelle dans le Nord les quartiers d'hiver.

Le maréchal Marmont, dont la mission comme général en chef de l'armée de Portugal était de s'opposer aux entreprises des Anglais, premièrement à celles qu'ils essayeraient au nord où était notre ligne principale de communication, et secondement à celles qu'ils tenteraient aussi vers le midi, choisit avec beaucoup de discernement la position du Tage, entre Talavera et Alcantara, comme celle d'où il lui serait plus facile de suffire à ses diverses obligations. En effet, des bords du Tage il pouvait par le col de Baños venir en quatre marches à Salamanque, y faire sa jonction avec l'armée du nord, et de concert avec elle secourir Ciudad-Rodrigo. De cette même position il pouvait par Truxillo descendre en aussi peu de temps sur Merida et Badajoz, s'y joindre, comme il venait de le faire, à l'armée d'Andalousie, et courir ainsi alternativement ou au secours de Ciudad-Rodrigo, ou au secours de Badajoz, les deux portes par lesquelles les Anglais avaient le moyen de pénétrer du Portugal en Espagne. Cette détermination arrêtée, il choisit le pont d'Almaraz comme le centre des communications qu'il devait garder. Il adopta pour son quartier général le village de Naval-Moral, situé entre le Tage et le Tiétar, et couvert par ces deux cours d'eau. Il commença par donner la plus grande solidité possible au pont d'Almaraz, le pourvut de deux fortes têtes de pont, et comme le plateau de l'Estrémadure vers le col de Mirabete fournissait des positions dominantes d'où les ouvrages d'Almaraz pouvaient être attaqués avec avantage, il construisit plusieurs forts sur ces positions, et y mit de petites garnisons. Sur le cours du Tiétar il établit également un pont et une tête de pont, de manière à pouvoir déboucher aussi facilement de ce côté que de l'autre sur l'ennemi à l'encontre duquel il faudrait aller. Ces précautions prises, il cantonna l'une de ses divisions à Almaraz, et disposa sa cavalerie légère en échelons sur la route de Truxillo, pour battre l'Estrémadure, recueillir du pain, et avoir des nouvelles de Badajoz. Il établit une autre de ses divisions à Naval-Moral afin de garder son quartier général; il en tint deux à Plasencia, toujours prêtes à passer les monts et à descendre sur Salamanque, et une au col de Baños même, pour qu'elle fût plus prête encore à déboucher en Vieille-Castille. Enfin il laissa la sixième sur ses derrières pour qu'elle défendît contre les insurgés la riche province d'Avila. Après avoir fait cette sage et intelligente distribution de ses forces, qui lui permettait de se porter en Estrémadure ou en Castille avec une égale rapidité, le maréchal Marmont se hâta de former ses magasins, de réparer son matériel d'artillerie, de soigner ses malades et ses blessés restés autour de Salamanque. Placé sur la limite de l'armée du centre, et se trouvant en contestation avec elle sur la distance à laquelle il pourrait étendre ses réquisitions de vivres, il se rendit à Madrid afin de s'entendre avec Joseph, qu'il avait beaucoup connu, et avec qui, par une fatalité particulière à l'Espagne, il eut plusieurs altercations très-vives, bien que tous deux fussent extrêmement doux, et au fond animés de dispositions bienveillantes l'un pour l'autre.

On n'a pas oublié que le maréchal Bessières avait fort redouté l'effet que devait produire sur les provinces du nord l'éloignement de l'armée de Portugal, et avait beaucoup insisté pour empêcher son départ. Les Anglais, de leur côté, avaient conçu l'espérance de voir ces provinces s'insurger dès que l'armée de Portugal cesserait d'être au milieu d'elles. Ces craintes et ces espérances étaient sans fondement, et, malgré les excitations de la régence de Cadix, les Castillans, mécontents des guérillas presque autant que des Français, étaient demeurés tranquilles. A la vérité les bandes avaient profité de l'occasion pour tenter quelques entreprises. Le Marquesito avait surpris Santander et exercé de grands ravages dans cette province. Les insurgés de Léon avaient tracassé le général Seras. Le maréchal Bessières, courant à eux avec quelques régiments de la jeune garde, les avait dispersés. Craignant de ne pouvoir occuper à la fois Burgos, Valladolid, Salamanque, Léon, Astorga, ce maréchal avait fait sauter les ouvrages d'Astorga, et retiré le général Bonnet des Asturies. Depuis trois ans le général Bonnet se maintenait dans ces difficiles provinces avec autant de vigueur que d'habileté, et contenait même la Galice, qui n'osait remuer de peur d'être prise à revers. C'était donc une faute de le rappeler des Asturies, car c'était laisser aux Asturiens et aux Galiciens la liberté de descendre en Castille. Néanmoins, malgré ces difficultés le maréchal Bessières était parfaitement en mesure de maîtriser la Castille, et il venait d'ailleurs d'être renforcé par la division Souham, l'une des trois qui composaient le corps de réserve actuellement en marche vers les frontières d'Espagne.

Juin 1811.

pendant le séjour de l'armée de Portugal en Estrémadure.

Des événements plus graves, mais ceux-ci fort glorieux pour nos armes, quoique infructueux pour notre puissance, se passaient en Catalogne et en Aragon à l'armée du général Suchet. On se rappelle sans doute avec quelle précision et quelle vigueur le général Suchet avait conduit les siéges de Lerida, de Mequinenza, de Tortose, dont le succès, venant après la prise de Girone, terminait presque la conquête de l'Aragon et de la Catalogne. Toutefois il restait Tarragone, la plus importante des places de cette contrée, puisqu'elle joignait à sa force propre, qui était grande, l'appui de la mer et des flottes an-

Événements de la Catalogne et de l'Aragon.

Importance de Tarragone.

Juin 1811.

Préparatifs du siège de cette place.

glaises. Elle servait, comme on l'a vu, de soutien, d'asile, de magasin, d'arsenal inépuisable à l'armée insurrectionnelle de Catalogne. Il était donc urgent de l'assiéger et de la prendre. Le général Suchet avait fait dans ce but d'immenses préparatifs. Il avait rassemblé des approvisionnements considérables à Lerida, et un superbe parc de grosse artillerie à Tortose, avec un attelage de 1500 chevaux, ressource bien précieuse en Espagne, surtout dans ces provinces desséchées où les fourrages étaient plus rares qu'ailleurs. Toutes ces choses le général Suchet avait pu se les procurer sans ruiner le pays, grâce au repos dont il faisait jouir sa province, grâce au système des contributions régulières qu'il avait substitué à celui des enlèvements à main armée.

Outre les magasins de grains réunis en Aragon et dans la partie de la Catalogne qui lui avait été adjugée, il avait formé des parcs de bestiaux, soit en achetant des bœufs et en les payant comptant aux habitants des Pyrénées, soit en conservant avec soin les moutons enlevés aux insurgés de Soria et de Calatayud. Son matériel bien préparé, il avait distribué ses troupes de manière à ne pas laisser l'Aragon exposé à l'ennemi pendant qu'il irait en basse Catalogne essayer de conquérir Tarragone. Napoléon, en détachant de la Catalogne la partie extrême de cette province pour la joindre à l'Aragon et l'attribuer au général Suchet, lui avait donné en même temps 16 à 17 mille hommes de l'armée de Catalogne, et les avait remplacés dans celle-ci par l'une des trois divisions du corps de réserve. Dans ces 16 ou 17 mille hommes se trouvaient le 7ᵉ de ligne, servant avec gloire en Espagne depuis plusieurs années, le 16ᵉ de ligne, l'un des régiments qui s'étaient immortalisés à Essling sous le général Molitor, et enfin les Italiens du général Pino, troupe devenue excellente, et aussi brave que disciplinée. Avec ce renfort, le général Suchet comptait environ 40 mille soldats présents sous les armes. Il en laissa 20 mille à la garde de l'Aragon, et en destina 20 mille au grand siége qu'il allait entreprendre. L'utilité de recouvrer Figuères ne le détourna point de son objet, et pensant que Napoléon pourvoirait directement avec des moyens tirés de France à la reprise de cette forteresse, il marcha en deux colonnes sur Tarragone. L'une, sous le général Harispe, y descendit de Lerida, l'autre, sous le général Habert, y remonta de Tortose. Celle-ci escortait l'équipage de siége. Toutes deux refoulèrent l'ennemi dans les ouvrages de la place. Tarragone présentait, outre une garnison à peu près égale en nombre à l'armée assiégeante, un site et des ouvrages formidables.

Juin 1811.

Tarragone, bâtie sur un rocher, d'un côté baignée par la Méditerranée, de l'autre par le ruisseau du Francoli, qui passait sous ses murs pour se rendre à la mer, se divisait en ville haute et ville basse. (Voir la carte n° 52.) La ville haute était entourée de vieilles murailles romaines et d'ouvrages modernes d'un grand relief. La ville basse, située au pied de la ville haute, sur les terrains plats qu'arrose le Francoli, et au bord de la mer, était défendue par une enceinte bastionnée, régulièrement et puissamment fortifiée. Au-dessus de l'amphithéâtre formé par les deux villes, on voyait un fort, dit de l'Olivo,

Description de Tarragone.

bâti sur un rocher, dominant tous les environs de ses feux, et communiquant avec la ville par un aqueduc. Quatre cents pièces de gros calibre garnissaient ces trois étages de fortifications. Dix-huit mille hommes de troupes excellentes, avec un bon gouverneur, le général de Contréras, en formaient la garnison, qu'une population fanatique et dévouée était résolue à seconder de toutes ses forces. La flotte anglaise pouvait sans cesse renouveler le matériel de la place soit en munitions, soit en vivres, et y remplacer les hommes morts ou fatigués par d'autres amenés de Catalogne et de Valence. Jamais siége ne s'était donc offert sous un aspect plus effrayant.

De quelque façon qu'on abordât Tarragone, on la trouvait également difficile à attaquer. Au sud et à l'est, le long de la mer, on rencontrait l'escarpement du rocher, une suite de lunettes bien construites qui reliaient l'enceinte des deux villes à la mer, et en outre les flottes anglaises. En se transportant au nord, on avait devant soi non plus l'escarpement du rocher, parce que sur ce point le site de la place se liait aux montagnes de la Catalogne, et qu'on pouvait y arriver de plain-pied en suivant les hauteurs, mais un sol pierreux et aride, et le fort de l'Olivo, qui à lui seul exigeait un véritable siége. Enfin, en redescendant par l'ouest au sud, on se trouvait devant les deux villes construites l'une au-dessus de l'autre, devant deux étages de fortifications, dans les terrains bas et marécageux du Francoli, avec le grave inconvénient des canonnières anglaises à sa droite. Tous les abords étaient donc extrêmement difficiles de quelque côté qu'on s'y prit, et obligeaient à un long siége, que les Catalans et les Valenciens amenés et soutenus par les Anglais ne pouvaient manquer de troubler par de fréquentes apparitions.

Tant de difficultés ne rebutèrent point le général Suchet, qui regardait Tarragone comme le gage le plus certain de la sécurité de la Catalogne et de l'Aragon, et comme la clef de Valence. Ses deux principaux lieutenants, dont nous avons déjà parlé, partageaient son opinion, et étaient prêts à le seconder de tous leurs efforts : c'étaient le général du génie Rogniat, esprit peu juste, mais sagace, opiniâtre, profond dans son art, et le général d'artillerie Valée, esprit exact, fin, élevé, joignant au coup d'œil du champ de bataille la prévoyance administrative indispensable aux officiers de son arme. Après avoir conféré avec eux, le général Suchet résolut d'attaquer la place par deux côtés à la fois, par le sud-ouest d'abord, c'est-à-dire par les terrains bas du Francoli, bordant la ville basse, qu'il était nécessaire de prendre avant de songer à attaquer la ville haute, et par le nord, c'est-à-dire par le fort de l'Olivo, qu'il fallait conquérir absolument si on voulait triompher de tout cet ensemble d'ouvrages.

Tandis que l'on commençait les travaux d'approche devant la ville basse, deux des plus braves régiments de l'armée, les 7e et 16e de ligne, sous un jeune général de très-grande espérance, le général Salme, entreprirent l'attaque de l'Olivo. Ils ouvrirent la tranchée devant ce fort dans la nuit du 21 au 22 mai. Il fallait cheminer sur des hauteurs arides, dans un sol pierreux, sans abri contre la fraîcheur des nuits, contre la chaleur des jours, contre les feux de la place. Il y avait en avant de l'Olivo un ouvrage qui gênait nos tranchées, et qui en passant dans nos mains devait leur servir d'appui. Nos soldats s'y précipitèrent à la baïonnette et l'enlevèrent. Mais les Espagnols, qui avaient l'orgueil d'être invincibles dans la défense des places, et qui justifiaient cet orgueil, reparurent au nombre de 800, poussant des cris furieux, et conduits par d'intrépides officiers qui vinrent planter leur drapeau jusqu'au pied de l'ouvrage qu'il s'agissait de reconquérir. Les soldats du 7ᵉ et du 16ᵉ abattirent ces braves officiers à coups de fusil, et puis, fondant sur l'audacieuse colonne qui voulait leur ravir leur conquête, la ramenèrent la baïonnette dans les reins jusque sous les murs de l'Olivo.

Ce fort présentait une large surface sans profondeur. C'était une ligne de bastions bâtis sur le roc, avec fossés creusés également dans le roc, ayant par derrière un mur crénelé qui communiquait par une poterne avec la place. En dedans se trouvait un réduit plus élevé que le fort lui-même, et pouvant opposer une seconde résistance à l'assaillant victorieux. Les Espagnols avaient 1200 hommes de garnison et 50 pièces de gros calibre dans ces ouvrages redoutables, et de plus la faculté de recevoir des renforts de la ville, qui elle-même en pouvait recevoir sans fin par ses communications maritimes.

On travailla plusieurs jours sous un feu continuel et en faisant des pertes sensibles, car chaque soir on comptait de 50 à 60 morts ou blessés dans les deux braves régiments qui avaient obtenu l'hon-

TARRAGONE. 281

neur de ce premier siége. On s'avançait en zigzag sur une crête qui se rattachait à l'Olivo, et on cheminait au moyen de sacs à terre, car il n'était guère possible de creuser la roche dure sur laquelle on travaillait. Enfin, voulant abréger ces approches meurtrières, on se hâta d'établir la batterie de brèche à très-petite distance du fort, et elle fut prête à recevoir l'artillerie le 27 au soir. L'emploi des chevaux étant impossible sur ce terrain, les hommes s'attelèrent aux pièces, et les traînèrent sous une horrible mitraille, qui en abattait un grand nombre sans ralentir l'ardeur des autres. L'ennemi ayant discerné, malgré la nuit, ce que faisaient ces groupes sur lesquels il tirait, voulut les empêcher plus directement d'arriver à leurs fins, et essaya sur eux une brusque sortie. Le jeune et vaillant général Salme, avec une réserve du 7°, marcha aux Espagnols, et au moment où il poussait le cri *En avant!* fut renversé par un biscaïen. Il expira sur le coup. Il était adoré des soldats, et le méritait par son courage et son esprit. Ils voulurent le venger, fondirent sur les Espagnols, qu'ils poursuivirent à la baïonnette jusqu'au bord des fossés de l'Olivo, et ne revinrent que ramenés par la mitraille et par l'évidente impossibilité de l'escalade.

Pendant ce temps, les pièces de 24 avaient été mises en batterie, et le lendemain, à la pointe du jour, le feu commença sur le bastion de droite faisant face à notre gauche.

À la distance où l'on était parvenu, les effets de l'artillerie étaient terribles de part et d'autre. En peu d'heures la brèche fut ouverte, mais l'ennemi bou-

Juin 1811.

Sortie repoussée à la suite de laquelle est tué le général Salme.

Établissement de la batterie de brèche.

leversa plusieurs fois nos épaulements, et, au milieu de nos sacs à terre renversés, un intrépide officier d'artillerie, le chef d'escadron Duchand, fit réparer sans cesse sous les projectiles ennemis les désordres causés à notre batterie. Le lendemain 29 on continua à battre en brèche toute la journée, et on résolut de donner l'assaut, quel que fût le résultat obtenu par notre artillerie, car il n'y avait pas moins de quinze jours qu'on était devant Tarragone, et si un seul ouvrage coûtait autant de temps et d'hommes, il fallait désespérer de venir à bout de la place elle-même.

Quoique ayant déjà essuyé des pertes considérables, les 7e et 16e de ligne n'auraient pas abandonné à d'autres l'honneur d'emporter d'assaut le fort dont ils avaient exécuté les approches. Une colonne du 7e, forte de 300 hommes, sous le chef de bataillon Miocque, devait se porter directement sur la brèche; une seconde de même force, composée de soldats du 16e, sous le commandant Revel, devait tourner par notre gauche, aborder la droite du fort, et essayer d'y pénétrer par la gorge. Le général Harispe était prêt à appuyer ces deux colonnes avec des réserves. Toute l'armée avait reçu l'ordre d'être sous les armes et de simuler une attaque générale.

Au milieu de la nuit, en effet, le signal est donné et l'action commence. Autour des deux villes, nos tirailleurs ouvrent un feu très-vif, comme si on allait se jeter sur l'enceinte elle-même. Les assiégés inquiets répondent de toutes leurs batteries sans savoir sur qui. La flotte anglaise se joint à eux, tirant au hasard le long du rivage. Les Espagnols, pour s'éclairer sur le danger qui les menace, jettent des centaines de pots à feu, et mêlent leurs cris de fureur aux hourras prolongés de nos soldats.

Pendant ce tumulte, calculé de notre part, les deux colonnes d'assaut s'élancent hors des tranchées, et font soixante ou quatre-vingts pas à découvert sous les feux de l'Olivo. Elles arrivent au bord du fossé taillé dans le roc, s'y précipitent, et tandis que la colonne du commandant Miocque armée de ses échelles court droit à la brèche qui n'était qu'imparfaitement praticable, l'autre, celle du commandant Revel, tourne à gauche afin d'assaillir le fort par la gorge. Dans ce moment achevaient d'entrer douze cents Espagnols, envoyés par la place au secours de l'Olivo, et la porte du fort venait de se refermer sur eux. Le capitaine du génie Papigny, à la tête de 30 sapeurs, attaque la porte à coups de hache. Elle résiste, et il se saisit d'une échelle pour passer par-dessus. Mais il tombe frappé d'une balle, et expire en prononçant le nom de sa mère. Le commandant de la colonne Revel, profitant de ce qu'en cet endroit, qui regarde vers la place, il n'y a pas de fossé, fait appliquer les échelles contre l'escarpement. Les sapeurs et les grenadiers escaladent le mur, sautent dans le fort, et ouvrent la porte à la colonne, qui entre baïonnette baissée. En ce même moment, la colonne Miocque, dirigée contre la brèche, et ne la trouvant pas praticable, se sert de ses échelles. Celles-ci étant trop courtes, le sergent de mineurs Meunier prête ses fortes épaules aux voltigeurs, qui, montant dessus, pénètrent dans le fort et donnent la main à leurs

Juin 1814.

Attaque et prise du fort de l'Olivo.

camarades. Mais ce moyen étant trop lent et trop meurtrier, une partie de cette même colonne cherche une autre voie pour pénétrer. Heureusement l'officier du génie Vacani a découvert tout à fait à notre gauche une issue, c'est l'extrémité de l'aqueduc amenant l'eau dans l'Olivo, laquelle n'est fermée que par des palissades. Il les renverse avec quelques sapeurs, et procure ce nouveau passage à nos soldats impatients d'entrer. Les deux colonnes Revel et Miocque, ayant pénétré par ces diverses issues, fondent sur les Espagnols, qui abandonnent le fort et se retirent dans le réduit. On les suit en soutenant contre eux un horrible combat corps à corps, soit à la baïonnette, soit à coups de fusil. Les Espagnols, ne voyant presque pas de salut, se défendent avec désespoir, et comme ils sont deux fois plus nombreux que nous, et que l'escarpement du réduit seconde leur résistance, ils nous disputent l'Olivo de manière à rendre le succès incertain. Mais le brave général Harispe, après avoir failli être écrasé par une bombe, accourt avec ses réserves. Cinq cents Italiens, sous les chefs de bataillon Marcogna et Sacchini, raniment par leur présence l'ardeur et la confiance des assaillants. Tous ensemble escaladent le réduit, et, transportés de fureur, passent au fil de l'épée les défenseurs opiniâtres de l'Olivo. Le général Suchet et ses officiers, arrivés à temps, sauvent encore un millier d'hommes; mais neuf cents Espagnols environ ont déjà succombé dans ce terrible combat. Des cris de victoire apprennent aux assiégés et aux assiégeants cet important triomphe.

On trouva dans l'Olivo une cinquantaine de bouches à feu avec beaucoup de cartouches, et sur-le-champ on se mit à l'œuvre pour retourner les défenses du fort contre la place, pour empêcher les Espagnols de le reprendre, et pour rendre utile aux assiégeants une artillerie qui leur était naguère si dommageable. Rassuré sur le résultat du siége par le succès qu'il venait d'obtenir, mais effrayé des pertes que ce succès même faisait présager, le général Suchet voulut profiter de l'effet moral produit sur les deux armées, pour tenter la garnison par des paroles conciliantes, et par la proposition d'une trêve dont le prétexte serait d'enterrer les morts. La garnison, étonnée de notre audace, mais se souciant peu d'avoir perdu deux mille hommes, ne répondit que par des accents de dédain et de colère aux ouvertures du général Suchet, et il fallut se résigner à ne rien obtenir que par la force. La saison rendant la terre dure et difficile à excaver et les exhalaisons dangereuses, on dut brûler les morts au lieu de les enterrer. Malheureusement le nombre en était déjà considérable.

Maître de l'Olivo, on commença les travaux d'approche devant la ville basse. Les cheminements partaient des bords du Francoli, et s'avançaient de l'ouest à l'est, ayant à gauche l'Olivo qui loin de nous envoyer ses feux les dirigeait contre les Espagnols, et à droite la mer qui exigeait de grandes précautions à cause de la flotte anglaise. On éleva en effet le long du rivage une suite de redoutes, qu'on arma d'une très-grosse artillerie pour tenir les Anglais à distance, et éloigner surtout leurs cha-

Juin 1811.

Vaine tentative du général Suchet pour agir sur la garnison au moyen de la douceur.

Juin 1814.

Ouverture de la tranchée contre l'enceinte de la ville basse.

loupes canonnières. On avait ouvert la tranchée à 130 toises de l'enceinte, qui, en cette partie, formait un saillant propre à l'attaque. Elle présentait de ce côté deux bastions fort rapprochés l'un de l'autre, celui des Chanoines à notre gauche, et celui de Saint-Charles à notre droite. Ce dernier se liait avec le mur du port et le quai d'embarquement. La masse de feux à essuyer n'était donc pas très-inquiétante, car on n'en pouvait recevoir que des deux bastions vers lesquels on cheminait. Il est vrai qu'au-dessus et un peu en arrière de ces bastions se trouvait le fort Royal, ouvrage très-élevé, et qu'à notre droite, le long de la mer, se trouvait aussi un autre petit fort, portant le nom de Francoli parce qu'il était situé à l'embouchure de ce ruisseau. Ce dernier ouvrage se rattachait à la place par une muraille bastionnée. Il fut décidé que tout en continuant les approches contre les deux bastions des Chanoines et de Saint-Charles, on dirigerait une batterie de brèche contre le fort du Francoli pour l'emporter d'assaut.

Attaque et prise du fort du Francoli, situé au bord de la mer.

Vingt-cinq pièces de canon ayant été distribuées entre plusieurs batteries qui tiraient à la fois sur la place et sur le fort du Francoli, celui-ci, malgré un feu très-vif de l'ennemi, fut promptement battu en brèche et accessible à l'audace de nos colonnes d'assaut. Quoiqu'il eût escarpe et contrescarpe en maçonnerie, plus des fossés pleins d'eau, on résolut de l'enlever sur-le-champ, et le respectable Saint-Cyr Nugues, chef d'état-major du général Suchet, conduisant trois petites colonnes d'infanterie, l'assaillit dans la nuit du 7 au 8 juin. Nos fantassins se jetèrent dans les fossés, ayant de l'eau jusqu'à la poitrine, et gravirent la brèche sous un feu très-vif. Les Espagnols résistèrent d'abord avec leur opiniâtreté ordinaire, mais l'ouvrage ne tenant à la ville que par une communication étroite et longue adossée à la mer, ils craignirent d'être coupés, et s'enfuirent vers la place. On les poursuivit en criant : *En ville! en ville!* dans l'espoir de terminer le siége par un coup de main, mais on dut s'arrêter devant un feu épouvantable et des ouvrages tellement imposants que toute surprise était impossible. Le colonel Saint-Cyr Nugues ramena ses soldats dans le fort du Francoli, se hâta ensuite de s'y établir, de reporter les terres des parapets vers la place afin de se mettre à couvert, et de tourner contre la rade l'artillerie qu'on venait de conquérir.

C'était le deuxième ouvrage emporté d'assaut. Mais il y en avait bien d'autres encore à enlever par le même moyen. Il restait une lunette, dite du Prince, adossée à la mer, et occupant le milieu du mur qui reliait le Francoli à la place. On y fit brèche, et le 16 on la prit à la suite d'un nouvel assaut qui fut long et meurtrier. Dès ce moment il ne restait plus d'obstacle intermédiaire à vaincre pour aborder les deux bastions de Saint-Charles et des Chanoines, qui se présentaient à nous comme la tête du taureau. L'un à droite, celui de Saint-Charles, s'appuyait, avons-nous dit, à la mer, et couvrait le mur du port; l'autre à gauche, couvrait l'angle que la face ouest de l'enceinte formait avec sa face nord. Au-dessus se dressait le fort Royal à quatre bastions. Si les feux de l'ennemi n'embrassaient pas un grand espace en largeur, ils étaient très-redoutables par leur hauteur, et cette attaque devait nous coûter beaucoup de monde, soit pour les approches, soit pour le service des batteries, soit pour l'assaut lui-même, qui ne pouvait manquer de rencontrer une résistance énergique, puisque de son succès dépendait le sort de la ville basse et du port lui-même.

Le général Suchet désirait vivement accélérer le siége, car, outre les pertes quotidiennes, qui en une vingtaine de jours s'élevaient déjà à 2,500 hommes, il voyait les difficultés se multiplier au dedans et au dehors de la place. La flotte anglaise, escortant un immense convoi, avait amené à la garnison 2 mille hommes de renfort, des vivres, des munitions, et un brave officier, le général Sarfield, chargé de défendre la ville basse. Elle avait ensuite débarqué sur la route de Barcelone la division valencienne, forte de 6 mille hommes, laquelle devait se joindre au général Campo-Verde, chef de l'armée catalane. Celui-ci, à la tête de quinze mille hommes, tenait la campagne dans l'espérance ou de surprendre nos convois, ou de se jeter sur nos tranchées, par un mouvement concerté avec la garnison et la flotte.

Le général Harispe établi avec deux divisions, une française, une italienne, sur la route de Barcelone, avait l'œil sur les attaques qui pouvaient venir de ce côté. Le général Habert posté avec une division française sur les bords du Francoli, gardait la route de Tortose par laquelle nous arrivaient nos convois d'artillerie, et celle de Reus par laquelle nous arrivaient nos convois de vivres. Le reste des troupes était employé aux travaux du siége. Les précautions

TARRAGONE.   289

étaient donc prises contre une attaque extérieure et intérieure, et le général Suchet comptait sur la valeur de ses soldats pour résister en même temps à l'ennemi du dedans et du dehors. Mais nos postes, échelonnés sur la route de nos convois, avaient tous les jours des combats acharnés à soutenir contre les détachements de Campo-Verde, et celui-ci se vantait d'avoir reçu de nombreux renforts, et d'être à la veille d'en recevoir de plus considérables encore. Au risque d'affaiblir sa ligne de défense du côté des insurgés de Teruel et de Calatayud commandés par Villa-Campa, le général Suchet résolut d'appeler à lui le général Abbé avec une brigade. Le sort de la contrée dépendant du siége de Tarragone, il fallait tout sacrifier à cet objet essentiel.

Juin 1811.

la frontière de l'Aragon du côté de Teruel et de Calatayud, pour se renforcer devant Tarragone.

Excité par de pareilles raisons, et secondé par un dévouement sans bornes de la part des troupes, le général Suchet ne perdait ni un jour ni une heure. De la première parallèle on avait passé à la seconde, et on avait disposé une suite de batteries qui, embrassant dans leur vaste circuit les bastions des Chanoines et de Saint-Charles, devaient faire brèche à l'un et à l'autre, et au fort Royal lui-même. Le général, par un assaut simultané et énergique, voulait enlever la basse ville et toutes ses défenses. Après ce grand effort, il se flattait d'avoir presque achevé la difficile conquête de Tarragone.

Batteries de brèche dirigées contre les bastions des Chanoines et de Saint-Charles, et contre le fort Royal.

Quarante-quatre pièces de siége mises en batterie entretenaient le feu pendant que l'on continuait le travail des tranchées, et trouvaient du reste une énergique réponse dans l'artillerie de la place, qui de ce côté était au moins double de la nôtre. Aussi nos épaulements étaient-ils continuellement renversés, et on voyait nos braves artilleurs, impassibles au milieu du bouleversement de leurs batteries, relever sans cesse leurs ouvrages, souvent même tirer à découvert avec un sang-froid et une précision admirables. L'infanterie mettait à les seconder un zèle digne de leur dévouement.

Le 18, on termina la troisième parallèle. On descendit en galerie souterraine dans les fossés des deux bastions, on renversa la contrescarpe, on perfectionna ensuite les débouchés par lesquels les colonnes d'assaut devaient se répandre dans les fossés, et de là s'élancer sur les brèches. On s'occupa même, au moyen de nouvelles batteries, d'élargir les brèches et d'en abaisser la pente.

Le 21 juin au matin, moment où l'on se réjouissait à Badajoz d'avoir été délivré par les deux maréchaux réunis, une scène épouvantable se préparait sous les murs de Tarragone. A un signal donné, toutes les batteries tant anciennes que nouvelles commencèrent à tirer, et la place y répondit par un feu des plus vigoureux. La plus rude bataille n'agite pas l'air par des bruits plus terribles que ceux qui, dans un pareil instant, retentissent devant une place assiégée. La principale de nos batteries fut bouleversée par l'explosion de son magasin à poudre. Le colonel Ricci fut presque enseveli sous les terres, mais promptement dégagé, il fit rétablir la batterie et recommencer le feu. L'infanterie, impatiente de monter à l'assaut, pressait de ses cris l'artillerie, qui tâchait de satisfaire à ses vœux en redoublant d'activité et de dévouement.

Le soir trois brèches furent jugées praticables, l'une au bastion des Chanoines, l'autre au bastion Saint-Charles, la troisième au-dessus des deux premières, au fort Royal. Le général Suchet et les officiers qui l'aidaient de leurs conseils étaient décidés à risquer dans un assaut général le sort du siége, et à succomber, ou à emporter la ville basse, qui une fois prise assurait la conquête de la ville haute. Le général Suchet donna le commandement de l'assaut au général Palombini, de service à la tranchée ce jour-là, et mit sous ses ordres 1500 grenadiers et voltigeurs avec des sapeurs munis d'échelles. Le général Montmarie, soit pour servir de réserve, soit pour résister à une sortie de la place, se tenait un peu à gauche avec le 5ᵉ léger et le 116ᵉ de ligne. Plus à gauche encore, deux bataillons du 7ᵉ de ligne appuyaient le général Montmarie lui-même. Il était convenu que l'Olivo jetterait une masse de projectiles sur les deux villes, et que, vers la face opposée, le général Harispe les menacerait avec toute sa division. De leur côté les Espagnols avaient placé dans la ville basse le général Sarfield avec leurs soldats les meilleurs. Au degré de fureur où l'on était arrivé de part et d'autre, on avait renoncé à la coutume de recourir aux sommations avant de livrer l'assaut.

Juin 1811.

Préparatifs de l'assaut contre la ville basse.

Le soir à sept heures, le ciel resplendissant encore de lumière, trois colonnes s'élancent à la fois sur les trois brèches. La première, composée d'hommes d'élite des 116ᵉ, 117ᵉ et 121ᵉ, sous les ordres du colonel du génie Bouvier, se porte vers la brèche du bastion des Chanoines, et tâche de l'enlever mal-

Assaut donné aux bastions des Chanoines et de Saint-Charles, et conquête de la ville basse après un combat meurtrier.

gré les Espagnols, qui lui opposent tantôt des feux à bout portant, tantôt leurs baïonnettes. Après une lutte des plus vives, elle parvient jusqu'au sommet de la brèche, repousse les Espagnols, en est repoussée à son tour, mais revient à la charge, et se soutient en combattant avec acharnement. Une centaine de grenadiers, lancés contre une lunette située à droite, emportent cet ouvrage, et courent ensuite vers le bastion des Chanoines pour soutenir la troupe du colonel Bouvier. Pendant ce temps, une seconde colonne, sous le chef de bataillon polonais Fondzelski, composée d'hommes d'élite pris dans les 1er et 5e léger, et dans le 42e de ligne, après s'être précipitée sur le bastion Saint-Charles, y rencontre une résistance opiniâtre. Mais, appuyée par une troisième colonne que commande le colonel Bourgeois, elle se soutient sur la brèche, et finit par en demeurer maîtresse. Le chef de bataillon Fondzelski poursuit alors les Espagnols à travers la basse ville, enlève les coupures des rues, et se bat de maison en maison, pendant que la colonne Bourgeois, qui le suit, prend à gauche, va tendre la main à la colonne Bouvier et l'aider à conquérir le bastion des Chanoines. Grâce à ce secours ce bastion est enfin emporté, et les deux troupes réunies se jettent sur le château royal. Elles en escaladent la brèche et y pénètrent. Les Espagnols s'y défendent à outrance, et se font tuer jusqu'au dernier.

Sur ces entrefaites, le général Sarfield, accouru à la tête d'une réserve, se précipite avec fureur sur la colonne Fondzelski, qui avait déjà envahi la moitié de la basse ville. Cette colonne, conformément aux instructions qu'elle avait reçues, se réfugie alors dans les maisons, et s'y défend opiniâtrement en attendant qu'on vienne à son secours. Heureusement le colonel Robert du 117ᵉ, avec l'aide de camp du général en chef, M. de Rigny, qui amène une réserve des 5ᵉ léger, 42ᵉ, 115ᵉ, 121ᵉ de ligne, soutient la colonne Fondzelski, repousse les soldats de Sarfield, passe par les armes ou jette dans la mer une partie d'entre eux, refoule les autres vers les portes de la ville basse, et ne s'arrête que devant la muraille de la ville haute. Quelques-uns de nos soldats s'y font tuer à force d'audace.

Juin 1811.

L'assaut, commencé à sept heures, était fini à huit. Nous avions en notre possession près d'une centaine de bouches à feu, une immense quantité de munitions, peu de prisonniers vivants, mais beaucoup de blessés et de morts, les bastions Saint-Charles et des Chanoines, le fort Royal, toute la basse ville, le port et les batteries qui le fermaient. Sans perdre de temps, on commença à tirer sur l'escadre anglaise, qui mit aussitôt à la voile en nous saluant de ses feux. Après ce rude combat on s'occupa de compter les pertes. Nous avions eu à combattre 5 mille Espagnols. Nous leur avions tué environ 1300 hommes, et nous n'avions pu en prendre que 200, blessés pour la plupart. Ils nous avaient mis 500 hommes hors de combat. On brûla 1400 cadavres tant français qu'espagnols.

Résultat du dernier assaut.

Nous avions déjà livré quatre assauts meurtriers, et ce n'était pas le dernier que devait nous coûter le siège de Tarragone, exemple extraordinaire d'héroïsme dans la défense et dans l'attaque. Il fallait

Danger d'une attaque du dehors contre nos lignes.

Juin 1811.

Précautions
du général
Suchet contre
ce genre
de danger.

Attaque
de
la ville haute.

absolument en finir, car la flotte anglaise, ayant remonté une seconde fois du midi au nord les côtes de Catalogne, avait apporté au général Campo-Verde un nouveau détachement espagnol, et de plus un corps de deux mille Anglais. Il restait encore au moins douze mille hommes dans la ville haute avec une immense artillerie, et une sortie du dedans, concertée avec une attaque du dehors, pouvait à tout instant nous surprendre. Le 24, en effet, une grande agitation se manifesta dans la garnison, et des coureurs de cavalerie se montrèrent dans la direction de Barcelone. Le général en chef posta le général Harispe, sur lequel il se reposait volontiers des missions les plus difficiles, en avant de Tarragone, sur la route de Barcelone, avec deux divisions et toute la cavalerie de l'armée. Il se tint lui-même entre la place, où l'on accélérait les travaux d'approche, et les troupes du général Harispe, prêt à se porter au point où son secours serait le plus nécessaire, et passa ces derniers jours entre la tranchée et ses camps extérieurs.

La tranchée avait été ouverte sur une sorte de plateau légèrement incliné qui sert de base à la ville haute, et se trouve au niveau des toits de la ville basse. Notre première et unique parallèle embrassait presque tout le front de la ville haute, composé en cette partie de quatre bastions, et avait pour but principal l'établissement de deux batteries de brèche dirigées contre le bastion Saint-Paul, le dernier à gauche. Ce bastion couvrait l'angle formé par la face ouest que nous attaquions, et par la face nord contre laquelle on méditait une escalade. On pressait vivement les travaux afin d'ouvrir promptement la brèche, car on n'espérait pas que cette garnison exaltée, après avoir essuyé quatre assauts, voulût s'épargner le dernier, qui pouvait cependant l'exposer à être passée au fil de l'épée. Un de nos parlementaires s'étant présenté hors de nos tranchées en agitant un mouchoir blanc, n'avait reçu que des injures pour toute réponse. Un rapport de déserteur annonçant une attaque du dehors pour le 29, le général en chef disposa tout pour livrer le dernier assaut le 28 juin au soir. On accéléra la construction de la batterie de brèche, qui fut complétement armée dans la nuit du 27 au 28, les troupes s'attelant avec enthousiasme aux pièces, qu'on avait la plus grande peine à hisser sur ce terrain escarpé. Le 28 juin, qui devait être le dernier jour de ce siége mémorable, on ouvrit le feu dès l'aurore avec une sorte d'anxiété, car il était urgent d'avoir rendu la brèche praticable dans la journée même. Trois cents bons tireurs, postés sur les parties saillantes du terrain, tiraient sur les embrasures de l'ennemi pour démonter son artillerie, et les Espagnols eux-mêmes, se montrant hardiment sur la brèche, tiraient de leur côté sur nos canonniers. Rien ne pouvait ébranler ces derniers. Dès qu'ils tombaient ils étaient remplacés par d'autres, lesquels continuaient avec le même dévouement l'œuvre de démolition destinée à nous ouvrir les murs de Tarragone. Enfin vers le milieu du jour la brèche parut s'élargir à vue d'œil et s'abaisser en quelque sorte sous nos boulets, qui, en accumulant les décombres, rendaient la pente moins rapide.

Juin 1811.

Ouverture de la brèche dans les murs de la ville haute, et préparatifs de l'assaut décisif.

Nos soldats, venus de tous les points, assistaient avidement à ce spectacle, tandis que la garnison espagnole, du haut de ses remparts, nous provoquait par des cris et des injures.

Vers les cinq heures du soir à peu près, le général Suchet voulut livrer l'assaut, afin d'éviter un combat de nuit, si, comme on l'annonçait, nous trouvions la grande rue de la Rambla, qui coupe transversalement la haute ville de Tarragone, barricadée et défendue. Le général Habert, celui qui avait emporté la ville de Lerida, devait commander l'assaut. Quinze cents hommes en deux détachements pris parmi les compagnies d'élite des 1er et 5e léger, des 14e, 42e, 114e, 115e, 116e, 117e, 121e de ligne, et du premier régiment polonais de la Vistule, furent mis sous ses ordres. Une seconde colonne à peu près d'égale force, prise dans les régiments français et italiens présents au siége, fut rangée sous les ordres du général Ficatier, et tenue en réserve. A gauche, et sur la face nord faisant angle avec la face ouest que nous attaquions, le général Montmarie devait, à la tête des 116e et 117e, essayer d'enlever par escalade la porte du Rosaire, très-voisine du bastion battu en brèche, et répondant à l'extrémité même de la Rambla. Ces dispositions terminées à cinq heures et demie, le général en chef donne le signal, et la première colonne s'élançant au pas de course franchit un certain espace à découvert, se détourne pour éviter des aloès croissant au pied du rempart, puis reprend sa marche directe vers la brèche, et commence à la gravir sous un feu effroyable. Les plus hardis combattants parmi les Espagnols, armés de fusils, de piques, de haches, poussant des cris furieux, attendent les assaillants sur le sommet de la brèche. Sur ce terrain mouvant, sous la fusillade à bout portant, sous les coups de piques et de baïonnettes, nos soldats tombent, se relèvent, combattent corps à corps, et tantôt avancent, tantôt reculent sous la double impulsion qui par devant les repousse, par derrière les soutient et les porte en avant. Un moment ils sont près de céder à la fureur patriotique des Espagnols, lorsque, sur un nouveau signal du général en chef, une seconde colonne s'élance, conduite par le général Habert, par le colonel Pepe, par le chef de bataillon Ceroni, et par tous les aides de camp du général Suchet, MM. de Saint-Joseph, de Rigny, d'Aramon, Meyer, Desaix, Ricard, Auvray. A eux s'était joint un sergent italien nommé Bianchini, lequel, pour récompense de ses prodiges de valeur à l'attaque de l'Olivo, avait demandé et obtenu l'honneur de marcher en tête au dernier assaut de Tarragone. Ce renfort imprime une nouvelle et forte impulsion à notre première colonne, la soulève jusqu'au sommet de la brèche, et y parvient avec elle. Le brave Bianchini, après avoir reçu plusieurs coups de feu, avance encore, et tombe. Le jeune d'Aramon est renversé d'une blessure à la cuisse. Enfin on se fait jour à travers la masse des défenseurs, on pénètre dans la ville, et on se jette les uns à droite, les autres à gauche, pour tourner par le chemin de ronde les rues barricadées, notamment celle de la Rambla. Le général en chef fait entrer

Juin 1811.

aussitôt la réserve du général Ficatier pour ce second combat, qui peut être très-meurtrier et très-chanceux, car la garnison, forte encore de dix à douze mille hommes, a résolu de se défendre jusqu'à la mort. Pendant ce temps, le général Montmarie s'avance vers la porte du Rosaire avec les 116e et 117e de ligne, enlève les palissades du chemin couvert, et se jette dans le fossé sous une fusillade meurtrière. Il veut appliquer les échelles contre la porte, mais il la trouve murée et barricadée. Une corde à nœuds, suspendue à l'une des embrasures, et servant aux Espagnols pour y monter, est alors découverte par nos voltigeurs qui s'en saisissent, et grimpent les uns à la suite des autres, tandis que les deux régiments restés dans le fossé essuient le feu des murailles. Mais à peine quelques-uns de nos hardis voltigeurs ont-ils pénétré de la sorte dans la place, que les Espagnols se ruent sur eux pour les accabler. Ils vont succomber, quand l'officier du génie Vacani, entré dans la ville avec un détachement de sapeurs à la suite des premières colonnes, ouvre à coups de hache la porte du Rosaire, et donne accès aux troupes du général Montmarie. Celui-ci s'élance alors dans l'intérieur de la ville haute, et attaque la Rambla avec les troupes des généraux Habert et Ficatier. Nos soldats exaspérés n'écoutent plus rien, et immolent à coups de baïonnette tout ce qu'ils rencontrent. Acharnés contre une troupe ennemie qui s'enfuit vers la cathédrale, ils la poursuivent vers cet édifice auquel on arrive par une soixantaine de marches, gravissent ces marches sous un feu meurtrier, pénètrent dans l'église, et tuent sans rémission les malheureux qui les avaient ainsi fusillés. Toutefois, trouvant dans cette cathédrale quelques centaines de blessés, ils s'arrêtent et les épargnent. En ce moment huit mille hommes, seul reste vivant de la garnison, sortis par la porte de Barcelone, cherchent à se sauver du côté de la mer. On les pousse sur le général Harispe, qui leur barrant le chemin les oblige à livrer leurs armes. A partir de cet instant, la ville haute comme la ville basse, comme le Francoli et l'Olivo, sont en notre pouvoir.

<small>Juin 1814.</small>

Tel fut cet horrible assaut, le plus furieux peut-être qu'on eût jamais livré, du moins jusqu'à cette époque. Les brèches étaient couvertes de cadavres français, mais la ville était jonchée en bien plus grand nombre de cadavres espagnols. Un désordre incroyable régnait dans ces rues enflammées, où de temps en temps quelques Espagnols fanatisés se faisaient tuer, pour avoir la satisfaction d'égorger encore quelques Français. Nos soldats cédant à un sentiment commun à toutes les troupes qui ont pris une ville d'assaut, considéraient Tarragone comme leur propriété, et s'étaient répandus dans les maisons, où ils commettaient plus de dégât que de pillage. Mais le général Suchet et ses officiers courant après eux pour leur persuader que c'était là un usage extrême et barbare du droit de la guerre, n'eurent pas de peine à les ramener, surtout depuis que le combat avait cessé, et que la fusillade ne les enivrait plus de fureur. Peu à peu on rétablit l'ordre, on éteignit les flammes, et on put commencer à compter les trophées, ainsi que les pertes. On avait pris plus

<small>Résultats matériels du siège de Tarragone.</small>

Juin 1811.

de 300 bouches à feu, une quantité infinie de fusils, de projectiles, de munitions de toute espèce, une vingtaine de drapeaux, dix mille prisonniers, et en tête le gouverneur de Contréras lui-même, que le général Suchet traita avec les plus grands égards, quoique le dernier assaut eût été un acte de désespoir inutile, qui aurait pu être épargné à l'armée espagnole comme à l'armée française. Mais il faut honorer le patriotisme, quelque emporté qu'il puisse être. Outre les dix mille prisonniers, la garnison n'avait pas perdu moins de six à sept mille hommes par le fer et le feu. Ce dernier assaut surtout avait été des plus meurtriers. Quant à nous, nos pertes ne laissaient pas d'être très-considérables. Nous n'avions pas eu moins de 4,300 hommes hors de combat, dont mille à douze cents morts, et quinze ou dix-huit cents incapables de jamais rentrer dans les rangs, tant ils étaient mutilés. Nous avions perdu environ vingt officiers du génie, car ce corps, admirable en France, avait prodigué le courage autant que l'intelligence dans ce siége mémorable, qui avait duré près de deux mois, et pendant lequel nous avions ouvert neuf brèches, opéré quatre descentes de fossé, livré cinq assauts, dont trois, ceux de l'Olivo, de la ville basse et de la ville haute, étaient au rang des plus furieux qu'on eût jamais vus.

Résultats moraux et politiques de la prise de Tarragone.

La prise de Tarragone était un exploit de la plus haute importance : il ôtait à l'insurrection catalane son principal appui, il la séparait de l'insurrection valencienne, et devait produire dans toute la Péninsule un immense effet moral, dont on aurait pu tirer un grand parti si tout avait été prêt en ce moment pour accabler les Espagnols par un vaste concours de forces. Malheureusement il n'en était rien, et avec la préoccupation exclusive qui emportait l'esprit de Napoléon vers d'autres desseins, ce grand siége devait avoir pour unique résultat de nous ouvrir le chemin de Valence. Le général Suchet avait ordre de faire sauter Tarragone, car Napoléon, avec raison, voulait réduire à Tortose seule les places occupées dans cette partie de l'Espagne, et ne consentait même à conserver Tortose qu'à cause des bouches de l'Èbre. Mais Suchet ayant reconnu, d'accord avec le général Rogniat, qu'en se bornant à conserver la ville haute on pourrait l'occuper avec un millier d'hommes, fit sauter les ouvrages de la ville basse, laissa dans la ville haute une garnison bien pourvue de munitions et de vivres, tâcha de rassurer et de ramener les habitants, déposa son parc de siége et ses munitions à Tortose, renvoya ses principaux détachements vers les postes d'où il les avait tirés, afin de réprimer les bandes redevenues audacieuses pendant le siége, et, avec une brigade d'infanterie, courut après le marquis de Campo-Verde, pour disperser son corps avant qu'il se fût rembarqué. Quoiqu'il le poursuivît avec une grande activité, il ne put l'atteindre. Il trouva à Villa-Nova un millier de blessés provenant du siége de Tarragone, évacués par mer sur cette place, et formant le complément de la garnison de 18 mille hommes, dont 10 mille avaient été pris, et 6 ou 7 mille tués. Il s'achemina ensuite par la route de Barcelone sur les traces du marquis de Campo-Verde. Celui-ci ayant essuyé une espèce de sédition de la part des

Juillet 1811.

Valenciens, qui voulaient être ramenés chez eux, avait été obligé de s'en séparer, et de les embarquer à Mataro sur la flotte anglaise. Le général Suchet, avec le général Maurice-Mathieu, qui était sorti de Barcelone, parvint à Mataro au moment même où l'embarquement s'achevait. Il s'attacha dès lors à suivre Campo-Verde et à prendre le célèbre couvent du Mont-Serrat, que ses troupes enlevèrent peu après avec une incroyable audace. Il rendit ainsi tous les services qu'il put à l'armée de Catalogne, toujours absorbée par le blocus de Figuères et par le ravitaillement périodique de Barcelone, puis rentra à Saragosse pour mettre ordre aux affaires de son gouvernement. Il y trouva le bâton de maréchal, juste prix de ses services; car si les mémorables siéges de l'Aragon et de la Catalogne, les plus beaux qu'on eût exécutés depuis Vauban, étaient dus en grande partie aux officiers du génie et aux braves soldats de l'armée d'Aragon, ils étaient dus pour une bonne partie aussi à la sagesse militaire du général en chef, et à la profonde habileté de son administration.

Les mois de juillet, d'août, et quelquefois de septembre, ne pouvaient être en Espagne que des mois d'inaction. Les Anglais étaient, pendant ces mois brûlants, incapables de se mouvoir; nos soldats eux-mêmes, plus agiles, plus habitués aux privations, avaient cependant besoin qu'on leur permît de se reposer un peu de leurs marches incessantes, et il n'y avait pas jusqu'aux Espagnols qui ne sentissent dans cette saison s'affaiblir leur penchant à courir la campagne, ne fût-ce que pour faire la moisson. Toutefois, en Andalousie, le maréchal

Soult avait par son séjour forcé à Llerena laissé tant d'affaires en souffrance, qu'il avait été obligé d'employer activement ces mois ordinairement consacrés au repos. Deux divisions espagnoles qui sous le général Blake avaient contribué à la bataille d'Albuera, s'étaient détachées de lord Wellington pour aller inquiéter Séville. Mais au lieu de marcher directement à ce but, qui valait la peine d'une telle diversion, elles s'étaient rendues dans le comté de Niebla, vers l'embouchure de la Guadiana. Le maréchal Soult les avait fait suivre par une de ses divisions, et avec le reste s'était rendu à Séville, pour donner aux affaires de son gouvernement les soins qu'elles réclamaient. Il avait trouvé les insurgés des montagnes de Ronda toujours fort actifs, occupés à mettre le siége devant la ville même de Ronda, et ceux de Murcie, après avoir forcé le 4ᵉ corps à se renfermer dans Grenade, osant se porter jusqu'à Baeza et Jaen, tout près des défilés de la Caroline, dans une position où ils pouvaient intercepter les communications de l'Andalousie avec Madrid. Il fallait donc marcher à la fois sur Ronda, sur Jaen, Baeza et Grenade, pour réprimer l'audace de ces divers rassemblements. Le maréchal Soult, profitant du départ du maréchal Victor et du général Sébastiani, avait supprimé l'organisation en corps d'armée, mauvaise partout où Napoléon n'était pas, avait persisté à ne laisser qu'une douzaine de mille hommes devant Cadix, les artilleurs et les marins compris, puis rappelant le détachement qui avait été envoyé dans le comté de Niebla, et dont la présence avait suffi pour obliger les deux divisions du général Blake à se rem-

Juillet 1811.

Malgré cette inaction, l'audace des insurgés de l'Andalousie oblige le maréchal Soult à marcher contre eux.

Marche du maréchal Soult sur Grenade et Murcie.

barquer, s'était dirigé avec ce qu'il avait pu réunir de troupes vers le royaume de Grenade.

Il s'était fait précéder par le général Godinot, menant avec lui un détachement qui comprenait trois beaux régiments d'infanterie, les 12ᵉ léger, 55ᵉ et 58ᵉ de ligne, et le 27ᵉ de dragons. Ce détachement devait chasser les insurgés de Jaen et de Baeza, pendant que le corps principal se porterait directement sur Grenade. Les insurgés, quoique nombreux, ne tinrent pas plus cette fois qu'ils ne tenaient ordinairement en rase campagne, et abandonnèrent successivement Jaen et Baeza pour retourner dans le royaume de Murcie. Le maréchal entra dans Grenade, y rallia une partie du 4ᵉ corps, et le 8 août quitta cette ville pour continuer son mouvement. Les insurgés de Murcie s'étaient dans cet intervalle réunis aux généraux Blake et Ballesteros, qui étaient venus sur les vaisseaux anglais des bouches de la Guadiana jusqu'à Almérie, et avaient pris une forte position à la Venta de Baul. Ils s'élevaient tous ensemble à environ 20 mille hommes. La position escarpée et presque inaccessible qu'ils occupaient, présentait un obstacle difficile à emporter, et nous y perdîmes d'abord quelques hommes en attaques infructueuses. Mais le général Godinot, qui avait repoussé de Jaen les insurgés de Murcie et les menait battant devant lui, s'avançait pour la tourner; et à peine le vit-on paraître sur la gauche du maréchal Soult, que les Espagnols se retirèrent pêle-mêle dans la province de Murcie. Une fois en retraite, ils ne tinrent nulle part, et jonchèrent les routes de soldats dispersés que la cavalerie

Août 1811.

Dispersion des insurgés de Murcie.

du général Latour-Maubourg prit ou sabra en très-grand nombre. La prompte et entière dispersion de ce corps donnait la garantie, non pas de ne plus le revoir, mais de ne pas l'avoir sur les bras pendant quelques mois. Le maréchal Soult, après avoir rétabli à Grenade une partie des troupes de l'ancien 4ᵉ corps, et envoyé des renforts à Ronda, sous le général Leval, rentra dans Séville, pour s'y occuper enfin du siége de Cadix, et du matériel qui manquait encore pour l'exécution de ce siége.

Août 1811.

Retour du maréchal Soult à Séville, et entrée de ses troupes en quartiers d'été.

Tout le reste du mois d'août se passa dans une inaction presque complète, le maréchal Soult faisant un peu reposer ses troupes, qui de 80 mille hommes se trouvaient réduites par les fatigues et le feu à 40 mille au plus, et disputant à Joseph divers détachements que l'armée du centre réclamait de l'armée d'Andalousie; le maréchal Marmont campant toujours sur le Tage vers Almaraz, et se querellant aussi avec Joseph pour les fourrages de son armée, qu'il prétendait porter jusqu'à Tolède; Joseph ne cessant de crier misère, demandant qu'à défaut du quart des contributions dû par les généraux, et constamment refusé, Napoléon lui envoyât un million de plus par mois, et pour toute consolation ayant obtenu que son ami le maréchal Jourdan lui fût rendu comme chef d'état-major; le maréchal Suchet, maître chez lui, et n'ayant à disputer avec personne, préparant en silence l'expédition de Valence, que Napoléon lui avait ordonnée comme la suite nécessaire de la conquête de Tarragone; enfin le général Baraguey-d'Hilliers, chargé spécialement du blocus de Figuères, refoulant dans cette forte-

Complète inaction pendant le mois d'août.

Août 1811.

Grands projets de lord Wellington pour la campagne d'automne.

Résolution de reprendre Ciudad-Rodrigo et Badajoz, et motifs de cette résolution.

resse les Espagnols qui cherchaient à s'en échapper, les obligeant à se rendre prisonniers de guerre, et à expier ainsi la surprise de cette place frontière.

Durant ces mois d'inaction, lord Wellington arrêtait ses projets pour la reprise des opérations en septembre, et ses projets n'étaient pas moins que la conquête de Ciudad-Rodrigo et de Badajoz. En effet, depuis qu'il avait réussi à délivrer le Portugal de la présence des Français, il n'avait pas mieux à faire que de prendre ou la place de Ciudad-Rodrigo ou celle de Badajoz, et toutes les deux s'il pouvait, car elles étaient les clefs de l'Espagne, l'une au nord, l'autre au midi. Maître de ces places, il empêchait les Français d'envahir le Beïra ou l'Alentejo, et il lui était facile à la première occasion d'envahir la Castille ou l'Andalousie. Les prendre était donc le moyen de fermer sa porte, et de tenir toujours ouverte celle d'autrui. Il avait un second motif d'en agir ainsi, c'était de faire enfin quelque chose, car depuis six mois que le Portugal était reconquis il n'avait ajouté aucun acte marquant à ses précédents exploits. On avait beaucoup vanté ses opérations en Angleterre, et avec raison, mais peut-être au delà de la juste mesure, ce qui ne manque jamais d'arriver lorsqu'on a trop fait attendre à un personnage quelconque la justice qui lui est due. L'opinion avec sa mobilité ordinaire, porte tout à coup aux nues celui qu'elle ne daignait pas même distinguer. Restait d'ailleurs l'opposition, qui en partie de bonne foi, en partie par hostilité systématique, était prête à redire que, sans doute, on avait pu conserver le Portugal pour un temps du moins, mais qu'on n'irait pas au delà, qu'on soutenait dans la Péninsule une guerre ruineuse, sans résultat probable, sans résultat qui valût la terrible chance à laquelle on demeurait constamment exposé, celle d'être un jour jeté à la mer par les Français. Il ne fallait pas une longue inaction, une longue privation de nouvelles significatives, pour ramener à cette manière de penser grand nombre de gens sages qui l'avaient sincèrement partagée; il ne fallait pas surtout beaucoup d'événements comme la dernière levée du siége de Badajoz. Lord Wellington était donc par une infinité de raisons, les unes militaires, les autres politiques, obligé de se signaler par quelque acte nouveau, et dès lors de prendre ou Badajoz ou Ciudad-Rodrigo, deux obstacles qui lui rendaient impossible toute opération ultérieure de quelque importance.

Mais ce n'était pas une tâche facile, car s'il se portait devant Badajoz, il était à présumer qu'il y trouverait encore le maréchal Soult et le maréchal Marmont réunis; s'il se portait devant Ciudad-Rodrigo, il devait y trouver le maréchal Marmont renforcé de tout ce qu'on aurait pu rassembler des armées du centre et du nord. Dans les deux cas, il courait le risque de rencontrer des forces trop considérables pour oser exécuter un grand siége devant elles, car, suivant son usage, il ne voulait combattre qu'à coup sûr, c'est-à-dire dans des positions défensives presque invincibles, et avec une supériorité numérique qui, s'ajoutant au bon choix des lieux, rendît le résultat aussi certain qu'il peut l'être à la guerre. Toutefois, s'il était condamné à rencontrer soit au midi, soit au nord, des concentrations de forces supérieures à

Août 1811.

Difficultés et avantages de la position de lord Wellington.

l'armée dont il disposait, lord Wellington avait aussi de son côté d'incontestables avantages. La route qu'il s'était créée en dedans des frontières du Portugal, du nord au midi, route qu'il avait déjà parcourue tant de fois, et qui descendait de Guarda sur Espinhal, d'Espinhal sur Abrantès, d'Abrantès sur Elvas (voir la carte n° 53), avait été frayée avec soin, jalonnée de nombreux magasins, et pourvue de ponts sur le Mondego et sur le Tage. Il s'y faisait suivre de six mille mulets espagnols chargés de vivres; il y commandait seul, ne dépendait de personne, était obéi dès qu'il donnait un ordre, et pour le donner à propos avait l'immense avantage, auquel il attribuait lui-même une partie de ses succès, d'être exactement informé par les Espagnols de tous les mouvements de ses adversaires. Les généraux français, au contraire, étaient indépendants les uns des autres, placés à de grandes distances, divisés, dépourvus de tout, informés de rien, et c'était miracle de les trouver réunis une fois, dans un but commun, avec le matériel nécessaire à une opération de quelque importance. Pour que le maréchal Soult reçût le secours du maréchal Marmont, il fallait que celui-ci, oubliant les ressentiments de l'armée de Portugal, vînt précipitamment à son aide, qu'il le voulût et qu'il le pût, qu'il eût notamment un pont et des vivres à Almaraz. Pour que le maréchal Marmont pût protéger Ciudad-Rodrigo en temps utile, il fallait que le commandant de l'armée du nord voulût bien l'y aider, que, dans cette vue, il consentît à suspendre la poursuite des bandes, à rassembler douze ou quinze mille hommes sur un

Août 1811.

Les conditions dans lesquelles le général anglais fait la guerre bien plus avantageuses que celles dans lesquelles il est permis aux généraux français de la faire.

seul point, à négliger ainsi la plupart des autres, et à préparer dans cette prévision de vastes magasins à Salamanque; ou bien que l'armée du centre, qui avait à peine de quoi garder Tolède, Madrid, Guadalaxara, négligeât l'un de ces postes si importants pour le salut d'un poste qui ne lui était pas confié, et qu'enfin ces divers généraux marchassent sans jalousie les uns des autres sur Ciudad-Rodrigo. Et voulussent-ils tout cela, le pussent-ils, il fallait qu'ils connussent à temps les mouvements de l'ennemi qui motiveraient ces concentrations de forces. Napoléon leur avait bien recommandé de se secourir réciproquement, mais ne pouvant prévoir les cas, il ne le leur avait prescrit que d'une manière générale, et on a déjà vu comment ils exécutaient même les ordres les plus précis, donnés pour un cas déterminé et urgent. Il n'était donc pas impossible à lord Wellington, en conduisant ses préparatifs avec secret, et en dérobant adroitement ses mouvements, de trouver vingt-cinq ou trente jours pour entreprendre un grand siége, et pour l'achever avant que les Français fussent arrivés au secours de la place assiégée. C'était sur cette chance que lord Wellington fondait ses plans d'opérations pour l'automne de 1811, et pour l'hiver de 1811 à 1812.

Dans le moment, ses soldats étant un peu rebutés par la résistance de Badajoz, il voulut changer le but offert à leurs efforts, et songea par ce motif à se porter sur Ciudad-Rodrigo. Il avait fait d'ailleurs la remarque fort judicieuse que le maréchal Marmont, en remontant de Naval-Moral à Salamanque pour secourir Ciudad-Rodrigo, avait moins de chances d'être

Août 1811.

Motifs de lord Wellington pour diriger d'abord ses vues sur Ciudad-Rodrigo.

LIVRE XLII.

Août 1811.

rallié par des forces suffisantes qu'en descendant en Estrémadure pour secourir Badajoz, car dans ce dernier cas il était toujours assuré d'y trouver le maréchal Soult, disposant de beaucoup plus de moyens que le maréchal Bessières en Castille, et ayant à défendre Badajoz un intérêt personnel de premier ordre. Il valait donc mieux tenter une entreprise sur Ciudad-Rodrigo que sur Badajoz ; seulement il existait de ce côté une difficulté, c'était de n'avoir pas un parc de siége, et pas de lieu fermé pour le mettre à l'abri, ce qui faisait que lord Wellington ne se consolait pas d'avoir vu Alméida détruit sous ses yeux par les Français. Au contraire, pour l'attaque de Badajoz il possédait deux vastes magasins fermés, Abrantès d'abord, où la marine anglaise avait transporté par eau un immense matériel, et puis Elvas, où l'on se rendait d'Abrantès par une belle route de terre, et où l'on pouvait mettre en sûreté tout l'attirail d'un grand siége.

Envoi secret d'un équipage de siége dans les environs de Ciudad-Rodrigo.

Néanmoins, ne se laissant pas décourager par cette difficulté, lord Wellington avait fait transporter secrètement dans le voisinage de Ciudad-Rodrigo un parc de grosse artillerie, l'avait fait voyager une pièce après l'autre, et avait eu ensuite la précaution de le cacher dans plusieurs villages. Il avait en outre amené successivement toutes ses divisions dans le haut Beïra, sauf celle du général Hill restée en observation sur la Guadiana, et avait campé ses troupes derrière l'Agueda, laissant au partisan don Julian le soin d'affamer Ciudad-Rodrigo par des courses incessantes à travers les campagnes voisines.

Le maréchal

Vers la fin d'août et le commencement de septembre, le maréchal Marmont, mieux informé cette fois que nous ne l'étions ordinairement des mouvements de l'ennemi, avait appris le déplacement de l'armée anglaise, et reçu du général Reynaud, commandant de Ciudad-Rodrigo, l'avis que la place allait être réduite aux dernières extrémités, que la garnison, déjà mise à la demi-ration, n'aurait de la viande que jusqu'au 15 septembre, du pain que jusqu'au 25, et que, passé ce terme, elle serait contrainte de se rendre. Après un avis pareil, il n'y avait pas de temps à perdre. Le soin de ravitailler Ciudad-Rodrigo regardait à cette époque l'armée de Portugal. Le maréchal Marmont se concerta avec le général Dorsenne, qui venait de remplacer le duc d'Istrie rappelé à Paris, et il fut convenu que ce général préparerait un fort convoi de vivres aux environs de Salamanque, qu'il s'y porterait avec une partie de ses troupes, que de son côté le maréchal Marmont quitterait les bords du Tage, repasserait le Guadarrama par le col de Baños ou de Pérales, et descendrait sur Salamanque, pour concourir au ravitaillement de Ciudad-Rodrigo, au risque de tout ce qui pourrait en arriver.

Ces conventions, très-bien entendues, furent exactement observées. Le maréchal Marmont concentra ses divisions, et leur fit franchir successivement le Guadarrama. Il eût voulu les amener toutes six vers Ciudad-Rodrigo, ce qui lui aurait procuré plus de 30 mille hommes, son corps ayant rallié une partie de ses malades et de ses blessés. Mais il aurait fallu pour cela que Joseph lui envoyât une division de l'armée du centre, afin de garder l'établissement

Sept. 1811.

Marmont se doutant des projets de lord Wellington, et sachant que Ciudad-Rodrigo manque de vivres, concerte une opération avec le général Dorsenne pour ravitailler cette place.

Sept. 1811.

de l'armée de Portugal entre le Tiétar et le Tage, chose que ce prince n'aurait pu faire qu'en se gênant beaucoup, et en découvrant la capitale du côté de Guadalaxara ou de la Manche. Joseph ne l'osant pas, le maréchal Marmont fut obligé de laisser sur le Tage, à la garde de ses ponts et de ses dépôts, une division tout entière, et il choisit pour lui confier ce soin celle qui avait été mise sur la route de Truxillo en observation vers l'Estrémadure. Il passa le Guadarrama avec les cinq autres, et fut rendu dans le commencement de septembre aux environs de Salamanque avec 26 mille combattants. De son côté, le général Dorsenne se porta sur Astorga avec 15 mille hommes d'excellentes troupes, comprenant la jeune garde et l'une des divisions de la réserve récemment entrée dans la Péninsule. La cavalerie surtout était superbe. Il rencontra chemin faisant un nombre à peu près égal d'insurgés galiciens commandés par le général espagnol Abadia, les poussa devant lui jusqu'à Villafranca, leur prit ou leur tua quelques hommes, et ensuite se rabattit à gauche sur Zamora et Salamanque.

Réunion du maréchal Marmont et du général Dorsenne à la tête de 40 mille hommes.

Le 20 septembre, les deux armées du nord et de Portugal se réunirent. Elles étaient l'une et l'autre en très-bon état, parfaitement reposées, pourvues du matériel nécessaire, et comptaient six mille hommes au moins de la meilleure cavalerie. Leur effectif total dépassait quarante mille hommes. L'armée anglaise, ordinairement si bien renseignée, ne s'attendait pas à une si prompte et si grande concentration de forces. Elle était presque aussi nombreuse que l'armée française, mais dévorée de maladies, nullement préparée à une bataille, dispersée dans des cantonnements éloignés, au point que la division légère Crawfurd se trouvait en avant de l'Agueda occupée au blocus de Ciudad, tandis que le gros de l'armée était fort au delà de cette rivière. L'effectif total de lord Wellington ne comprenait d'ailleurs que 25 mille hommes de troupes anglaises ; le reste se composait de Portugais.

Les généraux français, s'ils avaient mis quelque soin à se renseigner, auraient dû connaître ces faits et en profiter pour frapper sur le général anglais un coup décisif, que sa bonne fortune autant que sa prudence lui avait fait éviter jusqu'ici. Informés ou non, ils auraient dû penser qu'ils pouvaient à chaque instant rencontrer l'armée anglaise elle-même, réunie ou dispersée, et que dans un cas il fallait être prêt à la recevoir, et dans l'autre à l'accabler.

Les généraux français qui avaient une supériorité marquée sur l'armée anglaise, ne marchent pas de manière à pouvoir profiter de leurs avantages.

Par conséquent leur devoir était de marcher comme si à chaque instant ils avaient été exposés à combattre. Mais ils n'en firent rien, et ils ne se mirent pas même d'accord sur la résolution de livrer bataille, si la nécessité ou seulement la convenance s'en présentait. Il fut uniquement convenu que le général Dorsenne, se dirigeant par la droite sur Ciudad-Rodrigo, y introduirait le convoi, et que le maréchal Marmont, s'avançant par la gauche avec sa cavalerie, exécuterait sur Fuente Guinaldo et Espeja une forte reconnaissance. L'infanterie de l'armée de Portugal n'étant pas encore arrivée, le général Dorsenne prêta au maréchal Marmont la division Thiébault pour qu'il pût en disposer au besoin. On marcha donc avant que toute l'armée fût

Sept. 1811.

réunie et en état de recevoir l'ennemi s'il venait à paraître. Il était peu probable, à la vérité, que les Anglais voulussent combattre, car dans ce moment leur position en avant de l'Agueda n'était pas bonne; mais quelle que fût leur position actuelle, il ne fallait pas s'approcher autant d'eux sans être soi-même en mesure de profiter des bonnes chances, ou de parer aux mauvaises.

Une belle occasion se présente de faire subir un grave échec à l'armée anglaise, mais les généraux français ne savent pas en profiter.

On marcha sur Ciudad-Rodrigo dans cette espèce de décousu, et le 23 septembre on eut la satisfaction d'y introduire sans coup férir un gros convoi de vivres. Ce but atteint, les deux généraux français avaient sans doute rempli leur principale mission, mais ils étaient tentés de savoir ce qu'il en était de l'armée anglaise, et le maréchal Marmont, se portant sur la gauche, résolut d'exécuter la reconnaissance projetée. S'avançant avec sa cavalerie, que le brave Montbrun commandait encore, il aperçut la division légère Crawfurd partagée en deux brigades fort éloignées l'une de l'autre, et dans un état tel qu'on aurait pu les détruire successivement, si on les eût abordées avec une forte avant-garde. De plus, lord Wellington, avec une armée mal rassemblée, privé de l'une de ses divisions, hors des lieux choisis sur lesquels il aimait à combattre, aurait été probablement vaincu s'il fût venu au secours des deux brigades de Crawfurd, et une fois vaincu, détruit peut-être.

Par malheur, n'ayant que de la cavalerie, on ne put mettre autre chose en avant. Le général Montbrun se jeta sur l'infanterie anglaise avec sa vigueur accoutumée, la culbuta quoiqu'elle fût bien postée, lui enleva quatre pièces de canon, mais ne les garda point, car, n'ayant pas un seul bataillon, il ne put résister lorsque cette infanterie ralliée revint sur lui. Le maréchal Marmont, présent à cette action, demandait à grands cris la division Thiébault qui lui avait été destinée; mais le général Dorsenne, personnage de caractère difficile et fort préoccupé de lui-même, quoique du reste officier très-brave, par mauvaise volonté, ou faute de temps, ne fit arriver cette division que lorsqu'elle ne pouvait plus être utile. En effet, quand elle parut, les deux brigades anglaises, ralliées et réunies, étaient déjà hors d'atteinte.

Le lendemain toute l'infanterie de l'armée se trouvait en ligne, mais les Anglais étaient en pleine retraite, et avaient assez d'avance pour qu'il ne fût plus possible de les rejoindre, du moins en une seule marche. Il devint évident que, si on les eût abordés la veille en ordre convenable, on aurait eu chance de les écraser. Les suivre, les atteindre, les battre, eût encore été praticable, si on avait eu pour trois ou quatre jours de vivres sur le dos des soldats. On ne les avait pas. Il fallut donc rebrousser chemin avec l'unique satisfaction d'avoir ravitaillé Ciudad-Rodrigo, et le regret amer d'avoir laissé échapper l'armée anglaise dans un moment où l'on aurait pu l'accabler. L'irréflexion chez le principal de nos deux généraux, le défaut de concours chez l'autre, procurèrent ainsi à l'heureux Wellington une bonne fortune de plus, le sauvèrent d'un immense péril, et nous privèrent de l'occasion de détruire un mortel ennemi, occasion qui s'était en vain présentée plus

Sept. 1811.

Le résultat de la concentration des deux armées françaises se réduit au ravitaillement de Ciudad-Rodrigo.

Sept. 1811.

d'une fois. C'était une nouvelle preuve après mille autres des inconvénients attachés au défaut d'unité dans le commandement, et de l'impossibilité de suppléer à cette unité par l'autorité de Napoléon exercée à la distance de Paris à Madrid.

Projet de Napoléon d'employer activement l'automne et l'hiver, afin de pouvoir au printemps retirer quelques-unes des troupes qui sont en Espagne.

Napoléon, comme on l'a vu, persistant à penser que la réserve, récemment préparée, pourrait suffire aux besoins de la guerre d'Espagne, moyennant qu'on employât bien l'automne et l'hiver, après quoi il lui serait possible de retirer au printemps la garde impériale, voulait que les opérations importantes commençassent en septembre. La première de ces opérations était à ses yeux d'occuper Valence, et c'est parce que la conquête de Tarragone était l'acheminement vers celle de Valence, qu'il avait accueilli avec tant de plaisir, et récompensé avec tant d'éclat, le dernier exploit du maréchal Suchet. Il prescrivit donc à ce maréchal d'être en mouvement au plus tard vers le 15 septembre, lui promettant dès qu'il serait en marche un fort appui sur ses derrières, soit de la part du général Decaen qui avait remplacé le maréchal Macdonald en Catalogne, et se trouvait débarrassé de Figuères, soit de la part du général Reille, commandant en Navarre, qui allait recevoir deux des divisions de la réserve. Valence prise, Napoléon se flattait que le maréchal Suchet étendrait son action jusqu'à Grenade, que l'armée d'Andalousie pourrait dès lors se reporter presque tout entière vers l'Estrémadure, que la moitié au moins de cette armée se réunissant à celle de Portugal, ramenée à une force de 50 mille hommes par la rentrée des blessés, des malades et

Ses motifs de placer la conquête de Valence au rang des opérations les plus urgentes.

des détachés, on pourrait pénétrer avec 70 mille hommes dans l'Alentejo, pendant que l'armée du nord, renforcée de deux divisions de la réserve, descendrait de son côté sur le Tage par la route qu'avait suivie Masséna, et irait faire sa jonction avec ces 70 mille hommes. Napoléon ne désespérait pas de pousser alors très-vivement les Anglais, et de les conduire bien près du précipice qu'ils avaient derrière eux en s'obstinant à rester à Lisbonne. Il espérait même, tout en prétendant à de si vastes résultats, pouvoir retirer sa jeune garde, à condition toutefois de la remplacer au moyen des quatrièmes bataillons de Drouet, reconduits à Bayonne, et remplis là des conscrits de 1811 et 1812, ce qui devait compenser, du moins sous le rapport du nombre, le départ des régiments de la garde. On va juger par le résultat si ce grand génie pouvait lui-même, tout grand qu'il était, se passer de voir les choses de près pour les apprécier sainement.

Le maréchal Suchet n'avait pas pour la conquête de Valence moins de penchant que Napoléon. Mais des 40 mille hommes valides qu'il possédait, sur 60 mille d'effectif nominal, il avait perdu 4 à 5 mille hommes, tant au siége de Tarragone que dans les opérations subséquentes, et des 35 mille restants il lui fallait en détacher 12 ou 13 mille au moins pour garder l'Aragon et la basse Catalogne. Il ne pouvait donc marcher qu'avec 22 ou 23 mille hommes, et c'était bien peu pour faire la conquête de Valence. Il s'était avancé déjà une première fois jusqu'aux portes de cette grande cité, et il avait pu juger des difficultés de l'entreprise, car il fallait enlever chemin faisant Peniscola, Oropesa, Sagonte, puis occuper de vive force Valence elle-même, Valence défendue par toute l'armée des Valenciens, par celle des insurgés de Murcie, et même par l'armée de Blake, qui se composait des deux divisions Zayas et Lardizabal, amenées des bords de l'Albuera à Grenade le mois précédent. Toutefois, quelles que fussent les difficultés, le maréchal Suchet prit son parti, laissa une division entre Lerida, Tarragone et Tortose, aux ordres du général Frère, pour garder la basse Catalogne, une autre sur l'Èbre aux ordres du général Musnier pour garder l'Aragon, et marcha avec 22 mille hommes sur Valence. Suivant sa coutume, il apporta la plus active sollicitude à organiser sur ses derrières le service des vivres et des munitions de guerre. Tortose, aux bouches de l'Èbre, fut encore son grand dépôt. Il y avait rassemblé, après réparation, le parc de siége qui avait servi à Tarragone; il y avait formé de vastes magasins, que quatorze gros bateaux bien escortés, allant et revenant sans cesse de Mequinenza à Tortose par l'Èbre, approvisionnaient en excellents blés de l'Aragon. C'était là qu'on devait venir prendre les munitions de guerre et de bouche en suivant la route qui longe la mer de Tortose à Valence. Quant à la viande, chaque régiment devait la transporter à sa suite en menant avec lui un troupeau de moutons.

Ces précautions prises, le maréchal Suchet partit le 15 septembre 1811 pour Valence, marchant sur trois colonnes. Avec la principale des trois, composée de la division d'infanterie Habert, de la brigade Robert, de la cavalerie et de l'artillerie, il suivit la

TARRAGONE.

grande route de Tortose à Valence. La division italienne Palombini prit à droite par les montagnes de Morella à San Mateo, la division française Harispe plus à droite encore, à travers les montagnes de Teruel. Elles devaient, après avoir balayé ces diverses routes, opérer leur jonction en avant de Murviedro, à l'entrée de la belle plaine qui porte le nom de Huerta de Valence.

L'armée ne rencontra d'obstacle sérieux nulle part, et chassa devant elle tous les coureurs qui infestaient le pays. La colonne principale, suivant la grande route de Tortose, avait seule des difficultés à vaincre, c'étaient les forts de Peniscola et d'Oropesa, commandant à la fois le bord de la mer et la chaussée. Quant au fort de Peniscola, comme il formait saillie sur la mer, et se trouvait à quelque distance de la route, on se borna à rejeter dans son enceinte la garnison qui avait essayé d'en sortir, et on passa outre, en laissant un détachement pour occuper le passage. Il n'en pouvait être de même devant Oropesa, qui battait à la fois la rade et le chemin. Afin de l'éviter on fit un détour de deux à trois lieues, qui était difficile pour l'artillerie de campagne, et absolument impossible pour l'artillerie de siége. Mais comme on avait laissé cette dernière à Tortose, avec le projet de la faire venir lorsqu'on serait en possession de la plaine de Valence, on résolut de continuer la marche, sauf à renvoyer ensuite quelques bataillons sur Oropesa, afin d'ouvrir la grande route au parc de siége.

Le 20 septembre, les trois colonnes se trouvèrent réunies aux environs de Castellon de la Plana. Le 24

Sept. 1811

L'armée d'Aragon évite les forts de Peniscola et d'Oropesa.

Arrivée dans la plaine de Valence.

Sept. 1811.

Aspect de cette plaine.

Nécessité d'assiéger Sagonte avant de se porter sur Valence.

elles rencontrèrent quelques centaines d'Espagnols au passage du Minjarès, torrent qui descend des montagnes à la mer. Les dragons les dispersèrent, et le 22 on arriva à l'entrée de cette magnifique plaine demi-circulaire de Valence, dont le pourtour est formé par de belles montagnes, dont le milieu, traversé de nombreux canaux, semé de palmiers, d'oliviers, d'orangers, est couvert de riches cultures, et dont le diamètre est formé par une mer étincelante, au bord de laquelle Valence s'élève avec ses nombreux clochers. En y entrant par le nord (l'armée, en effet, descendait du nord au midi), le premier obstacle qui s'offrait était la ville de Murviedro, ville ouverte, mais bâtie au pied du rocher où jadis existait l'antique Sagonte, et où restait une forteresse, composée d'un mélange de constructions romaines, arabes, espagnoles. Trois mille hommes avec des vivres et des munitions occupaient cette forteresse, et on ne pouvait guère les laisser sur ses derrières en allant attaquer Valence, défendue par toute une armée. Le général Blake venait effectivement de rejoindre les Valenciens avec les deux divisions Zayas et Lardizabal.

Le 23, le maréchal Suchet fit enlever Murviedro par la division Habert, ce qui ne fut pas très-difficile, bien que la garnison de Sagonte fût descendue de son repaire pour tâcher de sauver la ville située à ses pieds. On se rendit maître de Murviedro, et, malgré le feu très-vif de la forteresse, on s'établit dans les maisons qui lui faisaient face, on les barricada, on les crénela, et on força ainsi de toute part la garnison à se renfermer dans son réduit ; mais on ne pouvait guère l'y aller chercher, car il était presque inaccessible.

Après examen attentif de cette forteresse, si incommode pour l'armée, on reconnut qu'elle était inabordable de tous les côtés, un seul excepté, celui de l'ouest, par où elle se rattachait aux montagnes qui forment l'enceinte de la plaine de Valence. De ce côté, une pente assez douce conduisait aux premiers ouvrages. Ces ouvrages consistaient en une tour haute et solide, qui barrait le rocher étroit et allongé sur lequel la forteresse était construite, et qui se reliait par de fortes murailles aux autres tours composant l'enceinte. S'avancer par des approches régulières sur ce terrain entièrement nu, consistant en un roc très-dur, où l'on ne pouvait se couvrir que par des sacs à terre, et où l'on devait avoir la plus grande peine à hisser la grosse artillerie, parut trop long et trop meurtrier. On avait une extrême confiance dans les troupes qui avaient livré tant d'assauts extraordinaires, et on résolut de brusquer l'attaque au moyen de l'escalade. Le 28 septembre, au milieu de la nuit, deux colonnes de trois cents hommes d'élite, armées d'échelles, soutenues par des réserves, s'approchèrent de la forteresse en choisissant le côté qui semblait le plus facile à escalader. Par une rencontre singulière, la garnison avait fait choix de cette même nuit pour exécuter une sortie. On la repoussa vigoureusement, mais elle était en éveil, et ce n'était plus le cas d'essayer de la surprendre. Malheureusement les colonnes d'assaut étaient en mouvement, remplies d'une ardeur difficile à contenir, et au milieu de la confusion

Sept. 1811.

Difficultés que présente le site de Sagonte.

Inutile et meurtrière tentative pour enlever Sagonte par escalade.

Octob. 1814.

d'une sortie repoussée, il fut impossible de leur faire parvenir un contre-ordre. La première planta ses échelles et tenta audacieusement de s'élever jusqu'au sommet des murs. Mais les échelles n'atteignaient pas à la hauteur nécessaire, le nombre n'en était pas assez grand, et de plus la tentative était connue de l'ennemi, de façon qu'au point où chaque échelle aboutissait il y avait des hommes furieux, tirant à bout portant, et renversant à coups de pique ou de hache les assaillants assez hardis pour essayer de franchir les murs. L'escalade fut donc impossible. La seconde colonne s'étant obstinée à renouveler l'attaque, fut repoussée de même, et cette tentative hasardeuse, imaginée pour économiser le temps et le sang, nous coûta environ trois cents hommes, morts ou blessés, sans aucun résultat utile.

Nécessité de recourir à un siége en règle pour s'emparer de Sagonte.

Fort affligé de cet échec, le maréchal Suchet se vit dès lors contraint de revenir aux voies ordinaires. Un siége en règle paraissait indispensable pour venir à bout du rocher de Sagonte. On se demandait s'il ne vaudrait pas mieux masquer cet obstacle par un simple détachement et marcher sur Valence. Mais le maréchal ayant déjà négligé Peniscola et Oropesa, n'osa pas laisser sur ses derrières un troisième poste fermé, contenant une garnison de trois mille hommes, et il voulut s'en rendre maître avant de pousser plus loin ses opérations.

Prise du fort d'Oropesa, afin d'ouvrir la route au parc de l'artillerie de siége.

Il fallait faire venir de Tortose la grosse artillerie de siége, et pour cela prendre Oropesa, qui interceptait complétement la route. En conséquence, il fut ordonné au général Compère de se porter avec les Napolitains au nombre de 1,500 hommes devant

Oropesa, et au convoi de la grosse artillerie de s'y acheminer de Tortose. Les premières pièces arrivées devaient être employées à ouvrir la route en renversant les murs d'Oropesa. Les Napolitains, dirigés par des soldats du génie français, commencèrent les travaux d'approche, et les conduisirent avec beaucoup d'ardeur et d'intrépidité. Le 9 octobre, ils purent établir la batterie de brèche, l'armer avec quelques grosses pièces, et se frayer une entrée dans la principale tour d'Oropesa. La petite garnison qui la défendait ne voulut point braver les chances de l'assaut, et se rendit le 10 octobre. On y trouva quelques munitions, on y établit un poste, et on put amener sans obstacle jusqu'au camp, sous Murviedro, le parc de la grosse artillerie.

Octob. 1811.

Les généraux Valée et Rogniat, revenus à l'armée, de laquelle ils s'étaient un moment éloignés par congé, arrêtèrent le plan d'attaque contre la forteresse de Sagonte. Ils décidèrent qu'on attaquerait par l'ouest, c'est-à-dire par les pentes qui rattachaient le rocher de Sagonte aux montagnes. Il fallait creuser la tranchée dans un terrain très-dur, souvent dans le roc nu, en y employant la mine, et cheminer vers un groupe de murailles et de tours élevées, qui avaient un tel commandement, que de leur sommet on plongeait dans nos tranchées, et on nous mettait hors de combat trente ou quarante hommes par jour. De plus, il fallait tout porter à cette hauteur, jusqu'aux déblais qui remplissaient nos sacs à terre, ce qui nous empêchait de donner à nos épaulements l'épaisseur désirable, autre inconvénient grave, car ils ne présentaient qu'un abri fort

Difficulté des approches devant Sagonte.

insuffisant. Pendant qu'on se livrait à ces pénibles travaux, les chefs de bandes qui infestaient les montagnes de Teruel, de Calatayud, de Cuenca, situées entre la province d'Aragon et celle de Valence, étaient devenus plus actifs que jamais, attaquaient nos postes, enlevaient nos troupeaux, et on ne pouvait plus différer d'envoyer des colonnes sur les derrières pour réprimer leur audace.

Impatiente de triompher du fâcheux obstacle qui l'arrêtait, l'armée voulait qu'on lui permît l'assaut dès qu'il serait possible. On ne demandait pas mieux, mais l'établissement des batteries sous le feu continuel des Espagnols avait coûté des peines infinies et des pertes sensibles, et on ne put battre en brèche que le 17 octobre. Notre artillerie, habilement dirigée, détruisit les premiers revêtements. Mais dans l'épaisseur des murailles se trouvaient d'anciennes maçonneries dures comme le roc, et au-dessus les Espagnols, animés d'une énergie que nous leur avions à peine vue à Tarragone, restant à découvert sous le feu de la batterie de brèche, ajustaient nos canonniers, les renversaient homme par homme, et ralentissaient ainsi nos efforts.

Enfin le 18 dans l'après-midi, la brèche, quoique présentant encore un escarpement assez difficile à franchir, fut déclarée abordable, et on ordonna l'assaut. Les Espagnols debout sur la brèche et au sommet de la tour dans laquelle on l'avait pratiquée, étaient armés de fusils et de haches, et poussaient des cris féroces. Le colonel Matis, avec 400 hommes d'élite pris dans les 5ᵉ léger, 114ᵉ, 117ᵉ de ligne, et dans la division italienne, s'avança hardiment sous le feu le plus violent. Malgré l'audace des assaillants, la brèche était si escarpée, la fusillade si vive, que les soldats qui essayèrent de gravir ces décombres furent abattus, et qu'il fallut y renoncer après une nouvelle perte de 200 hommes morts ou blessés. Ainsi cette malencontreuse citadelle de Sagonte, en tenant compte de la première escalade manquée et des pertes essuyées pendant les travaux, nous avait déjà coûté 7 à 800 hommes, sans aucun résultat. L'armée valencienne, assistant du milieu de la plaine à ce spectacle, sentait sa confiance dans ses propres murailles augmenter d'heure en heure, et après avoir vu échouer les efforts du maréchal Moncey contre Valence en 1808, ceux du général Suchet en 1810, se flattait qu'il en serait de même de cette nouvelle tentative.

Octob. 1811.

Nouvel insuccès de l'assaut tenté contre Sagonte.

C'était sur cette armée, si remplie de contentement, que le maréchal Suchet songeait à faire tomber sa vengeance; c'était en allant la battre à outrance qu'il espérait réparer les échecs que venait de lui faire éprouver la garnison si obstinée de Sagonte. Il se disait en effet que s'il parvenait à vaincre l'armée valencienne en rase campagne, il découragerait la garnison de Sagonte, et peut-être même prendrait Sagonte et Valence à la fois, par la seule puissance des effets moraux. Mais il n'aurait pas voulu pour rencontrer l'armée ennemie s'éloigner trop de Sagonte, et s'approcher trop de Valence, et il tâchait de découvrir un terrain où il pourrait la joindre, lorsque le général Blake vint lui-même lui offrir l'occasion qu'il cherchait à faire naître.

Le maréchal Suchet voudrait sortir d'embarras par une bataille livrée à l'armée valencienne.

La garnison de Sagonte, si elle nous avait causé

des pertes, en avait éprouvé aussi; elle était au terme de ses forces morales, désirait vivement qu'on la secourût, et le demandait en communiquant par des signaux avec les vaisseaux qui croisaient le long du rivage. Le général Blake n'avait pas moins de 30 mille hommes à mettre en ligne, parmi lesquels figuraient les deux divisions Zayas et Lardizabal, les meilleures de l'Espagne. Il avait été rejoint en outre par les Murciens sous le général Mahy, et par le brave partisan Villa-Campa.

Il s'avança donc au milieu de la plaine, s'éloignant de Valence et s'approchant de Sagonte avec l'attitude d'un général disposé à livrer bataille. Le maréchal Suchet en conçut une vive joie, et fit aussitôt ses préparatifs de combat. Les deux armées se trouvèrent en présence le 25 octobre au matin.

Le général Blake rangea à sa droite, au delà d'un ravin dit du Picador, et le long de la mer, la division Zayas, que la flottille espagnole devait appuyer de son feu; au centre, la division Lardizabal, soutenue par toute la cavalerie espagnole sous les ordres du général Caro; à sa gauche, la division valencienne Miranda, celle du partisan Villa-Campa, et enfin, au delà même de sa gauche, avec intention de nous tourner par les montagnes, les troupes de Mahy. Il devait avoir, comme nous venons de le dire, environ 30 mille soldats, aussi bons que l'Espagne pouvait alors les fournir. Le surplus était resté à la garde de Valence.

Le général Suchet n'en comptait que 17 ou 18 mille, obligé qu'il était de laisser quelque monde devant Sagonte; mais ces 17 ou 18 mille hommes rachetaient amplement par leur valeur l'infériorité de leur nombre. Vers sa gauche et vers la mer, il plaça la division Habert en face de la division Zayas; vers le centre il opposa la division Harispe, la division italienne Palombini, le 4ᵉ de hussards, le 13ᵉ de cuirassiers, le 24ᵉ de dragons à la division Lardizabal; vers sa droite enfin, au débouché des montagnes, il chargea les brigades Robert et Chlopiski, les dragons italiens Napoléon de tenir tête aux troupes de Miranda, de Villa-Campa et de Mahy, qui menaçaient de nous couper de la route de Tortose, notre seule ligne de retraite. Nos compagnies du génie, avec l'infanterie napolitaine, devaient continuer de battre les tours de Sagonte pendant la bataille.

Dès la pointe du jour, en effet, les troupes employées au siége commencèrent leur canonnade, pendant que l'armée du général Blake, s'ébranlant sur toute la ligne, marchait au-devant de la nôtre. Le maréchal Suchet parcourait en ce moment le champ de bataille avec un escadron du 4ᵉ de hussards, lorsqu'il aperçut au centre les Espagnols de Lardizabal s'avançant avec ordre et assurance sur un mamelon qui pouvait servir d'appui à toute notre ligne. A cette vue il prescrivit à la division Harispe de s'y porter en toute hâte, et comme les Espagnols avaient de l'avance sur nous, il lança contre eux ses hussards pour ralentir leur mouvement. Les hussards, quoique chargeant avec ardeur, furent ramenés par les Espagnols, qui montèrent bravement sur le mamelon et s'y établirent. Le général Harispe, arrivant quand le mamelon était déjà

Octob. 1811.

Engagement violent dès la pointe du jour.

Mamelon vivement disputé au centre de la ligne.

Octob. 1811.

occupé, n'en fut aucunement embarrassé. Il y marcha à la tête du 7ᵉ de ligne formé en colonnes par bataillon, et laissa en réserve le 116ᵉ de ligne avec le 3ᵉ de la Vistule. Les Espagnols firent un feu extrêmement vif, et soutinrent le choc avec plus de fermeté que de coutume. Mais le 7ᵉ de ligne les aborda à la baïonnette et les culbuta. La division Harispe se déploya ensuite tout entière devant la division Lardizabal, qui s'était arrêtée tandis que les deux ailes de l'armée espagnole continuaient à gagner du terrain. Le maréchal Suchet résolut sur-le-champ de profiter de cette situation pour couper l'armée espagnole par le centre; il fit donc avancer la division Harispe, et modéra au contraire le mouvement de la division Habert à sa gauche, des brigades Robert et Chlopiski à sa droite. Pendant que ces ordres s'exécutaient, le chef d'escadron d'artillerie Duchand ayant porté avec beaucoup d'audace l'artillerie de la division Harispe en avant, afin de tirer à mitraille sur l'infanterie Lardizabal, fut chargé par toute la cavalerie du général Caro. Les hussards qui voulurent le soutenir furent eux-mêmes ramenés, et plusieurs de nos pièces tombèrent au pouvoir des Espagnols, qui, peu habitués à nous en prendre, se mirent à pousser des cris de joie. Au même instant toute l'infanterie Lardizabal marcha sur nous avec une extrême confiance. Mais le 116ᵉ envoyé à sa rencontre arrêta par son aplomb la cavalerie du général Caro; puis le brave 13ᵉ de cuirassiers, lancé à toute bride par le général Boussard sur l'infanterie espagnole, la rompit et la sabra. Dès ce moment le centre de l'ennemi, percé par le milieu, fut obligé de

L'armée espagnole coupée par le centre.

battre en retraite. Non-seulement on reprit l'artillerie française, mais on enleva une partie de l'artillerie espagnole, et on ramassa beaucoup de prisonniers, notamment le général Caro lui-même.

Octob. 1811.

Bientôt les deux ailes de l'armée, retenues d'abord, puis reportées en avant par le maréchal Suchet, qui venait d'être blessé à l'épaule sans quitter le champ de bataille, se trouvèrent en ligne avec le centre. Le général Habert opposé à la division Zayas la poussa du premier choc sur le village de Pouzol, la rejeta ensuite sur les hauteurs de Puig, qu'il emporta à la baïonnette, tandis que le colonel Delort, liant la gauche avec le centre, chargeait à la tête du 24° de dragons les restes de l'infanterie de Lardizabal. A droite les généraux Robert et Chlopiski repoussèrent les troupes de Mahy, que les dragons italiens de Napoléon achevèrent de mettre en déroute par une charge vigoureuse.

Culbutés ainsi sur tous les points, les Espagnols se retirèrent en désordre, laissant dans nos mains douze bouches à feu, 4,700 prisonniers, un millier de morts et quatre drapeaux. Cette lutte, plus vive que ne l'étaient ordinairement les combats en rase campagne contre les Espagnols, nous avait coûté environ 700 hommes, morts ou blessés. Le plus important résultat, c'était d'avoir abattu le moral de l'armée valencienne, d'avoir découragé la garnison de Sagonte, et détruit l'orgueilleuse confiance que les habitants de Valence mettaient dans leurs murailles.

Heureux résultat de la victoire de Sagonte.

Le maréchal, après avoir recueilli les trophées de cette journée, fit sommer la garnison de Sagonte,

Reddition de la forteresse

Octob. 1811
de Sagonte.

à qui la défaite de l'armée espagnole ôtait toute espérance d'être secourue. Elle consentit en effet à capituler, et nous livra 2,500 prisonniers, reste de la garnison de 3 mille hommes qui, dans l'origine de la défense, occupait la forteresse. Ce premier résultat de la bataille de Sagonte causa une vive satisfaction au maréchal Suchet, qui se voyait ainsi maître de la plaine de Valence par le solide point d'appui qu'il venait d'y acquérir, et qui avait de plus dans la ville de Murviedro un abri assuré pour son artillerie de siége, ses malades et ses munitions. Possédant en outre sur la grande route de Tortose le fort d'Oropesa, qui seul avait action sur la chaussée, celui de Peniscola n'en ayant que sur la mer, il était parfaitement assuré de sa ligne de communication jusqu'à l'Èbre.

Le maréchal Suchet envoie une colonne sur ses derrières pour escorter ses prisonniers, disperser les bandes, et faire arriver à Paris une demande de secours.

Toutefois il lui tardait de se débarrasser de ses prisonniers, qui, au nombre de sept à huit mille, l'incommodaient beaucoup; il n'était pas moins pressé de dégager ses derrières, car les bandes avaient profité de son absence pour assaillir le cercle entier des frontières de l'Aragon. L'Empecinado et Duran, remplaçant Villa-Campa, avaient forcé la garnison de Calatayud; Mina sortant de la Navarre, quoique poursuivi par plusieurs colonnes, avait enlevé jusqu'à un bataillon entier d'Italiens; et les Catalans, reprenant le Mont-Serrat, avaient rendu très-difficile la position de la division Frère, chargée de veiller sur Lerida, Tarragone et Tortose. Le maréchal ordonna divers mouvements sur ses derrières, achemina ses prisonniers sous l'escorte d'une forte brigade vers les Pyrénées, et dépêcha courriers sur courriers à Paris pour faire connaître la situation où il se trouvait, et le besoin qu'il éprouvait d'être promptement secouru.

Il lui restait à passer le Guadalaviar, petit fleuve torrentueux au bord duquel Valence est bâtie, à investir cette vaste cité qui était occupée par une armée nombreuse, et qui, indépendamment de sa vieille enceinte, était encore protégée par une ligne continue de retranchements en terre, tous hérissés d'artillerie, et formant un vaste camp retranché. A ces défenses s'ajoutaient la multitude de canaux d'irrigation, larges, profonds, pleins d'eau courante, qui faisaient la richesse de Valence pendant la paix, et sa sûreté pendant la guerre. C'étaient là des obstacles difficiles à surmonter, et contre lesquels les 17 mille hommes que conservait le maréchal, après l'envoi de la brigade chargée d'escorter les prisonniers, n'étaient pas une force suffisante.

En attendant les renforts qu'il avait sollicités, et qui pouvaient lui être envoyés de la Navarre, le maréchal employa le mois de novembre à resserrer la ville de Valence, en se portant sur les bords du Guadalaviar. Il fit avancer à gauche la division Habert jusqu'au Grao, port de Valence, et ordonna la construction de trois redoutes fermées pour servir d'appui à cette division. Il fit enlever au centre le faubourg de Serranos, malgré une vive résistance des Espagnols, qui le défendirent pied à pied. Ce faubourg était séparé de la ville même par le Guadalaviar. On s'introduisit par la sape et la mine dans trois gros couvents qui le dominaient, et dès cet instant on put s'en rendre maître. En remontant

Nov. 1811

Défenses nombreuses élevées autour de Valence, et impossibilité de les surmonter avec les forces dont disposait le maréchal Suchet.

Investissement de Valence en attendant l'arrivée des renforts demandés.

vers la droite le long du Guadalaviar, on s'empara des villages qui étaient sur la rive gauche du fleuve, celle que nous occupions, et on s'y fortifia. On avait ainsi créé une longue ligne de circonvallation depuis la mer jusqu'au-dessus de Valence, et il ne restait plus, pour envelopper la ville complétement, qu'à franchir le Guadalaviar devant le général Blake, à forcer les canaux qui sillonnaient la plaine, et à enfermer l'armée de secours dans la ville elle-même. Le maréchal retardait cette opération, qui n'était pas la dernière, puisqu'il fallait ensuite enlever le camp retranché et la vieille enceinte, jusqu'à l'arrivée des secours qu'on lui avait promis, et qu'on lui annonçait comme très-prochains.

Napoléon, en effet, en apprenant la bataille de Sagonte, crut voir toutes les affaires de l'Espagne concentrées autour de Valence, et le destin de la Péninsule attaché en quelque sorte à la prise de cette importante cité. Il est certain que la conquête de cette ville, qui depuis plusieurs années avait résisté à toutes nos attaques, succédant à celle de Tarragone, devait produire dans la Péninsule un grand effet moral, presque aussi grand que celui qu'aurait pu y causer la conquête de Cadix, pas comparable toutefois à celui qui serait résulté de l'occupation de Lisbonne, puisque cette dernière supposait la ruine des Anglais eux-mêmes. Napoléon voulut donc que tout fût subordonné, presque sacrifié à cet objet important.

Par dépêche du 20 novembre, il prescrivit au général Reille de quitter sur-le-champ la Navarre, quelque urgent qu'il fût d'y tenir tête à Mina, et d'entrer en Aragon avec les deux divisions de la réserve qui étaient sous ses ordres; au général Caffarelli de remplacer en Navarre le général Reille pour y poursuivre Mina à outrance; au général Dorsenne de suppléer en Biscaye le général Caffarelli; à Joseph de se priver d'une division pour la faire avancer sur Cuenca; à Marmont, tout éloigné qu'il était de Valence, de détacher sous le général Montbrun une division d'infanterie et une de cavalerie qui devaient se joindre par Cuenca à celle qu'aurait expédiée Joseph; enfin au maréchal Soult de porter un corps jusqu'à Murcie. Il écrivit à tous, ce qui était vrai, mais fort exagéré, que les Anglais avaient un nombre immense de malades, 18 mille, disait-il, qu'ils étaient incapables de rien entreprendre, qu'on pouvait donc sans danger dégarnir les Castilles, l'Estrémadure et l'Andalousie; que Valence était actuellement le seul point important, que Valence prise, un grand nombre de troupes deviendraient disponibles, et qu'on pourrait plus tard reporter de l'est à l'ouest, pour agir vigoureusement contre les Anglais, la masse de forces qu'en ce moment on faisait affluer vers cette ville.

Nov. 1811.

de concourir à la prise de Valence.

Ces ordres, exprimés avec une extrême précision[1], et des formes de commandement très-impérieuses, adressés d'ailleurs à des lieutenants qui, par exception, se prêtaient assez volontiers à secourir leurs voisins, furent mieux exécutés que de coutume, et par une sorte de fatalité attachée aux

Immense et regrettable concours de forces vers Valence.

---

[1] Je parle en ayant sous les yeux les lettres qui émanaient de Napoléon lui-même, ce qui depuis un an n'était pas fréquent, car il avait chargé le prince Berthier de la correspondance avec l'Espagne.

affaires d'Espagne, cette ponctualité à obéir était obtenue la seule fois où elle n'eût pas été désirable, car le général Reille aurait suffi pour mettre le maréchal Suchet en mesure de remplir sa tâche, et les forces qu'on allait inutilement déplacer devaient bientôt faire faute ailleurs. Quoi qu'il en soit, le général Reille, qui avait déjà fait avancer la division Severoli en Aragon pour contenir les bandes, y entra lui-même avec une division française, et marcha à la tête de ces deux divisions sur Valence par la route de Teruel. Le général Caffarelli le remplaça en Navarre. Joseph, qui tenait beaucoup à la conquête de Valence, se priva sans hésiter d'une partie de l'armée du centre, et dirigea sur Cuenca la division Darmagnac. Le maréchal Marmont, qui s'ennuyait de son inaction sur le Tage, et qui aurait voulu marcher lui-même sur Valence, n'étant pas autorisé à s'y rendre en personne, y envoya non sans regret le général Montbrun avec deux divisions, une d'infanterie et une de cavalerie. Le maréchal Soult répondit qu'il ne pouvait guère du fond de l'Andalousie aider le maréchal Suchet dans le royaume de Valence, et il avait raison. Il agit en conséquence, et n'envoya rien.

L'heureux maréchal Suchet vit arriver successivement plus de secours qu'il n'en avait demandé, et vers les derniers jours de décembre il apprit que le général Reille, officier aussi intelligent que vigoureux, approchait de Ségorbe avec la division italienne Severoli, et avec une division française composée des plus beaux régiments de l'ancienne armée de Naples. C'était une force de 14 à 15 mille hommes et de 40 bouches à feu. Après avoir lui-même passé ces troupes en revue à Ségorbe le 24 décembre, il revint sous les murs de Valence, et résolut de franchir immédiatement le Guadalaviar pour compléter l'investissement de cette ville avant que le général Blake pût en sortir, ou y attirer, s'il n'en sortait pas, une nouvelle division du général Freyre, qu'on disait près de paraître en ces lieux. Il fixa au 26 décembre l'exécution de ce projet, ce qui devait permettre au général Reille d'occuper à temps la rive gauche du fleuve qu'on allait abandonner, et même de seconder la fin de l'opération.

Le 26 décembre, en effet, tandis qu'une partie de la division Habert masquait le faubourg de Serranos, le reste de cette division, se portant à gauche, passait le fleuve vers son embouchure, venait se ployer autour de Valence, qu'elle enveloppait du côté de la mer, et prenait position vis-à-vis d'une hauteur appelée le mont Olivete. Au centre et un peu au-dessus de Valence, les Italiens de la division Palombini, entrant dans l'eau jusqu'à la ceinture, traversaient le Guadalaviar à gué, et, sous le feu le plus vif, attaquaient le village de Mislata, fortement défendu, et surtout protégé par un canal profond, plus difficile à franchir que le fleuve lui-même. Ce canal était celui que les habitants appellent *Acequia de Favara*. Pour seconder ce mouvement et envelopper complétement Valence, le général Harispe, avec sa division, avait franchi le Guadalaviar au-dessus du village de Manisses, point où sont établies les prises d'eau qui servent à détourner le cours du Guadalaviar pour le répandre en mille canaux dans la plaine de Valence. Le maréchal Suchet avait calculé que le général Harispe évitant ainsi l'obstacle des canaux pourrait plus rapidement tourner Valence, et venir en opérer l'investissement au sud.

Le mouvement du général Harispe fut un peu retardé parce qu'il attendait l'arrivée du général Reille, ne voulant pas laisser sans appui les troupes peu nombreuses demeurées à la gauche du Guadalaviar. Sans cet appui en effet le général Blake, qu'on allait bloquer sur la rive droite, aurait pu se sauver par la rive gauche, en passant sur le corps des faibles détachements qu'il y aurait trouvés. Dès qu'on vit paraître la tête des troupes du général Reille, qui arrivaient exténuées de fatigue, le général Harispe poussa en avant, enleva Manissès, tomba sur les derrières de Mislata, dégagea les Italiens qui soutenaient un combat des plus pénibles, leur facilita l'occupation des positions disputées, descendit ensuite au sud de Valence, et acheva vers la fin du jour l'investissement de cette ville. Pendant ce mouvement circulaire autour de Valence, le général Mahy à la tête des insurgés de Murcie, le partisan Villa-Campa avec sa division, s'étaient retirés sur le Xucar et sur Alcira, ne voulant pas être enfermés dans Valence, et jugeant avec raison que c'était bien assez du général Blake pour la défendre, si elle pouvait être défendue, et beaucoup trop pour rendre les armes si elle devait finir par capituler. Le général en chef envoya les dragons à la poursuite des troupes en retraite, mais on ne put que leur enlever quelques hommes et précipiter leur fuite.

Cette opération heureusement exécutée nous coûta environ 400 hommes tués ou blessés, et la plupart Italiens, car il n'y avait eu de forte résistance qu'à Mislata. Elle complétait l'investissement de Valence, et nous donnait l'assurance, en prenant la place, de prendre en outre le général Blake avec environ 20 mille hommes. Certainement si la population valencienne, qui n'était pas de moins de 60 mille âmes, secondée par 20 mille hommes de troupes régulières, ayant des vivres, des défenses nombreuses et bien entendues, avait été animée encore des sentiments qui l'enflammaient en 1808 et en 1809, elle aurait pu résister longtemps, et nous faire payer cher sa soumission. Mais les hommes exaltés et sanguinaires qui avaient égorgé les Français en 1808 étaient ou calmés, ou dispersés, ou terrifiés. Trois ans de guerre civile et étrangère, de courses lointaines tantôt en Murcie, tantôt en Catalogne, avaient fatigué la population active et ardente, et usé ses passions. Valence en était au même point que Saragosse, au même point que beaucoup d'autres parties de l'Espagne. Moyennant qu'on désarmât ceux qui avaient pris le goût et l'habitude des armes, ou qui les gardaient par amour du pillage, le reste, lassé d'une tyrannie insupportable exercée alternativement par tous les partis, était prêt à se soumettre à un vainqueur clément, réputé honnête, et apportant plutôt le repos que l'esclavage. Le souvenir des massacres commis sur les Français en 1808, qui eût été un motif de résister à outrance à un assiégeant impitoyable, était au contraire une raison de se rendre le plus tôt possible à un ennemi dont on connaissait la douceur, et qu'il ne fallait

Déc. 1811.

Fatigue des esprits à Valence, et dispositions à se rendre.

Janv. 1812.

pas obliger à se montrer plus sévère qu'il n'était disposé à l'être.

Ces sentiments, agissant sur l'armée elle-même du général Blake, empêchaient que d'aucun côté ne naquît la résolution de détruire Valence, comme on avait détruit Saragosse, plutôt que de la livrer à l'ennemi. Le maréchal Suchet était informé de cette disposition des esprits, et il voulait hâter les approches autant que possible, afin d'amener la reddition, car la concentration de forces qu'il avait obtenue ne lui était que très-passagèrement assurée. En conséquence, il résolut de commencer les travaux sur deux points de l'enceinte qui présentaient des circonstances favorables à l'attaque. Dans les premiers jours de janvier 1812, le colonel du génie Henri, qui s'était signalé dans tous les siéges mémorables de l'Aragon et de la Catalogne, ouvrit la tranchée vers le sud de la ville, devant une saillie formée par la ligne des ouvrages extérieurs, et au sud-ouest devant le faubourg Saint-Vincent. En quelques jours les travaux furent poussés jusqu'au pied du retranchement, mais on y perdit le colonel Henri, justement regretté de l'armée pour son courage et ses talents. Le général Blake ne voyant autour de lui rien de préparé pour une défense à outrance, abandonna la ligne des retranchements extérieurs, et se retira dans l'enceinte elle-même.

Ouverture de la tranchée au sud et à l'ouest de Valence.

Le maréchal Suchet, discernant parfaitement cet état de choses, se porta aussitôt sous les murs de la place, et y disposa une batterie de mortiers pour accélérer la fin d'une résistance mourante; mais s'il cherchait à effrayer la population, il était loin de vouloir détruire une cité dont les richesses allaient devenir la principale ressource de son armée. Après quelques bombes qui causèrent plus de peur que de mal, il somma le général Blake. Celui-ci fit une réponse négative, mais équivoque. On bombarda encore sans interrompre les pourparlers. Enfin le 9 janvier 1812 l'armée du général Blake se rendit prisonnière de guerre, au nombre de 18 mille hommes. Le maréchal Suchet fit dans Valence une entrée triomphale, juste prix de combinaisons sagement conçues, fortement exécutées, et heureusement secondées par les circonstances. La population accueillit avec calme, presque avec satisfaction, un chef dont l'Aragon vantait le bon gouvernement, et ne fut pas fâchée de voir finir une guerre affreuse, qui, dans l'ignorance où l'on était alors de l'avenir, ne semblait plus présenter d'avantage que pour les Anglais, aussi odieux aux Espagnols que les Français eux-mêmes.

Le maréchal Suchet se hâta d'introduire dans l'administration du royaume de Valence le même ordre qu'il avait fait régner dans celle de l'Aragon, afin d'assurer à son armée cette continuation de bien-être qui permettait d'en tirer de si grands services. La population était disposée soit à Valence, soit dans les villes voisines, à se prêter à l'action de son autorité, et il pouvait se promettre une soumission aussi complète que celle qu'il avait obtenue en Aragon. Toutefois il fallait qu'il conservât assez de troupes pour tenir en respect la partie turbulente de la population, qui déjà s'était jetée dans les montagnes, et se préparait à profiter de l'éparpillement de nos forces, nécessairement amené par l'extension de l'occupation, pour essayer de troubler Murcie, Cuenca, l'Aragon, la basse Catalogne. Ici les événements ne dépendaient plus de lui, mais d'une autorité bien supérieure à la sienne, et qui seule était en position de tirer du dernier succès les utiles conséquences qu'on pouvait en attendre.

Ce qu'il aurait fallu pour tirer d'utiles conséquences de la conquête de Valence.

La prise de Valence, succédant à celle de Tarragone, était sans contredit un fait heureux et éclatant, capable d'exercer sur la Péninsule une influence morale considérable, mais à certaines conditions, c'est que, loin de diminuer les forces, on les proportionnerait à l'extension de notre occupation; c'est que la précipitation avec laquelle on en avait porté une si grande quantité à l'est, et qui laissait le champ libre aux Anglais vers l'ouest, serait promptement réparée; c'est qu'on ne donnerait pas à ceux-ci le temps d'en profiter, et qu'on saisirait au contraire ce moment pour agir contre eux avec une extrême vigueur. Si, en effet, on augmentait assez l'armée du nord pour qu'elle pût non-seulement contenir les bandes, mais couvrir Ciudad-Rodrigo, si on augmentait assez l'armée de Portugal pour qu'elle pût envahir soit le Beïra, soit l'Alentejo, ou au moins arrêter lord Wellington, si enfin on renforçait assez l'armée d'Andalousie pour qu'elle pût prendre Cadix, et ajouter l'éclat de cette conquête à celui de la conquête de Valence, alors une moitié de l'armée d'Andalousie jointe à l'armée tout entière du Portugal, et à un détachement de l'armée du nord, pouvait ramener les Anglais sur Lisbonne, et les bloquer dans leurs lignes jusqu'au moment où l'on tenterait un effort suprême pour les y forcer. Malheureusement il était difficile que ces conditions fussent remplies dans la situation présente, avec le mouvement qui portait toutes choses sur la Vistule au lieu de les porter sur le Tage. Napoléon venait tout à coup de prescrire qu'aussitôt Valence prise, le général Reille rentrât en Aragon avec ses deux divisions, pour y rendre au général Caffarelli la liberté de rentrer en Castille, et à la garde impériale la liberté de rentrer en France. Aussi à peine était-on dans Valence, que le général Reille rebroussa chemin, et que le maréchal Suchet se trouva réduit à ses seules forces, ce qui suffisait pour gouverner paisiblement Valence, mais ne suffisait certainement pas pour agir au loin, pour agir surtout jusqu'à Murcie et jusqu'à Grenade. Il profita toutefois des troupes qui rétrogradaient pour se débarrasser de ses prisonniers, et les diriger sur la France.

Janv. 1812.

Napoléon, qui avait d'abord voulu, après la prise de Valence, faire refluer vers les Anglais une masse décisive de forces, et laisser par ce motif sa garde en Castille tout l'hiver au moins, Napoléon n'y songeait plus, pressé qu'il était, par certaines circonstances que nous aurons à raconter bientôt, de porter ses armées sur la Vistule, et il s'était décidé à rappeler sur-le-champ sa garde, les Polonais, les cadres d'un certain nombre de quatrièmes bataillons, et une partie des dragons.

Napoléon, qui voulait pendant tout l'hiver encore laisser en Espagne sa garde, les Polonais et diverses autres troupes, les rappelle dès le mois de décembre.

Il venait effectivement, dans les derniers jours de décembre, de redemander sa jeune garde au général Dorsenne, ce qui entraînait une diminution de douze mille hommes au moins, de redemander au maréchal Suchet et au maréchal Soult les régiments de la Vistule, ce qui comportait une nouvelle diminution de sept à huit mille Polonais, soldats excellents, diminution fâcheuse surtout pour le maréchal Suchet, qui restait avec quinze mille hommes dans le royaume de Valence. Il venait en outre de rappeler les quatrièmes bataillons qui avaient composé le 9ᵉ corps, et qui presque tous appartenaient aux régiments de l'armée d'Andalousie. Il avait prescrit que l'effectif de ces quatrièmes bataillons fût versé dans les trois premiers, et que les cadres rentrassent à Bayonne, où l'on devait former une réserve en les remplissant de conscrits. Mais ce départ allait produire encore une réduction immédiate de deux à trois mille hommes regrettables par leur qualité. Enfin Napoléon venait de rappeler douze régiments de dragons, sur les vingt-quatre employés en Espagne. Il est vrai que c'était avec des précautions infinies, car il n'y avait d'immédiatement rappelés que quatre régiments entiers de dragons, et pour les huit autres, on ne devait retirer les escadrons que successivement, et à mesure qu'ils perdraient leur effectif. Ainsi on allait commencer par faire revenir le troisième escadron, en versant ce qui lui restait d'hommes dans les deux premiers, et en ne retirant que le cadre lui-même; puis agir de même pour le second, et ainsi de suite, en laissant toujours les soldats, et ne ramenant que les officiers et sous-officiers. De la sorte on devait peu diminuer en Espagne l'effectif réel de la cavalerie, car l'expérience avait prouvé la presque impossibilité d'y entretenir en bon état vingt-quatre régiments de cavalerie, surtout à cause de la consommation de chevaux, et il valait mieux dans l'intérêt du service douze régiments tenus au complet, que vingt-quatre presque toujours incomplets, ne comptant souvent que trente à quarante hommes montés par escadron.

Malgré ces adroites combinaisons, les nouvelles mesures allaient néanmoins enlever à l'Espagne plus de vingt-cinq mille hommes, et des meilleurs. Ce n'est pas encore tout : Napoléon, ne songeant plus à la marche combinée de deux armées sur Lisbonne, s'avançant l'une par le Beïra, l'autre par l'Alentejo, mais songeant surtout à se garder contre un mouvement offensif des Anglais en Castille, qui eût mis en péril notre ligne de communication, Napoléon venait, au moment même où l'on prenait Valence, de changer la destination du maréchal Marmont, et de le ramener des bords du Tage aux bords du Douro, et pour cela de lui faire repasser le Guadarrama. Il lui avait ordonné de quitter Almaraz, et d'aller s'établir à Salamanque avec les six divisions de l'armée de Portugal, auxquelles il en avait ajouté une septième, celle du général Souham, qui était l'une des quatre de la réserve. La division Bonnet devait former la huitième, mais en restant jusqu'à nouvel ordre dans les Asturies. Le maréchal Marmont en avait donc sept pour la Castille. Le général Caffarelli, revenu de la Navarre qu'il avait momentanément occupée pendant le mouvement du général Reille sur Valence, avait succédé au général Dorsenne dans le commandement de l'armée du nord. Il devait recevoir pour remplacer la garde une des quatre divisions de la réserve, et avait

Janv. 1812.

Napoléon, ne songeant plus à une marche sur Lisbonne, et soucieux surtout de garantir le nord de la Péninsule contre les Anglais, ramène le maréchal Marmont du Tage sur le Douro.

Janv. 1812.

ordre de fournir au moins douze mille hommes au maréchal Marmont, en cas d'une opération offensive de la part des Anglais. Joseph devait lui en prêter quatre mille de l'armée du centre. Napoléon supposant ce maréchal fort de cinquante à soixante mille hommes par suite de ces combinaisons, le chargeait de tenir tête aux Anglais, de protéger contre eux notre ligne de communication, et en même temps de couvrir Madrid s'ils essayaient de s'y porter, ainsi qu'ils l'avaient fait à l'époque de la bataille de Talavera. Enfin comme c'était le départ de la garde qui déterminait le nouvel emplacement assigné à l'armée de Portugal, il était prescrit au maréchal Marmont de se conformer sur-le-champ aux instructions qu'il venait de recevoir.

Embarras du maréchal Marmont tenant à l'envoi du général Montbrun sur Valence.

Mais, au moment où lui parvenaient ces ordres (premiers jours de janvier 1812), le maréchal Marmont se trouvait dans le plus grand embarras pour y obéir, car, dans l'extrême précipitation qui avait présidé à la concentration des forces vers Valence, on lui avait enjoint de détacher du côté de cette ville le général Montbrun avec deux divisions, l'une d'infanterie, l'autre de cavalerie. Or le général Montbrun, au lieu de s'arrêter à Cuenca, comme la division Darmagnac envoyée par Joseph, et d'attendre qu'on eût besoin de lui pour aller au delà, avait agi tout autrement. Profitant de sa liberté et de la saison qui rendait les courses faciles en Espagne, il s'était avancé jusqu'aux portes mêmes d'Alicante, qui, prêtes à s'ouvrir devant le maréchal Suchet, s'étaient fermées devant lui.

Le général Montbrun pouvait avoir commis une

faute, faute bien excusable avec son caractère, et bien légère en comparaison de ses grands services, mais qu'il eût tort ou non, il n'en était pas moins à quatre-vingts ou cent lieues d'Almaraz, et tandis qu'avec un tiers de l'armée de Portugal il était si loin, c'était chose difficile pour le maréchal Marmont de quitter le Tage avec les deux autres tiers, et de mettre ainsi de nouvelles distances entre lui et son principal lieutenant. Toutefois, le maréchal Marmont, quoiqu'il fût capable de juger le mérite des ordres qu'il recevait, les exécutait parce qu'il était obéissant, et moins animé que la plupart de ses camarades de passions personnelles. De plus, il avait reçu l'avis que les Anglais, repoussés de Ciudad-Rodrigo à la fin de septembre précédent, préparaient une nouvelle tentative contre cette place, et il se mit en mouvement pour reporter son établissement des bords du Tage aux bords du Douro, et pour ramener son quartier général de Naval-Moral à Salamanque. Afin de parer aux inconvénients de cette étrange situation, il n'achemina d'abord que ses hôpitaux, son matériel et deux divisions, et il laissa deux divisions sur le Tage pour donner la main au général Montbrun. Poussant même la prévoyance plus loin qu'on ne le fait communément, il prépara à Salamanque un second matériel d'artillerie pour les troupes qu'il laissait sur le Tage, afin qu'elles pussent, dans un cas pressant, le rejoindre par des routes fort courtes, mais impraticables à l'artillerie. Ces troupes avaient ordre, si leur arrivée était urgente, d'abandonner leurs canons et de n'amener que les attelages.

Janv. 1812.

Obéissance du maréchal Marmont et son établissement sur le Douro, aux environs de Salamanque.

346 LIVRE XLII.

Janv. 1812.

Lord Wellington aux aguets pour profiter de nos faux mouvements.

On voit tout de suite quelle situation à la fois singulière et périlleuse avait produite cette précipitation à tout porter sur Valence, suivie de cette autre précipitation à tout reporter vers la Castille, afin de préparer le départ des troupes destinées à la Russie. Il aurait fallu que les Anglais fussent ou bien indolents, ou bien mal informés, pour laisser passer de telles occasions sans en profiter. Lord Wellington, quoique peu fertile en combinaisons ingénieuses et hardies, était néanmoins attentif aux occasions que la fortune lui présentait. Il ne les créait pas, mais il les saisissait, et en général cela suffit, car celles que la fortune offre sont toujours les plus sûres, tandis qu'on ne les crée jamais soi-même qu'au prix de beaucoup de hasards et de périls.

Sa résolution de profiter du concours de toutes nos forces vers Valence pour enlever Ciudad-Rodrigo.

Nous avons déjà expliqué comment, obligé de faire quelque chose, et n'ayant rien de mieux à tenter que la conquête de Ciudad-Rodrigo ou de Badajoz, lord Wellington était aux aguets sur une route bien frayée, prêt à se jeter sur l'une de ces deux places, dès qu'il croirait avoir devant lui vingt ou vingt-cinq jours pour en faire le siége. Or le concours de toutes les forces des Français vers Valence, qu'il savait être devenu un sujet de souci pour la cour de Madrid [1], était une conjoncture qui lui assurait certainement les vingt-cinq jours dont il avait besoin. Avant que le maréchal Marmont fût averti, avant que ce maréchal eût rappelé le général Montbrun, et qu'il eût pu mettre toute son armée en mouvement, avant que le général Caffarelli pût

Opportunité de ce dessein.

[1] Ici encore je ne suppose rien, et je parle d'après les dépêches de lord Wellington.

revenir de la Navarre pour renforcer l'armée du Portugal, et que toutes ces réunions amenassent quarante mille hommes sous les murs de Ciudad-Rodrigo, lord Wellington avait certainement le temps d'attaquer et d'enlever cette place. Ajoutez qu'il y était tout transporté, qu'il n'en avait pas quitté les environs depuis le ravitaillement opéré par le maréchal Marmont et le général Dorsenne, qu'il avait employé son temps à guérir ses malades, à réunir sans bruit son parc de grosse artillerie, qu'en un mot il n'avait aucune opération préalable à exécuter, et que le lendemain de sa première marche il pouvait commencer le siége objet de son ambition. Il résolut donc de l'entreprendre sans perdre un seul instant.

Janv. 1812

Avant même la cruelle surprise qu'il nous ménageait en punition de nos fautes, il nous avait déjà causé un désagrément des plus amers, c'était l'échauffourée essuyée par la division Girard près d'Arroyo del Molinos. On a vu que le maréchal Soult avait laissé le général Drouet à Merida pour observer l'Estrémadure. Le général Drouet ne commandait plus le 9ᵉ corps, qu'on avait dissous et réparti entre les divisions de l'armée d'Andalousie, il commandait le 5ᵉ, devenu vacant par le retour du maréchal Mortier en France. Le maréchal Soult l'avait autorisé à étendre jusqu'aux environs de Caceres la levée des contributions, et le général Girard, placé à la tête de l'une des divisions de ce corps, officier très-énergique mais peu vigilant, s'était avancé jusqu'à la ville même de Caceres, dans le bassin du Tage, tandis que le corps auquel il ap-

Échauffourée d'Arroyo del Molinos.

Janv. 1812.

partenait se trouvait à Merida sur la Guadiana. Il était fort imprudent de l'envoyer si loin, et à lui tout aussi imprudent de ne pas se garder mieux dans une position si hasardée. Le général anglais Hill était près de là vers Port-Alègre. Excité par lord Wellington à ne pas demeurer inactif, il saisit avec empressement l'occasion qui s'offrait, et qui était des plus belles, car il n'avait qu'à remonter à petit bruit le bassin du Tage pour couper au trop confiant général Girard sa ligne de communication avec la Guadiana. C'est ce qu'il fit, et le 27 octobre au soir il arriva très-près des derrières du général Girard. On avait prévenu celui-ci du danger dont il était menacé; mais avec la brusquerie du courage imprévoyant, il avait répondu au général Briche qui l'avertissait : *Vous ne voyez partout que des Anglais!* — réponse des plus offensantes, et des moins méritées pour le brave général qui l'avait reçue. Le général Girard cependant, reconnaissant la nécessité de rebrousser chemin, avait déjà remis en marche l'une de ses deux brigades, et avec la seconde il attendait le 28 au matin près d'Arroyo del Molinos l'alcade de Caceres, qui avait promis d'apporter les mille onces auxquelles cette ville était imposée, lorsqu'il fut convaincu, mais trop tard, de son injustice envers le général Briche. Enveloppé par plus de 10 mille hommes, dont 6 mille Anglais et 4 mille Portugais, il tâcha de racheter son imprévoyance par sa vaillance, et parvint à se faire jour, mais en sacrifiant un bataillon d'arrière-garde composé de compagnies d'élite, et ayant à sa tête un officier qui s'était déjà très-bien conduit à l'Albuera, le commandant Voirol. Ce bataillon, entouré de toutes parts, se défendit avec une bravoure héroïque, mais fut accablé et pris tout entier. Cette cruelle échauffourée nous coûta près de deux mille hommes, tués, blessés ou prisonniers, et fut pour les Anglais un vrai sujet de joie, parce qu'elle leur fournissait un fait remarquable pour remplir de quelque chose la longue lacune de l'été, et pour occuper par un récit flatteur l'opinion publique d'Angleterre, qui en était restée aux assauts repoussés de Badajoz et au dernier ravitaillement de Ciudad-Rodrigo par les Français. Le général Girard fut renvoyé par le général Drouet au maréchal Soult, par le maréchal Soult à l'Empereur, afin de rendre compte de sa conduite, et ses chefs, pour être justes, après l'avoir accusé d'imprévoyance, auraient dû s'accuser eux-mêmes d'une imprévoyance au moins égale.

Janv. 1812.

Malheureusement il devait bientôt nous arriver pis encore, toujours par ce même défaut de vigilance, si fréquent dans toute guerre, mais plus fréquent dans celle d'Espagne que dans aucune autre, à cause de la variété infinie des accidents, et surtout de l'extrême division du commandement. Ciudad-Rodrigo, dont nous venons de dire que lord Wellington méditait le siége pendant la convergence de nos forces vers Valence, allait en fournir un nouveau et bien triste exemple. Cette place, située entre l'armée du nord et l'armée de Portugal, s'était trouvée remise à la responsabilité de deux chefs, c'est-à-dire d'aucun, le maréchal Marmont et le général Dorsenne. Pourtant ce dernier, auquel avait été imposé le soin d'approvisionner la gar-

Négligence du général Dorsenne à l'égard de Ciudad-Rodrigo.

nison de Ciudad-Rodrigo (mesure ordonnée pour diminuer les charges de l'armée de Portugal), aurait dû s'en occuper plus particulièrement. Mais, très-capable de commander une division en rase campagne, le général Dorsenne n'entendait rien à la défense des places, et avait confié au général Barrié, qui n'y entendait guère davantage, la garde de Ciudad-Rodrigo. Il lui avait donné 1800 hommes pour occuper une place dans laquelle il en aurait fallu au moins cinq mille pour se défendre avec succès. Les Français n'avaient mis que vingt-quatre jours à la prendre, contre six mille Espagnols, pourvus de tout, et aussi braves que fanatiques. Combien de temps pourraient s'y maintenir 1800 Français, n'ayant aucun des moyens dont avaient disposé les Espagnols, et se regardant comme sacrifiés d'avance par la négligence de leurs chefs? Le général Dorsenne s'était à peine adressé cette question, et se rappelant d'avoir quelques mois auparavant apporté des vivres à Ciudad-Rodrigo en compagnie du maréchal Marmont, n'y pensait plus, ou presque plus.

Insuffisance des moyens de défense de cette place vainement signalée par le général Barrié.

Cependant le général Barrié, qui s'était rendu compte de la situation, n'avait pas manqué, dès la fin de décembre, de faire part au commandant de l'armée du nord des mouvements de l'ennemi, lesquels, bien que soigneusement cachés, étaient néanmoins très-sensibles, d'annoncer que ses vivres finiraient en février, que sa garnison était tout à fait insuffisante, et qu'il succomberait bientôt s'il était sérieusement attaqué. Ces avis furent reçus comme ceux du général Briche au général Girard, comme importunités d'officiers qui se plaignent toujours, et demandent plus qu'il ne leur faut, plus qu'on ne peut leur donner. En tout temps on se modèle sur le chef, et Napoléon par calcul ou illusion traitant souvent ses généraux de la sorte, il n'y avait pas alors de médiocre officier qui n'en fît autant à l'égard de ses subordonnés.

La place fut donc livrée à elle-même avec 1800 hommes de garnison, réduits à 1500 par les maladies, la désertion et les batailleries quotidiennes contre les coureurs espagnols du dehors. On avait réparé la brèche par laquelle les Français étaient entrés, mais en pierre sèche, faute de matériaux pour la réparer autrement. Sur le mamelon appelé le grand Teso, d'où étaient partis les cheminements du maréchal Ney, on avait construit une redoute de force insignifiante, et on avait occupé les couvents extérieurs de Saint-François et de Santa-Cruz avec tout au plus 200 hommes, ce qui réduisait à 1300 la garnison chargée de garder l'enceinte. (Voir la carte n° 52.)

Lord Wellington, après avoir amené avec beaucoup de secret son parc de siége près de la frontière, la franchit le 8 janvier 1812, espérant qu'avant le retour des troupes envoyées à Valence par l'armée de Portugal, en Navarre par l'armée du nord, il aurait emporté une place aussi dépourvue de moyens de défense que paraissait l'être en ce moment Ciudad-Rodrigo. Pour en être plus sûr il résolut de brusquer toutes les attaques, ce que la faiblesse de la garnison devait rendre peu périlleux.

Ayant dès le 8 passé l'Agueda et investi la place,

Janv. 1812.

Arrivée de lord Wellington sous les murs de Ciudad-Rodrigo.

Brusque

Janv. 1812.

enlèvement des ouvrages extérieurs.

il voulut le soir même enlever la lunette établie sur le grand Teso. Armée de trois bouches à feu, gardée par cinquante hommes, elle ne pouvait pas opposer grande résistance, et, en effet, le malheureux détachement qui la défendait, assailli brusquement, fut pris ou tué. Immédiatement après, lord Wellington, qui n'avait pas moins de 40 mille hommes, commença les travaux avec une quantité immense de bras, et enveloppa de ses tranchées la place tout entière, du couvent de Santa-Cruz à celui de Saint-François. Battre la partie des murailles où les Français avaient déjà fait brèche était la marche indiquée, et les cheminements furent dirigés de ce côté. Comme les couvents de Santa-Cruz et de Saint-François prenaient en flanc les tranchées anglaises, on résolut de s'en rendre maître à force d'hommes. Ce n'était pas difficile, car il n'y avait guère qu'une cinquantaine de nos soldats dans l'un, et cent cinquante dans l'autre. Lord Wellington fit enlever celui de Santa-Cruz dans la nuit du 13 au 14, et les cinquante hommes qui l'occupaient, insuffisants pour s'y maintenir, se retirèrent après s'être comportés de leur mieux. Le général Barrié fit une sortie pour reprendre le poste, le reprit effectivement, mais fut obligé de l'évacuer de nouveau devant la multitude des assaillants. Le couvent de Saint-François importait davantage à l'ennemi, car il incommodait de ses feux la gauche des tranchées anglaises, par laquelle lord Wellington voulait entreprendre une seconde attaque. Les cent cinquante hommes qui gardaient ce couvent, assaillis par des forces écrasantes, menacés d'être coupés de la ville, se retirèrent après avoir encloué leurs canons. Une plus grande expérience de la défense des places aurait appris au général Barrié que vouloir conserver des postes détachés avec si peu de monde, c'était compromettre des hommes inutilement. Du reste, il aurait su ce qu'il ignorait, qu'il n'aurait pas pu faire beaucoup mieux avec les forces dont il disposait, et il faut ajouter aussi qu'en se renfermant dans la place, pour s'y borner à la défense de l'enceinte, il n'aurait pas fort allongé la résistance.

Tous les ouvrages extérieurs étant enlevés, lord Wellington dirigea vingt-six bouches à feu sur la vieille brèche, et en quelques heures les pierres sans ciment s'écroulèrent avec une facilité effrayante. L'assaut devint praticable. Les assiégés, ici comme à Badajoz, profitant de l'habitude qu'avaient les Anglais de battre en brèche avant d'avoir détruit la contrescarpe, essayèrent courageusement de déblayer le pied des murailles. Mais peu nombreux, mal couverts par la contrescarpe et le glacis, ils furent bientôt chassés par le feu ennemi, et l'artillerie anglaise put, en accumulant les décombres au pied de la brèche, en refaire le talus. Lord Wellington avait appris à Badajoz quelle entreprise c'était que de donner l'assaut à des places défendues par des Français, et il avait senti que pour en venir à bout il fallait une seconde attaque, non pas feinte mais sérieuse, afin de diviser l'attention des assiégés, et de les troubler par deux assauts livrés en même temps. Il fit donc établir une nouvelle batterie de brèche à gauche de ses tranchées, vers le couvent Saint-François, et grâce au matériel dont il disposait

Janv. 1812.

Attaque de l'enceinte par la brèche que les Français avaient pratiquée.

354   LIVRE XLII.

Janv. 1812.

il put faire battre l'enceinte à outrance. L'artillerie de la place, bien servie, contraria beaucoup ces nouveaux travaux, mais ne put rien contre le grand nombre des travailleurs, et bientôt sur ce second point, la brèche, quoique moins large, fut jugée praticable.

Préparatifs du général Barrié pour résister à l'assaut.

Le général Barrié, décidé à mourir les armes à la main, avait employé les moyens ordinaires de l'art pour résister à l'assaut. Il avait fait élever un double retranchement en arrière des brèches, placé sur leurs flancs des pièces de canon à mitraille, sur leur sommet des bombes qu'on devait rouler à la main, et des troupes d'élite par derrière. N'ayant plus qu'un millier d'hommes pour se défendre, ayant deux brèches à garder, et tout le pourtour de la place à surveiller, il lui restait pour unique réserve contre une colonne qui aurait forcé l'enceinte, environ une centaine d'hommes. Néanmoins, sommé par le général anglais, il répondit en homme d'honneur, qu'il mourrait sur le rempart, et ne capitulerait point. La réponse était méritoire, car dans l'état auquel il était réduit, les règles de la défense des places, même entendues honorablement, lui auraient permis de traiter.

Enlèvement de Ciudad-Rodrigo par suite d'un double assaut.

Dans la nuit du 18 au 19 janvier lord Wellington lança deux colonnes d'assaut sur l'enceinte, et disposa des réserves pour les soutenir. La colonne dirigée sur la grande brèche à droite, après avoir couru à découvert jusqu'au bord du fossé, après s'y être précipitée, essaya de gravir les décombres de la muraille, et fut plusieurs fois arrêtée par la mitraille, par les grenades, et par une fusillade à bout portant. Le général Barrié, qui était à cet endroit, parce que c'était le plus menacé, put se flatter un moment de réussir. Appelé par des cris à la petite brèche, il crut qu'elle était emportée, y courut avec sa réserve, reconnut que c'était une fausse alarme, et retourna à la grande. Mais la seconde colonne anglaise, après avoir été repoussée de la petite brèche, y revint en forces, vainquit le poste de voltigeurs qui la défendait, et pénétra dans la ville. Cette fois le général Barrié, supposant que c'était encore une fausse alerte, n'accourut pas assez tôt, et sa colonne qui défendait la grande brèche, prise à revers, fut obligée de mettre bas les armes. La garnison et son commandant avaient poussé la résistance au dernier terme; on ne pouvait leur reprocher que quelques fautes de métier, et il faut ajouter que même en les évitant ils n'auraient pas sauvé la place. La ville, quoique alliée, fut pillée, lord Wellington étant obligé de concéder cet acte de barbarie à l'esprit de ses troupes. Nous respectons profondément la nation anglaise et sa vaillante armée, mais il nous sera permis de faire remarquer qu'on n'a pas besoin d'un tel stimulant auprès des soldats français.

La place, attaquée le 8 janvier, avait donc succombé le 18 au soir, c'est-à-dire qu'elle avait été prise en dix jours. Un pareil résultat pouvait paraître extraordinaire; mais le délabrement des fortifications, l'insuffisance de la garnison, le grand nombre des assiégeants, et, il faut le dire, la prodigalité avec laquelle lord Wellington avait dépensé les hommes, lui qui prenait tant de soin de les ménager en rase campagne, expliquaient la promptitude de ce succès. Ce siége ne lui avait pas coûté moins de 13 à 1400 soldats, morts ou blessés, et quelques-uns de ses officiers les plus distingués, notamment le brave et hardi Crawfurd, commandant de la division légère. Les Anglais n'ayant pas de troupes spéciales du génie, et leurs ingénieurs, quoique fort intelligents, étant peu versés dans l'art profond de Vauban, brusquaient les approches, négligeaient l'établissement au bord du fossé, laissaient subsister la contrescarpe, et ensuite livraient les assauts à coups d'hommes. Ce système, après avoir échoué devant Badajoz, n'avait triomphé devant Ciudad-Rodrigo qu'au moyen de plusieurs attaques simultanées, manière de procéder qui exige une armée considérable, d'immenses sacrifices d'hommes, beaucoup d'énergie enfin, et qui peut échouer aussi devant des garnisons nombreuses et résolues [1].

Quoi qu'il en soit de cette question purement technique, la promptitude de la prise de Ciudad-Rodrigo fut un coup de foudre pour les commandants des armées du nord et de Portugal, et pour l'état-major de Madrid. Ce dernier dut être le moins surpris, car il avait blâmé la convergence de toutes les forces disponibles vers Valence, dont lord Wellington venait de si bien profiter. Le plus affligé fut le maréchal Marmont. Au moment où il avait appris, c'est-à-dire vers le 10 janvier, le commencement du siége de Ciudad-Rodrigo, il était occupé à se transporter des bords du Tage aux bords du Douro, comptant sur une défense d'au moins vingt

---

[1] Nous n'exprimons ici que l'avis de lord Wellington lui-même sur la manière de procéder des ingénieurs anglais.

jours; il espérait avant cette époque avoir réuni cinq de ses divisions, peut-être six sur sept, et avoir obtenu encore de l'armée du nord douze ou quinze mille hommes de troupes auxiliaires, ce qui lui aurait permis de marcher avec plus de quarante mille soldats au secours de la place assiégée. Mais la négligence du général Dorsenne, chargé de pourvoir à la sûreté de Ciudad-Rodrigo, avait fort abrégé la durée de la résistance possible, et il faut ajouter que le maréchal Marmont lui-même, en prenant vingt jours pour secourir la place, bien qu'il ne dépassât point dans ce calcul la limite d'une défense ordinaire, n'avait pas assez songé aux accidents qui déjouent souvent les prévisions les mieux fondées. Néanmoins, quoique fort généreux de caractère, le maréchal Marmont se mit à dire que le général Barrié était un misérable, qui n'avait pas su défendre le poste qu'on lui avait confié; le général Dorsenne s'en tira de même, et, comme il arrive trop souvent, les plus coupables s'en prirent à celui qui l'était le moins, qui ne l'était même pas du tout en cette circonstance, car résister à la menace de l'assaut, le recevoir, et ne se rendre qu'à l'assaillant victorieux, est le dernier terme des obligations imposées aux commandants des places.

Janv. 1812.

Injustice envers le général Barrié.

Du reste, on conçoit le désespoir des généraux des armées du nord et de Portugal, car la Vieille-Castille se trouvait désormais découverte, et notre ligne de communication demeurait exposée aux tentatives d'une armée solide, que nous n'avions pas encore véritablement battue, et qui commençait à sortir de sa circonspection accoutumée. Que servirait à l'ave-

Conséquences possibles de la chute de Ciudad-Rodrigo.

nir, si les Anglais pouvaient percer jusqu'à Valladolid, d'occuper Valence, Séville, Badajoz?

Le maréchal Marmont, rempli de vigilance pour ce qui le concernait directement, sentit le danger de cette position, et, voyant Ciudad-Rodrigo perdu, s'empressa d'y suppléer par des travaux de défense à Salamanque, qui était devenue la capitale de son commandement, et qui devait être plus tard le théâtre d'une sanglante bataille. Il déploya beaucoup d'activité et d'intelligence dans le choix des ouvrages à construire, se servit de trois gros couvents situés autour de Salamanque, pour suppléer aux fortifications régulières dont cette ville était dépourvue, et y établit une sorte de camp retranché qu'une troupe résolue pouvait défendre assez longtemps. Il s'occupa ensuite de se créer des magasins et des hôpitaux, d'installer son armée le mieux possible, genre de soin dont il avait contracté le goût, et en partie le talent, à l'école de Napoléon.

Les troupes du général Montbrun étaient enfin revenues, mais le maréchal Marmont, quoiqu'il eût à sa disposition sept belles divisions d'infanterie et deux de cavalerie, n'était pas tranquille en considérant l'étendue de sa tâche. Il ne comptait guère que sur 44 mille hommes d'infanterie, et il ne lui en fallait pas moins de 10 mille pour garder le pont d'Almaraz sur le Tage, les cols de Bañols et de Péralès sur le Guadarrama, Zamora sur le Douro, Léon et Astorga vers les Asturies. Il ne lui restait donc que 34 mille fantassins réunis, et en ajoutant sa cavalerie et son artillerie, 40 mille combattants au plus. Or l'armée anglo-portugaise pouvait aujourd'hui mettre 60 mille hommes en ligne, dont moitié Anglais, et moitié Portugais bons soldats. Il n'était pas sage de lutter même avec 30 mille hommes contre une pareille armée, à moins qu'on ne les eût tous sous la main, bien vêtus, bien armés, bien nourris, et non détachés pour quantité de services accessoires, comme il le faut dans un pays où l'on a la population entière contre soi. Quant au secours de 4 mille hommes tiré des troupes du centre, le maréchal Marmont le regardait avec raison comme une chimère dans la situation de Madrid. Il ne comptait pas davantage sur les 12 mille hommes du général Caffarelli, qui avait remplacé le général Dorsenne, et qui devait trouver dans l'état des provinces du nord bien des raisons plausibles pour faire attendre, pour refuser même son contingent. Il ne dormait donc pas tranquille en songeant à tous les dangers qui pouvaient fondre sur lui. Il y avait une autre partie de sa tâche qui ne l'effrayait pas moins, c'était la défense de Badajoz. Un secret pressentiment qui faisait honneur à son esprit, lui disait que lord Wellington était bien capable, après avoir surpris Ciudad-Rodrigo, d'aller surprendre Badajoz, et il se demandait comment il ferait pour quitter la Castille, la laisser presque découverte, et voler à la défense de Badajoz à quinze marches au moins de Salamanque. Au milieu de ces perplexités, il envoya un aide de camp de confiance à Paris pour exposer tous ces dangers à Napoléon, et pour dire que la seule manière d'y parer était à ses yeux de réunir en un seul commandement les armées du nord, du centre et de Portugal. Assuré alors d'être obéi,

Janv. 1812.

Inquiétudes du maréchal Marmont sur sa position, et envoi d'un officier de confiance pour en faire part à Napoléon.

et en distribuant bien ses forces d'avoir toujours cinquante ou soixante mille hommes sous la main, il croyait être en état de résister aux Anglais. Quoique ce fût un commandement bien considérable pour lui, et qu'il n'eût ni la réputation ni les services qui auraient pu justifier une telle prétention, pourtant ce qu'il proposait valait mieux que la division actuelle des forces, et peut-être aurait prévenu bien des malheurs. A défaut de cette concentration du commandement, le maréchal Marmont demandait à servir ailleurs.

{Refus de Napoléon de tenir compte des craintes du maréchal Marmont.}

C'était un grand désavantage auprès de Napoléon, disposé à la défiance par caractère et par un long maniement des hommes, de laisser apercevoir des prétentions personnelles, même en donnant un conseil utile. Napoléon aimait le maréchal Marmont, qu'il avait eu pour aide de camp, et dont il appréciait les qualités aimables et brillantes, mais, par suite d'une longue familiarité, il avait pris l'habitude de le traiter légèrement, et il n'attacha pas assez d'importance à ses avis, disant que l'ambition lui montait à la tête, qu'il n'était pas capable d'un tel commandement, que pour le satisfaire il faudrait déposséder Joseph de l'armée du centre, ce qui était impossible; que le maréchal, d'ailleurs, se mêlait de ce qui ne le regardait pas; que Badajoz n'était plus confié à ses soins; qu'il n'avait qu'à bien garder le nord de la Péninsule contre les Anglais; qu'on ne lui en demandait pas davantage; que c'était à l'armée d'Andalousie à défendre Badajoz, et qu'elle y suffirait parfaitement si les Anglais n'attaquaient cette place qu'avec deux divisions, c'est-à-dire avec le corps de Hill renforcé, mais que s'ils l'attaquaient avec cinq, c'est-à-dire avec la presque totalité de leur armée et lord Wellington en tête, alors il y avait pour l'armée de Portugal un moyen assuré de leur faire lâcher prise, c'était de passer sur le corps des détachements laissés le long de l'Agueda, de s'enfoncer sur Coimbre, de marcher même sur Thomar, et que dans ce cas lord Wellington serait bien obligé de rebrousser chemin et de renoncer à Badajoz; qu'il fallait désormais s'en tenir à cette manière de manœuvrer, ne plus abandonner la garde de la Castille, et s'il devenait urgent de secourir l'armée d'Andalousie, le faire en s'avançant par le Beïra et la gauche du Tage jusqu'à Coimbre ou jusqu'à Thomar, en ayant toujours soin de couvrir notre ligne de communication avec les Pyrénées.

Ces vues étaient justes, comme toutes celles de Napoléon en fait de guerre, mais justes d'une manière très-générale, et à l'application il n'était pas impossible qu'elles perdissent leur justesse, qu'elles devinssent même funestes, si les circonstances, que Napoléon de loin ne pouvait pas apprécier avec le degré de précision nécessaire, ne concordaient pas avec les suppositions d'après lesquelles il raisonnait. Si Badajoz, par exemple, au lieu d'être mis dans un état de défense à tenir deux mois, était à peine en mesure de tenir un, la diversion ordonnée sur le Tage, quelque spécieuse qu'elle fût, ne devait pas être une raison décisive pour lord Wellington de lever un siége près de réussir. D'ailleurs il fallait que la marche sur le Tage fût tentée avec des forces

Janv. 1812.

Fausses notions sur lesquelles repose la confiance de Napoléon.

Janv. 1812.

suffisantes, et pour cela il fallait absolument que les armées du nord et de Portugal au moins fussent sous un même commandement, si on ne pouvait pas y mettre aussi celle du centre. Or le maréchal Marmont valait mieux seul que contrarié par le général Caffarelli, tout honnête et dévoué qu'était ce dernier. C'est malheureusement ce que Napoléon ne voulut pas admettre.

Nouveaux projets de lord Wellington, dirigés cette fois contre Badajoz.

Le secret pressentiment du maréchal Marmont à l'égard des projets de lord Wellington n'était que trop fondé. Celui-ci, encouragé par la rapide conquête de Ciudad-Rodrigo, chaque jour plus persuadé que les armées françaises dans leurs mouvements décousus lui laisseraient le temps d'exécuter des siéges courts et imprévus, avait tout préparé le lendemain de la prise de Ciudad-Rodrigo pour faire sur Badajoz une tentative violente, avec d'immenses moyens, et en prodiguant le sang des hommes. Il avait déjà, dans cette vue, dirigé d'Abrantès sur Elvas un vaste matériel, et acheminé successivement toutes ses divisons sur l'Alentejo, en ayant soin de rester de sa personne sur la Coa, afin qu'on ne soupçonnât pas son dessein. Il y avait parfaitement réussi, en ce sens qu'on se doutait bien à Badajoz des préparatifs d'un siége, mais non de la réunion de toute l'armée anglaise devant cette place, et qu'on l'ignorait entièrement en Castille et en Andalousie.

Fâcheuse confiance du maréchal Soult dans la place de Badajoz.

La garnison de Badajoz n'avait cessé de pousser le cri d'alarme auprès du maréchal Soult, et de lui demander de prompts secours. Le maréchal, raisonnant comme le font la plupart des hommes, pensant que les circonstances qui s'étaient produites une première fois se produiraient une seconde, ne se préoccupant nullement des changements survenus, crut que Badajoz, qui avait déjà résisté près de deux mois, arrêterait l'ennemi un mois au moins, ses défenses surtout ayant été perfectionnées, qu'il aurait par conséquent le temps d'accourir, que le maréchal Marmont d'ailleurs accourrait de son côté, et qu'il ne fallait pas s'inquiéter sérieusement de cette menace d'un nouveau siége.

Fév. 1812.

Cependant il aurait dû se dire que les secours attendus de loin étaient une chose sur laquelle il n'était pas sage de compter, que les Anglais avaient été fort malhabiles dans leur premier siége de Badajoz, mais qu'à un second ils s'y prendraient peut-être mieux, et avec de plus grands moyens, qu'il fallait donc mettre au moins cette place dans un parfait état de défense. Or une garnison de 5 mille hommes, réduite à 4,400 un peu avant le siége, et à 4,000 au moment de l'investissement, était complétement insuffisante. Il aurait fallu 10 mille hommes, avec des vivres et des munitions en proportion, pour déjouer encore les efforts des Anglais. Et par exemple il eût beaucoup mieux valu porter la garnison de Badajoz à ce nombre que de laisser en Estrémadure le corps du général Drouet, qui n'y pouvait faire autre chose que se retirer à la première apparition des Anglais. Après en avoir détaché ce qu'il fallait pour Badajoz, on aurait pu ensuite attirer le reste à soi, et la garnison, accrue de cinq mille hommes avec quelque cavalerie, aurait eu le moyen d'étendre ses courses au loin, aurait servi de corps d'observation pour l'Estrémadure mieux

Insuffisance de la garnison et des munitions laissées dans cette place.

que le corps du général Drouet, et serait devenue presque invincible si elle avait été assiégée. En outre, elle aurait pu s'approvisionner elle-même soit en bois, soit en vivres. Or à la fin de février, un mois après la prise de Ciudad-Rodrigo, lorsque le projet d'un nouveau siége était devenu évident, la place n'avait de subsistances que pour environ deux mois, elle manquait de poudre pour un long siége, elle manquait surtout de bois propres à faire des palissades et des blindages, et elle ne cessait de demander les objets dont elle était dépourvue. Les vivres mêmes dont elle était munie, elle avait été obligée de s'en procurer une partie en coupant les blés de ses propres mains à une distance de trois lieues. A la vérité les défenses de la place avaient été améliorées tant à la droite qu'à la gauche de la Guadiana. (Voir la carte n° 52.) Sur la rive droite, les brèches du fort Saint-Christoval avaient été réparées, les escarpes relevées, les fossés approfondis dans le roc vif. Sur la rive gauche le château avait été remis en état, le pied du rocher sur lequel il était construit escarpé, la lunette de Picurina qui le couvrait perfectionnée, l'inondation du Rivillas considérablement accrue au moyen d'une forte retenue des eaux, enfin le fort de Pardaleras entièrement fermé à la gorge. Les fronts du sud-ouest, formant saillie, étaient toujours la partie la plus exposée, mais des mines avaient été pratiquées sous ces fronts afin d'en éloigner l'ennemi. Malheureusement le bois avait manqué pour palissader les fossés et pour établir des blindages; mais l'héroïsme de la garnison lui permettait de s'en passer en restant à découvert

TARRAGONE.

sous les bombes et les obus. Enfin, comme nous venons de le dire, la poudre n'existait pas en assez grande quantité, et les vivres, qui en février auraient suffi à une résistance de deux mois, n'y pouvaient plus suffire en mars.

Mars 1812.

Tel était l'état de la place lorsque les Anglais parurent sous ses murs le 16 mars 1812, comptant comme à Ciudad-Rodrigo avoir terminé le siége avant que la concentration de nos forces pût les en empêcher. Ils amenaient 50 mille hommes au moins, un immense matériel, et ils étaient résolus, n'étant guère plus habiles dans l'art des siéges qu'avant la prise de Ciudad-Rodrigo, de pousser les approches juste assez pour établir les batteries de brèche, puis d'ouvrir plusieurs brèches à la fois, et de profiter de leur supériorité numérique pour livrer simultanément deux ou trois assauts, moyen coûteux mais très-probable de venir à bout d'une garnison, quelque brave qu'elle fût, lorsqu'elle n'était point assez nombreuse.

Soudaine apparition des Anglais sous les murs de Badajoz le 16 mars 1812.

Moyens immenses dont ils sont pourvus.

Dès le premier jour l'investissement de Badajoz fut complet, et sans perdre de temps les Anglais firent choix du point d'attaque. Dégoûtés par leurs mésaventures de l'année précédente de toute tentative contre le fort de Saint-Christoval, ils dirigèrent leurs efforts sur la rive gauche de la Guadiana, c'est-à-dire sur la place elle-même. (Voir la carte n° 52.) L'attaque du côté du sud-ouest, quoique plus facile, fut encore négligée, mais cette fois par la crainte qu'inspiraient les fourneaux de mine pratiqués dans cette partie du sol. Les Anglais se portèrent à l'est vers le château, et vers les fronts contigus à la porte de la Trinidad, malgré l'inondation du Rivillas, malgré la lunette de Picurina. Le 17, lendemain de l'investissement, ils ouvrirent la tranchée devant la lunette de Picurina, ouvrage inachevé, d'un faible relief, fermé à la gorge par une simple palissade, et qui pouvait être aisément enlevé d'assaut. Or, cette lunette prise, il était facile d'y former un établissement pour battre en brèche les fronts contre lesquels était dirigée la nouvelle attaque. Le 19, les assiégés voulurent employer un moyen fort usuel et fort efficace, lorsque la garnison est brave et résolue, ce sont les sorties, qui, en bouleversant les travaux des assiégeants, prolongent la durée des approches, et par suite celle de la résistance. Une sortie, exécutée avec vigueur, éloigna les Anglais de leurs tranchées, permit d'en combler une partie, mais, comme d'usage, fut suivie d'un retour offensif de l'ennemi, et nos soldats, au lieu de se retirer sans faux orgueil, puisque leur but était atteint, s'obstinèrent à disputer le terrain, et eurent 20 tués et 160 blessés. Les Anglais ne perdirent pas moins de 300 hommes. Ce n'était rien pour eux, qui en comptaient plus de 50 mille, tandis que c'était beaucoup pour nous qui en avions à peine 4 mille en état de combattre. Aussi renonça-t-on à ce moyen puissant de prolonger la défense, mais dangereux quand une garnison n'est pas assez considérable.

Les travaux étant poussés avec une extrême activité, le 25 mars les Anglais purent battre en brèche la lunette de Picurina avec 23 bouches à feu, en démolirent le saillant, et en entamèrent les côtés. Le soir, sans plus tarder, ils l'assaillirent avec trois fortes colonnes et des réserves. La lunette n'était défendue que par 200 soldats tirés de tous les régiments. On ne pouvait guère, dans l'état de la garnison, lui consacrer plus de monde, mais il eût mieux valu prendre des hommes appartenant à un même bataillon, et prêts à se conduire comme le font les gens qui se connaissent, lorsqu'ils agissent sous les yeux les uns des autres. Les trois colonnes s'étant jetées dans le fossé (car les Anglais persistaient dans leur système de ne pas pousser les cheminements jusqu'au bord du fossé même), l'une se porta jusqu'au revers de l'ouvrage, essaya d'arracher les palissades pour entrer par la gorge, mais recula sous la vivacité de la fusillade; la seconde ayant voulu pénétrer par la brèche, fut également culbutée; mais la troisième appliquant les échelles sur la face la moins gardée parvint jusqu'au parapet, au moment où la seconde colonne revenue de son échec escaladait le saillant à moitié démoli. La petite garnison ayant à faire face à deux invasions à la fois, n'y put suffire, et fut en peu d'instants obligée de mettre bas les armes. Quatre-vingt-trois hommes furent tués ou blessés, et quatre-vingt-six faits prisonniers. L'ennemi perdit environ 350 hommes.

Notre artillerie fit immédiatement un feu terrible sur les vainqueurs en possession de la Picurina, et leur en rendit le séjour fort dommageable. Ils eurent beaucoup de peine à retourner les terres pour se mettre à couvert du côté de la place, mais à force de travailleurs et de moyens matériels, ils finirent, en sacrifiant beaucoup de monde, par se créer un logement dans l'ouvrage conquis, et entreprirent

Mars 1812.

Assaut et prise de la lunette de Picurina.

Mars 1812.

Choix de la lunette de Picurina pour y établir les batteries de brèche.

d'établir des batteries de brèche contre les deux bastions répondant à la lunette de Picurina. Dès lors ils abandonnèrent presque toutes leurs autres batteries, dont l'emplacement avait été assez mal choisi, et s'attachèrent exclusivement aux nouvelles, qui fort rapprochées du mur d'enceinte, le voyaient jusqu'au pied. L'artillerie française, admirablement servie, leur faisait payer cher cette téméraire manière de procéder, mais la poudre commençait à lui manquer, et la garnison suppléait au feu du canon par un feu de mousqueterie, que les meilleurs tireurs de chaque régiment dirigeaient sur les canonniers anglais. Si la garnison avait eu assez de poudre et assez d'hommes, c'eût été le cas de joindre à un grand feu d'artillerie une sortie vigoureuse contre l'établissement formé à la gorge de la Picurina. Une sortie heureuse sur un point aussi rapproché aurait probablement détruit tous les avantages acquis par l'assiégeant, et l'aurait ramené au point où il en était au début du siège. Mais il eût fallu opérer cette sortie avec onze ou douze cents hommes, en sacrifier peut-être trois ou quatre cents, et la garnison devait réserver sa poudre et ses soldats pour le jour suprême et décisif de l'assaut.

Établissement de batteries de brèche.

Ce moment ne pouvait pas tarder, tant étaient rapides les progrès de l'assiégeant que l'assiégé n'était plus capable d'arrêter. Cependant la garnison avait déjà gagné quinze jours, en sacrifiant, il est vrai, 700 hommes sur 4 mille, sans que l'ennemi eût encore réussi à battre en brèche les deux bastions par lesquels il était décidé à pénétrer dans la place. Le 31, il parvint à établir diverses batteries contenant vingt bouches à feu de gros calibre, contre les deux bastions qu'il s'agissait de démolir. Il prolongea ses tranchées à droite et à gauche pour élever plusieurs autres batteries dont l'objet était de répondre à l'artillerie de la place, d'enfiler ses défenses, et de porter à trois le nombre des brèches. Bientôt il eut cinquante-deux pièces de gros calibre en position, avec lesquelles il ouvrit un feu épouvantable. La garnison, qui avait réservé ses munitions pour le dernier moment, y répondit par un feu non moins violent. Elle démonta plusieurs pièces, mais les Anglais, regorgeant de matériel, et déployant un grand courage, remplaçaient les pièces démontées au milieu de leurs épaulements bouleversés, et sous une grêle de projectiles. Nos artilleurs, qui ne se laissaient pas surpasser et pas même égaler, se tenaient aux embrasures détruites de leurs canons, et redoublaient d'efforts sous les boulets, les bombes et les obus. La garnison en était arrivée à cet état d'exaltation où l'on ne tient plus compte des périls, et tous avaient juré de mourir plutôt que de rendre leur drapeau et d'aller pourrir sur les pontons infects où l'Angleterre, au déshonneur de sa civilisation, faisait périr nos prisonniers. Les plus malheureux dans cette lutte formidable étaient les habitants, restés dans la ville au nombre de cinq mille au plus sur quinze mille, et la plupart indigents. La garnison les nourrissait de ses économies. Elle avait eu l'humanité, avec les restes de sa viande, et avec ses légumes, de leur composer une nourriture qui les empêchait de mourir de faim. Mais n'ayant ni casemates ni blindages pour elle-même, et sachant s'en

Mars 1842.

Exaltation héroïque de la garnison de Badajoz.

Son humanité envers les habitants.

passer, elle ne pouvait leur épargner les éclats des bombes, au milieu desquels elle vivait audacieusement. Aussi d'affreux gémissements remplissaient-ils cette ville désolée, et déchiraient l'âme de nos soldats, insensibles à leurs propres périls, mais pleins de pitié pour des infortunés que depuis quinze mois ils s'étaient habitués à considérer comme des compatriotes.

Enfin l'instant suprême approchait. Trois larges brèches avaient été pratiquées dans la maçonnerie des bastions attaqués. L'assiégeant, après avoir d'abord éparpillé ses feux, les avait maintenant concentrés sur ces deux bastions, était parvenu à diminuer le niveau de l'inondation en détruisant une partie des retenues, et avait rendu les brèches abordables, sans toutefois s'imposer la précaution, dont l'omission devait lui coûter cher, de renverser la contrescarpe, conformément aux règles ordinaires de l'art.

Lord Wellington avait fait à la garnison l'honneur de ne pas la sommer, car il savait que toute proposition de capituler serait inutile. Le gouverneur, en effet, ayant assemblé les principaux officiers, il avait été décidé à l'unanimité, et aux acclamations des troupes, qu'on attendrait l'assaut, et qu'on périrait les armes à la main plutôt que de se rendre. Sur-le-champ on avait couru aux brèches afin d'y employer tous les moyens que l'art le plus ingénieux peut offrir pour arrêter un ennemi résolu. L'habile et intrépide commandant du génie avait indiqué et tracé les travaux, que les soldats exécutaient avec enthousiasme. Tandis qu'une moitié d'entre eux était de garde sur les remparts, l'autre moitié, travaillant dans le fossé, déblayait le pied des brèches, ce qui est très-périlleux mais possible lorsque l'ennemi n'a pas pris possession du bord du fossé. Les hommes tombaient sous les obus et les grenades, mais d'autres continuaient à faire disparaître les talus formés par les décombres. Malheureusement l'artillerie anglaise, en poursuivant son œuvre de démolition, rétablissait bientôt ces talus. La ressource la plus réelle était celle qu'on s'était ménagée sur le rempart même, où l'on avait construit un second retranchement en arrière des brèches, établi en avant des chevaux de frise, placé sur les côtés des barils à explosion, et barricadé les rues aboutissant aux points d'attaque. Un dernier et formidable moyen avait été préparé. L'ennemi persistant à ne pas pousser les approches jusqu'au bord du fossé, et n'ayant pas dès lors renversé la contrescarpe (qui est le mur du fossé opposé à la place), on pouvait travailler comme on voulait au pied de cette contrescarpe. Le commandant du génie Lamare y fit placer une longue chaîne de bombes chargées et de barils remplis d'artifices joints les uns aux autres par une traînée de poudre, à laquelle le brave officier du génie Mailhet, embusqué dans le fossé, devait mettre le feu au moment de l'assaut.

Tout étant ainsi disposé, des troupes d'élite étant postées au sommet des brèches avec trois fusils par homme, des pièces chargées à mitraille étant braquées sur les côtés, une réserve aussi forte que possible se tenant aux ordres du gouverneur sur la principale place de la ville, on attendit l'assaut. Lord

Avril 1812.

372   LIVRE XLII.

Avril 1812.

Wellington avait tout préparé pour le livrer le 6 avril au soir, vingt et unième jour de son arrivée devant Badajoz. Mais il avait résolu de le livrer avec une telle masse de forces, que le succès en fût presque infaillible, dût-il y sacrifier deux fois autant d'hommes qu'il en avait perdu dans les plus grandes batailles.

Assaut formidable livré le 6 avril.

Le 6 avril en effet, vers neuf heures du soir, l'artillerie des assiégeants vomit sur la place des torrents de feu. Deux divisions, sous le général Coleville, s'acheminèrent directement vers les brèches, tandis que la division Picton, avec des échelles, se portait à droite pour essayer d'escalader le château par un endroit dont on avait reconnu la faiblesse, et que la division Leith, tournant à gauche, allait tenter une autre escalade à l'extrémité sud-ouest, jusque-là négligée par les Anglais. Ainsi vingt mille hommes environ marchaient à l'assaut, masse énorme d'assaillants rarement employée jusqu'alors dans les siéges. Les deux colonnes commandées par le général Coleville arrivèrent jusqu'au bord du fossé, sautèrent dedans, et coururent ensuite aux brèches. Un cri général de nos soldats signala leur apparition; on les laissa venir, puis, quand elles eurent commencé à gravir les décombres, un feu de mousqueterie à bout portant les accueillit de face, la mitraille les prit en flanc, et les fit rouler pêle-mêle sur la brèche. Tandis que la queue des colonnes voulait en soutenir la tête, une autre épreuve leur était réservée. Le lieutenant du génie Mailhet, descendu dans le fossé au milieu de cette affreuse mêlée, et attendant la mèche à la main l'instant propice, mit le feu au long chapelet de bombes et de barils d'artifices disposé au pied de la contrescarpe. Alors commença sur les derrières des colonnes d'assaut, et sur les pas de celles qui les soutenaient, une suite d'explosions formidables, qui, se succédant de seconde en seconde, lançaient tour à tour la mitraille, les éclats de bombe, et des torrents d'une lumière sinistre. De moments en moments cette lumière meurtrière jaillissait de l'obscurité, était remplacée par les ténèbres, puis jaillissait de nouveau, et chaque fois la mort s'en échappait sous mille formes. Malheureusement l'intrépide Mailhet fut lui-même frappé d'un éclat de bombe. Les deux divisions anglaises envoyées aux trois brèches finirent, malgré leur bravoure, par céder à la violence de la résistance, et par perdre leur impulsion sous le feu incessant de mousqueterie et de mitraille qui les accablait. Déjà près de trois mille Anglais avaient succombé, et lord Wellington allait ordonner la retraite, lorsque sur d'autres points la scène changea. A la droite de l'attaque, le général Picton, avec une rare intrépidité, avait fait appliquer les échelles contre l'un des flancs du château. Des Hessois étaient préposés à sa garde. Soit surprise, trouble, ou infidélité, ils laissèrent envahir le précieux réduit confié à leur courage et à leur loyauté, et un officier anglais, se jetant aussitôt sur les portes qui donnaient dans la ville, se hâta de les fermer, afin de s'établir solidement dans le château avant que les Français eussent le temps d'y accourir. Le gouverneur Philippon, que plusieurs fois on avait trompé par de faux cris d'alarme, et qui conservait sa réserve pour un dan-

Avril 1812.

La garnison de Badajoz est un moment près de triompher.

ger extrême, refusa d'abord de croire à la nouvelle de l'envahissement du château. Convaincu, mais trop tard, de la réalité du fait, il se décida à y envoyer quatre cents hommes. Ceux-ci, accueillis par un feu meurtrier, furent arrêtés devant la première porte. Ils se présentèrent à la seconde, et firent de vains efforts pour la forcer. Dans le désir de s'ouvrir l'entrée du château et d'en expulser les Anglais, on s'empressa d'aller chercher une partie des forces qui défendaient les fronts du sud-ouest, négligés jusqu'ici par l'ennemi, et paraissant peu menacés. On les dégarnit donc pour tâcher de reconquérir le château. Alors la division Leith, qui méditait une escalade de ce côté, trouvant le rempart abandonné, et posant une multitude d'échelles, parvint, grâce au peu de hauteur du mur, à le franchir. A peine entrée, elle courut le long du rempart, afin de prendre à revers les troupes qui jusqu'ici avaient défendu victorieusement les trois brèches. A son aspect, le poste qui gardait le front le plus voisin fondit sur elle à la baïonnette, et l'arrêta. Mais bientôt, revenant en masse, elle reprit l'avantage sur nos soldats trop peu nombreux, et elle se répandit de tous côtés dans la ville. Alors une indicible confusion s'introduisit dans les rangs de la garnison héroïque qui disputait à l'ennemi les restes de Badajoz. Les défenseurs des brèches, pris à revers, furent obligés de se rendre ou de s'enfuir. Le gouverneur, le commandant du génie et l'état-major, après avoir fait tout ce qu'on pouvait attendre d'eux, essayèrent, en courant au pont de la Guadiana, de se retirer avec quelques débris de la garnison dans le fort de Saint-Christoval, pour s'y défendre encore. Mais ils furent tués ou pris. Après une si prodigieuse résistance, il ne leur restait plus qu'à se soumettre au vainqueur.

Avril 1812.

abandonnés du sud-ouest.

Le lendemain ils furent conduits au camp de lord Wellington, qui tout en les accueillant avec courtoisie, refusa cependant d'écouter leurs instances en faveur de la malheureuse ville de Badajoz. Ce n'était certainement pas à nous à solliciter pour les Espagnols, et aux Anglais à les punir de notre résistance; mais lord Wellington, après avoir reçu poliment nos officiers, livra sans pitié la ville de Badajoz au pillage. Il ne fallait pas moins aux troupes qui avaient si vaillamment monté à l'assaut!

Reddition de Badajoz après une résistance héroïque

Le siège de Badajoz nous avait coûté environ 1500 morts ou blessés, et 3 mille prisonniers; mais il avait coûté à lord Wellington plus de 6 mille hommes hors de combat, c'est-à-dire beaucoup plus qu'aucune de ses batailles. L'assaut seul lui en avait fait perdre 3 mille, triste compensation pour notre double malheur! Lord Wellington n'en avait pas moins atteint son but; la pensée qu'il avait eue d'employer les quelques jours que nos mouvements décousus lui laisseraient pour enlever tour à tour Ciudad-Rodrigo et Badajoz, n'en était pas moins accomplie! Ciudad-Rodrigo et Badajoz nous étaient ravis, le Portugal nous était fermé, et l'Espagne était désormais ouverte aux Anglais!

Le maréchal Soult, en apprenant le danger de Badajoz, qu'on lui avait signalé bien des fois, avait tardivement quitté les lignes de Cadix, où il était occupé à jeter sur la rade des bombes de peu d'ef-

Tardive et inutile arrivée du maréchal Soult à Llerena

Avril 1812.

avec un corps de vingt-quatre mille hommes.

fet, et s'était enfin mis en marche pour venir au secours de la place assiégée. Il amenait avec lui vingt-quatre mille hommes, seule troupe active dont il lui fût permis de disposer en s'obstinant à conserver Grenade et Séville, et il accourait à Llerena dans l'espérance d'y trouver, comme l'été précédent, le maréchal Marmont avec trente mille hommes! Vaine espérance! le maréchal Marmont n'y était pas! La nouvelle du désastre de Badajoz jeta le maréchal Soult dans une véritable consternation, car le seul trophée de sa campagne d'Andalousie lui avait dès lors échappé, et lord Wellington, s'il était tenté d'opérer par l'Estrémadure et l'Andalousie, en avait d'avance toutes les portes ouvertes.

Vaine démonstration du maréchal Marmont contre la province de Beira.

Le maréchal Marmont, de son côté, n'était pas demeuré oisif. Fixé en Vieille-Castille par les ordres formels de Napoléon, il avait eu recours, en apprenant l'extrémité à laquelle était réduite la ville de Badajoz, à la manœuvre qui lui avait été prescrite. Il avait passé l'Agueda avec cinq divisions, n'en pouvant amener davantage; il avait dispersé les bandes qui infestaient le pays, refoulé les détachements de troupes anglaises qui gardaient la frontière du Portugal, et puis s'était arrêté par crainte de manquer de vivres, et par la conviction aussi qu'il faisait quelque chose de parfaitement inutile. Toutefois sa manœuvre n'était pas absolument restée sans effet, car à la nouvelle de son apparition, lord Wellington, qui aurait pu être tenté de se jeter sur le maréchal Soult qu'il savait réduit à vingt-quatre mille hommes, avait sur-le-champ suspendu sa marche, et repris la route du nord du Portugal.

Napoléon, en voyant tomber coup sur coup les deux places qui avaient coûté tant de sang et d'efforts, et qui étaient les principaux obstacles placés sur la route des Anglais soit au nord, soit au midi, fut aussi affligé qu'irrité, et s'en prit à tout le monde, au maréchal Soult, qui avec 80 mille hommes ne faisait rien, disait-il, au maréchal Marmont, qui n'avait pas su modifier des ordres donnés à trois cents lieues du théâtre de la guerre. Ces reproches n'étaient que très-incomplétement mérités. Le maréchal Soult n'avait guère en ce moment plus de 50 mille hommes disponibles, et n'aurait pu s'opposer sérieusement aux entreprises des Anglais qu'en sacrifiant Grenade. Son tort véritable avait été de laisser inutilement le corps du général Drouet en Estrémadure, où ce corps ne pouvait rien, et de ne l'avoir pas tout simplement ramené à lui, en laissant dix mille hommes et quelque cavalerie dans Badajoz, avec un approvisionnement suffisant en vivres et en poudre. Badajoz aurait ainsi tenu plusieurs mois, et donné le temps de venir à son secours. Quant au maréchal Marmont, l'ordre de rester en Vieille-Castille, de ne pas descendre en Estrémadure, et de n'aller au secours de Badajoz que par une diversion opérée dans la province de Beïra, était si précis, qu'aucun général, quelque hardi qu'il fût, n'aurait osé y manquer.

Avril 1812.

La position que ce maréchal avait prise dans l'origine, celle d'Almaraz sur le Tage, était la seule convenable, la seule qui lui eût permis de se porter tour à tour au secours de Ciudad-Rodrigo ou de Badajoz. Si en effet on lui avait accordé un renfort de vingt

A quelles conditions le maréchal Marmont aurait pu concourir efficacement à sauver

Avril 1842.

Ciudad-Rodrigo et Badajoz.

mille hommes qu'il aurait placés à Salamanque, il aurait pu marcher sur Badajoz avec les 30 mille qu'il avait sur le Tage, et réuni à l'armée d'Andalousie, il aurait présenté 55 mille combattants à lord Wellington, ce qui eût suffi pour sauver Badajoz. Si au contraire le danger avait été au nord, il aurait pu repasser le Guadarrama, et, y trouvant les 20 mille hommes établis à Salamanque, il en aurait encore présenté 50 mille à lord Wellington sous les murs de Ciudad-Rodrigo, et déjoué ainsi toutes ses tentatives. En lui refusant un renfort de vingt mille hommes et en le fixant en Vieille-Castille, Napoléon avait rendu presque inévitable la chute de Badajoz. Certainement la pensée d'une diversion dirigée de Salamanque sur le Beïra était juste, comme toute pensée de Napoléon sur la guerre devait l'être, et le résultat venait de le prouver, puisqu'elle avait ramené lord Wellington vers le nord du Portugal le lendemain de la prise de Badajoz : mais elle l'avait ramené le lendemain, et non la veille ! Cette pensée était juste, mais de cette justesse générale qui dans l'exécution ne suffit pas, car sans une précision rigoureuse dans le calcul des distances, des temps et des forces, les pensées les plus justes deviennent ou chimériques ou funestes. Sans doute si Badajoz avait contenu dix mille hommes de garnison, de la poudre et des vivres en quantité suffisante, si le duc de Raguse avait eu cinquante mille hommes, ou à lui, ou empruntés à l'armée du général Caffarelli placée sous ses ordres, s'il avait eu de plus des magasins toujours approvisionnés, et que dans ces conditions il eût sérieusement marché sur

Coimbre, lord Wellington aurait infailliblement lâché prise une seconde fois, et abandonné le siége de Badajoz. Mais Badajoz ayant à peine de quoi se défendre, et le duc de Raguse ne pouvant, avec les moyens dont il disposait, faire qu'une vaine menace, il était impossible par une simple démonstration sur le Beïra de détourner de son but un esprit aussi sensé et aussi ferme que celui de lord Wellington.

Ainsi en 1811 comme en 1810 toutes les combinaisons avaient avorté en Espagne, tous les renforts envoyés étaient demeurés impuissants! Avant de retracer des événements plus tristes encore que ceux dont on vient de lire le récit, résumons ce qui s'était passé dans la Péninsule depuis deux années. On a vu déjà dans le quarantième livre de cette histoire, comment avait échoué la campagne de 1810; comment à cette époque, avec la sage pensée d'employer en Espagne toutes ses forces disponibles afin d'y résoudre la question européenne qu'il y avait lui-même transportée, comment aussi, avec la sage pensée de diriger son principal effort contre les Anglais, Napoléon s'était laissé détourner de son but par les instances de Joseph et du maréchal Soult, et avait consenti à la fatale expédition d'Andalousie, laquelle avait amené la dispersion des quatre-vingt mille hommes les plus aguerris qu'il y eût alors dans la Péninsule : on a vu comment Masséna, envoyé à Lisbonne avec 70 mille hommes, réduits à 50 mille par les circonstances locales, avait trouvé devant Torrès-Védras un obstacle presque insurmontable, que toutefois il aurait pu surmonter avec un secours de vingt-cinq mille hommes venant de l'Andalou-

Avril 1812.

Résumé des événements d'Espagne pendant les années 1810 et 1811, et causes véritables de nos revers.

sie, avec un secours pareil venant de la Castille; comment le maréchal Soult n'avait ni pu ni voulu lui prêter ce secours, comment le général Drouet ne l'avait pas pu davantage, comment Napoléon, emporté avec une mobilité désastreuse vers d'autres desseins, lui avait refusé les cinquante mille hommes qui auraient tout décidé, et comment enfin une campagne qui aurait dû porter le coup mortel à l'armée anglaise, n'avait été que malheureuse pour nous, et avait inutilement consommé les 150 mille hommes envoyés après la paix de Vienne! Ces récits affligeants sont sans doute présents à la mémoire de ceux qui ont lu cette histoire! Les récits de la fin de 1811 ne sont ni moins affligeants ni moins significatifs, comme on a pu s'en convaincre dans ce livre.

Puisque dès le milieu de 1811 Napoléon était résolu à porter ses armées et sa personne au Nord, c'est-à-dire en Russie, il aurait dû au Midi, c'est-à-dire en Espagne, se contenter d'une défensive imposante, jusqu'à ce qu'il eût tout terminé lui-même entre la Vistule et le Borysthène, si toutefois il pouvait terminer quelque chose dans ces régions! En laissant le maréchal Suchet en Aragon et en Catalogne, sans lui accorder de nouvelles forces, mais sans lui imposer aucune tâche nouvelle, ce maréchal, surtout après la conquête de Tarragone, serait resté maître paisible et incontesté de ces provinces; en laissant le maréchal Soult à Séville, le maréchal Marmont sur le Tage, sans les obliger à aucun déplacement de forces vers Valence, avec l'ordre à l'un et à l'autre de courir au premier danger sur Badajoz, comme ils l'avaient déjà fait avec tant de succès;

en donnant de plus au maréchal Marmont la faculté d'attirer à lui l'armée du nord, et en lui attribuant exclusivement la plus grande partie de la réserve, il est probable qu'on eût déjoué longtemps les efforts des Anglais contre Badajoz et Ciudad-Rodrigo, et réduit lord Wellington, pendant un an peut-être, à une inaction embarrassante pour lui devant l'opinion exigeante de son pays. Mais ne voulant renoncer à rien, et, tout en préparant l'expédition gigantesque de Russie, aspirant à pousser vivement les affaires d'Espagne, se flattant de les avancer beaucoup dans l'automne et l'hiver de 1811, Napoléon renouvela en ordonnant l'expédition de Valence la faute qu'il avait commise en permettant l'expédition d'Andalousie : il condamna le maréchal Suchet à s'étendre sans le renforcer, et tandis que pour un moment il faisait converger vers lui toutes les forces disponibles, lord Wellington aux aguets enleva Ciudad-Rodrigo, et nous ferma le Beira en s'ouvrant la Castille. Le maréchal Marmont courut bien à Ciudad-Rodrigo, mais obligé de ramener à lui ses forces dispersées jusqu'aux environs d'Alicante, il arriva trop tard, et cet unique trophée de la campagne de Portugal nous fut ravi. Il restait Badajoz, trophée unique aussi de la campagne d'Andalousie. La même cause devait nous le faire perdre. Napoléon obligé plus tôt qu'il ne l'avait d'abord supposé, de rappeler d'Espagne sa garde, les Polonais, les dragons, les quatrièmes bataillons, et attirant tout au nord de la Péninsule afin de pouvoir tout attirer au nord de l'Europe, ramena Marmont du Tage sur le Douro, l'y fixa, et découvrit ainsi Badajoz, que lord Wel-

Avril 1812.

Avril 1812.

lington, toujours aux aguets, enleva comme Ciudad-Rodrigo, en profitant du vide laissé devant cette place par nos faux mouvements. Ainsi pour prendre Valence, qui nous affaiblissait en nous forçant à nous étendre, on perdit Badajoz et Ciudad-Rodrigo, seul fruit de deux campagnes difficiles, seul obstacle sérieux qu'on pût opposer à une marche offensive des Anglais! Tel était, tel devait être le résultat de cette manière d'ordonner de loin, d'ordonner en pensant à autre chose, et en ne consacrant à chaque objet que la moitié des ressources et de l'attention qu'il aurait fallu pour réussir!

Dans quel état restaient les affaires d'Espagne au moment de la guerre de Russie.

Toutes ces fautes commises, voici où en restait l'Espagne. Le général Suchet demeurait à Valence tout juste avec le moyen de contenir le pays, mais sans aucun moyen d'agir à la moindre distance; le maréchal Soult se trouvait en flèche au milieu de l'Andalousie, avec une force insuffisante pour prendre Cadix, et dans l'impuissance de livrer bataille aux Anglais, si ceux-ci, après la prise de Badajoz, voulaient marcher sur lui, ce qui au surplus n'était pas très-probable; enfin le maréchal Marmont au nord, où véritablement les Anglais voulaient frapper un coup décisif, soit sur Madrid, soit sur la ligne de communication des armées françaises, le maréchal Marmont, privé de Ciudad-Rodrigo, pouvait, si Joseph, si le général Caffarelli le renforçaient à propos, réunir 40 mille hommes contre lord Wellington, qui en avait 60 mille. Voilà où en était l'Espagne après y avoir envoyé 150 mille hommes de renfort en 1810, 40 mille hommes de bonnes troupes et 20 mille de conscrits en 1811, indépendamment de plus de 400 mille entrés dans la Péninsule de 1808 à 1810! De ces 600 mille hommes il n'en survivait pas 300 mille, lesquels pouvaient fournir tout au plus 170 mille soldats en état de servir activement; il faut ajouter enfin que dans ces 170 mille soldats, 40 mille au plus, si on manœuvrait bien, étaient prêts à couvrir Madrid et Valladolid, c'est-à-dire la capitale et notre ligne de communication!

Napoléon, au moment de s'éloigner de Paris, ayant appris par de nombreuses expériences la difficulté d'ordonner à propos en ordonnant de loin, prit le parti de conférer à Joseph le commandement de toutes les armées servant en Espagne, sans lui prescrire toutefois la seule conduite qui aurait pu tout sauver, celle de laisser le maréchal Suchet à Valence, puisqu'il y était, mais de replier l'armée d'Andalousie sur le Tage, de l'y réunir dans une même main à l'armée de Portugal, d'établir ces deux armées, présentant ensemble une force compacte de 80 mille hommes, dans une position bien choisie, d'où elles auraient pu au premier danger se porter sur Madrid ou sur Valladolid, suivant la marche adoptée par les Anglais. Mais Napoléon se contenta de donner à tous l'ordre d'obéir à Joseph, sans savoir comment le maréchal Suchet, habitué à se gouverner seul chez lui, et à s'y gouverner très-bien, comment le maréchal Soult, résolu à régner exclusivement en Andalousie, comment le maréchal Marmont, n'ayant pas cessé d'être en contestation avec la cour de Madrid pour les intérêts de l'armée de Portugal, pourraient ou voudraient se comporter à l'égard de cette autorité de Joseph,

Avril 1812.

Napoléon, avant de partir pour la Russie, confère à Joseph le commandement de toutes les armées agissant dans la Péninsule.

Inefficacité de cette mesure.

si longtemps déniée, raillée, déconsidérée par Napoléon lui-même, et proclamée au dernier moment comme une sorte de remède extrême, dans lequel il fallait avoir tout à coup une confiance que jamais il n'avait inspirée. Le maréchal Jourdan, appelé à être le chef d'état-major de Joseph, composa sur cette situation un mémoire plein de sens et de raison, qui révélait tous les inconvénients que nous venons de signaler, et qui fut expédié à Paris. Avant de dire comment il y fut répondu par Napoléon, et, ce qui est plus grave, par les événements eux-mêmes, il faut nous reporter au Nord, vers cet autre abîme où Napoléon, entraîné par son fougueux génie, allait s'enfoncer avec sa fortune, et malheureusement avec celle de la France.

FIN DU LIVRE QUARANTE-DEUXIÈME.

LIVRE QUARANTE-TROISIÈME.

PASSAGE DU NIÉMEN.

Suite des événements du Nord. — Un succès des Russes sur le Danube, écartant toute apparence de faiblesse de leur part, dispose l'empereur Alexandre à envoyer M. de Nesselrode à Paris, afin d'arranger à l'amiable les différends survenus avec la France. — A cette nouvelle, Napoléon, ne voulant pas de cette mission pacifique, traite le prince Kourakin avec une extrême froideur, et montre à l'égard de la mission de M. de Nesselrode des dispositions qui obligent la Russie à y renoncer. — Derniers et vastes préparatifs de guerre. — Immensité et distribution des forces réunies par Napoléon. — Mouvement de toutes ses armées s'ébranlant sur une ligne qui s'étend des Alpes aux bouches du Rhin, et s'avance sur la Vistule. — Ses précautions pour arriver insensiblement jusqu'au Niémen sans provoquer les Russes à envahir la Pologne et la Vieille-Prusse. — Ordre donné à M. de Lauriston de tenir un langage pacifique, et envoi de M. de Czernicheff pour persuader à l'empereur Alexandre qu'il s'agit uniquement d'une négociation appuyée par une démonstration armée. — Alliances politiques de Napoléon. — Traités de coopération avec la Prusse et l'Autriche. — Négociations pour nouer une alliance avec la Suède et avec la Porte. — Efforts pour amener une guerre de l'Amérique avec l'Angleterre, et probabilité d'y réussir. — Dernières dispositions de Napoléon avant de quitter Paris. — Situation intérieure de l'Empire ; disette, finances, état des esprits. — Situation à Saint-Pétersbourg. — Accueil fait par Alexandre à la mission de M. de Czernicheff. — Éclairé par les mouvements de l'armée française, par les traités d'alliance conclus avec la Prusse et l'Autriche, l'empereur Alexandre se décide à partir pour son quartier général, en affirmant toujours qu'il est prêt à négocier. — En apprenant ce départ, Napoléon ordonne un nouveau mouvement à ses troupes, envoie M. de Narbonne à Wilna pour atténuer l'effet que ce mouvement doit produire, et quitte Paris le 9 mai 1812, accompagné de l'Impératrice et de toute sa cour. — Arrivée de Napoléon à Dresde. — Réunion dans cette capitale de presque tous les souverains du continent. — Spectacle prodigieux de puissance. — Napoléon, averti que le prince Kourakin a demandé ses passe-ports, charge M. de Lauriston d'une nouvelle démarche auprès de l'empereur Alexandre, afin de prévenir des hostilités prématurées. — Fausses espérances à l'égard de la Suède et de la Turquie. — Vues relativement à la Pologne. — Chances de sa reconstitution. — Envoi de M. de Pradt comme ambassadeur de France à Varsovie. — Retour de M. de Narbonne à Dresde, après avoir rempli sa mission

TOM. XIII. 25

à Wilna. — Résultat de cette mission. — Le mois de mai étant écoulé, Napoléon quitte Dresde pour se rendre à son quartier général. — Horribles souffrances des peuples foulés par nos troupes. — Napoléon à Thorn. — Immense attirail de l'armée, et développement excessif des états-majors. — Mesures de Napoléon pour y porter remède. — Son accueil au maréchal Davout et au roi Murat. — Son séjour à Dantzig. — Vaste système de navigation intérieure pour transporter nos convois jusqu'au milieu de la Lithuanie. — Arrivée à Kœnigsberg. — Rupture définitive avec Bernadotte sur des nouvelles reçues de Suède. — Déclaration de guerre à la Russie fondée sur un faux prétexte. — Plan de campagne. — Arrivée au bord du Niémen. — Passage de ce fleuve le 24 juin. — Contraste des projets de Napoléon en 1810, avec ses entreprises en 1812. — Funestes pressentiments!

Déc. 1811.

Ce qui s'était passé depuis le mois de novembre dernier dans les relations de la France avec la Russie.

Napoléon et Alexandre étaient restés depuis le mois de novembre dernier dans une attitude d'observation, armant sans cesse l'un en représaille de l'autre, Alexandre ne souhaitant pas la guerre, la craignant au contraire, résolu pourtant à la faire plutôt que de sacrifier la dignité ou le commerce de sa nation, et dans l'intervalle ne négligeant rien pour terminer sa lutte avec la Turquie, soit par les armes, soit par la diplomatie; Napoléon, de son côté, sans précisément désirer la guerre, décidé à la faire par ambition beaucoup plus que par goût, et la préparant avec une extrême activité, parce qu'il était fatalement convaincu qu'elle aurait lieu tôt ou tard, ce qui était certain s'il exigeait de la part de la Russie une soumission absolue, comme de la part de la Prusse et de l'Autriche. Dans cette situation, s'étant déjà tout dit sur la prise de possession du territoire d'Oldenbourg, sur l'admission des neutres dans les ports russes, sur l'origine des armements réciproques de la France et de la Russie, et n'ayant plus rien à se communiquer sur ces sujets devenus fastidieux, on se taisait et on agissait. On organisait tantôt tel corps, tantôt tel autre; on poussait celui-ci vers la Dwina ou le Dniéper, celui-là vers l'Oder ou la Vistule. Mais, ainsi faisant, on allait bientôt se trouver en présence les uns des autres, l'épée sur la poitrine, et prêts à s'égorger. Tous les hommes sensés et honnêtes en Russie, en France, en Europe, les uns par raison et humanité, les autres par le motif honorablement intéressé du patriotisme, se disaient avec douleur qu'en persistant quelques jours encore dans ce silence et cette activité, il coulerait des torrents de sang depuis le Rhin jusqu'au Volga. Le plus actif de ceux qui éprouvaient ces nobles sentiments, M. de Lauriston, s'épuisait à écrire à Paris qu'on ne voulait pas la guerre à Saint-Pétersbourg, qu'on ne la ferait qu'à contre-cœur, mais qu'on la ferait terrible, et que cependant, si la France consentait à ménager un peu la susceptibilité russe, à concéder quelque chose pour le prince d'Oldenbourg, et à s'accommoder d'un peu plus de rigueur contre le pavillon anglais, elle serait assurée de conserver la paix, quoi qu'il pût advenir dans les autres parties de l'Europe. A force d'insister, il avait fini par s'attirer de Napoléon quelques boutades, du reste sans amertume, comme celle-ci : *Lauriston se laisse attraper*, boutades auxquelles M. de Bassano ajouta pour son compte des dépêches pleines d'arrogance et d'aveuglement. Désolé de n'être pas écouté à Paris, M. de Lauriston insistait pour l'être à Saint-Pétersbourg, s'attachant à montrer l'inutilité et le danger d'une nouvelle lutte avec Napoléon (ce dont on était parfaitement convaincu), et répétant qu'avec quelques jours encore de ce silence guindé

Déc. 1811.

Louables
efforts
de M.
de Lauriston
pour amener
un rapprochement
entre
la Russie
et la France.

et maladroit, on finirait, les uns ou les autres, par se trouver au bord d'un abîme. Il demandait instamment, avec la dignité d'une conviction honnête, qu'on envoyât à Paris des instructions au prince Kourakin, afin d'amener sur tous les points en litige une explication satisfaisante, car, redisait-il sans cesse, rien de ce qui semblait diviser les deux puissances ne valait la peine d'une guerre. Les cabinets de Berlin et de Vienne agissaient dans le même sens, l'un de bonne foi, l'autre par prudence. La Prusse voyait dans une nouvelle conflagration européenne, à laquelle elle serait forcée de prendre part, de nouveaux hasards, et le sage roi Frédéric-Guillaume n'était pas de ceux qui pensaient que quand on se trouvait mal, il fallait remuer, au risque d'être plus mal encore. D'ailleurs l'obligation de se mettre du côté de Napoléon, si la guerre éclatait, blessait son sentiment germanique, qui, pour être contenu, n'en était pas moins sincère. Il souhaitait donc la paix avec ardeur, et il avait fait parvenir à Saint-Pétersbourg de vives sollicitations, proposé même ses bons offices, démarches qui avaient été accueillies avec dédain, blessé qu'on était en Russie de ne pas avoir la Prusse avec soi. L'Autriche, bien qu'elle pressentît qu'une nouvelle lutte de la France et de la Russie lui fournirait l'occasion de rétablir ses affaires aux dépens de l'une ou de l'autre, n'en craignait pas moins la guerre, surtout depuis qu'elle prévoyait la nécessité d'être l'alliée de la France, et ne cessait par ce motif de préconiser la paix à Saint-Pétersbourg. Elle avait offert son intervention, qui avait été tout aussi mal accueillie que celle de la Prusse. La Russie, importunée à la longue d'instances qui semblaient supposer que la paix dépendait d'elle, avait répondu aux ministres des deux puissances : Conseillez la paix à d'autres, puisque vous y tenez tant, conseillez-la surtout à ceux qui veulent la guerre, et m'obligent malgré moi à la préparer[1]. —

A force d'entendre répéter qu'on devrait bien s'expliquer avant de s'égorger, que le prince Kourakin, usé auprès de Napoléon, plus propre à la représentation qu'aux affaires, ne suffisait pas pour apaiser la querelle, on avait fini à Saint-Pétersbourg par tourner les yeux sur un homme très-propre à rétablir la bonne intelligence si elle pouvait être rétablie, sur M. de Nesselrode, secrétaire principal de la légation de Paris, fort jeune alors, mais déjà fort remarqué, esprit fin, clairvoyant et sage, inspirant dès cette époque grande confiance à Alexandre, pris au sérieux par Napoléon beaucoup plus que le prince Kourakin, et actuellement en congé à Saint-Pétersbourg. On lui avait entendu dire depuis son retour de Paris que, si on le voulait bien, tout pourrait s'arranger ; que Napoléon n'était pas aussi passionné pour la guerre qu'on le croyait généralement, qu'avec lui il fallait s'expliquer directement, parler clair et net, et qu'en s'y prenant de la sorte on pouvait avoir satisfaction, et arriver à un accommodement honorable. On avait donc songé à M. de Nesselrode, et on était tenté de l'envoyer à Paris avec des instructions et des pouvoirs pour traiter toutes

Déc. 1841.

La Russie finit par adopter l'idée d'envoyer M. de Nesselrode à Paris, afin d'amener une explication complète sur tous les points.

[1] Je parle d'après les dépêches prussiennes et autrichiennes elles-mêmes.

les questions récemment soulevées, et envenimées bien moins par ce qu'on avait dit que par ce qu'on avait omis de dire. M. de Nesselrode se montrait flatté, à son âge, d'une si haute mission, et disposé à tout faire pour en assurer le succès. Malheureusement ce qui le flattait inspirait une fâcheuse jalousie à M. de Romanzoff, fort intéressé pourtant à prévenir la guerre, mais prenant ombrage des progrès du jeune diplomate et de la confiance qu'Alexandre semblait lui témoigner. Il opposait donc certaines objections à cette mission, bien que du reste il fût prêt à beaucoup de sacrifices pour maintenir la paix, et même l'alliance avec la France. Une objection de M. de Romanzoff, qui touchait Alexandre à cause de la susceptibilité russe, c'était de paraître implorer la paix par l'envoi d'un diplomate ayant mission spéciale de la négocier, surtout quand on n'était pas les premiers auteurs des mesures justement considérées comme provocatrices.

Toutefois un événement heureux pour les Russes, survenu récemment en Turquie, fournit une occasion qu'on résolut de saisir pour envoyer M. de Nesselrode à Paris, sans se donner une apparence de faiblesse. Le général Kutusof, chargé en ce moment de diriger la guerre, avait mis à profit l'incurie des Turcs, qui après avoir repris Rutschuk étaient demeurés inactifs, les avait attirés près de Nicopolis en feignant d'y vouloir passer le Danube, puis l'avait franchi près de Rutschuk, avait surpris le camp du vizir, dispersé une partie de ses troupes, et tenait le reste étroitement bloqué dans une île du fleuve. Ce succès, qui semblait devoir contraindre la Porte à traiter, avait causé une grande joie à Saint-Pétersbourg, où il avait été connu en novembre 1811. Sur-le-champ on avait autorisé le général Kutusof à ouvrir une négociation, et à proposer la paix en se désistant des premières prétentions russes. Ainsi on ne demandait plus les provinces du Danube, c'est-à-dire la Bessarabie, la Moldavie et la Valachie, mais la Bessarabie et la Moldavie seulement, cette dernière jusqu'au Sereth, une sorte d'indépendance pour la Valachie et la Servie, un petit territoire du côté du Caucase, à l'embouchure du Phase, et une somme de vingt millions de piastres à titre d'indemnité de guerre. Des pourparlers s'étaient engagés sur ces bases à Giurgewo, et un armistice de plusieurs mois avait été convenu. A chaque instant on espérait à Saint-Pétersbourg voir arriver un courrier qui annoncerait la conclusion de la paix.

Ces résultats, quoiqu'ils fussent moins brillants que ceux qu'avait rêvés Alexandre, car il s'était flatté, outre la Finlande, d'ajouter du même coup à son empire la Bessarabie, la Moldavie et la Valachie, étaient déjà fort beaux, et la seule acquisition de la Finlande et de la Bessarabie signalait d'une manière bien assez éclatante les débuts d'un règne qui promettait d'être fort long encore. Mais ces résultats lui convenaient bien davantage sous un autre rapport, c'était de pouvoir envoyer M. de Nesselrode à Paris, sans qu'on criât à la faiblesse dans les salons de Saint-Pétersbourg. Maître de toutes ses forces par la fin de la guerre sur le Danube, il paraissait autant donner la paix que la recevoir, sans compter qu'il était en mesure de l'obtenir bien meilleure.

Déc. 1811.

Vraisemblance d'un arrangement prochain entre la Russie et la Porte.

On prépara donc les instructions de M. de Nesselrode. Alexandre prit la peine de les rédiger lui-même, et autorisa M. de Lauriston à annoncer le prochain départ du nouveau plénipotentiaire. On donna un grade de plus à M. de Nesselrode dans la diplomatie russe, afin qu'il se présentât revêtu de tous les signes de la confiance impériale. On attendait impatiemment un dernier courrier des bords du Danube, pour faire partir M. de Nesselrode juste au moment où la fin de la guerre de Turquie serait connue, et pour avoir en traitant tout à la fois plus de dignité et plus de force.

On informa de ces dispositions les diverses cours du continent, et notamment celles de Prusse et d'Autriche. M. de Lauriston en écrivit à Paris avec la satisfaction visible d'un bon citoyen, plus charmé d'avoir bien fait que certain d'être approuvé, car il était évident à son langage qu'il doutait fort de plaire à sa cour en travaillant avec tant de zèle au maintien de la paix.

La nouvelle du départ de M. de Nesselrode, mandée plusieurs fois, n'arriva cependant à Paris avec tous les caractères de la certitude que vers le milieu de décembre. Elle déconcerta fort Napoléon, et le contraria par plus d'un motif. Il avait déjà eu connaissance des échecs des Turcs, qui, disait-il, *s'étaient conduits comme des brutes*, et il regardait la fin de la guerre de Turquie comme le commencement de la guerre avec la France. Il avait toujours supposé en effet que les Russes n'attendaient que cette occasion pour se retourner contre lui, et le placer entre des conditions inacceptables ou la guerre, alternative à l'égard de laquelle son choix était fait d'avance. La nouvelle du voyage de M. de Nesselrode ne lui laissa plus de doute. Il en conclut que la Russie tenait la guerre de Turquie pour à peu près terminée, et qu'elle se hâtait d'en profiter pour lui dicter des conditions. Il y avait là de quoi l'irriter profondément, et le pousser même à un éclat, comme il n'y était que trop enclin, s'il n'avait conçu un vaste plan, qui exigeait de sa part la plus profonde dissimulation. Il voulait, en protestant toujours de son désir de la paix, en répétant qu'il n'armait que par pure précaution, arriver successivement à l'Oder, puis à la Vistule, avant que les Russes eussent franchi le Niémen, afin de sauver les immenses ressources en grains et fourrages qui se trouvaient dans la Pologne et la Vieille-Prusse, ressources que les Russes ne manqueraient pas de détruire si on leur en laissait le temps, car ils se vantaient tout haut d'être prêts à faire de leurs provinces un désert, comme les Anglais en avaient fait un du Portugal. Or, plus loin commencerait ce désert, moins grande serait la masse de ce qu'on aurait à porter avec soi. C'est pourquoi Napoléon, après s'être assuré de Dantzig, songeait en ce moment à s'assurer de la navigation du Frische-Haff par ses négociations avec la Prusse, afin de passer par eau de Dantzig à Kœnigsberg, puis de Kœnigsberg à Tilsit. Ce n'est qu'à partir du Niémen qu'il entendait se servir de transports par terre, et, se flattant de porter avec lui des vivres jusqu'à une distance de deux cents lieues, il croyait pouvoir s'avancer assez pour enfoncer le fer au cœur même

Déc. 1811.

Il croit que la Russie, sûre d'en finir avec les Turcs, veut lui dicter la loi.

Plan de dissimulation qui l'empêche de laisser éclater sa colère.

de la Russie. Tout ce plan allait être déjoué si les Russes le prévenaient, et si, fondant à l'improviste sur la Vieille-Prusse et la Pologne, ils en faisaient un désert, en brûlaient les greniers, en prenaient le bétail pour l'emmener avec eux. Il fallait donc petit à petit, sans éclat, sans rupture, arriver à la Vistule, puis à la Prégel avant l'ennemi; il fallait aussi, et cela n'importait pas moins, retarder les hostilités jusqu'à l'été de 1812, car la condition des immenses transports que Napoléon avait préparés c'était la réunion et l'entretien d'une grande quantité de chevaux. Or, si on employait leurs forces à porter de quoi les nourrir eux-mêmes, autant valait ne pas s'en embarrasser, car il ne resterait rien pour les hommes. Si en effet les six mille voitures attelées devaient charrier de l'avoine et non du blé, ce n'était pas la peine de traîner avec soi un si vaste attirail. Pour en être dispensé, il fallait ne commencer la guerre qu'en juin. La terre se couvrait alors dans le Nord de fourrages et de moissons, et en donnant aux chevaux de la cavalerie, de l'artillerie et du train, dont le nombre passait déjà cent mille, et devait s'élever bientôt à cent cinquante mille, les moissons des Russes à manger en herbe, on était assuré de faire vivre sur le sol de l'ennemi les nombreux animaux qu'on amènerait à sa suite. Il fallait donc ces animaux pour nourrir les hommes, et la belle saison pour nourrir ces animaux. Les Russes auraient beau mettre le feu à leurs champs, ils ne brûleraient pas les herbes. Ajoutez qu'avec les immenses préparatifs qu'il avait à terminer, bien qu'il s'y fût pris deux ans à l'avance,

Napoléon savait par expérience que deux mois de plus n'étaient pas à dédaigner; que les Russes ayant pour arme la destruction, et lui la création des moyens, le temps n'était pas un élément nécessaire pour eux, tandis qu'il était indispensable pour lui.

Déc. 1811.

Par ces motifs profonds, il fallait se glisser en quelque sorte jusqu'à la Vistule, et gagner non-seulement du terrain, mais du temps, sans provoquer une rupture. Pour réussir dans un tel dessein il n'y avait rien de mieux que cet état de querelle obscure, indécise, où l'on se répétait indéfiniment : Vous armez... Et vous aussi... C'est vous qui avez commencé... Non, ce n'est pas nous, c'est vous... Nous ne voulons pas la guerre... Nous ne la voulons pas non plus...... et autres propos semblables, fort insignifiants en apparence, mais fort calculés de la part de celui qui, avec ces ennuyeux reproches, occupait des mois entiers, gagnait de décembre à janvier, de janvier à février, et espérait gagner encore jusqu'en juin 1812. Or une explication claire et catégorique devait faire cesser une situation si utile aux desseins de Napoléon, et l'arrivée de M. de Nesselrode, en provoquant cette explication, ne lui convenait aucunement[1]. Quelque adresse qu'il pût y mettre, quelque empire qu'il sût prendre sur lui-même lorsqu'il s'y appliquait, il était impossible qu'avec un homme aussi pénétrant que M. de Nes-

Par ce motif, Napoléon ne veut pas d'une explication catégorique après laquelle les Russes ne pourraient plus concevoir de doutes sur l'imminence d'une guerre prochaine.

[1] Dans une matière aussi grave, pas plus du reste que dans une qui le serait moins, je ne voudrais rien supposer. Mais les lettres les plus précises de Napoléon aux trois ou quatre hommes investis de sa confiance, le prince Eugène, le maréchal Davout, M. de Cessac, M. de Lauriston lui-même, ne laissent aucun doute sur la réalité de ce calcul. Nous en citerons plus tard des preuves matérielles et irréfragables.

Déc. 1811.

selrode, il ne fût pas bientôt amené à un éclaircissement complet, à une solution par oui ou par non, après laquelle il n'y aurait plus qu'à marcher tout de suite les uns contre les autres. Or il lui importait, comme on vient de le voir, qu'on arrivât, les Français sur la Prégel, les Russes sur le Niémen, avant de s'être déclaré la guerre, et en se répétant sans cesse qu'il fallait s'expliquer, sans pourtant s'expliquer jamais.

Napoléon s'y prend de manière à empêcher la mission de M. de Nesselrode, et à mettre ses armées en mouvement sans provoquer une rupture immédiate.

Il forma donc la résolution de donner sur-le-champ ses derniers ordres militaires, et en même temps il s'y prit de la manière la plus convenable pour empêcher M. de Nesselrode de venir à Paris, en se gardant toutefois de blesser la Russie, et de la pousser à une rupture immédiate. Il voyait le prince Kourakin fort souvent; il savait, car le bruit en était déjà répandu dans toute l'Europe, que l'envoi de M. de Nesselrode à Paris était prochain, et il n'en dit mot au prince, silence tout à fait inexplicable s'il n'était improbateur de la mission projetée. Il ne s'en tint pas là: s'expliquant sur ce sujet avec le ministre de Prusse, qui devait nécessairement recueillir ses paroles et les mander à Berlin, d'où le désir d'être utile à la cause de la paix pourrait bien les faire arriver jusqu'à Saint-Pétersbourg, il ne dit rien précisément qui ressemblât à l'intention de ne pas recevoir M. de Nesselrode, mais il se montra froid, retenu, presque mécontent, parut désapprouver l'éclat donné à cette espèce de mission extraordinaire, car c'était, selon lui, engager l'amour-propre des deux puissances, les rendre plus difficiles, plus attentives à ne rien concéder de trop. A cette désapprobation indirecte de la mission de M. de Nesselrode, il joignit, dans une occasion assez importante, une froideur marquée pour la légation russe. Le premier de l'an, jour consacré aux réceptions, c'est à peine s'il adressa la parole au prince Kourakin, qui, fort attentif aux petites choses, ne manqua pas de le remarquer, et en conclut que la mission de M. de Nesselrode ou venant trop tard, ou ne plaisant pas, n'avait pas chance de réussir. Ce qu'il y eut de plus grave encore, ce fut le bruit des ordres donnés par Napoléon, bruit toujours suffisant, si petit qu'il soit, pour frapper l'oreille d'un ambassadeur quelque peu informé. Napoléon avait recommandé la discrétion la plus absolue, mais tant de gens devaient être dans la confidence, quelques-uns de ces ordres étaient si difficiles à cacher par leur nature et leur gravité, que le mystère, possible pour le gros du public, ne l'était pas pour une diplomatie qui payait fort bien les trahisons. En effet M. de Czernicheff, aide de camp de l'empereur Alexandre, souvent en mission à Paris, avait acheté un commis qui lui livrait les secrets les plus importants du ministère de la guerre. Par ces diverses causes, le prince Kourakin parvint à savoir tout ce que Napoléon avait ordonné, et ce qu'il avait ordonné ne pouvait laisser aucun doute sur la résolution irrévocable d'hostilités prochaines.

Janv. 1812.

D'abord il avait prescrit à M. de Cessac, devenu ministre de l'administration de la guerre, de préparer le sénatus-consulte pour la levée de la conscription de 1812, mesure nécessairement très-significative, puisque les cadres ayant déjà reçu la conscription de 1811 tout entière, étaient suffisam-

Levée de la conscription de 1812.

Janv. 1812.

Réunion des contingents allemands, et rappel des troupes d'Espagne destinées à la Russie.

ment remplis pour un armement de pure précaution. Napoléon avait ensuite demandé aux gouvernements allemands de fournir leur contingent complet, et l'avait exigé non pas seulement des principaux d'entre eux, comme la Bavière, la Saxe ou le Wurtemberg, capables de garder un secret, mais de tous les petits princes, auxquels on ne pouvait s'adresser sans que le fait fût bientôt divulgué. Il avait écrit en chiffres aux maréchaux Suchet et Soult de lui envoyer sur-le-champ les régiments dits de la Vistule, régiments excellents dont il voulait se servir en Pologne. Il avait donné des ordres pour le retour immédiat de la jeune garde, cantonnée en Castille, et pour celui des dragons, destinés à rentrer en France un escadron après l'autre. C'est ce qui explique comment en Espagne, après avoir tout fait converger sur Valence, avec la pensée de tout faire refluer ensuite sur le Portugal, il avait concentré soudainement les forces disponibles du côté de la Castille, au lieu de les concentrer du côté du Portugal, de manière que les Anglais, ayant profité du mouvement vers Valence pour prendre Ciudad-Rodrigo, avaient profité bientôt après du mouvement vers la Castille pour prendre Badajoz.

Départ d'une partie de la garde impériale.

Indépendamment de ces ordres, Napoléon achemina vers le Rhin, non les détachements de la garde qui étaient à Paris même, ce qui eût produit trop de sensation, mais ceux qui stationnaient dans les environs, tels, par exemple, que les régiments de la garde hollandaise. Il pressa de nouveau les achats de chevaux en Allemagne, lesquels, à son gré, ne s'exécutaient pas assez vite, et mit en marche les bataillons d'équipages dont l'organisation était achevée, en leur donnant à porter des souliers, des eaux-de-vie, et en général des objets d'équipement. Enfin il expédia un premier ordre de mouvement à l'armée d'Italie. Cette armée ayant à traverser la Lombardie, le Tyrol, la Bavière, la Saxe, pour se trouver en ligne sur la Vistule avec l'armée du maréchal Davout, devait être en mouvement au moins un mois avant les autres, si on voulait qu'elle ne fût pas en retard. Cependant, comme de toutes les mesures qu'il avait à prendre celle-ci était la plus frappante, car on ne pouvait déplacer l'armée d'Italie, l'arracher à ses cantonnements pour lui faire parcourir une moitié de l'Europe, sans un parti bien arrêté à l'égard de la guerre, il s'attacha à bien garder son secret, et écrivit directement au prince Eugène en ayant soin d'éviter l'intermédiaire des bureaux. Il enjoignit à ce prince de disposer ses divisions à Brescia, Vérone et Trieste pour le milieu de janvier, afin qu'elles fussent prêtes à marcher vers la fin du même mois avec tout leur matériel. Quoiqu'il les demandât en janvier, il n'y comptait qu'en février, sachant, avec sa grande expérience, que ce n'est pas trop que de concéder un mois aux retards inévitables. Il avait le projet de faire partir les troupes d'Italie vers la fin de février, et de n'ébranler celles du maréchal Davout que dans le courant de mars, sauf à porter rapidement celles-ci sur la Vistule, si la nouvelle du mouvement de l'armée d'Italie amenait les Russes sur le Niémen. Sinon il se proposait de pousser lentement ses colonnes sur la Vistule, où il ne désirait pas les avoir avant la

Janv. 1812.

Ordre secret de départ adressé à l'armée d'Italie.

Succession de tous les mouvements de troupes profondément calculée.

Janv. 1812.

Les dernières mesures prises par Napoléon, et un courrier du prince Kourakin achèvent de détruire tous les doutes de la cour de Russie sur l'imminence de la guerre.

mi-avril, de les porter ensuite à la mi-mai sur la Prégel, et à la mi-juin sur le Niémen. En mettant ainsi trois mois à les mouvoir de l'Elbe au Niémen, les hommes, les chevaux devaient arriver sans s'être fatigués, et parvenir sur le théâtre de la guerre au complet de leur effectif et de leur équipement.

De toutes ces mesures, la légation russe n'ignora que le départ de l'armée d'Italie, dont le prince Eugène avait seul la confidence, et le rappel des Polonais d'Espagne demandé par dépêches chiffrées aux maréchaux Soult et Suchet. Mais elle connut toutes les autres, et c'était assez pour dissiper les derniers doutes, s'il avait pu en rester encore sur la résolution de commencer la guerre dans la présente année 1812. Le prince Kourakin en effet n'en conserva plus aucun dès les premiers jours de janvier. Le silence évidemment volontaire gardé avec lui sur la mission de M. de Nesselrode, la froideur tout à fait inusitée qu'on lui avait montrée, et qui contrastait avec les prévenances dont il était ordinairement l'objet, enfin toutes les dispositions dont les bruits publics suffisaient pour acquérir la connaissance, équivalaient à la démonstration la plus complète. Aussi le prince Kourakin expédia-t-il le 13 janvier un courrier extraordinaire, pour faire part à sa cour de tout ce qu'il avait appris et observé lui-même, et lui déclarer qu'à son avis la guerre était résolue, et qu'il fallait se préparer sur-le-champ à la soutenir. Il demandait même des ordres pour les cas extrêmes, pour celui par exemple où il se verrait obligé de quitter Paris. Peut-être sa grande sensibilité aux froideurs de la cour avait-elle donné plus de vivacité à ses convictions, mais si son déplaisir personnel l'avait porté à dire que la guerre était résolue, ce déplaisir n'avait servi qu'à l'éclairer, car il est bien vrai qu'en ce moment elle l'était irrévocablement.

Janv. 1812.

Quand les dépêches du prince Kourakin parvinrent à Saint-Pétersbourg, on était encore tout disposé à envoyer M. de Nesselrode à Paris, et on n'attendait que la circonstance déterminante d'un courrier de Constantinople pour ordonner son départ. Malheureusement ce courrier n'arrivait pas, et M. de Romanzoff abusait de ce retard par jalousie du jeune négociateur. Le courrier du prince Kourakin parti le 13 janvier arriva le 27 à Saint-Pétersbourg, et y causa la plus vive sensation. A la lecture des dépêches qu'il apportait, on partagea le sentiment de l'ambassadeur, et, comme lui, on ne douta plus de la guerre. Déjà on était fort enclin à croire que la crise actuelle aurait cette issue, et plutôt que de se soumettre comme la Prusse ou l'Autriche à toutes les volontés de Napoléon, plutôt que de sacrifier les restes du commerce russe, on était résolu à braver les dernières extrémités. Pourtant, de la prévoyance du fait au fait lui-même, il y a toujours une différence que les hommes sentent très-vivement, et on en fut profondément affecté à Saint-Pétersbourg, à tel point que M. de Lauriston put dire sans exagération qu'on y était consterné. C'était alors dans l'opinion de l'Europe une si grande chance à courir que de braver Napoléon, son génie, ses vaillantes armées; c'étaient de si redoutables souvenirs que ceux d'Austerlitz, d'Iéna, d'Eylau,

Consternation et ferme résolution de la cour de Russie.

Janv. 1812.

de Friedland, que même avec le plus noble sentiment de patriotisme, ou avec les haines ardentes de l'aristocratie européenne contre nous, on était saisi d'une sorte de terreur à la pensée de recommencer une lutte qui avait toujours si mal réussi. Cette fois, d'ailleurs, si la fortune était encore contraire, il se pourrait bien que l'on eût consolidé pour toujours la domination qu'on voulait renverser, et qu'on eût exposé la Russie à tomber à ce second rang auquel la Prusse et l'Autriche étaient aujourd'hui descendues, et dont on avait horreur. La Providence, qui garde si bien ses secrets, n'avait pas encore dit le sien, et les Russes ne savaient pas qu'ils étaient à la veille de leur grandeur, et Napoléon savait encore moins qu'il était à la veille de sa chute! Pourtant de ces secrets providentiels il en transpire toujours quelque chose pour le génie, quelquefois même pour la passion.

Plan de guerre qui naît spontanément dans l'esprit de tout le monde en Russie.

La passion, qui le plus souvent aveugle, et si rarement éclaire, avait cette fois découvert une partie de la vérité aux Russes. Ils se disaient que Napoléon était venu à bout en 1807 de leurs armées, mais qu'il avait failli s'enfoncer dans leurs boues, mourir de faim ou de froid au milieu de leurs frimas. La catastrophe de Charles XII leur revenait en mémoire. La récente détresse de Masséna en Portugal, qu'on avait créée à force de dévastations, et publiée dans toute l'Europe avec une espèce de jactance barbare, les occupait également, et presque partout ils répétaient que sans brûler les champs d'autrui comme les Anglais, en incendiant leurs propres campagnes, ils placeraient Napoléon dans une position plus affreuse encore que celle de Masséna. Aussi dans tous les rangs de l'armée russe entendait-on dire qu'il faudrait tout brûler, tout détruire, se retirer ensuite dans le fond de la Russie sans livrer de bataille, qu'on verrait alors ce que pourrait le terrible empereur des Français dans des plaines ravagées, dépourvues de grains pour ses soldats, d'herbe pour ses chevaux, et que, nouveau Pharaon, il périrait dans l'immensité du vide, comme l'autre dans l'immensité des flots. Ce plan d'éviter les grandes rencontres, et de se retirer en ravageant, naissait dans tous les esprits, et dans cette circonstance solennelle tout le monde, pour ainsi dire, avait été général.

Janv. 1812.

On veut se retirer dans les profondeurs de l'empire en détruisant toutes choses sur les pas des Français.

Il y avait même parmi les officiers de l'empereur Alexandre des caractères plus ardents que les autres, qui lui conseillaient de porter le désert en avant, et pour cela de ne pas attendre Napoléon sur le Niémen, de ne pas lui laisser ainsi les riches greniers de la Pologne et de la Vieille-Prusse, mais d'envahir sur-le-champ ces contrées, les unes appartenant à l'odieuse Pologne pour laquelle on avait la guerre, les autres à la Prusse que sa faiblesse allait faire l'alliée de Napoléon, de les occuper pour quelques jours seulement, de tout y détruire, et de les évacuer immédiatement après.

Quelques esprits impatients voudraient qu'on portât le ravage en avant, et qu'on allât tout détruire en Pologne et en Vieille-Prusse.

Alexandre, pensant à cet égard comme tous les soldats et officiers de son armée, était bien d'avis d'opposer à Napoléon les distances et la destruction, de refuser les batailles, et de s'enfoncer dans l'intérieur de la Russie, sauf à s'arrêter et à combattre quand on trouverait les Français épuisés de

Alexandre ne veut pas prendre cette initiative, afin de conserver la paix aussi longtemps qu'elle sera fatigue et de faim ; mais il n'était pas de l'avis de ceux qui prétendaient envahir sur-le-champ pour les ravager la Vieille-Prusse et la Pologne. Prendre l'offensive, se porter en avant, c'était donner des chances au grand gagneur de batailles de vous vaincre dans le pays même où on irait le prévenir, c'était aussi partager avec lui les torts de l'agression, du moins aux yeux des peuples, et Alexandre, avant de demander à sa nation les derniers sacrifices, désirait que l'univers entier fût convaincu qu'il n'avait point été l'agresseur. Enfin il y avait une raison qu'Alexandre disait moins, mais qui agissait fortement sur lui, c'est que tant que la paix était honorablement possible il voulait la conserver, et ne pas la compromettre par une initiative imprudente. De son côté M. de Romanzoff, dont la politique avait été fondée sur l'alliance française, et qui allait perdre par la guerre la base de son système et le vrai motif de sa présence dans les conseils de l'empire, se flattait encore que lorsque Napoléon serait sur la Vistule, Alexandre sur le Niémen, on pourrait entamer une sorte de négociation armée, et qu'à la veille de s'engager dans des voies effrayantes, on serait peut-être plus accommodant des deux parts ; que Napoléon lui-même, ayant vu de plus près les difficultés de cette guerre lointaine, serait moins exigeant, et qu'on finirait par s'entendre au dernier instant, au moyen d'un compromis qui sauverait l'honneur de tous : faible espérance sans doute, mais à laquelle M. de Romanzoff et Alexandre ne pouvaient pas se décider à renoncer.

Dans ces vues, Alexandre, avec son ministre et

quelques généraux investis de sa confiance, arrêta le système de guerre qu'il convenait d'adopter. Il fut décidé qu'on aurait deux armées considérables, dont tous les éléments étaient déjà réunis, l'une sur la Dwina, l'autre sur le Dniéper, deux fleuves qui, naissant à quelques lieues l'un de l'autre, courent le premier vers Riga et la Baltique, le second vers Odessa et la mer Noire, et décrivent ainsi une vaste ligne transversale du nord-ouest au sud-est, constituant pour ainsi dire la frontière intérieure du grand empire russe. Ces deux armées, ayant leurs postes avancés sur le Niémen, se retireraient concentriquement à l'approche de l'ennemi, lui présenteraient une masse compacte qui serait au moins de 250 mille hommes, et à laquelle on espérait pouvoir ajouter bientôt des réserves au nombre de cent mille. Une troisième armée, d'une quarantaine de mille hommes, se tiendrait en observation vers l'Autriche, se lierait avec celle du Danube qui était de soixante mille, et ces deux armées elles-mêmes, suivant les événements de Turquie, se rendraient sur le théâtre de la guerre, et porteraient à quatre cent cinquante mille hommes la somme totale des forces russes.

Ces moyens, indépendamment du climat, des distances, et des ravages projetés, avaient une valeur considérable, et soutenaient la confiance des Russes. Mais d'autres motifs contribuaient encore à la fortifier. Les Russes pensaient que dans cette lutte l'opinion jouerait un rôle important, et que ceux qui seraient parvenus à la mettre de leur côté auraient un grand avantage. Ils savaient que la France elle-

Janv. 1812.

de campagne des Russes.

Alexandre compte beaucoup sur le rôle que l'opinion jouera dans cette guerre

Janv. 1812.

État
des esprits
en Allemagne,
en Pologne
et même
en France.

même, quoique condamnée à se taire, n'approuvait pas ces guerres incessantes, dans lesquelles on versait son sang par torrents pour des objets qu'elle ne comprenait plus, depuis que ses frontières avaient non-seulement atteint, mais dépassé les Alpes, le Rhin et les Pyrénées. Ils savaient qu'après un immense enthousiasme pour la personne de Napoléon, une sourde haine commençait à naître contre lui, et pouvait éclater au premier revers; qu'en Allemagne cette haine était, non pas sourde et cachée, mais ardente et publique, plus violente même qu'en Espagne, où l'épuisement l'avait un peu amortie; que dans les États alliés, comme la Bavière, le Wurtemberg, la Saxe, les peuples en voulaient cruellement à leurs princes de les sacrifier à un maître étranger, dans un pur intérêt d'agrandissement territorial, et que la conscription était devenue chez eux la plus odieuse des institutions; qu'en Prusse, outre tous les maux résultant de guerres continuelles, on était inconsolable de sa grandeur perdue; qu'en Autriche, où l'on était un peu calmé depuis la paix et le mariage, la cour nourrissait plus d'aversion que jamais contre la France, qu'on regrettait amèrement l'Italie et surtout l'Illyrie; qu'enfin dans le Nord, en Pologne même, il y avait des souffrances qui diminuaient beaucoup l'enthousiasme pour Napoléon, et rendaient des partisans à l'opinion de quelques grands seigneurs polonais, qui pensaient qu'il fallait reconstituer la Pologne non par la France, mais par la Russie, en plaçant la couronne des Jagellons sur la tête d'Alexandre, ou sur celle d'un prince de sa famille. Et il était vrai que la malheureuse Pologne, n'ayant d'autre richesse que ses blés, ses bois, ses chanvres, qui ne pouvaient plus franchir le port de Dantzig depuis le blocus continental, souffrait horriblement; que chez elle la noblesse était ruinée, le peuple écrasé par les impôts, et la ville de Dantzig, de riche cité commerciale convertie en cité guerrière, réduite à la dernière misère. Le général Rapp, fin courtisan, mais cœur excellent, avait été si touché du spectacle de ces maux, qu'il avait osé les faire connaître au maréchal Davout, en disant que si l'armée française avait un seul revers, ce ne serait bientôt qu'une insurrection générale du Rhin au Niémen. Le froid et sévère Davout lui-même, regardant peu à des souffrances qu'il partageait tout le premier avec ses soldats, observant sur les affaires publiques le silence qu'il imposait aux autres, avait cependant transmis à Napoléon les lettres que le général Rapp lui avait écrites, en les accompagnant de ces paroles remarquables : « Je me souviens en effet, Sire, qu'en » 1809, sans les miracles de Votre Majesté à Ratis- » bonne, notre situation en Allemagne eût été bien » difficile! » —

C'étaient là les vérités bien tristes pour nous, qui, venant s'ajouter au sentiment de leurs forces réelles, inspiraient aux Russes la confiance d'entreprendre une lutte formidable. Ils se disaient donc que si la guerre offrait de cruelles chances, elle en présentait d'avantageuses aussi; que si Napoléon, comme Charles XII, rencontrait en Russie les plaines de Pultawa, l'Allemagne entière se soulèverait sur ses derrières; que les princes alliés seraient forcés par

Janv. 1812.

leurs peuples de se détacher de son alliance; que la Pologne elle-même accueillerait l'idée de se reconstituer autrement que par la main de Napoléon, et que la France, épuisée de sang, fatiguée des sacrifices que lui coûtait une ambition sans bornes et sans objet raisonnable, ne ferait plus les efforts dont en d'autres temps elle s'était montrée capable pour soutenir sa grandeur.

Janv. 1812.

L'état des esprits confirme Alexandre dans la résolution de ne pas prendre l'initiative, afin de laisser à Napoléon tous les torts de l'agression.

Ces motifs confirmaient Alexandre dans la résolution de mettre les torts du côté de Napoléon, de n'en mettre aucun du sien, de ne pas prendre l'initiative de l'agression, de border le Niémen sans le dépasser, et, dans une attitude formidable, mais réservée, d'attendre l'ennemi sans aller le chercher. Cette conduite lui semblait de tout point la meilleure, militairement et politiquement, sans compter qu'en agissant ainsi on sauvait la dernière chance de la paix, car il était toujours possible qu'au dernier moment une négociation heureuse fît tomber les armes des mains de tout le monde. Ce système fut poussé au point de laisser à l'ennemi l'initiative de tous les actes évidemment provocateurs, comme le départ de la garde impériale, et celui de l'Empereur pour l'armée. Ainsi on résolut de ne faire partir la garde impériale russe de Saint-Pétersbourg que lorsque la garde impériale française serait partie de Paris, et Alexandre lui-même projeta de ne quitter sa capitale qu'après que Napoléon aurait quitté la sienne. On verra plus tard qu'en ce dernier point seulement il ne tint pas à son système jusqu'au bout.

Direction de la diplomatie russe.

La diplomatie fut dirigée dans le même sens. Évidemment il n'y avait rien à espérer de la Prusse ni de l'Autriche. Tout ce qu'on pouvait obtenir de ces puissances, c'était la neutralité, si toutefois Napoléon la leur permettait; mais quant à une coopération de leur part, il n'y fallait pas songer. Cependant il y avait des alliances qui s'offraient avec ardeur, avec importunité presque, c'étaient celle de l'Angleterre, et, le croirait-on? celle de la Suède. L'alliance de l'Angleterre était naturelle, légitime, et elle était inévitable au premier coup de canon tiré entre la France et la Russie. Le cabinet anglais, dans son impatience de la nouer, avait choisi le prétexte d'une demande de salpêtre adressée par la Russie au commerce neutre, pour expédier sur Riga une douzaine de bâtiments chargés de poudre. Puis elle avait envoyé en Suède un agent, M. Thornton, qui à la moindre espérance d'être accueilli devait se jeter dans le premier port russe qui lui serait ouvert. En attendant, M. Thornton devait essayer à Stockholm de s'aboucher avec la légation russe, en se servant du cabinet suédois pour faire agréer ses ouvertures.

Janv. 1812.

Impatience que témoigne l'Angleterre de se rapprocher de la Russie.

Rien, il faut le répéter, n'était plus naturel que cette impatience du cabinet britannique, on peut dire seulement qu'elle était trop pétulante, et qu'en se mettant si tôt en avant, elle s'exposait à rapprocher, si un rapprochement était possible encore, ceux qu'elle voulait pour jamais désunir. Mais la Suède, ou, pour parler plus exactement, le prince qui devait à la France d'être monté sur les marches du trône de Suède, s'employer avec passion à nous chercher des ennemis, à nouer des alliances contre nous! c'est ce qui a lieu d'étonner, de révolter même

Janv. 1812.

Fureur croissante du prince Bernadotte contre Napoléon.

tout cœur honnête, et c'est pourtant ce qui se voyait dans le moment, et ce qui devait être une des parties les plus frappantes du tableau extraordinaire offert alors aux yeux du monde.

Le prince Bernadotte, élu héritier du trône de Suède on a vu comment, à quelle occasion, dans quelle intention, venait de se constituer définitivement l'ennemi le plus actif et le moins déguisé de Napoléon. Le refus de la Norvége, acte si honnête d'une politique qui ne l'était pas toujours, le silence dédaigneux prescrit à la légation française, avaient réveillé dans son cœur la vieille haine qu'il nourrissait contre Napoléon, et cette haine, le croirait-on? avait pour principe l'envie. Envieux par nature, il osait jalouser celui qui aurait dû à jamais rester hors de portée pour son envie, tant la supériorité de gloire et de situation mettait le général Bonaparte hors de toute comparaison avec le général Bernadotte. Que ce dernier jalousât Moreau, Masséna, Lannes, Davout, quoique mille fois supérieurs à lui, on l'aurait conçu; mais Napoléon, il fallait la folie de l'envie dans un petit cœur et un petit esprit, pour qu'il en fût ainsi! Investi un moment de la régence, comme nous l'avons dit, par suite de la mauvaise santé du roi régnant, puis privé de ce rôle parce que le roi avait craint une trop grande altération des rapports avec la France, mais resté en secret le principal moteur des affaires, il avait tout à coup tourné ses regards vers les partis qui ne l'avaient pas d'abord appelé au trône, vers le parti anglais, composé des commerçants et des propriétaires qui vivaient de la contrebande, vers le parti de l'aristocratie, qui détestait la France et les révolutions, leur disant tout bas ou tout haut, selon les circonstances, et presque toujours avec une imprudence singulière, qu'il n'entendait pas être l'esclave de Napoléon, qu'il était Suédois et non Français, que s'il convenait à la France de ruiner la Suède en la privant de son commerce, il ne s'y prêterait pas, et qu'avant tout il songeait à la prospérité de sa nouvelle patrie. Quant à ceux qui l'avaient élu, et qui comprenaient tous les amis de la France, passionnés pour la révolution de 1789, pour l'ancienne grandeur suédoise, pour la gloire des armes, ce qui les avait portés à choisir un général français, il leur parlait d'honneur, de patrie, de vaillance militaire, et, sans indiquer où ni comment, promettait de les conduire à la victoire, et de refaire la grandeur de la Suède. Flattant ainsi tous les partis par le côté qui les touchait le plus, il avait cherché aussi à se rapprocher des légations anglaise et russe, la première existant clandestinement, la seconde officiellement à Stockholm, en faisant entendre à chacune ce qui pouvait le mieux lui convenir. Il avait dit à l'une et à l'autre qu'il était prêt à secouer le joug de la France, que si les principales puissances se décidaient à donner le signal il le suivrait, qu'il savait le côté faible du génie et de la puissance de Napoléon, et enseignerait le secret de le battre; que le général Bernadotte de moins dans les armées françaises, c'était beaucoup, et que si l'Angleterre et la Russie voulaient s'entendre avec la Suède, il pouvait leur être d'un immense secours; que lorsque Napoléon serait enfoncé en Pologne, où il avait failli pé-

Janv. 1812.

Langage de ce prince aux divers partis qui divisent la Suède.

Ses offres à l'Angleterre et à la Russie.

Janv. 1812.

rir en 1807, et où il aurait péri sans les services du général Bernadotte, il pourrait, lui, prince royal de Suède, descendre sur le continent avec trente mille Suédois, et même cinquante, si on lui donnait des subsides, et qu'il soulèverait toute l'Allemagne sur les derrières de l'armée française. Pour prix de ce concours, il demandait non pas la Finlande, qu'il savait nécessaire à la Russie, mais la Norvége, qu'il était peu raisonnable de laisser au Danemark, constant allié de Napoléon et traître à la cause de l'Europe.

Défiance qu'inspire à la Russie et à l'Angleterre la vivacité de zèle montrée par le prince de Suède.

Ces confidences, faites avec une incroyable indiscrétion à l'Angleterre et à la Russie, avaient excité une sorte de défiance, tant elles semblaient étonnantes et inspiraient peu d'estime pour leur auteur. Adressées même au roi de Prusse dans une entrevue secrète demandée à son ambassadeur, elles avaient révolté l'honnêteté de ce monarque, qui n'avait pas osé nous dénoncer cet infidèle enfant de la France, mais nous avait assez clairement avertis de le surveiller. Quant aux puissances ou déjà en guerre avec nous comme l'Angleterre, ou prêtes à y entrer comme la Russie, elles avaient ménagé un ennemi de Napoléon dont elles pouvaient tirer parti, sans toutefois se fier à lui. Afin de se faire mieux venir de l'une et de l'autre, le nouveau prince suédois avait proposé de se servir de l'ancienne influence suédoise en Turquie pour négocier la paix entre les Turcs et les Russes, et il avait même entrepris des négociations dirigées en ce sens soit à Saint-Pétersbourg, soit à Constantinople. Ainsi ce personnage si nouveau sur la scène du monde, et ennemi si peu attendu de la France, s'offrait à rapprocher l'Angleterre de la Russie, la Russie de la Porte, et voulait être à tout prix le nœud de tous ces liens, l'épée de toutes ces coalitions.

Janv. 1812.

Alexandre, dans son système de réserve, qui avait pour but, nous venons de le dire, de mettre tous les torts du côté de son adversaire, et de se tenir libre de tout engagement, afin de pouvoir jusqu'au dernier moment opter pour la paix, ne voulait se prêter ni aux impatiences de l'Angleterre, ni aux intrigues de la Suède, dont la conversion lui semblait trop rapide pour mériter confiance. Il avait fait une réflexion fort naturelle et fort simple, c'est que la rupture avec la France une fois consommée, la paix avec l'Angleterre serait l'affaire d'une heure, que les conditions seraient celles qu'il voudrait, que ses préparatifs à lui étaient terminés depuis un an, ceux de l'Angleterre depuis dix, qu'un retard de deux ou trois mois dans le rapprochement ne nuirait donc pas à l'organisation de leurs moyens, et que quant à l'emploi de ces moyens il ne serait bien réglé qu'au moment même de la guerre; qu'il n'y avait donc pas à se presser, et qu'à vouloir agir un peu plus tôt on ne gagnerait rien, sinon de se compromettre avec Napoléon, et de sacrifier définitivement les dernières espérances de la paix. En conséquence Alexandre refusa les vaisseaux chargés de poudre, les força de sortir des eaux de Riga en menaçant de tirer dessus s'ils ne s'éloignaient, et fit entendre à M. Thornton qu'il n'était pas temps encore de se présenter à Saint-Pétersbourg. Quant à la Suède, comme il était moins certain de l'avoir avec lui, car cette

Alexandre diffère de s'entendre avec l'Angleterre, afin de ne pas sacrifier les dernières espérances de paix.

Il flatte Bernadotte sans toutefois

puissance, dans sa mobilité ambitieuse, pourrait, de même qu'elle avait quitté Napoléon pour un désappointement, quitter la Russie pour des avances repoussées, Alexandre résolut d'écouter ses incroyables propos, de paraître y prêter l'oreille avec l'attention qu'ils méritaient, et d'y réfléchir avec la maturité qu'exigeait leur importance. Alexandre envoya des fourrures magnifiques au prince Bernadotte, et lui prodigua les témoignages personnels les plus flatteurs. A l'égard de la Turquie, qui résistait obstinément aux conditions mises en avant, qui ne voulait à aucun prix abandonner la Moldavie jusqu'au Sereth, qui ne voulait pas consentir au protectorat des Russes sur la Valachie et la Servie, qui ne voulait pas davantage céder un terrain quelque petit qu'il fût le long du Caucase, ni payer une indemnité de guerre, dans la persuasion où elle était qu'en résistant quelques jours de plus, la Russie pressée par les armes de la France serait obligée de se désister de toutes ses prétentions, Alexandre modifia encore une fois les conditions proposées, renonça au protectorat de la Servie et de la Valachie, au territoire réclamé le long du Caucase, à l'indemnité de guerre, mais insista sur la Bessarabie en entier, sur la Moldavie jusqu'au Sereth, et se flatta d'obtenir la paix à ces nouvelles conditions, ce qui devait lui assurer la libre disposition de ses forces contre la France.

Tels étaient les plans de la Russie, plans, on le voit, fort bien entendus, et fort bien adaptés surtout à sa situation. Au point où en étaient les choses, on ne pouvait plus songer à envoyer M. de Nesselrode à Paris, car ce n'était pas la peine de se donner l'apparence d'implorer la paix, pour ne la point obtenir. Aussi le projet de cette démarche fut-il abandonné, à la satisfaction fort irréfléchie de M. de Romanzoff. Alexandre fit part de cette nouvelle détermination à M. de Lauriston avec une douleur qu'il ne dissimula point; il lui dit que le courrier parti le 13 janvier de Paris ne laissait plus une seule espérance de sauver la paix, qu'il en avait un profond chagrin, car il n'avait pas cessé de la désirer sincèrement; que pour la conserver il avait résolu de se tenir aux conditions de Tilsit, c'est-à-dire de rester en guerre avec l'Angleterre, de souffrir même la spoliation des États d'Oldenbourg, sauf une indemnité que la France fixerait à son gré, et de tolérer l'existence du grand duché de Varsovie, pourvu toutefois qu'on ne voulût pas en faire le commencement d'un royaume de Pologne. Il dit encore que quant au blocus continental, il était toujours résigné à y concourir en fermant ses ports au pavillon britannique, et en recherchant ce pavillon sous toutes les dénominations qu'il usurperait; mais que pousser ce soin jusqu'à exclure entièrement le commerce américain lui était impossible, car ce serait réduire son pays à l'état de misère où se trouvait la Pologne; que les Américains qu'il recevait avaient, il est vrai, communiqué avec les Anglais, qu'il le savait, mais qu'il était certain de leur nationalité, qu'il ne les admettait pas lorsqu'elle offrait un seul doute; que s'il ne voulait pas les laisser entrer lorsqu'ils avaient communiqué avec les Anglais, il serait réduit à n'en recevoir aucun, ce qui serait ruineux

Janv. 1812.

Dernières et solennelles explications d'Alexandre avec M. de Lauriston.

Janv. 1812.

pour la Russie, ce qui d'ailleurs ne pouvait être déclaré obligatoire qu'en vertu des décrets de Berlin et de Milan, rendus sans sa participation; que ces choses il les avait répétées cent fois, qu'il les répétait une dernière, pour bien constater ce qu'il appelait *son innocence;* mais qu'aucune puissance au monde ne le ferait sortir des termes qu'il avait posés, et qu'il posait encore; qu'il soutiendrait une guerre de dix ans, s'il le fallait, qu'il se retirerait au fond de la Sibérie, plutôt que de descendre à la situation de l'Autriche et de la Prusse; que Napoléon en provoquant cette rupture appréciait bien mal ses vrais intérêts; que l'Angleterre était déjà presque à bout de ressources, qu'en continuant de lui tenir le continent fermé, comme il l'était actuellement, et en tournant contre lord Wellington les forces préparées contre la Russie, on aurait la paix avant un an; qu'en agissant différemment, Napoléon allait se jeter dans des événements inconnus, incalculables, et rendre à l'Angleterre toutes les chances de succès qu'elle avait perdues. Alexandre ajouta que pour lui il demeurerait inébranlable dans la ligne qu'il s'était tracée, que ses troupes resteraient derrière le Niémen, et ne seraient pas les premières à le franchir; qu'il voulait que sa nation et l'univers fussent témoins qu'il n'avait pas été l'agresseur, qu'il poussait même à cet égard le scrupule jusqu'à refuser d'entendre une seule des propositions de l'Angleterre, qu'il avait renvoyé ses poudres, qu'il renverrait également M. Thornton, si M. Thornton se présentait, qu'il en donnait sa parole d'honneur d'homme et de souverain. Alexandre dit enfin que dans cet état de choses, l'envoi de M. de Nesselrode n'était plus possible, que sa dignité le lui défendait, et le bon sens également, car cette mission n'aboutirait à rien. M. de Lauriston insistant, soutenant que M. de Nesselrode serait bien accueilli à Paris, Alexandre lui rapporta alors tout ce que nous avons raconté du silence significatif de Napoléon à l'égard de la mission de M. de Nesselrode, de sa froideur envers le prince Kourakin, datant de la nouvelle même de cette mission, et finit par déclarer qu'on avait su par d'autres voies que Napoléon la désapprouvait. Cette voie, qu'Alexandre indiquait sans la nommer, était celle de la Prusse, qui à très-bonne intention, croyant être utile au maintien de la paix, avait fait part des réflexions de Napoléon sur l'inconvénient de donner trop d'éclat au voyage de M. de Nesselrode. Ainsi cette puissance, dans son désir honnête de la paix, avait nui à cette cause au lieu de la servir.

Alexandre, en tenant ce langage, avait paru plus ému que jamais, mais aussi résolu qu'ému, et avait parlé évidemment en homme qui ne craignait pas de montrer son chagrin de la guerre, parce qu'il était déterminé à la faire, et à la faire terrible. Il laissa M. de Lauriston aussi affecté qu'il l'était lui-même, car cet excellent citoyen voyait la guerre avec une sorte de désespoir, prévoyant tout ce qui pourrait en résulter. Du reste, il avait reçu d'Alexandre un accueil parfaitement amical, et il en avait été comblé de soins. Seulement, pour répondre aux froideurs qu'avait essuyées le prince Kourakin, on l'invitait moins souvent à dîner à la cour, et dans

Janv. 1812.

Émotion d'Alexandre en faisant à M. de Lauriston ses dernières déclarations.

l'intérieur de la famille impériale. Mais partout où on le rencontrait les prévenances étaient les mêmes. L'exemple donné par Alexandre à la société de Saint-Pétersbourg avait été compris par elle. M. de Lauriston trouvait en tous lieux des égards infinis, une politesse réservée, une résolution tranquille et sans jactance, en un mot, du chagrin sans faiblesse. Il ne voyait de tout côté que des gens qui craignaient la guerre, mais qui étaient décidés à l'accepter plutôt que de rétrograder en deçà des limites tracées par leur empereur. Les Français n'éprouvaient nulle part ni injures ni mauvais traitements. On attendait dans une sorte de calme le moment de se livrer aux fureurs du patriotisme et de la haine.

M. de Lauriston, qui avait reçu du 25 janvier au 3 février toutes les communications que nous venons de rapporter, les transmit à sa cour par un courrier du 3 février avec une scrupuleuse exactitude, et en y ajoutant une peinture aussi vraie que saisissante de la situation des esprits à Saint-Pétersbourg. Son courrier arriva du 15 au 17 février à Paris. Il avait été d'ailleurs précédé par d'autres, qui indiquaient à peu près le même état de choses, et qui faisaient présumer, ce que le dernier annonçait enfin positivement, que M. de Nesselrode ne partirait pas.

Napoléon, en obtenant l'assurance que M. de Nesselrode ne viendrait point à Paris, était arrivé à ses fins, mais il trouvait pourtant la Russie trop résolue, et, bien qu'elle lui parût suffisamment intimidée pour ne pas prendre l'offensive, il appréhendait toujours que des esprits ardents ne l'entraînassent à franchir le Niémen, et à devancer les Français à Kœnigsberg et à Dantzig. En conséquence, il jugea opportun de conclure ses alliances, et de mettre définitivement ses troupes en marche, afin de ne pas arriver le dernier sur la Vistule, et prit soin d'accompagner ces actes décisifs de quelques démarches politiques qui fussent de nature à calmer les émotions du cabinet russe en lui rendant certaines espérances de paix.

Jusqu'ici Napoléon n'avait pas voulu conclure ses alliances de peur de donner trop d'éveil à la Russie, et il faisait attendre notamment la malheureuse Prusse, qui craignait toujours que ces longs délais ne cachassent un piége abominable. On doit se souvenir que Napoléon avait impérieusement exigé d'elle l'interruption de ses armements, en la menaçant d'enlever Berlin, Spandau, Graudentz, Colberg, le roi, l'armée, tout ce qui restait de la monarchie du grand Frédéric, si elle ne mettait fin à ses préparatifs, et en lui engageant au contraire sa parole, si elle cédait, de conclure avec elle un traité d'alliance, dont le premier article stipulerait l'intégrité du territoire prussien. Depuis le mois d'octobre dernier il la tenait en suspens sous divers prétextes, et enfin il lui avait dit le vrai motif de ses ajournements, qui était parfaitement avouable. Le mois de février venu, et les choses étant arrivées au point de ne devoir plus différer, il prit son parti, et causa un sensible mouvement de joie au roi et à M. de Hardenberg, en leur annonçant qu'on allait signer le traité d'alliance. Le roi de Prusse, que la Russie avait tant poussé à la guerre en 1805, et si com-

Fév. 1812.

Il se hâte de conclure ses alliances, et d'ordonner la marche de ses armées.

Traité d'alliance avec la Prusse.

Vues de la Prusse en concluant

27.

plétement abandonné en 1807, ne se croyait de devoirs qu'envers son pays et sa couronne, et persuadé du reste, comme tout le monde, que Napoléon serait encore vainqueur, il se déclarait son allié, dans l'impossibilité de demeurer neutre. Sa politique en ce moment était, puisqu'il donnait un contingent à Napoléon, de le donner le plus fort possible, afin qu'à la paix on eût une plus grande récompense à lui accorder en restitutions de places fortes, en diminutions de contributions de guerre, en extension de territoire. Il offrait jusqu'à cent mille hommes, si on voulait, tous bons soldats, commandés par le respectable général de Grawert, et prêts à bien servir une fois qu'ils verraient dans l'alliance française la certitude de la restauration de leur patrie. Pour prix de ce secours, le roi de Prusse demandait la restitution de l'une des places de l'Oder demeurées en gage dans les mains de Napoléon, celle de Glogau, par exemple, qui, n'étant pas comme Custrin ou Stettin sur la route des armées, importait moins à la France, plus l'exemption des 50 ou 60 millions que le trésor prussien devait encore au trésor français, et enfin à la paix une étendue de territoire proportionnée aux services que l'armée prussienne aurait rendus. Le roi Frédéric-Guillaume aurait désiré en outre qu'on neutralisât pour lui et sa cour un territoire, celui de la Silésie notamment, où il se retirerait, loin du tumulte des armes, car Berlin, situé sur le passage de toutes les armées de l'Europe, n'allait plus être qu'une ville de guerre.

La politique de Napoléon était tout autre, et il n'entendait ni détruire la Prusse, ni la relever. C'é-

tait assez pour lui de la trouver soumise et désarmée
sur son chemin, et il ne comptait pas assez sur les
soldats prussiens pour lui permettre d'en réarmer
un grand nombre. Il ne se méfiait pas précisément
de leur valeur ou de leur loyauté, mais il se figurait
avec raison que, dans un jour de revers pour ses armes, ils seraient tous entraînés par le torrent de
l'esprit germanique. Il ne voulait donc pas que la
Prusse eût plus de soldats qu'elle n'en devait avoir
d'après les traités existants (42 mille), qu'elle fît des
dépenses excessives, et y cherchât un prétexte de
ne pas remplir ses engagements pécuniaires envers
la France. Par ces motifs, il repoussa nettement ses
propositions, en lui disant que vingt mille Prussiens
lui suffiraient, que ce n'était pas de soldats qu'il
avait besoin pour battre la Russie, mais de vivres,
et de chevaux pour transporter ces vivres. En conséquence il refusa de diminuer les contributions de
la Prusse, puisqu'elle n'aurait pas à supporter de
plus grandes dépenses, et consentit seulement à
prendre des chevaux, des bœufs, des grains, en
compensation d'une partie de l'argent qu'elle devait
encore. Il refusa également de rendre Glogau, car
cette place était, disait-il, sur sa ligne d'opérations,
et d'ailleurs l'alliance étant admise, tout devenait
commun entre la Prusse et la France, et le roi n'a-
vait plus à regretter aucune de ses forteresses. Quant
à la demande de neutraliser la Silésie, il répondit
avec raison qu'il était prêt à l'admettre, mais que
pour garantir cette neutralité ce n'était pas assez de
la France, et qu'il fallait surtout l'obtenir de la Russie. Quant à l'intégralité du territoire actuel de la

Fév. 1812.

de celles
de la Prusse.

Prusse et à une amélioration de frontières à la paix, il ne fit aucune difficulté de les promettre.

La Prusse n'avait pas de contestations à élever dans l'état où elle était tombée, et en conséquence, par traité du 24 février, on convint des conditions suivantes : la Prusse s'engageait à fournir 20 mille hommes, directement placés sous un général prussien, mais tenus d'obéir au chef du corps d'armée français avec lequel ils serviraient. Les 22 mille hommes restant à la Prusse devaient être répartis comme il suit : 4 mille à Colberg, 3 mille à Graudentz, places que le roi de Prusse se réservait exclusivement, 2 mille à Potsdam pour la garde de la résidence royale, le surplus en Silésie. Excepté à Colberg et à Graudentz, il ne devait y avoir dans les villes ouvertes ou fermées que des milices bourgeoises. La contribution de guerre dont la Prusse était restée redevable envers la France était fixée définitivement à 48 millions, dont 26 millions acquittables en cédules hypothécaires déjà remises, 14 en fournitures, 8 en argent, ces derniers payables à la fin de la guerre actuelle. Pour les 14 millions acquittables en nature on devait fournir 15,000 chevaux, 44,000 bœufs, et une quantité considérable de froment, avoine et fourrages. Il était convenu que ces fournitures seraient réunies sur la Vistule et l'Oder.

A ces conditions, Napoléon garantit à la Prusse son territoire actuel, et, dans le cas d'une guerre heureuse contre la Russie, lui promit une extension de frontières en dédommagement de ses pertes passées. Malgré les griefs des Prussiens contre la France, ce traité méritait d'être approuvé par les gens sages, car ne devant rien à la Russie, le roi de Prusse avait raison de chercher ses sûretés où il espérait les trouver. Quant à Napoléon, ne revenant pas à la politique, alors trop tardive, de reconstituer une Prusse grande et forte, qui, tenant tout de lui, lui serait restée fidèle, le mieux était d'agir comme il faisait, c'est-à-dire de la désarmer, de disperser une partie de ses soldats, d'emmener les autres pour qu'ils ne fussent pas sur les derrières de l'armée française, enfin de manger ses denrées et son bétail, et de prendre ses chevaux.

Mars 1812.

Avec l'Autriche la position était bien différente. L'Autriche ne craignait pas pour son existence, n'avait aucun besoin de l'alliance de Napoléon, car loin d'être comme la Prusse sous la main de quatre cent mille Français, elle allait avoir l'Italie presque à sa discrétion dès que le prince Eugène en serait parti. Elle aurait donc voulu échapper à l'alliance française, demeurer spectatrice du combat, et faire ensuite quelques profits avec le vainqueur aux dépens du vaincu. Elle inclinait à croire que Napoléon serait vainqueur, et sous ce rapport elle pensait qu'il y aurait plus à gagner avec lui qu'avec l'empereur Alexandre, mais pour plus de sûreté elle aurait préféré ne s'engager avec aucun des deux, et s'épargner à Saint-Pétersbourg l'aveu désagréable à faire, qu'elle s'unissait à la France contre la Russie. Mais il n'y avait pas moyen de se dérober à la main de fer de Napoléon. Il fallait avec lui se prononcer pour ou contre, et, après tout, son triomphe étant plus probable que celui d'Alexandre, il y avait à se

Négociations pour nouer une alliance avec l'Autriche.

Mars 1812.

prononcer en sa faveur l'avantage probable de regagner l'Illyrie, c'est-à-dire Trieste, qui, de toutes ses pertes était celle que l'Autriche ressentait le plus vivement. Du reste, après avoir donné sa fille à Napoléon, l'alliance française pour l'empereur d'Autriche était naturelle et facilement explicable.

Traité d'alliance conclu par l'Autriche à la condition du plus rigoureux secret.

La cour de Vienne consentit donc à un traité d'alliance avec la France, mais en exigeant le plus grand secret, et demandant que ce traité fût connu le plus tard possible, car, disait M. de Metternich, il n'y avait que l'empereur et lui qui en Autriche fussent partisans de cette alliance, et si on ébruitait trop tôt une telle négociation, on pourrait susciter d'avance des oppositions insurmontables. D'ailleurs il valait mieux surprendre la Russie, en lui présentant à l'improviste en Volhynie un corps d'armée auquel elle ne s'attendrait pas. Ce corps serait tout prêt en Gallicie, où il se réunissait déjà, sous prétexte d'avoir sur la frontière des troupes d'observation. On ne perdait rien par conséquent, et au contraire on gagnait tout au secret.

Napoléon s'y prêta, car il lui suffisait de pouvoir compter sur l'Autriche, et peu lui importait le jour où son alliance avec elle serait connue. Il partageait même le désir de tenir cette alliance cachée, dans la pensée toujours arrêtée chez lui de ne pousser les Russes à bout que le plus tard possible.

Signature de ce traité le 15 mars 1812.

Il fut donc convenu par traité authentique, signé le 16 mars, que la France et l'Autriche se garantiraient réciproquement l'intégrité de leurs États actuels, que pour la guerre présente l'Autriche fournirait un corps de 30 mille hommes, qui serait rendu à Lemberg le 15 mai, à condition qu'à cette époque l'armée française, par son mouvement offensif, aurait attiré à elle les forces russes; que ce corps, commandé par un général autrichien (le prince de Schwarzenberg), serait sous les ordres directs de Napoléon; qu'enfin, si le royaume de Pologne était rétabli, la France, en compensation du concours donné par l'Autriche, la dédommagerait en Illyrie, et dans tous les cas, si la guerre était heureuse, traiterait l'empereur François, dans le nouveau partage des territoires, conformément à l'amitié qui devait unir un gendre et un beau-père.

Mars 1812.

Ce traité, comme on le voit, engageait l'Autriche à un faible concours, et lui laissait la facilité de dire à Saint-Pétersbourg qu'elle était alliée seulement pour la forme, et afin d'éviter avec la France une guerre à laquelle elle n'était pas préparée. Elle avait d'ailleurs le droit d'ajouter qu'en agissant ainsi elle ne faisait que ce que la Russie avait fait elle-même en 1809.

Vues de l'Autriche et de Napoléon en concluant ce traité.

Quant à Napoléon, il avait obtenu de l'Autriche ce qu'il en pouvait tirer, en la forçant à prendre un engagement formel qui rendait une trahison non pas impossible, mais invraisemblable, et en appelant à l'activité très-peu de soldats autrichiens, car c'étaient des coopérateurs fort mous, capables dans certains cas de devenir des ennemis fort actifs. En même temps il avait fait luire aux yeux de l'Autriche une espérance qui pouvait presque la rendre sincère, c'était l'espérance de recouvrer l'Illyrie.

Après avoir conclu ces traités d'alliance, sur lesquels on était d'accord quatre ou cinq semaines

Mars 1812.

Distribution et composition définitive de la grande armée.

avant de les signer, Napoléon s'occupa définitivement de mettre ses troupes en mouvement. Il avait déjà prescrit à l'armée d'Italie de se concentrer au pied des Alpes, et au maréchal Davout d'être toujours prêt à voler sur la Vistule, si les Russes, contre toute vraisemblance, passaient les premiers le Niémen. Tout étant préparé, il ordonna les premières marches, mais de manière à n'être pas sur le Niémen avant le mois de mai. Voici comment il avait distribué sa nombreuse armée, la plus grande qu'on eût vue depuis les conquérants barbares qui déplaçaient des peuples entiers, la plus grande certainement de toutes les armées régulières qui aient jamais existé, car elle était la plus vaste réunion connue de guerriers valides, disciplinés et instruits, sans ce mélange de femmes, d'enfants, de valets, qui formaient jadis les trois quarts des armées envahissantes. Nous allons reproduire les nombres précis recueillis dans les états particuliers de Napoléon, beaucoup plus exacts que ceux que tenait le ministère de la guerre.

Corps du maréchal Davout, quantité le 1er.

Quoique Napoléon eût délégué au maréchal Davout, à cause de la spécialité de ses talents, le soin d'organiser la majeure partie de l'armée, il ne lui donna pas à commander autant de troupes qu'il lui en avait donné à organiser, se réservant exclusivement la disposition des grandes masses. Il voulut seulement que le maréchal étant le plus rapproché du théâtre de la guerre, le plus près d'agir dans le cas où les Russes franchiraient le Niémen, eût une force suffisante pour les arrêter. Il lui confia donc cinq divisions françaises qui n'avaient pas d'égales; c'étaient les trois anciennes divisions Morand, Friant,

Gudin, qu'on avait converties en cinq divisions, en portant chaque régiment de trois à cinq bataillons de guerre. On y avait ajouté pour les compléter quelques bataillons badois, espagnols, hollandais, anséatiques, enfermés dans d'excellents cadres. Deux généraux du premier mérite, les généraux Compans et Desaix, devaient commander les deux nouvelles divisions. Une division polonaise, celle qui était déjà à Dantzig, mais qui ne faisait pas partie de la garnison, en formait une sixième. Elle était composée de bons soldats, ayant fait avec succès la campagne de 1809 contre les Autrichiens.

Mars 1842.

Napoléon avait conservé l'ancienne distribution de ses troupes à cheval en cavalerie légère consacrée aux reconnaissances, et en cavalerie de réserve, destinée aux attaques en ligne. Celle-ci se composait d'une certaine proportion de cavalerie légère aussi, mais surtout de grosse et moyenne cavalerie, c'est-à-dire de cuirassiers, de lanciers et de dragons. Cette réserve était divisée, à cause de sa force, en quatre corps. Le premier, comprenant cinq régiments de cavalerie légère et deux divisions de cuirassiers, fut adjoint à l'armée du maréchal Davout. Ce maréchal eut donc environ 82 mille hommes d'infanterie et d'artillerie, 3,500 hommes de cavalerie légère, particulièrement attachée à son corps, et 11 à 12 mille de cavalerie de réserve, c'est-à-dire 96 à 97 mille hommes des plus belles troupes qui existassent en Europe. Elles devaient porter le titre de premier corps. Leur quartier général était à Hambourg.

Répartition de la cavalerie légère entre les divers corps, et portion qui en revient au maréchal Davout.

Napoléon confia en outre au maréchal Davout

la division prussienne de 16 à 17 mille hommes qui était placée sous les ordres directs du général Grawert, ce qui portait à 114 mille soldats environ le commandement de ce maréchal.

Napoléon donna au maréchal Oudinot le 2ᵉ corps, comprenant avec les divisions stationnées en Hollande le reste des troupes que le maréchal Davout avait organisées, et qu'il ne devait pas garder sous ses ordres. C'étaient les deux divisions françaises Legrand et Verdier, formées d'une partie des anciennes divisions de Masséna et de Lannes, et d'une belle division suisse, à laquelle avaient été ajoutés quelques bataillons croates et hollandais. Avec la cavalerie légère, l'artillerie, et une division de cuirassiers empruntée à la réserve de cavalerie, ce corps s'élevait à 40 mille hommes environ de troupes également excellentes. Son quartier général était à Munster. Trois ou quatre mille Prussiens, reste des 20 mille que devait la Prusse, et destinés au 2ᵉ corps, gardaient Pillau, le Nehrung, et tous les postes qui ferment le Frische-Haff.

Napoléon, sous le titre de 3ᵉ corps, confia au maréchal Ney, dont il voulait surtout utiliser l'énergie dans cette campagne, le reste des anciennes troupes de Lannes et de Masséna, réunies en deux belles divisions françaises, sous les généraux Ledru et Razout. Il y ajouta les Wurtembergeois, qui avaient déjà servi sous le maréchal Ney, ce qui présentait un total de 39 mille hommes d'infanterie, d'artillerie et de cavalerie légère. Napoléon, se proposant d'employer le maréchal Ney pour les coups de vigueur, lui adjoignit un corps entier de cavalerie de réserve, ce fut le 2°, comptant environ 10 mille cavaliers, la plupart cuirassiers. Le quartier général du maréchal Ney était fixé à Mayence.

L'armée du prince Eugène reçut le titre de 4ᵉ corps. Elle se composait de deux divisions d'infanterie française, renfermant ce qu'il y avait de mieux dans l'ancienne armée d'Italie, d'une division italienne devenue excellente, et de la garde royale. Le total pouvait s'élever à environ 45 mille soldats de toutes armes, dont le prince Eugène était naturellement le chef, avec le général Junot pour principal lieutenant.

Napoléon avait assigné à l'armée polonaise le titre de 5ᵉ corps. On vient de voir qu'une division polonaise, soldée par la France, avait déjà été donnée au maréchal Davout. Deux autres divisions, dont une notamment composée des régiments de la Vistule, se trouvaient encore à la solde de la France, et devaient être mêlées aux troupes françaises. Le prince Poniatowski eut spécialement sous ses ordres l'armée polonaise proprement dite, qui était à la solde du grand-duché de Varsovie, et avait déjà fait sous ses ordres la campagne de 1809, campagne aussi honorable pour les soldats que pour le général en chef. Ce cinquième corps, fort d'environ 36 mille hommes de toutes armes, avait son quartier général à Varsovie. Les Bavarois, au nombre de 25 mille hommes, servant depuis 1805 avec les Français, prirent le titre de 6ᵉ corps, et furent confiés au général Saint-Cyr, que Napoléon tira de la disgrâce à cause de son mérite, et malgré une indocilité de caractère souvent incommode. Le point de réunion

Mars 1812.

L'armée d'Italie prend le titre de 4ᵉ corps.

Composition de l'armée polonaise, qualifiée de 5ᵉ corps.

Les Bavarois, sous le titre de 6ᵉ corps, destinés à opérer avec l'armée d'Italie.

Mars 1812.

des Bavarois était Bareuth, où ils devaient rencontrer l'armée d'Italie, pour combattre à ses côtés. Napoléon, cherchant à compenser les différences de nationalité par des convenances particulières, avait résolu de joindre les Bavarois aux Italiens, à cause des relations, non-seulement de parenté, mais de cœur, qui unissaient le prince Eugène à la cour de Bavière.

Les Saxons composent le 7ᵉ corps.

Les Saxons, au nombre de 17 mille, bons soldats aussi, et de tous les Allemands les moins hostiles à la France, parce qu'elle avait rendu la Pologne à leur roi, furent placés sous le général Reynier, savant officier, très-propre à commander des Allemands, et déjà connu par ses services soit en Espagne, soit ailleurs. Ils prirent le titre de 7ᵉ corps, et durent servir naturellement avec les Polonais. Ils eurent ordre de se rassembler à Glogau sur l'Oder, et de se rendre le plus rapidement possible à Kalisch, afin de pouvoir courir sur la Vistule, si les Polonais avaient besoin de leur secours.

Les Westphaliens forment le 8ᵉ corps sous le roi Jérôme.

Enfin les Westphaliens, organisés avec soin par le roi Jérôme, mais comptant beaucoup de Hessois, soldats plus braves qu'affectionnés à leur nouveau souverain, formèrent le 8ᵉ corps, et durent se concentrer aux environs de Magdebourg au nombre de 18 mille hommes.

La cavalerie de réserve et la garde impériale.

Restaient deux troupes admirables, la cavalerie de réserve et la garde impériale. Des quatre corps composant la cavalerie de réserve, deux avaient été attachés, l'un au maréchal Davout, l'autre au maréchal Ney, et de plus une division de cuirassiers avait été momentanément attribuée au maréchal Oudinot.

Napoléon se réservait de les reprendre suivant les circonstances et suivant les lieux, pour les réunir au besoin sous sa main. La portion de cette magnifique cavalerie qui n'avait été affectée encore à aucun corps d'armée, présentait 15 mille cavaliers superbes, marchant en attendant avec la garde impériale. Quant à celle-ci, elle était devenue une véritable armée, qui à elle seule n'était pas de moins de 47 mille hommes, parmi lesquels on comptait 6 mille cavaliers d'élite, et quelques milliers d'artilleurs servant une réserve de 200 bouches à feu. Elle avait été divisée elle-même en deux corps, l'un de jeune garde comprenant les tirailleurs et les voltigeurs, l'autre de vieille garde comprenant les chasseurs et grenadiers à pied, la cavalerie, la réserve d'artillerie, et les régiments de la Vistule, dignes pour leurs sentiments de servir dans les rangs de la garde impériale.

Le premier corps de la garde était sous les ordres du maréchal Mortier, le second sous le vieux maréchal Lefebvre. On ne pouvait pas donner de plus solides chefs à de plus vaillants soldats. La garde n'avait aucun point de ralliement, jusqu'à ce que le quartier général fût établi quelque part. Pour le moment elle partait clandestinement de Paris ou des environs, un régiment après l'autre, avec deux destinations provisoires, Berlin et Dresde. Une fois l'Empereur rendu à l'armée, elle devait se réunir tout entière autour de lui. Il faut ajouter à cette longue énumération le grand parc du génie, comprenant les sapeurs et mineurs, les pontonniers, les ouvriers de toute sorte; le grand parc d'artillerie, comprenant tous les approvisionnements de cette arme; enfin le train des équipages, comprenant tous les charrois, ce qui présentait encore une masse de 18 mille hommes conduisant une immense quantité de chevaux.

Telle était l'armée active seulement, celle qui devait franchir le Niémen et pénétrer dans l'intérieur de la Russie. Sans les malades, les détachés, dont on va voir bientôt le nombre considérable, et les Autrichiens, qui étaient loin du théâtre des opérations, cette armée active, en hommes véritablement présents au drapeau, offrait la masse énorme de 423 mille soldats, tous valides et parfaitement instruits, dont 300 mille d'infanterie, 70 mille de cavalerie, 30 mille d'artillerie, traînant à leur suite mille bouches à feu de campagne, six équipages de pont, et un mois de vivres portés sur voitures. Au lieu d'un mois de vivres ils devaient bientôt en avoir deux, si les ordres de Napoléon s'exécutaient en temps utile.

L'imagination est confondue lorsqu'on songe que ce sont là des nombres réels, dont on a exclu les non-valeurs, et non pas des nombres fictifs comme ceux que donnent la plupart des historiens anciens et modernes, parlant presque toujours d'après les bruits populaires, presque jamais d'après les documents d'État, et ne tenant jamais compte d'ailleurs des malades, des détachés, des déserteurs. Pourtant ce ne sont pas encore là toutes les forces que Napoléon avait préparées pour cette lutte gigantesque, après laquelle il se disait avec raison qu'il serait le maître réel du monde, ou le plus grand vaincu de tous les temps. Ne méconnaissant pas les terribles ressentiments dont sa route était pour ainsi dire semée du Rhin au Niémen, il avait disposé sur ses derrières une puissante armée de réserve, dont voici les forces, les nationalités diverses, et la distribution [1].

Mars 1812.

Napoléon, employant avec beaucoup de tact tout ce que l'Espagne lui avait rendu de bons officiers, devenus incompatibles avec ceux qui dirigeaient les opérations dans cette contrée, avait choisi le maréchal Victor, duc de Bellune, pour lui donner le commandement de Berlin dès que l'armée active aurait dépassé cette capitale. Il lui réservait une division française, la 12ᵉ, composée de deux beaux régiments légers et de plusieurs quatrièmes bataillons, sous le général Partouneaux, les troupes de Berg et de Baden, une nouvelle division polonaise, et de plus une partie des dépôts des maréchaux Davout et Oudinot, préposés à la garde de l'importante place de Magdebourg. Le total, s'élevant à 38 ou 39 mille hommes, formait le 9ᵉ corps, et devait garder l'Allemagne de l'Elbe à l'Oder.

Corps du maréchal Victor.

Il y avait encore, en troupes détachées dans les places, telles que Stettin, Custrin, Glogau, Erfurt, une dizaine de mille hommes. Il y avait à Hanovre un immense dépôt de cavalerie, où allaient se monter avec des chevaux allemands 9 mille cavaliers venant de France à pied. Napoléon avait décidé qu'une partie des quatrièmes bataillons tirés d'Es-

Corps du maréchal Augereau.

---

[1] Je n'ai pas besoin de répéter que j'écris en ayant sous les yeux les états particuliers de l'Empereur, beaucoup plus exacts que ceux du ministre de la guerre, parce qu'ils s'étaient rectifiés sur les lieux mêmes, et établis sur des appels faits dans les corps à chaque époque de la campagne, états qui n'ont jamais vu le jour depuis qu'ils sont sortis des mains de Napoléon pour aller aux archives.

pagne, et quelques sixièmes bataillons appartenant aux régiments destinés à en avoir six, formeraient un corps de réserve confié au maréchal Augereau, et s'élevant actuellement à 37 mille hommes. Enfin il avait poussé la prévoyance jusqu'à faire déjà partir des dépôts 15 à 18 mille recrues, qui devaient réparer les pertes résultant des premières marches, et, comme dans toutes les guerres précédentes, rejoindre leurs corps en bataillons provisoires. Restaient enfin la division des petits princes allemands, forte de 5 mille hommes, et une division danoise de 10 mille, que le Danemark, pour les intérêts duquel nous avions encouru l'inimitié de la Suède, s'était engagé à nous fournir dans le cas où le prince Bernadotte exécuterait ses projets de descente sur les derrières de l'armée française. Cette division était réunie sur la frontière du Holstein.

Ces différents corps présentaient une nouvelle masse de 130 mille hommes, destinée à tenir toujours au complet l'armée active, et pouvant au premier danger fournir au moins 50 ou 60 mille hommes de troupes réunies et très-bonnes, pour s'opposer soit aux Anglais, s'ils tenaient cette fois parole à leurs alliés, soit aux Suédois, si leur nouveau prince réalisait ses menaces.

En ajoutant à l'armée active de 423 mille hommes cette armée de réserve de 130 mille, quelques détachements répandus dans divers petits postes au nombre de 12 mille, des malades dus en partie au service d'hiver qu'avait exigé le maintien rigoureux du blocus continental, et s'élevant actuellement à 40 mille, on arrive à la masse énorme de 600 et quelques mille hommes, mis en mouvement pour ce formidable conflit. On y comptait 85 mille cavaliers montés, 40 mille artilleurs, 20 mille conducteurs de voitures, 145 mille chevaux de selle ou de trait. Quel effort de génie administratif n'avait-il pas fallu pour faire marcher tant d'êtres vivants au service de la même cause, si on songe surtout qu'il restait encore 150 mille hommes en France dans les dépôts, 50 mille en Italie, 300 mille en Espagne, ce qui portait l'ensemble de nos forces à plus de onze cent mille soldats, réunis dans la main d'un seul chef! Mais aussi quel danger que cette vaste machine, si artificiellement construite, ne se brisât tout à coup, si un revers ou un accident physique venaient lui imprimer une forte secousse! Alors, comme ces appareils puissants, merveilles de la science moderne, qui marchent avec un ensemble irrésistible tant que leurs ressorts sont en harmonie, mais si cette harmonie cesse un moment, tombent dans un désordre qu'aucune main humaine ne saurait réparer, elle pouvait s'écrouler avec un fracas épouvantable, et couvrir le continent de ses débris. Et que de raisons de le craindre, quand on considère la composition de cette énorme machine de guerre! 370 mille Français, 50 mille Polonais, 20 mille Italiens, 10 mille Suisses, ce qui faisait 450 mille soldats sur lesquels on pouvait compter, en n'excédant pas toutefois leurs forces physiques et morales; enfin 150 mille Prussiens, Bavarois, Saxons, Wurtembergeois, Westphaliens, Hollandais, Croates, Espagnols et Portugais, nous détestant pour la plupart, mêlés, il est vrai, à nos soldats avec une habileté infinie,

Mars 1812.

de manière à les entraîner en quelque sorte par le torrent de la bonne volonté générale, tel était cet incroyable amas de forces, qu'il fallait admirer comme prodige d'art, mais admirer en tremblant, car, indépendamment de sa composition si disparate, cette masse s'avançait du Rhin au Niémen sur un sol semé de haines, menait avec elle un immense matériel et une multitude d'animaux, parmi lesquels le moindre trouble pouvait faire naître un affreux désordre, dont ne parviendrait pas à triompher le génie lui-même qui avait formé ce prodigieux ensemble. Napoléon était donc à la veille, ou du triomphe suprême de son art, ou de la confusion de cet art poussé à l'excès, à la veille ou de la domination universelle, ou d'une catastrophe épouvantable, sans exemple dans l'histoire ! Et malheureusement il n'avait pas pour excuse la haine patriotique et héréditaire qui dévorait le cœur d'Annibal, car le sentiment qui l'entraînait n'était autre que l'ambition la plus démesurée qui jamais ait pris naissance dans le cœur d'un enfant de la fortune.

Son premier soin devait être d'amener de l'Espagne, de l'Italie, de la France, de l'Allemagne méridionale jusqu'aux frontières de la Pologne, cette foule d'hommes, de les mouvoir avec ordre, avec ménagement, de manière à ne pas les épuiser de fatigue, à ne pas couvrir les routes de malades et de traînards, de manière surtout à ne pas causer une trop forte émotion chez les Russes, et à ne pas les provoquer, comme nous l'avons dit, à envahir la Pologne et la Vieille-Prusse. Napoléon y employa tout ce qu'il avait d'astuce et de savoir-faire.

Nous avons déjà indiqué son projet d'opérer tout son mouvement sous l'égide du maréchal Davout, qui, presque rendu sur les lieux, puisqu'il était entre l'Elbe et l'Oder, n'avait que huit à dix marches à faire pour se transporter sur la Vistule, avec la masse imposante de 150 mille hommes, et s'y trouver en mesure d'arrêter les Russes en cas de besoin. C'est derrière lui que tous les corps devaient s'avancer successivement pour prendre position sur la Vistule. (Voir la carte n° 36.) Napoléon avait déjà expédié, comme on l'a vu, les ordres nécessaires à l'armée d'Italie, qui avait la plus grande distance à parcourir pour venir joindre les troupes rassemblées en Allemagne. Lorsque le premier mouvement de cette armée, fixé à la fin de février, serait dévoilé, Napoléon se proposait de porter dans les premiers jours de mars le maréchal Davout sur l'Oder, les Saxons un peu au delà, jusqu'à Kalisch, afin qu'ils pussent rejoindre plus vite les Polonais, de faire en même temps avancer en seconde ligne Oudinot sur Berlin, Jérôme sur Glogau, Ney sur Erfurt, et ensuite d'ordonner une halte jusqu'à la fin de mars, afin de donner à tous les corps le temps de rallier leur queue, et surtout leurs innombrables charrois. Au 1ᵉʳ avril, Napoléon voulait remettre ses masses en mouvement, porter Davout sur la Vistule entre Thorn et Marienbourg, réunir les Saxons aux Polonais autour de Varsovie, les Westphaliens de Jérôme à Posen, puis établir sur l'Oder, et toujours en seconde ligne, Oudinot à Stettin, Ney à Francfort, le prince Eugène avec les Italiens et les Bavarois à Glogau. La garde et les parcs étaient destinés

Mars 1812.

Mouvement successif de tous les corps d'armée vers la Vistule et le Niémen.

à former une troisième ligne entre Dresde et Berlin. Une fois arrivé sur ces divers points, on devait s'arrêter de nouveau jusqu'au 15 avril, puis s'ébranler le 15, et Davout restant de sa personne à Dantzig sur la basse Vistule pour y achever la préparation du matériel, les seconde et troisième lignes devaient s'avancer sur la Vistule, et s'y établir dans l'ordre suivant : les Prussiens en avant-garde entre Elbing, Pillau et Kœnigsberg (ce qui ne pouvait donner lieu à aucune observation de la part des Russes, puisque les Prussiens étaient là chez eux), les troupes de Davout derrière, entre Marienbourg et Marienwerder, celles d'Oudinot à Dantzig, celles de Ney à Thorn, celles d'Eugène à Plock, les Polonais, les Saxons, les Westphaliens à Varsovie, la garde à Posen. (Voir la carte n° 37.) Napoléon voulait qu'on restât dans cette position pendant la plus grande partie du mois de mai, et qu'on s'occupât à rallier les hommes et le matériel demeurés en arrière, à jeter des ponts sur les divers bras de la Vistule, à organiser la navigation du Frische-Haff, à atteler ses nombreux chariots avec les chevaux et les bœufs de la Prusse, à compléter les magasins avec ses denrées, à terminer la remonte de la cavalerie avec ses chevaux. Enfin le mois de juin étant venu, et l'herbe ayant poussé dans les champs, on devait se porter entre Kœnigsberg et Grodno, et franchir le Niémen du 15 au 20 juin.

Les instructions de Napoléon furent données conformément à ce plan. Le prince Eugène reçut ordre de traverser le Tyrol avec le moins de fracas possible, et assez vite pour être rendu à Ratisbonne dans les premiers jours de mars. Les généraux bavarois reçurent ordre d'être prêts à rallier le prince Eugène au même point, à la même époque; Ney, Jérôme, Oudinot, de se mettre immédiatement en ligne avec la droite venant d'Italie. Quand ces divers mouvements seraient démasqués, le maréchal Davout avait pour instruction de jeter brusquement la division Friant vers la Poméranie suédoise, afin de punir la Suède de sa conduite, de pousser ses autres divisions sur l'Oder de Stettin à Custrin, de faire occuper par les Prussiens Pillau et les points qui couvrent la navigation du Frische-Haff, de se lier par sa cavalerie avec les Polonais du côté de Varsovie, et si, contre toute vraisemblance, les Russes avaient pris l'offensive, de ne pas s'arrêter, de marcher droit à eux, et de les rejeter au delà du Niémen. Si préparés que les Russes pussent être, le maréchal Davout, avec les 150 mille hommes dont il disposait, était en mesure de leur soustraire les riches moissons de la Pologne et de la Vieille-Prusse.

{Mars 1842.}

Tout étant ainsi réglé, Napoléon voulut joindre les précautions diplomatiques aux précautions militaires pour empêcher que les Russes ne prissent brusquement l'initiative. Déjà, par ses froideurs, son silence calculé, il s'était épargné la mission de M. de Nesselrode. Il pouvait même craindre d'avoir trop réussi, et en rendant la guerre trop certaine, de faire sortir l'empereur Alexandre de son système de temporisation. Afin d'obvier à ce danger, il fit adresser à M. de Lauriston, par un courrier sûr, une dépêche fort détaillée, et à cause de cela fort secrète, dans laquelle son plan était entièrement dé-

{Nouvelle ruse diplomatique de Napoléon pour empêcher les Russes de prendre l'initiative.}

voilé, où la marche du prince Eugène, puis celle du maréchal Davout et de tous les autres corps français étaient exposées avec la plus grande précision, où l'on déclarait que le but de ces mouvements était de se porter sur la Vistule, de s'y asseoir, de s'étendre ensuite jusqu'à Elbing et Kœnigsberg, pour sauver de la main des Russes les riches greniers de la Pologne et de la Vieille-Prusse. On y disait que pour réussir il fallait gagner du temps à tout prix, et empêcher que les Russes, fortement provoqués, ne vinssent ravager le pays dont on voulait tirer une partie de ses ressources; que dans cette vue, il fallait, quand le mouvement de l'armée d'Italie, le premier commencé, serait connu, le nier absolument, en convenant toutefois de la marche de quelques conscrits toscans et piémontais envoyés au delà des Alpes pour rejoindre leurs corps en Allemagne; qu'ensuite, lorsqu'on ne pourrait plus nier, il fallait avouer la nouvelle de la concentration de l'armée française sur l'Oder, mais en ajoutant que cette concentration n'impliquait pas nécessairement la guerre, pas plus que la concentration des Russes sur la Dwina et le Dniéper; qu'en s'avançant jusqu'à l'Oder l'armée française était loin d'exécuter un mouvement égal à celui qu'avait opéré l'armée russe; que la dignité de l'empereur Napoléon lui commandait de ne pas être en arrière de l'empereur Alexandre; que si même il arrivait que l'armée française allât un peu au delà de l'Oder, ce serait uniquement pour prendre une position correspondant exactement à celle de l'armée russe; que l'intention formelle de Napoléon était toujours de négocier, non de combattre, mais qu'il voulait en négociant conserver une attitude conforme à sa puissance.

Dans cette dépêche, on prescrivait à M. de Lauriston de tenir un langage aussi rassurant que possible, de bien inculquer aux Russes l'idée d'une négociation armée et non d'une guerre résolue, de redemander même, comme si on la regrettait, la mission de M. de Nesselrode, et d'insister pour que le projet en fût repris; d'offrir, si les esprits s'échauffaient trop à Saint-Pétersbourg, une entrevue des deux empereurs sur la Vistule, en ayant soin toutefois de n'employer ce moyen qu'à la dernière extrémité, car on ne se souciait pas du tout à Paris d'un pareil rendez-vous, et on ne voulait que gagner du temps, pour arriver au Niémen avant que les Russes l'eussent franchi. Enfin, si pour prévenir des hostilités prématurées il fallait prendre l'engagement d'arrêter l'armée française sur la Vistule, on autorisait M. de Lauriston à le faire, mais en se donnant l'apparence d'un négociateur qui, par un désir ardent de la paix, dépassait ses instructions; et si, malgré toutes ces ruses, on ne parvenait pas à empêcher le passage du Niémen, M. de Lauriston devait annoncer sur-le-champ la guerre, la guerre immédiate, demander ses passe-ports, et obliger les légations des cours alliées à demander les leurs. Mais il était expressément recommandé à M. de Lauriston de tout mettre en usage pour s'épargner la nécessité d'un éclat si prompt, et si contraire aux vues de l'Empereur.

On pouvait compter sur le zèle de M. de Lauriston à éviter une rupture, bien qu'on lui avouât clai-

Mars 1812.

Commission donnée par Napoléon à M. de Czernicheff pour calmer les inquiétudes de l'empereur Alexandre.

rement que l'unique résultat de ses efforts serait de l'ajourner. Mais désirant ardemment l'empêcher, il devait se regarder comme déjà très-heureux de réussir seulement à la retarder. Néanmoins, craignant de ne pas atteindre son but, Napoléon voulut recourir à un moyen plus direct encore sur l'empereur Alexandre. Il avait alors auprès de lui M. de Czernicheff, employé à des missions fréquentes de Saint-Pétersbourg à Paris, ayant dans la cour de France des relations nombreuses, s'y plaisant et sachant y plaire, ayant même abusé des libertés qu'on lui laissait prendre jusqu'à corrompre un des commis principaux du ministère de la guerre. On commençait à se douter de ce fait, mais ce n'était pas le moment d'un éclat. Napoléon imagina donc d'envoyer M. de Czernicheff à Saint-Pétersbourg, pour protester auprès d'Alexandre de ses intentions pacifiques, pour dire que lui, Napoléon, ne savait ce qu'on lui voulait, qu'il n'armait que parce qu'on armait, qu'il ne désirait rien que les conditions de Tilsit, et que si au lieu de s'égorger on préférait s'expliquer, il était tout prêt à substituer une négociation à la guerre.

Pour tenter cette démarche, peu conforme à l'attitude qu'il avait prise à l'égard de la Russie, Napoléon avait un prétexte assez naturel. Dans leurs derniers épanchements avec M. de Lauriston, l'empereur Alexandre et le chancelier de Romanzoff, regardant la guerre comme décidée, et cherchant quel motif Napoléon pouvait avoir de la désirer, avaient dit que c'était la Pologne qui sans doute leur valait cette nouvelle querelle; que Napoléon trouvant incomplète la création du grand-duché de Varsovie, avait résolu de reconstituer enfin la Pologne tout entière, que c'était là évidemment le désir qu'il nourrissait au fond du cœur, et qui avait dicté le refus de signer la convention proposée en 1810. M. de Lauriston, rapportant toutes choses avec une extrême exactitude, avait, dans ses récentes dépêches, fait part de cette conjecture de l'empereur Alexandre et de son ministre. C'en était assez pour fournir à Napoléon l'occasion d'une démarche, car il devait être pressé de désavouer l'intention qu'on lui prêtait.

Mars 1812.

Il résidait au palais de l'Élysée, où il était allé s'établir, quoique ce palais, inhabité depuis longtemps, fût froid et humide. Il y avait contracté une forte indisposition, et pouvait à peine parler. Néanmoins il entretint longuement M. de Czernicheff avec un ton de bonhomie et de grâce qu'il savait prendre très à propos, et toujours avec grand succès. Il lui dit que d'après ses dernières nouvelles de Saint-Pétersbourg il voyait qu'on se faisait sur ses projets des idées absolument fausses, qu'on lui supposait l'intention de reconstituer la Pologne, et qu'on attribuait à ce motif ses préparatifs militaires; que c'était là une erreur, qu'il ne songeait aucunement au rétablissement de la Pologne, qu'il n'avait sur la possibilité d'une telle entreprise ni illusion ni arrière-pensée; que s'il y avait sérieusement pensé, il l'aurait essayée en 1807 et 1809, et que s'il ne l'avait pas tentée alors, c'est qu'il ne croyait pas le devoir; que s'il avait en 1810 refusé la convention par laquelle l'empereur Alexandre lui demandait de s'engager à

Langage de Napoléon à M. de Czernicheff.

ne jamais rétablir la Pologne, c'est parce que la forme de l'engagement qu'on prétendait lui imposer était déshonorante, et nullement parce qu'il nourrissait la pensée de la chose; qu'il tenait à ce que la cour de Saint-Pétersbourg ne se trompât point à cet égard, et qu'elle ne se forgeât point de craintes chimériques; que son unique raison d'armer, c'est qu'il croyait voir que la Russie changeait d'alliance en ce moment, et que du camp français elle passait dans le camp anglais, qu'elle y passait armes et bagages; que le bruit fait au sujet du duché d'Oldenbourg, l'ukase du 31 décembre 1810 relatif aux manufactures, l'introduction dans les ports russes du pavillon américain, enfin les armements de la Russie, poussés jusqu'à retirer ses troupes de la Turquie et s'exposer à y être battue, avaient été pour lui des signes tout à fait convaincants d'un changement radical de dispositions de la part de l'empereur Alexandre, et qu'alors il s'était mis en mesure, et avait entrepris tous les armements dont l'Europe était témoin; qu'au surplus le mal pouvait être réparé; qu'à Tilsit la paix avait été conclue lorsque Alexandre lui avait dit qu'il haïssait les Anglais, qu'après cette déclaration de sa part tout était devenu facile, et qu'on n'avait plus rien contesté de ce qu'il désirait; que la situation était encore exactement la même; que la paix, la guerre, dépendaient des dispositions véritables du czar; que s'il voulait se rapprocher de l'Angleterre il fallait se préparer à la guerre immédiate; que si au contraire il voulait rester en hostilités sérieuses avec elle, lui fermer ses ports, aider Napoléon à la réduire par l'interdiction de tout commerce, on n'avait qu'à s'expliquer, et que la paix serait non-seulement sauvée, mais la plus parfaite intimité rétablie.

Napoléon répétant son thème éternel sur le rétablissement frauduleux des relations commerciales de la Russie avec l'Angleterre, M. de Czernicheff répéta le thème russe, et de part ni d'autre on ne s'apprit rien. Mais Napoléon essaya de produire sur M. de Czernicheff l'impression que la guerre n'était pas inévitable, qu'elle n'était pas chez lui un parti pris irrévocablement, et qu'une explication des deux puissances en armes, l'une sur le Niémen, l'autre sur la Vistule, pourrait tout arranger. Il ne lui en fallait pas davantage, car, tant que la Russie conserverait l'espérance de sauver la paix, elle s'abstiendrait de toute agression, et ne passerait pas le Niémen, même les Français se portant sur la Vistule. Napoléon fit en effet une assez grande impression sur l'esprit de M. de Czernicheff, et l'eût même tout à fait persuadé, si celui-ci n'avait reçu quelques heures auparavant des bureaux de la guerre des preuves certaines de l'activité de nos préparatifs, préparatifs si vastes et si précipités qu'il était impossible de les concilier avec l'idée d'une simple démonstration militaire destinée à appuyer des négociations.

Toutefois, M. de Czernicheff partit moins convaincu de l'imminence de la guerre qu'il ne l'eût été sans cette entrevue, et muni d'une lettre de l'empereur Napoléon pour l'empereur Alexandre, lettre polie, amicale, mais hautaine, engageant Alexandre à croire tout ce que lui dirait de sa part M. de Czernicheff, et lui répétant que quelque avancé qu'on fût de l'un et l'autre côté en fait de préparatifs de guerre, tout, si on le voulait, pouvait se terminer encore à l'amiable.

Mars 1812.

Dépêche de M. de Bassano dévoilant les plus secrètes intentions de Napoléon.

Le même jour M. de Bassano adressa à M. de Lauriston une nouvelle dépêche, qui dévoilait complétement les intentions de Napoléon. « Votre de-
» voir, lui disait-il, est de montrer constamment les
» dispositions les plus pacifiques. L'Empereur a in-
» térêt à ce que ses troupes puissent s'avancer peu
» à peu sur la Vistule, s'y reposer, s'y établir, s'y
» fortifier, former des têtes de pont, enfin prendre
» tous leurs avantages, et s'assurer l'initiative des
» mouvements.

» L'Empereur a bien traité le colonel Czernicheff,
» mais je ne vous cacherai pas que cet officier a em-
» ployé son temps à Paris à intriguer et à semer la
» corruption. L'Empereur le savait et l'a laissé faire,
» Sa Majesté étant bien aise qu'il fût informé de
» tout. Les préparatifs de Sa Majesté sont réelle-
» ment immenses, et elle ne peut que gagner à ce
» qu'ils soient connus....

» L'empereur Alexandre vous montrera sans
» doute la lettre que Sa Majesté lui a écrite, et qui
» est très-simple. . . . .

» L'Empereur ne se soucie pas d'une entrevue. Il
» se soucie même fort peu d'une négociation qui
» n'aurait pas lieu à Paris. Il ne met aucune con-
» fiance dans une négociation quelconque, à moins
» que les 450 mille hommes que Sa Majesté a mis
» en mouvement (il ne s'agissait là que de l'armée
» active) et leur immense attirail ne fassent faire
» de sérieuses réflexions au cabinet de Saint-Pé-

PASSAGE DU NIÉMEN. 447

» tersbourg, ne le ramènent sincèrement au sys-
» tème qui fut établi à Tilsit, et *ne replacent la Rus-
» sie dans l'état d'infériorité où elle était alors*........
» Votre but unique, monsieur le comte, doit être
» de gagner du temps. Déjà la tête de l'armée d'Ita-
» lie est à Munich, et le mouvement général se dé-
» voile partout. Soutenez dans toute occasion que
» si la guerre a lieu, ce sera la Russie qui l'aura
» faite, que les affaires de Pologne n'entrent pour
» rien dans les déterminations de Sa Majesté; qu'elle
» n'a d'autre but que le rétablissement du système
» auquel la Russie par ses armements et par ses
» démarches a fait assez connaître qu'elle voulait
» renoncer. »

Mars 1812.

Cette dépêche exprimait la vraie pensée de l'Empereur, pensée de domination universelle et suprême, particulièrement envers la Russie, qu'il entendait maintenir dans l'état d'infériorité où elle était le lendemain de Friedland, où elle n'avait pas cessé d'être, où elle consentait même à rester, puisqu'elle lui laissait faire en Europe tout ce qu'il désirait, mais infériorité qu'elle ne voulait rendre ni aussi manifeste ni commercialement aussi dommageable qu'il l'exigeait. En vérité, on aurait bien pu se contenter d'une pareille soumission de la part d'une puissance qui était alors la première du continent après la France, et certainement l'égale de l'Angleterre en Europe.

Napoléon se transporta ensuite à Saint-Cloud avec toute la cour, bien que la saison fût encore rigoureuse, car on était à la fin de mars; il s'y transporta par un motif qui, au milieu de sa toute-puissance,

Napoléon se transporte avec la cour à Saint-Cloud pour se soustraire

448   LIVRE XLIII.

Mars 1812.

à certaines manifestations populaires.

doit paraître bien étrange : c'était pour se dérober aux murmures du peuple, qu'il n'avait pas essuyés encore, mais qui se faisaient entendre de toute part, et menaçaient d'éclater même en sa présence. Depuis longtemps cette hardiesse à se plaindre n'était plus ordinaire au peuple de Paris, et elle révélait la profondeur de ses souffrances, qui avaient plusieurs causes, la disette, la conscription, la levée des gardes nationales, la guerre enfin, qui produisait ou aggravait tous ces maux.

Disette de l'année 1812, et ses causes.

Une affreuse sécheresse, qui s'était prolongée pendant tout l'été de 1811, et avait été mêlée dans quelques contrées d'orages violents, avait ruiné les céréales dans presque toute l'Europe, en donnant du reste des vins excellents connus sous le nom de *vins de la comète*. La moisson avait été mauvaise même en Pologne, sans y produire toutefois la disette, que des récoltes accumulées et invendues rendaient impossible, mais sans y faire cesser la misère résultant du défaut de débouchés. En Allemagne, en France, en Italie, en Espagne, en Angleterre, le dommage pour les céréales avait été immense. En France, le prix des blés était monté à 50, à 60, à 70 francs l'hectolitre, prix bien supérieur à celui que les mêmes chiffres représenteraient aujourd'hui. Le peuple n'y pouvait plus atteindre, et dans beaucoup de localités troublait le commerce, arrêtait les voitures, envahissait les marchés, criait aux accapareurs, et avec son ordinaire aveuglement allait ainsi contre ses propres intérêts, car il était cause que la denrée se cachait, ne venait pas au marché, et augmentait de valeur, non-seulement en proportion de sa rareté réelle, mais en proportion de sa rareté apparente.

Mars 1812.

Napoléon, ennemi autrefois des doctrines révolutionnaires (et nous entendons par cette désignation non les purs et nobles principes de 89, mais les opinions insensées nées de l'exaltation des passions populaires), Napoléon, ennemi autrefois de ces doctrines, y revenait peu à peu, en se laissant emporter en toutes choses au delà des bornes de la raison. Ennemi du régicide, on l'avait vu, dans un jour de colère, faire fusiller le duc d'Enghien; censeur amer de la constitution civile du clergé, il tenait le Pape prisonnier à Savone; improbateur sévère des violences du Directoire, il avait en ce moment les prisons pleines de détenus pour cause religieuse; méprisant la politique révolutionnaire qui avait suscité la guerre partout, il était en guerre avec l'Europe pour placer ses frères sur la plupart des trônes de l'Occident; enfin, ayant poursuivi de ses sarcasmes les principes administratifs de 1793, tels que le maximum, et les rigueurs commerciales à l'égard de l'Amérique, il venait, par sa législation sur les denrées coloniales, de créer dans l'Europe entière le système de commerce le plus étrange et le plus violent qui se pût imaginer. Sous ce dernier rapport au moins, sa guerre au commerce anglais, suivie d'effets très-sérieux, pouvait lui servir d'excuse. Mais, à l'égard des céréales, pressé de ne plus entendre les murmures populaires, de décharger sa politique de toute connexion avec la cherté des vivres, de flatter, en un mot, les masses qu'il faisait souffrir par tant d'endroits, il avait formé un conseil des subsistances,

Dangereuses théories de Napoléon sur la police des grains en temps de disette.

composé du ministre de l'intérieur, du directeur général des vivres, des conseillers d'État Réal et Dubois, des préfets de la Seine et de police, enfin de l'archichancelier, et il y soutenait des doctrines indignes de sa haute raison, ne parlait de rien moins que de tarifer les grains, et d'en déterminer le prix au gré des administrations locales. Il se fondait sur ce fait que les propriétaires, les fermiers, abusaient de la détresse du peuple pour élever les prix hors de toute mesure, ce qui était vrai et déplorable, mais ce qui ne pouvait être ni empêché ni réparé par un tarif arbitraire, car les possesseurs de céréales, ne se trouvant pas assez payés, cesseraient d'approvisionner les marchés, garderaient chez eux les grains qu'ils vendraient à des prix encore plus élevés, feraient naître chez le peuple la tentation du pillage, et provoqueraient ainsi des désordres bien plus graves que tous ceux auxquels on cherchait à pourvoir.

Le prince archichancelier Cambacérès avait résisté aux fausses théories de Napoléon, et l'avait détourné jusqu'ici de suivre sa première impulsion. Mais il ne devait pas réussir longtemps, surtout à l'égard de l'approvisionnement de Paris. Le peuple de la capitale, plus nombreux, plus redoutable qu'aucun autre, placé plus près de l'oreille des souverains, a le privilége de les toucher et de les occuper davantage. Napoléon avait employé beaucoup d'années et de millions à créer à Paris une réserve en grains et farine de 500 mille quintaux, que l'administration de l'intérieur avait laissée tomber à 300 mille, lorsque, distrait par d'autres soins, il avait cessé d'y regarder. On ne pouvait donc plus ramener les prix à un taux modéré, en versant sur le marché de la capitale les quantités accumulées par l'État. Ce qui manquait plus encore que le grain, c'était la mouture. Au lieu de 30 mille sacs de farine qu'on s'était proposé d'avoir, afin d'en présenter tous les jours à la halle une quantité suffisante, on n'en avait que 15 mille au plus, et ce n'était pas assez pour maintenir à 70 ou 72 francs la valeur du sac de farine, qui tendait à monter jusqu'à 120. Au taux qu'on ne voulait pas laisser dépasser, on était condamné à suffire à toute la consommation de Paris, qui était de 1,500 sacs par jour, et afin d'y parvenir il fallait non-seulement épuiser la réserve en grains, mais employer des moyens extraordinaires pour la faire moudre. Napoléon, peu soucieux des moyens lorsqu'il s'agissait d'apaiser la faim du peuple de Paris et d'empêcher qu'il n'attribuât ses souffrances à la guerre, fit requérir les moulins des environs, moudre les grains d'autorité, et interdire des achats de denrées qui se faisaient autour de la capitale pour Nantes et d'autres villes. Ne réussissant pas, même avec ces procédés violents, à modérer la hausse, qui était d'autant plus forte qu'on écartait davantage le commerce, il accorda une indemnité aux boulangers pour les dédommager de la différence entre le prix auquel il les forçait à vendre le pain, et le prix réel que ce pain leur coûtait. On distribua encore par ses ordres, et ceci était plus légitime, des soupes gratuites, toujours pour faire taire, aux dépens du reste de la France, ce peuple de Paris, si voisin du maître, et

Mars 1812.

du pain de dépasser certaines limites.

si redouté. Toutefois il menaçait de ne pas s'en tenir à ces mesures, et parlait de tarifer les grains si la cherté augmentait. Or il suffisait d'une telle menace pour aggraver le mal en éloignant définitivement l'intervention du commerce.

La formation des cohortes de la garde nationale était une autre cause de souffrance et de murmures. On ne croirait pas, ce qui pourtant était vrai, que Napoléon, rempli de l'idée de sa puissance jusqu'à provoquer sans nécessité un nouveau conflit avec l'Europe, était en même temps assiégé par la pensée vague, confuse, mais incessante, d'un grand danger, et, par exemple, que ses précautions en fait de fortifications étaient toutes fondées sur la probabilité d'une invasion du territoire de la France, preuve de la lutte déplorable que la passion et le génie se livraient dans son âme. Le génie l'éclairant par intervalles, mais la passion l'entraînant habituellement, il n'en allait pas moins à son but fatal, et il y marchait agité quelquefois, jamais retenu. Dans cette disposition d'esprit, il avait pensé que ce n'était pas assez d'un certain nombre de quatrièmes bataillons, retirés vides d'Espagne, recrutés en France avec une partie de la conscription de 1812, et destinés à créer entre le Rhin et l'Elbe une puissante réserve; que ce n'était pas assez de 130 cinquièmes bataillons formant, comme on l'a vu, les bataillons de dépôt, remplis de conscrits de 1811 et de 1812, et constituant dans l'intérieur de l'Empire une autre réserve des plus imposantes, et il avait voulu y ajouter 120 mille hommes faits, levés sous le titre de premier ban de la garde nationale, organisés en cohortes, et pris sur les conscriptions de 1809, 1810, 1811, 1812, à raison de 30 mille hommes sur chacune. Pour leur persuader qu'ils étaient purement des gardes nationaux, on leur avait promis qu'ils ne sortiraient pas de leurs départements, mais ils n'en voulaient rien croire, et ils se considéraient tout simplement comme des conscrits des quatre années précédentes, libres d'après les lois de toute obligation, et néanmoins recherchés de nouveau pour être *envoyés à la boucherie*, comme on disait alors. Aussi cette dernière mesure, dont l'utilité, quoique non sentie, était malheureusement très-réelle, et prouvait dans quel péril Napoléon avait placé son existence et la nôtre, avait-elle causé une irritation générale à Metz, à Lille, à Rennes, à Toulouse, et dans plusieurs autres grandes cités de l'Empire. Il y avait eu dans presque toutes les villes de véritables mutineries. A Paris même, les jeunes gens des écoles, animés ordinairement de sentiments belliqueux, mais exprimant cette fois les dispositions pacifiques de la nation avec la vivacité de leur âge, avaient poussé dans les cours publics des cris séditieux contre les nouvelles levées, et chassé avec violence les agents de la police en les qualifiant du titre exécré de *mouchards*.

<small>Mars 1812.</small>

<small>Mutineries dans plusieurs villes contre la levée des cohortes.</small>

Ajoutant encore à ces souffrances de tout genre, Napoléon avait renouvelé dans les départements l'emploi des colonnes mobiles, pour faire exécuter les lois de la conscription. La masse des réfractaires, descendue l'année précédente de 60 mille à 20 mille, était remontée depuis à 40 ou 50 mille, par

<small>Nouvel emploi des colonnes mobiles pour faire rejoindre les réfractaires.</small>

suite des nombreux appels faits dans les derniers temps. Il s'agissait de la diminuer encore une fois, et d'en tirer une vingtaine de mille hommes qui s'en iraient remplir les cadres des régiments des îles. Il devait en résulter de nouvelles vexations, de nouveaux cris, de nouvelles causes d'irritation. Les militaires composant les colonnes mobiles s'établissaient, ainsi que nous l'avons raconté précédemment, chez les familles des réfractaires, s'y faisaient loger, nourrir, payer au taux de plusieurs francs par jour, et les réduisaient souvent à la plus grande misère. Il y avait tel département où l'on avait extorqué de la sorte jusqu'à 60, 80, et même 100 mille francs sur les familles les plus pauvres. Quelques préfets avaient élevé des réclamations, mais le plus grand nombre s'était tu, et avait fait exécuter la loi à tout risque. Si dans la France, que sa grandeur au moins dédommageait de pareilles tortures, on les ressentait vivement, dans les pays récemment réunis, qui n'y pouvaient voir qu'un moyen de perpétuer leur esclavage, elles devaient produire un effet funeste. A la Haye, à Rotterdam, à Amsterdam, il y avait eu des émeutes à l'occasion de la conscription. Dans l'Ost-Frise on avait assailli et mis en fuite le préfet dirigeant en personne le travail de la levée. Le prince Lebrun, gouverneur de la Hollande, ayant intercédé en faveur des délinquants, s'était exposé à être rudement réprimandé pour sa faiblesse. Napoléon avait voulu que quelques malheureux, fusillés avec éclat, servissent de leçon à ceux qui seraient tentés de les imiter : triste leçon, qui leur apprenait à se soumettre dans le moment,

PASSAGE DU NIÉMEN.   455

pour se jeter sur nous lorsque nous aurions toute
l'Europe sur les bras!

Mars 1812.

Dans les départements anséatiques, la répulsion
pour les levées de soldats et de marins était encore
plus forte, car si la Hollande pouvait attendre certains avantages de sa réunion à l'Empire, il n'y
avait pour les villes de Brême, de Hambourg, de
Lubeck, qui étaient les ports naturels de l'Allemagne, aucune convenance à appartenir à la France,
et leurs intérêts étaient aussi froissés que leurs sentiments. On les avait effrayées, mais non pas sou-
mises, en fusillant un pauvre patron de barque
qui avait conduit des voyageurs à Héligoland. La
ville de Hambourg se couvrait la nuit de placards
injurieux que la police avait la plus grande peine
à faire disparaître. La population tout entière secondait, comme nous l'avons dit, la désertion non-
seulement des Allemands, des Italiens, des Espagnols à notre service, mais des Français eux-mêmes,
et les traitait en amis dès qu'ils quittaient l'armée.
Elle les abritait le jour, les transportait la nuit, leur
faisait passer les fleuves en bateau, et les nourrissait
gratis, pour les ramener dans leur patrie.

Les régiments anséatiques, composés des anciens
soldats au service de Hambourg, Brême, Lubeck,
parmi lesquels on avait introduit un certain nombre
d'officiers français, s'étaient partiellement insurgés.
Quelques compagnies de ces régiments, employées
à garder les plages écartées de la mer du Nord,
avaient fait violence aux officiers fidèles, et, s'em-
parant des barques des pêcheurs, s'étaient réfugiées
dans l'île d'Héligoland. Il avait fallu renvoyer le

Insubordi-
nation
des régiments
anséatiques.

plus suspect de ces trois régiments, le 129ᵉ, dans l'intérieur, et le placer au milieu de troupes sûres, sous la main du maréchal Davout. On ne disait rien de très-satisfaisant ni des troupes hollandaises ni des troupes westphaliennes, bien que ces dernières fussent de la part du roi Jérôme l'objet de soins continuels. A Brunswick, ville populeuse, regrettant son ancien duc, il y avait eu une commotion où plusieurs de nos soldats avaient été fort maltraités. Le roi Jérôme était intervenu, afin de punir les coupables avec moins de rigueur, à quoi Napoléon avait répondu par un ordre du jour, en vertu duquel tout délit commis contre l'armée française devait être jugé sur-le-champ par des commissions militaires composées uniquement d'officiers français [1].

Si du nord de l'Empire on se reportait au midi, en Italie, par exemple, les dispositions n'étaient pas meilleures. Aucune liberté politique, peu d'indépendance nationale, un joug moins déplaisant que celui des Autrichiens, mais rigoureux à sa manière, la conscription, les guerres incessantes, la privation de tout commerce, la brouille avec l'Église, finissaient par rendre ennemis de la France les Italiens, qui d'abord s'étaient donnés à elle avec le plus d'entraînement. Il est vrai qu'en Lombardie, où le gouvernement du prince Eugène se montrait doux, équitable, régulier, où il remplaçait d'ailleurs le gouvernement fort dur de la maison d'Autriche, on était assez calme; il est vrai encore qu'en Piémont (Gênes exceptée, qui soupirait après l'ouverture des

[1] Tout ce qui précède est extrait de la correspondance du maréchal Davout, et des rapports de police du duc de Rovigo.

mers), on commençait à s'habituer à la France, et qu'on lui pardonnait un peu plus qu'ailleurs d'être aussi belliqueuse; mais en Toscane, où l'on avait horreur de la guerre, où l'on avait toujours vécu sous un gouvernement italien, doux, sage et philosophe, où commençait à régner l'esprit de l'Italie méridionale, où le clergé avait une certaine influence; à Rome, où le peuple était inconsolable de la Papauté perdue, où l'antipathie pour les maîtres ultramontains était aussi forte que dans les Calabres, la haine était peu dissimulée, et là comme dans le reste de l'Empire, un revers pouvait faire éclater un soulèvement général. Il suffisait, pour le produire, de la présence de la moindre troupe anglaise.

Ces sentiments, répandus en tant de pays différents, n'étaient pas répercutés sans doute par le miroir de la publicité quotidienne, qui en grossissant les objets force à les voir ceux qui voudraient se les cacher : chacun les éprouvait pour soi, mais en apprenant par les ouï-dire du commerce ou des voyageurs qu'en telle ou telle province on endurait les mêmes souffrances, on se confirmait dans sa haine, et l'orage grossissait sans être aperçu. Napoléon avait certainement l'esprit beaucoup trop ouvert pour ne pas discerner cet état de choses, mais loin de conclure qu'il fallait se garder de l'aggraver par une nouvelle guerre, loin de raisonner comme il l'avait fait au retour de la campagne de Wagram, alors qu'il avait un moment songé à calmer l'Europe en lui donnant la paix, il en concluait que la guerre de Russie était urgente, afin de comprimer

Mars 1812.

Conclusion singulière que Napoléon tire de l'état des esprits en Europe.

bien vite en 1812 comme en 1809 les soulèvements prêts à éclater. Il s'occuperait ensuite, la paix et la domination universelle conquises, d'adoucir son gouvernement, et de le rendre commode aux peuples après le leur avoir rendu si glorieux. Il raisonnait donc comme certains cœurs enfoncés dans l'habitude du vice, sentant qu'il en faut sortir, le désirant sincèrement, mais remettant de jour en jour, si bien que la vie finit pour eux avant qu'ils aient trouvé le temps de s'amender. Napoléon n'était sensible qu'aux cris de Paris, aux cris de la faim populaire poussés à ses oreilles, et c'est par ce motif qu'il était venu à Saint-Cloud chercher le printemps un mois plus tôt.

Malgré la bassesse croissante autour de lui et se montrant plus humblement admiratrice à mesure que les fautes devenaient plus grandes, il voyait à une certaine contrainte des visages, à un certain silence, qu'on craignait la nouvelle guerre vers laquelle il semblait se précipiter, et il s'impatientait pour ainsi dire des objections qu'on ne lui faisait pas, mais qu'il devinait, parce qu'il se les adressait à lui-même, et y répondait souvent en interpellant des gens qui ne disaient mot, qui n'avaient pas même pensé à ces objections, ou qui, s'ils y avaient pensé, n'auraient jamais osé s'en expliquer avec lui. Toutefois parmi des personnages plus importants il y en avait un, l'archichancelier Cambacérès, que depuis longtemps, comme nous l'avons déjà fait remarquer, il n'entretenait plus que d'affaires intérieures, sur lesquelles il le consultait volontiers, et qu'il évitait d'entretenir d'affaires extérieures, parce que sur ce sujet, sans dédaigner son avis, il le savait contraire. Il eut avec ce grave personnage deux ou trois entretiens sur la prochaine guerre de Russie; l'archichancelier, malgré sa timidité, qui n'allait jamais jusqu'à trahir en le trompant un maître qu'il chérissait sincèrement, s'efforça de le dissuader d'une telle entreprise; il le trouva plutôt fatalement décidé que véritablement convaincu, et entraîné pour ainsi dire par une nécessité irrésistible. Napoléon lui répéta comme à tout le monde que, quoi qu'on fît, il faudrait tôt ou tard en venir encore une fois aux mains avec la Russie, qu'elle avait été battue, mais point écrasée, qu'il fallait lui porter un nouveau coup pour la soumettre; que, puisqu'il le fallait, le plus tôt serait le mieux; que ses facultés personnelles étaient entières, ses armées superbes, et qu'il aimait mieux s'imposer cette rude tâche maintenant qu'il était encore jeune, que lorsqu'il serait vieux et affaibli, qu'à plus forte raison il aimait mieux la prendre pour lui que la léguer à son successeur, lequel n'était qu'un enfant, et n'aurait probablement pas ses talents; que le sort en était jeté, qu'il ferait ce qu'il croyait devoir faire, et que Dieu ensuite en déciderait. — Quant à l'entreprise, du reste, Napoléon n'en méconnaissait pas les difficultés, et il déclarait lui-même que ce n'était pas une guerre à brusquer, à mener vite, comme tant d'autres qu'il avait conduites si rapidement; que c'était l'affaire de deux campagnes au moins; qu'on se trompait si on croyait qu'il allait tout de suite s'enfoncer dans des plaines sauvages, probablement ruinées, s'y mettre à la merci de la misère et du froid; que cette année il s'avancerait tout au plus jusqu'à la Dwina et au Dniéper, qu'il s'occuperait d'abord de s'y établir, de s'y fortifier, de s'y créer d'immenses magasins, et qu'il attendrait à l'année suivante pour s'avancer plus loin, et porter à la Russie le coup mortel.

Mars 1812.

Doutant fort qu'il eût la patience nécessaire, le prince Cambacérès, après avoir insisté sur les difficultés de cette guerre, lui parla aussi des dispositions de l'Allemagne, dont tous les rapports traçaient une peinture alarmante, et du peu de fonds qu'il y avait à faire sur la constance des petits princes allemands ses alliés, sur la franchise de l'Autriche, sur la force qu'aurait le roi de Prusse pour tenir ses engagements. Napoléon traita de chimériques les craintes que lui exprimait son sage conseiller. Il dit que les petits princes allemands avaient gagné des territoires qu'ils ne pouvaient conserver que par lui, et que cela suffirait pour les retenir dans son alliance; que l'Autriche, pour recouvrer l'Illyrie, était résignée d'avance à tout ce qu'il exigerait d'elle; que la Prusse, tremblante et soumise, serait fidèle par peur du châtiment terrible auquel l'exposerait une trahison; que dans tous les cas il avait pris ses précautions, et qu'une puissante armée campée sur l'Elbe lui ferait raison de tous les mauvais vouloirs, patents ou secrets, laissés sur ses derrières.

Espèce de résolution fatale qui semble entraîner Napoléon.

Évidemment Napoléon se tenait pour engagé envers lui-même, envers le monde, à persévérer dans sa funeste entreprise, quoi qu'il pût en arriver, et échappait à quelques moments de doute en reportant son esprit vers les incroyables succès de sa vie, vers les espérances de domination universelle que ces succès l'autorisaient à concevoir encore. Il n'y avait donc pas à insister, et, sous les institutions de cette époque, il ne restait qu'à baisser la tête, avec douleur si on aimait Napoléon, avec désespoir si on aimait la France.

Mars 1812.

Ne tenant aucun compte de ces très-légères résistances, Napoléon se hâta de mettre la main à ses dernières affaires, pour être prêt à quitter Paris au premier mouvement des Russes. Sauf ses charrois qui étaient un peu en retard, tout se développait au gré de ses désirs, et il pouvait compter d'avoir avant mai, et surtout avant juin, tout ce qu'il avait ordonné pour la formidable lutte qu'il allait entreprendre. Ses finances étaient, pour le moment du moins, en état de faire face à ses immenses dépenses. Ses budgets, enfermés systématiquement dans un chiffre de 740 à 770 millions (860 à 890 avec les frais de perception), s'étaient élevés tout à coup à 950 millions environ (un milliard 70 millions avec les frais de perception). Cette augmentation était due en partie à la réunion des États romains, de l'Illyrie, de la Hollande et des départements anséatiques. Les États romains lui avaient procuré un accroissement de recettes de 12 millions, l'Illyrie de 11, la Hollande de 55, les départements anséatiques de 20, ce qui formait un total d'environ cent millions, sans que la dépense eût été accrue d'une somme égale. Grâce en effet à la réunion de toutes ces administrations à celle de la France, déjà largement rétribuée, beaucoup de dépenses avaient été supprimées ou amoindries. La Hollande seule coûtait plus qu'elle

Dernières dispositions.

État des finances en 1812.

Augmentation soudaine dans le budget, provenant en partie des pays réunis à l'Empire.

ne rapportait, à cause de sa dette qui absorbait près de 34 millions sur un produit de 55.

Aux cent millions à peu près que nous venons d'énumérer, le produit des douanes avait ajouté encore une augmentation de revenu d'une soixantaine de millions, due au fameux tarif du mois d'août 1810, qui permettait l'introduction des denrées coloniales au droit de 50 pour cent. Le budget avait pu s'accroître ainsi de 160 millions en recettes, et pourtant il restait en déficit. Ce n'était pas à la dépense des pays réunis qu'il fallait s'en prendre, car cette dépense, ainsi qu'on vient de le voir, n'égalait pas le nouveau revenu, mais à la guerre. Les deux ministères du personnel et du matériel de la guerre, qui absorbaient en 1810, le premier 250 millions, le second 150, ensemble 400, en avaient exigé environ 480 en 1811, et devaient bientôt en exiger plus de 500. La marine, autrefois défrayée avec 140 millions, allait en coûter 170, depuis la réunion des marines hollandaise et anséatique. C'est ainsi que les nouvelles ressources obtenues se trouvaient absorbées et au delà par les dépenses de l'administration militaire. Il est vrai qu'à l'augmentation de recettes de 160 millions, dont nous venons de donner l'origine et le détail, il fallait ajouter une autre ressource, celle-ci tout à fait accidentelle et due également aux douanes. On a vu qu'il avait été confisqué beaucoup de denrées coloniales saisies en fraude, qu'on avait pris et vendu au profit du trésor bon nombre de bâtiments américains et ottomans accusés de contravention aux décrets de Berlin et de Milan, et quantité de laines appartenant aux grandes familles espagnoles proscrites; on a vu enfin qu'on avait permis l'introduction en France, moyennant 50 pour cent, des amas de denrées coloniales existant en Hollande, en Holstein, avant les dernières lois du blocus continental. Les produits provenant de ces diverses origines avaient été réunis sous une seule dénomination, celle de *produits extraordinaires des douanes*, et s'élevaient à 150 millions une fois perçus. Ils devaient remplacer l'argent qu'on se procure par le crédit dans les pays qui en ont un. Napoléon sur cette somme avait consacré environ 90 millions à payer les restants dus de tous les budgets antérieurs, et n'avait pas ainsi un seul arriéré, ce qui donnait au mouvement des caisses une facilité fort grande, et fort appréciable dans un moment où il avait à remuer une si énorme quantité d'hommes et de matières. Il lui restait donc une soixantaine de millions, plus son domaine extraordinaire, qui après toutes les dotations accordées, et toutes les sommes dépensées pour les travaux publics, était encore de 340 millions environ, en y comprenant les produits de la dernière guerre d'Autriche. On se rappelle que sur ces 340 millions il en avait prêté 84 au trésor, lors de la suppression des obligations des receveurs généraux; il en conservait 85 en argent comptant, dont la majeure partie dans les caves des Tuileries, 38 en valeurs parfaitement liquides, et enfin 132 en engagements de la Westphalie, de la Saxe, de la Bavière, de la Prusse et de l'Autriche. Il ne fallait compter sur ces dernières sommes que si on était vainqueur; quant à celle qui avait été anciennement prêtée au trésor, elle n'était

Mars 1812.

État du domaine extraordinaire en 1812.

Abondance momentanée de moyens financiers.

Mars 1812.

plus une ressource. Restait donc d'assuré, et d'immédiatement disponible, 85 millions d'argent comptant, 38 de bonnes valeurs, c'est-à-dire 123 millions, ou à peu près 180, en ajoutant les 60 millions existant encore dans la caisse extraordinaire des douanes. Avec un budget des recettes qui permettait d'accorder 500 millions aux deux ministères de la guerre, et 170 à celui de la marine, avec une somme de 180 millions comptant dans une caisse de réserve, avec une dette fondée presque nulle, et tout arriéré complétement éteint, on pouvait se considérer comme suffisamment pourvu, surtout si la guerre, que Napoléon croyait devoir être heureuse, venait nourrir la guerre. C'est ainsi qu'il pouvait solder régulièrement une force qui, avec le nouvel appel adressé aux gardes nationales, allait dépasser 1,200 mille hommes, dont 900 mille Français. Et si l'on demande comment même il pouvait entretenir avec 500 millions 900 mille hommes, nous ferons remarquer qu'il y en avait 300 mille dans la Péninsule, qui ne coûtaient guère plus de 40 millions au trésor, l'Espagne fournissant le surplus, soit en contributions de guerre, soit en denrées enlevées sur place [1]; qu'il y en avait en Illyrie [2] et en Allemagne un cer-

---

[1] Pour 1810 et 1811, l'armée d'Espagne avait coûté en dépenses appréciables 165 millions, dont l'Espagne avait payé en contributions 88 millions, et le trésor français 77. L'Espagne avait fourni en outre tout ce qui avait été pris en nature sur les lieux, et toutes les contributions dissimulées par ceux qui les frappaient. C'est là le résultat d'un compte très-laborieusement établi par le ministre du trésor, et placé sous les yeux de Napoléon.

[2] Nous disons l'Illyrie et non l'Italie, parce que les troupes qui étaient en Italie étaient intégralement payées par le trésor français, moyennant

tain nombre qui recevaient du pays une partie de leur entretien, comme les troupes résidant en Westphalie par exemple; qu'enfin les dépenses et les valeurs de ce temps étaient fort différentes de celles du nôtre. Telles étaient les ressources financières de Napoléon, parfaitement adaptées à ses ressources militaires, mais les unes et les autres toujours menacées par l'usage immodéré qu'il était porté à en faire.

Mars 1812.

En mettant la dernière main à ses affaires intérieures, Napoléon s'était naturellement fort occupé de ses affaires extérieures autres que celles de Russie, qui allaient se régler par les armes. La principale de toutes en ce moment était l'accord qu'il était prêt à conclure avec l'Amérique contre l'Angleterre. Rien n'avait plus d'importance, et ne prouvait mieux à quel point il avait tort d'aller chercher dans une guerre au Nord des moyens de réduire les ennemis qu'il s'était faits dans le monde. Malgré les succès de lord Wellington en Espagne, la situation intérieure de l'Angleterre s'était encore aggravée. Le papier-monnaie perdait 18 pour cent; les denrées coloniales s'étaient avilies à ce point que les sucres, par exemple, qui se vendaient 6 francs la livre à Paris, valaient à peine 6 à 7 sous à Londres. La Tamise était couverte de navires chargés, qui se trouvaient convertis en magasins. La masse des banqueroutes à Londres était portée de six à sept cents par an, à deux mille. Le change avait subi une nouvelle baisse, et, par suite de toutes ces causes,

En mettant la dernière main à ses affaires, Napoléon s'occupe de l'Amérique.

Imminence d'une rupture entre l'Amérique et l'Angleterre, et nouvelle preuve que Napoléon pouvait se dispenser d'aller chercher dans une guerre au Nord la solution des affaires européennes.

un subside annuel de 30 millions que ce trésor recevait du royaume d'Italie, et qui était porté au budget de l'Empire.

Mars 1812.

Aggravation de la situation intérieure de l'Angleterre.

les manufactures, d'abord prospères, s'étaient arrêtées. Les ouvriers manquaient de travail, et, par surcroît de malheur, la disette sévissant en Angleterre presque autant qu'en France, le peuple avait moins de moyens de payer son pain, dans le moment même où le pain était devenu plus cher. Dans presque toutes les provinces des bandes affamées couraient les campagnes en brisant les métiers. L'issue que Napoléon reprochait à la Russie d'avoir ouverte sur le continent au commerce britannique, n'avait donc pas changé sensiblement la situation de l'Angleterre, et que serait-il arrivé, si, en prolongeant cet état de choses quelque temps encore, on eût jeté sur lord Wellington une partie des forces qu'on se préparait à enfouir dans les neiges du Nord?

Importance pour l'Angleterre de ses relations avec l'Amérique.

Le cabinet britannique allait ajouter à tous ce maux une nouvelle aggravation, par sa conduite extravagante envers l'Amérique. Si on en excepte les colonies espagnoles, françaises et hollandaises, présentant un débouché presque nul par suite de l'encombrement de marchandises qui s'y était formé, l'Amérique du Nord était le seul grand pays demeuré accessible au commerce britannique. L'Angleterre y envoyait pour 200 ou 250 millions de ses produits, et en tirait une valeur à peu près égale. C'était, dans l'état des choses, pour sa marine et son industrie, un marché fort utile, sans compter que parmi les produits avec lesquels elle payait l'Amérique, il y avait beaucoup de denrées coloniales, que les Américains, par un moyen ou par un autre, finissaient toujours par introduire sur le continent malgré les rigueurs du blocus. L'Angleterre avait donc toute raison de ménager l'Amérique. Loin de là, elle se conduisait envers elle comme Napoléon envers les États du continent, égarée comme lui par la passion et l'orgueil de système. Ses fameux ordres du conseil, auxquels Napoléon avait opposé les non moins fameux décrets de Berlin et de Milan, étaient la cause de la querelle, qui était fort près de se convertir en guerre déclarée.

Nous rappellerons encore une fois que, par ses ordres du conseil, l'Angleterre avait d'abord bloqué (au moyen du *blocus sur le papier*) toutes les côtes de l'Empire français et de ses alliés, puis exigé que, pour y pénétrer, tout bâtiment vînt en payant prendre dans la Tamise la permission de naviguer, à quoi Napoléon avait répondu en déclarant dénationalisé et de bonne prise tout bâtiment qui se soumettrait à une pareille dictature. On a vu que les Américains pour soustraire leurs bâtiments à cette double violence leur avaient d'abord interdit, par la loi de *l'embargo*, de fréquenter les côtes d'Europe, puis avaient limité cette interdiction aux côtes de France et d'Angleterre, ajoutant que la mesure serait révoquée à l'égard de celle des deux puissances qui renoncerait à son système de rigueurs. Napoléon, se conduisant ici avec une habile modération, avait renoncé, quant aux Américains, à ses décrets de Berlin et de Milan, et avait, disait-il, agi de la sorte dans l'espérance de voir les Américains défendre enfin leur pavillon contre ceux qui l'outrageaient. En réponse à cette sage conduite, les Américains avaient levé l'interdit à l'égard de la France, l'avaient maintenu à l'égard de l'Angleterre, et se

Mars 1812.

Danger de compromettre ces relations par suite de la querelle avec les neutres.

Habileté de Napoléon dans cette question et son empressement à se désister des décrets de Berlin et de Milan à l'égard des Américains.

trouvaient à ce sujet en contestation ouverte avec celle-ci.

Si l'Angleterre avait été inspirée par la raison, elle aurait dû purement et simplement imiter la conduite de Napoléon, révoquer ses ordres du conseil, et permettre aux Américains de communiquer avec la France. Le bien qui en serait résulté pour nous n'eût certainement pas égalé celui qui en serait résulté pour les Anglais. Nous aurions sans doute payé moins cher le sucre et le café, et, ce qui était plus important, l'indigo, le coton, si utiles à nos manufactures; mais une partie du sucre, du café, du coton, introduits en France, seraient venus des colonies anglaises. Or si le haut prix des denrées coloniales était pour les Français une gêne, leur mévente était pour les Anglais une calamité. L'Angleterre aurait donc bien plus gagné que la France à laisser les Américains circuler librement; mais l'esprit de domination maritime prévalant jusqu'à la folie chez les ministres britanniques, comme l'esprit de domination continentale chez Napoléon, l'Angleterre n'avait que très-légèrement modifié ses ordres du conseil, au lieu de les rapporter complétement. Ainsi elle avait cessé d'exiger des Américains qu'ils vinssent payer tribut sur les bords de la Tamise, mais elle avait déclaré bloqués les ports de l'Empire français, depuis les bouches de l'Ems jusqu'aux frontières du Portugal, depuis Toulon jusqu'à Orbitello. C'était toujours la prétention du blocus fictif, ou *blocus sur le papier,* consistant à vouloir fermer des rivages et des ports qu'on était dans l'impossibilité de bloquer effectivement par une force réelle.

Les Américains avaient répondu que ce n'était pas là rétablir le droit commun des neutres, car ce droit repoussait absolument le blocus fictif, et ils avaient déclaré que l'Angleterre persistant dans une partie de ses ordres du conseil, ils persisteraient envers elle dans leur loi de *non-intercourse*, quoiqu'ils s'en fussent désistés à l'égard de la France. Les ministres anglais répliquaient par des arguments misérables aux raisons des Américains. Ils prétendaient que les Français n'avaient pas renoncé sérieusement aux décrets de Berlin et de Milan; que la renonciation qu'ils en avaient faite n'était pas authentique dans la forme, que d'ailleurs on arrêtait encore beaucoup de bâtiments américains à l'entrée des ports français, ce qui était vrai et inévitable, l'Angleterre ayant laissé établir chez elle une fabrique de faux papiers qui commandait de grandes précautions; qu'enfin les Américains n'avaient pas exigé de la France la faculté d'introduire chez elle les produits de l'industrie britannique, ce qui était puéril, car si les Américains étaient fondés à demander que sous leur pavillon on ne saisît pas les propriétés anglaises, ils ne pouvaient pas exiger que la France admît chez elle les produits anglais que son système commercial repoussait. Ces raisons étaient donc insoutenables, et les Américains les traitaient comme telles. Un dernier tort de l'Angleterre, infiniment grave, et renouvelé tous les jours avec autant d'audace que de violence, rendait imminente la guerre avec l'Amérique. Sous prétexte que beaucoup de ses matelots, pour échapper aux charges du service de guerre, émigraient en Amérique, elle faisait visiter

Mars 1812.

Controverse entre l'Angleterre et l'Amérique sur le blocus réel et le blocus fictif.

Vexations de l'Angleterre contre le commerce

Mars 1812.

américain, et sa persistance à *presser* les matelots américains.

les navires américains, ce qui est toujours permis aux vaisseaux de guerre, quand la visite se borne à constater la sincérité du pavillon, mais jamais autrement, et elle profitait de l'occasion pour enlever tous les matelots parlant anglais. Or, les deux nations parlant le même langage, la marine britannique enlevait presque autant de matelots américains que de matelots anglais, et par conséquent exerçait la *presse* non-seulement sur les sujets britanniques, mais sur les sujets étrangers, en abusant d'une conformité d'idiome due à la conformité d'origine. Plusieurs fois la résistance des bâtiments américains avait fait naître en mer des collisions dont toute l'Amérique avait retenti. Aussi l'exaspération était-elle poussée au comble, et les esprits prévoyants regardaient-ils la guerre comme inévitable.

L'opposition anglaise avait là de nombreux et justes griefs contre le cabinet, et l'un des plus grands orateurs de l'Angleterre, lord Brougham, dans tout l'éclat de la jeunesse et du talent, avait accablé les ministres en montrant à quel point leur système maritime était devenu insensé. En effet tandis qu'ils s'obstinaient dans leurs ordres du conseil à l'égard des Américains, sous prétexte d'empêcher les communications avec la France, ils avaient, par le système des licences, autorisé une quantité de petits pavillons, suédois, norvégiens, prussiens, à communiquer avec la France, de façon que la marine marchande anglaise avait été remplacée par de petits neutres, auxquels ils permettaient par exception ce qu'ils refusaient aux grands neutres, c'est-à-dire aux Américains, qui pouvaient invoquer en leur faveur le droit des nations. De plus, l'habitude de déguiser son origine, introduite par le système des licences, avait donné naissance à une foule de subterfuges, et propagé parmi les commerçants des pratiques immorales qui devenaient véritablement alarmantes.

Mars 1812.

Sans doute l'opposition exagérait, comme il arrive souvent, les torts du gouvernement, ou ne les caractérisait pas toujours avec assez de justesse; mais elle les attaquait avec une véhémence légitime. Elle aurait exprimé la vérité exacte et complète, si elle eût dit que l'intérêt de l'Angleterre était de s'ouvrir les accès du monde entier, tandis que l'intérêt de Napoléon était de les lui fermer; qu'en donnant à la France du sucre, du café, du coton à meilleur marché, l'Angleterre lui faisait cent fois moins de bien qu'elle ne s'en faisait à elle-même, en déversant au dehors le trop plein de ses magasins. Tout ouvrir étant son intérêt, tout fermer celui de Napoléon, c'était une conduite souverainement déraisonnable que de s'obstiner dans ses ordres du conseil, de se préparer ainsi la plus fâcheuse des privations, celle des relations avec l'Amérique, et de plus une guerre infiniment dangereuse, si à cette guerre venait se joindre un nouveau triomphe de Napoléon dans les plaines du Nord.

Juste irritation de l'opposition anglaise contre le ministère.

La cité de Londres, irritée au plus haut point, avait présenté une pétition au prince de Galles, régent depuis un an, pour demander le renvoi des ministres, et une grande partie du commerce avait appuyé de ses vœux cette pétition audacieuse. Le prince de Galles, au pouvoir duquel on avait mis

La cité de Londres demande le renvoi des ministres.

Mars 1812.

des restrictions pour la durée d'une année, venait d'entrer en pleine possession des prérogatives de la royauté, et tout annonçait qu'il en jouirait définitivement, la santé de son père Georges III ne laissant plus aucune espérance d'amélioration. Quoiqu'il se fût habitué aux anciens ministres de son père, et à demi brouillé avec les hommes d'État qu'il destinait d'abord à être les siens, cependant il aurait voulu réunir les uns et les autres dans un ministère de *coalition*, afin de donner quelque satisfaction à l'opinion publique violemment excitée. Malheureusement le marquis de Wellesley, frère de lord Wellington, et ministre des affaires étrangères, avait récemment quitté le cabinet, sans aucun motif précis, uniquement parce qu'il ne pouvait sympathiser plus longtemps avec le caractère étroit et violent de M. de Perceval, véritable exagération du caractère de M. Pitt, ayant ses défauts sans ses talents. Il était donc bien peu probable que si le marquis de Wellesley, esprit ouvert, facile autant qu'élevé, appartenant au même parti que M. de Perceval, n'avait pu sympathiser avec ce ministre, il fût possible de lui adjoindre MM. Grenville et Grey, chefs du parti contraire, tous deux peu maniables, ayant l'orgueil d'une grande situation et la fierté de convictions fortement enracinées. De plus la grave question de l'émancipation irlandaise les divisait absolument. L'Irlande était de toutes les parties de l'Angleterre la plus malheureuse. Son état de souffrance exigeait que, par précaution, on y laissât des troupes qui eussent été beaucoup plus utilement employées en Portugal. L'opposition, inflexible sur ce point, soutenait avec passion que le seul moyen de calmer l'Irlande et de rendre disponibles les troupes consacrées à sa garde, était de l'émanciper, c'est-à-dire de lui accorder l'égalité de droits avec les autres parties du Royaume-Uni; et bien que le prince régent eût offert de laisser la question indécise, lord Grenville et lord Grey avaient repoussé d'une manière hautaine ses ouvertures à cet égard. Aucune transaction n'était donc possible. Mais la situation était si extrême, que le moindre échec éprouvé au dehors devait faire succomber la politique de la guerre. Ainsi, malgré tous les avantages des Anglais en Espagne et toutes les déconvenues que nous y avions essuyées, en portant ses forces de ce côté, au lieu de s'obstiner à les précipiter vers l'abîme du Nord, Napoléon pouvait encore faire tourner la politique de l'Angleterre à la paix. Un seul échec infligé à celle-ci suffisait, et ainsi l'occasion de l'année précédente n'était pas tout à fait manquée, tant l'Angleterre semblait se hâter de compenser les erreurs de Napoléon par les siennes ! Singulier spectacle que celui du monde ! C'est d'ordinaire un assaut de fautes, dans lequel ne succombe que celui qui en commet le plus ! Et ces fautes, ce sont bien souvent les gouvernements les plus habiles qui les commettent, quand la passion s'est emparée d'eux, car l'esprit n'est plus rien là où la passion règne.

Bien qu'il fermât les yeux sur cet état de choses, Napoléon comprit cependant que l'Angleterre s'obstinant à faire essuyer aux Américains toute sorte de vexations, il fallait les attirer à lui par des trai-

Mars 1812.

Probabilité de la chute du cabinet britannique, si Napoléon lui avait fait essuyer un échec en Espagne.

Les gouvernements anglais et français multipliant les fautes à l'envi l'un de l'autre.

tements tout contraires. Un peu plus de vexations d'un côté, un peu plus de facilités de l'autre, et l'Amérique allait se trouver en guerre avec l'Angleterre, ce qui était un résultat d'une immense importance. La difficulté, c'était d'accorder aux Américains les faveurs commerciales qu'ils désiraient, sans toutefois amener de relâchement dans le blocus continental. Pour parer à cet inconvénient, Napoléon n'avait d'abord voulu leur permettre de commercer qu'avec des licences délivrées à des négociants dont il était sûr. Les licences étant pour eux une gêne des plus incommodes, il y avait renoncé, mais en désignant les ports d'Amérique d'où ils pouvaient partir, et ceux de France où ils devaient arriver. Il espérait en concentrant la surveillance sur un petit nombre de points, réussir à empêcher la fraude. Enfin, pour favoriser Lyon et Bordeaux, il avait voulu que les bâtiments américains fussent obligés d'emporter de France une certaine quantité de soieries et de vins. Ces restrictions avaient singulièrement déplu en Amérique, et de toutes parts on avait écrit qu'il fallait autre chose pour détacher de l'Angleterre le gouvernement de l'Union, et le tourner définitivement vers la France. M. Collin de Sussy, devenu ministre du commerce, imagina un système qui, en donnant satisfaction aux Américains, aurait prévenu les inconvénients de leur libre entrée dans nos ports; il proposa de supprimer toutes les entraves dont ils se plaignaient, et de les admettre librement, en repoussant seulement les sucres et les cafés, dont on ne pouvait reconnaître l'origine, et qui étaient presque exclusivement anglais, mais en retour de recevoir les cotons, dont la provenance était facile à constater, ainsi que les bois, les tabacs et autres matières dont nous avions besoin, et qui venaient incontestablement d'Amérique. Napoléon, toujours défiant et toujours porté à céder peu pour avoir beaucoup, n'accueillit pas sur-le-champ les propositions de M. de Sussy, mais il diminua dans une certaine mesure la gêne dont se plaignaient les Américains, et fit partir M. Sérurier pour Philadelphie, afin de leur promettre la plus large admission en France, s'ils rompaient définitivement avec l'Angleterre. Il se flattait donc, et la suite prouva qu'il ne se trompait point, d'avoir sous peu de mois l'alliance de l'Amérique contre l'Angleterre.

Mars 1812.

Il ne borna pas là les efforts de sa diplomatie en perspective de la nouvelle guerre. Quoique fort irrité contre la Suède, Napoléon cependant, à l'approche de la crise, prêta l'oreille à quelques insinuations venues probablement de Stockholm, et transmises par la femme du prince Bernadotte, sœur de la reine d'Espagne. Cette princesse était désolée de la rupture qui menaçait d'éclater entre la Suède et la France, et jusqu'à ce moment elle n'avait point voulu quitter Paris. On semblait insinuer que M. Alquier s'y était mal pris, qu'il n'avait pas su ménager la susceptibilité du prince royal, que ce prince ne demandait pas mieux que de s'allier à la France, si on lui en fournissait des raisons avantageuses et honorables; que sa condescendance pour le commerce interlope avait pour cause unique le mauvais état des finances suédoises; que ce commerce produisait des revenus de douane dont on vivait à Stockholm, et

Tentative de rapprochement avec la Suède.

que si la France voulait que la Suède pût avoir des troupes sur pied, il fallait qu'elle lui accordât un subside; qu'à cette condition le prince fermerait ses ports aux Anglais, et fournirait une armée à la France contre la Russie. — Napoléon doutait beaucoup de la sincérité de ces ouvertures, mais il se pouvait que Bernadotte, dont les propositions avaient été accueillies avec réserve par la Russie et l'Angleterre (cette circonstance était connue à Paris), fût amené à se retourner vers la France, et il ne fallait pas repousser un tel allié, car une armée suédoise marchant sur la Finlande, pendant qu'une armée française marcherait sur la Lithuanie, devait être une bien utile diversion. Il fit donc proposer par la princesse royale à Bernadotte de s'unir à la France, de diriger trente ou quarante mille hommes contre la Finlande, et lui promit en retour de ne point traiter avec l'empereur Alexandre sans l'avoir forcé à restituer cette province à la Suède. A la place du subside qu'il ne pouvait pas donner, Napoléon consentait à laisser entrer et vendre par Stralsund 20 millions de denrées coloniales, dont le prix serait immédiatement acquitté par le commerce. Un intermédiaire, indiqué par la princesse royale, fut autorisé à partir sur-le-champ afin de porter ces conditions à Stockholm.

Marche générale de l'armée française.

Tandis qu'il vaquait à ces soins, Napoléon suivait de l'œil la marche de ses troupes. Le mois de mars 1812 venait de finir, et jusqu'ici tout s'était passé comme il le souhaitait. La Poméranie suédoise avait été envahie par l'une des divisions du maréchal Davout, celle du général Friant, et cette division, après avoir mis la main sur ce qui restait de la contrebande organisée par les Suédois, s'était portée à Stettin sur l'Oder. (Voir la carte n° 36.) La division Gudin s'était avancée au delà, et avait pris position à Stargard, ayant devant elle la cavalerie du général Bruyère sur la route de Dantzig. La division Desaix s'était établie à Custrin sur l'Oder, ayant sa cavalerie légère à Landsberg, dans la direction de Thorn. Le maréchal Davout, avec les divisions Morand et Compans, avec les cuirassiers attachés à son corps d'armée, s'était rapproché de l'Oder, et était prêt à franchir ce fleuve au premier signal. Ses troupes avaient marché avec ordre, avec lenteur, observant une discipline rigoureuse, et pourvues de tout par le gouvernement prussien, qui se hâtait, à la vue de ces formidables soldats, de remplir les engagements qu'il avait contractés envers leur maître. Le maréchal Oudinot, après s'être concentré à Munster, s'était échelonné sur la route de Berlin; le maréchal Ney s'était rendu de Mayence à Erfurt, et d'Erfurt à Torgau sur l'Elbe. Les Saxons avaient dépassé l'Oder. Le vice-roi d'Italie, ayant franchi les Alpes avec son armée, avait traversé la Bavière, rallié les Bavarois, et presque atteint l'Oder. Les officiers de tous les grades, se conformant aux ordres impériaux, avaient fait route à la tête de leurs soldats, maintenant la discipline dans leurs troupes, et enchaînant leur langue autant qu'ils pouvaient, mais n'y réussissant pas toujours. Dans les corps du maréchal Ney et du prince Eugène il se commettait de regrettables excès, soit qu'ayant eu à parcourir une plus longue distance, ils eussent essuyé des priva-

Avril 1812.

Arrivée de tous les corps sur l'Oder.

Avril 1812.

tions dont ils se dédommageaient aux dépens des pays qu'ils traversaient, soit que la route qui leur était assignée eût été moins préparée à les recevoir. Du reste des repos étaient ménagés partout, de manière que chaque corps eût le temps de rallier ce qui n'avait pu suivre, et que la queue se serrât toujours sur la tête. Une immense traînée de charrois, et telle qu'on n'en avait jamais vu de pareille à aucune époque, marquait la trace des colonnes longtemps après leur passage.

Jusqu'ici on n'avait rien entendu dire du Niémen, et aucun bruit n'annonçait que ce vaste déploiement de forces, désormais évident à tous les yeux, eût provoqué les Russes à prendre l'initiative. En conséquence Napoléon, conformément à son plan, prescrivit un nouveau mouvement à ses troupes dans les premiers jours d'avril, afin de les pousser de l'Oder à la Vistule, avec l'intention de leur ménager là un nouveau séjour, et d'y attendre les trois choses qu'il était résolu d'attendre patiemment dans cette marche gigantesque, le ralliement de ses colonnes, l'arrivée de ses charrois, et le progrès de la végétation [1].

---

[1] Des écrivains mal informés, jugeant d'après la suite des événements de la campagne que les opérations avaient été commencées trop tard, ont attribué à d'autres causes que les véritables la lenteur des mouvements de Napoléon. Ils ont prétendu, par exemple, que les affaires de l'intérieur, notamment celle de la disette, avaient retenu Napoléon à Paris, et causé ainsi, en retardant l'ouverture de la campagne, les désastres de 1812. C'est une complète erreur. Napoléon, ayant éprouvé combien les marches lointaines épuisaient et décimaient les troupes, voulait franchir lentement l'espace du Rhin à la Vistule, terminer l'organisation de ses charrois, et surtout trouver sur la terre la nourriture des 150 mille chevaux qu'il amenait à sa suite. Sa correspondance et ses ordres ne laissent à cet égard aucun doute. Quant à la disette, il n'avait

Il ordonna au maréchal Davout de se porter sur la Vistule avec ses cinq divisions et toute sa cavalerie, au maréchal Oudinot d'entrer à Berlin dans le plus grand appareil militaire, de s'y arrêter un moment, et de s'acheminer ensuite sur l'Oder; au maréchal Ney de passer l'Elbe à Torgau pour se rendre à Francfort sur l'Oder, aux Saxons et aux Westphaliens de prendre position à Kalisch, aux Bavarois et à l'armée d'Italie de gagner Glogau, à la garde enfin de s'échelonner sur la route de Posen. Les troupes dès qu'elles auraient marché cinq ou six jours devaient se reposer un nombre de jours à peu près égal. Le maréchal Davout, toujours chargé d'organiser toutes choses, avait ordre de faire moudre sans relâche les blés de Dantzig et de mettre en barils la farine qui en proviendrait, de préparer en hâte la navigation du Frische-Haff et de la Prégel, de terminer les ponts de la Vistule, de former à Thorn et à Elbing avec les fournitures de la Prusse des magasins pareils à ceux de Dantzig, de bien occuper Pillau et la pointe de Nehrung, et surtout d'être sur ses gardes relativement aux mouvements des Russes. Le plan était toujours, si ceux-ci passaient le Niémen et prenaient sérieusement l'offensive, de marcher droit à eux avec les 150 mille hommes du maréchal Davout, avec les 80 mille du roi Jérôme. Si au contraire les Russes ne remuaient point, on devait se tenir fort tranquille, ne pas montrer les avant-postes français au delà d'Elbing, et n'employer au delà d'Elbing que les Prussiens, qui de Dantzig à

Avril 1842.

Napoléon ordonne un nouveau mouvement à son armée, et la porte sur la Vistule.

rien à y faire, et elle n'exerça aucune influence sur ses déterminations militaires.

Kœnigsberg étaient chez eux. Napoléon avait tout disposé pour partir lui-même au premier signal, et arriver à son avant-garde avec la rapidité d'un courrier. Du reste, une fois le maréchal Davout sur la Vistule, il n'avait plus rien à craindre d'une marche précipitée des Russes, et il n'avait plus qu'un vœu à former, c'était le retardement des hostilités jusqu'à la pousse des herbes.

Pour assurer davantage encore l'accomplissement de ce vœu, il expédia un nouveau courrier à M. de Lauriston, afin de lui annoncer ce second mouvement, et de lui dicter le langage qu'il devait tenir à cette occasion. M. de Lauriston avait ordre de dire que l'Empereur des Français ayant appris la marche des armées russes vers la Dwina et le Dniéper (c'était une pure invention, car on n'avait reçu aucun avis à cet égard), s'était décidé à se placer sur la Vistule, dans la crainte de l'invasion du grand-duché, mais qu'il avait toujours l'intention de traiter sous les armes, de rencontrer même l'empereur Alexandre entre la Vistule et le Niémen, et s'il le pouvait de tout arranger avec lui dans une conférence amicale, comme celle de Tilsit ou d'Erfurt. Afin de donner crédit à ces dispositions M. de Lauriston était autorisé à déclarer que les troupes françaises ne dépasseraient pas la Vistule, et que si on voyait au delà, peut-être jusqu'à Elbing, quelques uniformes français, ce seraient des avant-postes de cavalerie légère, chargés du service de surveillance qu'on ne devait jamais négliger autour d'une grande armée.

Pendant que tout ce qui vient d'être dit avait lieu

Avril 1812.

Langage que doit tenir M. de Lauriston à Saint-Pétersbourg à l'occasion du nouveau mouvement de l'armée sur la Vistule.

Profonde

en France, le contre-coup en avait été fortement ressenti à Saint-Pétersbourg. La présence de M. de Czernicheff, arrivé le 10 mars, apportant une lettre amicale de Napoléon mais des impressions personnelles toutes contraires, car il avait rencontré en route des masses de troupes effrayantes, n'était pas faite pour atténuer l'effet des nouvelles venues de toutes les parties du continent. Le mouvement du maréchal Davout sur l'Oder et au delà, l'invasion de la Poméranie suédoise, la mise en réquisition des contingents allemands, le passage des Alpes par l'armée d'Italie, l'annonce positive des deux traités d'alliance avec la Prusse et l'Autriche, avaient achevé de dissiper les dernières hésitations d'Alexandre, et de lui causer à lui et à sa cour un chagrin profond, car on ne doutait pas que la lutte ne fût terrible, et, si elle n'était pas heureuse, que la grandeur de la Russie ne reçût un échec décisif, un échec égal à celui qu'avait essuyé la grandeur de la Prusse et de l'Autriche. C'était surtout la nouvelle des deux traités signés par la Prusse et l'Autriche qui avait dévoilé à l'empereur Alexandre et au chancelier de Romanzoff l'imminence du danger. L'empereur Alexandre, instruit assez exactement de ce qui se passait dans la diplomatie française, par des infidélités dont la source malgré beaucoup de recherches était restée inconnue, savait que Napoléon faisait depuis longtemps attendre à la Prusse un traité d'alliance, afin de ne pas donner trop d'ombrage à Saint-Pétersbourg. Puisqu'il s'était décidé à conclure ce traité, la conséquence à tirer, c'est qu'il avait pris son parti, et l'avait pris au point de ne

Avril 1812.

Impression produite à Saint-Pétersbourg par les nouvelles venues de France et d'Allemagne.

Les traités d'alliance avec la Prusse et l'Autriche sont aux yeux de l'empereur Alexandre le signe le plus certain d'hostilités prochaines.

Avril 1812.

Explications de la Prusse et de l'Autriche avec le cabinet russe, pour justifier leur alliance avec la France.

Mission de M. de Knesebeck à Saint-Pétersbourg.

plus garder de ménagements. Les dissimulations de la cour de Vienne à l'égard des engagements qu'elle avait pris, ne pouvaient tromper Alexandre, parfaitement informé de toutes les transactions européennes, et n'étaient que risibles pour qui était témoin des embarras de M. de Saint-Julien, ambassadeur d'Autriche à Saint-Pétersbourg. Celui-ci en effet s'efforçait de se dérober à tous les regards, de peur d'être obligé d'avouer les nouveaux liens contractés par sa cour, ou d'être confondu s'il les niait. Quant à la Prusse, moins hardie dans le mensonge, elle était convenue de tout. Nous avons dit qu'elle avait envoyé M. de Knesebeck à Saint-Pétersbourg, pour exposer à l'empereur Alexandre la triste nécessité où elle s'était trouvée de prendre part à la guerre, et, en y prenant part, de se ranger du côté de la France. Soit que M. de Knesebeck y fût autorisé par le roi, soit qu'il cédât à ses passions nationales, il avait poussé plus loin les confidences. Il avait dit que le roi agissait à contre-cœur, mais que tous ses vœux étaient pour les Russes, et qu'il ne désespérait pas d'être bientôt amené à se joindre à eux ; que cet événement même était inévitable si on tenait une conduite habile, et à ce sujet M. de Knesebeck, qui était un officier éclairé, avait fait entendre des conseils très-sages, très-funestes pour nous, très-utiles au czar, qui ne savait à qui entendre au milieu des opinions militaires de toute sorte provoquées autour de lui par la gravité des circonstances. Il lui avait conseillé de ne pas s'exposer à recevoir le premier choc de Napoléon, de rétrograder au contraire, d'attirer les Français dans l'intérieur de la Russie, et de ne les attaquer que lorsqu'ils seraient épuisés de fatigue et de faim. Il avait promis que pour ce cas toute l'Allemagne se joindrait aux Russes afin d'achever la ruine de l'envahisseur audacieux qui désolait l'Europe depuis douze années.

N'était-ce là qu'une simple prévoyance de M. de Knesebeck, qu'il transformait en conseils sous la seule inspiration de ses sentiments nationaux, sans aucun ordre de son maître, ou bien était-il autorisé à pousser aussi loin les excuses de Frédéric-Guillaume auprès d'Alexandre, c'est ce qu'il est impossible de savoir aujourd'hui, bien qu'on ait l'aveu de M. de Knesebeck, qui peut-être s'est fait depuis plus coupable qu'il n'avait été alors, pour se faire plus prévoyant et plus patriote qu'il n'avait été véritablement. Quoi qu'il en soit, l'oppression sous laquelle la Prusse vivait à cette époque excuse beaucoup de choses; pourtant nous regretterions que M. de Knesebeck eût été autorisé à tenir ce langage, nous le regretterions pour la dignité d'un roi qui était un parfait bonnête homme. Alexandre accueillit avec une indulgence assez hautaine les explications de Frédéric-Guillaume, avec infiniment d'attention les habiles conseils de son envoyé, lui dit qu'il déplorait la détermination de la Prusse, mais que, défendant la cause de l'Allemagne autant que celle de la Russie, il ne désespérait pas d'avoir bientôt les soldats prussiens avec lui. Il fut moins indulgent envers M. de Saint-Julien. Celui-ci, après s'être longtemps caché, avait fini par ne pouvoir plus éviter la rencontre de l'empereur Alexandre. Il nia d'abord le traité d'alliance, et il paraît que ce n'était pas sans un cer-

Avril 1812.

Scènes singulières entre l'empereur Alexandre et M. de Saint-Julien ambassadeur

tain fondement, car son cabinet, pour qu'il trompât mieux, l'avait trompé lui-même en lui laissant tout ignorer. Il ne savait même ce qu'il avait appris que par quelques confidences de M. de Lauriston, qui lui en avait dit plus qu'il n'aurait voulu en apprendre. Il essaya donc de révoquer en doute l'existence du récent traité de l'Autriche avec la France, sur le motif qu'on ne lui avait rien mandé de Vienne, mais Alexandre l'interrompit sur-le-champ. — Ne niez pas, lui dit-il, je sais tout; des intermédiaires sûrs, qui ne m'ont jamais induit en erreur, m'ont envoyé la copie du traité que votre cour a signé; puis la montrant à M. de Saint-Julien confondu, il ajouta qu'il était profondément étonné d'une pareille conduite de la part de l'Autriche, et qu'il la considérait comme un véritable abandon de la cause européenne; que ce n'était pas lui seulement qui était intéressé dans cette lutte, mais tous les princes qui prétendaient conserver une ombre d'indépendance; que tant qu'il n'avait vu dans l'alliance de la France que les petits États allemands, placés sous la main de Napoléon, et même la Prusse, privée de toutes ses forces, il n'avait éprouvé ni surprise ni découragement, mais que l'accession de l'Autriche à cette espèce de ligue avait lieu de le confondre, et de l'ébranler dans ses résolutions les plus fermes; qu'il ne pouvait pas défendre l'Europe à lui seul; que, puisqu'on le délaissait, il suivrait l'exemple général, et traiterait avec Napoléon; qu'après tout il aurait moins à perdre que les autres à cette soumission universelle, qu'il était loin de la France, que Napoléon lui demandait peu de chose, qu'il en serait quitte pour quelques souffrances d'amour-propre, et que, ces souffrances passées, il serait tranquille, indépendant encore dans son éloignement, mais que ceux qui l'abandonnaient seraient esclaves. — Alexandre, en prononçant ces paroles, était ému, courroucé, et avait quelque chose de méprisant dans son attitude et son langage. M. de Saint-Julien, moins surpris et moins troublé, aurait pu lui répondre qu'en 1809 la Russie ne s'était pas fait scrupule de déclarer la guerre à l'Autriche, sans s'inquiéter de l'indépendance de l'Europe, et que si aujourd'hui elle appelait tout le monde à la résistance, c'est qu'au lieu de lui offrir les dépouilles de ses voisins on exigeait qu'elle sacrifiât son commerce à la politique maritime de la France, et qu'alors pour la première fois elle commençait à trouver l'indépendance européenne en péril. M. de Saint-Julien, qui était de cette vaste coterie aristocratique répandue sur tout le continent et animée d'une haine profonde contre la France, ne sut que s'excuser en alléguant son ignorance, et promit que sous peu de jours il aurait à donner des explications satisfaisantes. Ces explications étaient faciles à prévoir, c'est que l'alliance avec Napoléon n'était pas sérieuse, qu'on y avait été contraint, et que dans cette nouvelle guerre on ne porterait pas grand tort aux armes russes[1].

L'empereur Alexandre ne conservait donc plus aucun doute sur l'issue de cette crise, et regardait

L'empereur Alexandre persiste à ne pas vouloir prendre l'initiative des hostilités.

[1] Je parle d'après la dépêche même de M. de Saint-Julien, parvenue à la connaissance du gouvernement français, et écrite avec un chagrin de l'alliance qui en prouve la sincérité.

un arrangement à l'amiable comme tout à fait impossible. Il était résolu néanmoins, d'accord avec M. de Romanzoff, demeuré fort attaché à la politique de Tilsit, de ne pas prendre l'initiative des hostilités, et de se réserver ainsi la seule chance de paix qui restât encore, si, contre toute vraisemblance, Napoléon n'avait armé que pour négocier sous les armes. Il avait le projet de tenir ses avant-postes sur le Niémen, sans dépasser le cours de ce fleuve, sans même l'atteindre dans les environs de Memel où la rive droite appartenait en partie à la Prusse, et de respecter ainsi scrupuleusement le territoire des alliés de Napoléon. Quelques esprits exaltés, surtout parmi les réfugiés allemands au service de Russie, cherchaient à pousser Alexandre en avant, et lui conseillaient d'envahir non-seulement la Vieille-Prusse, mais le grand-duché, toujours dans la pensée d'agrandir le désert qu'on voulait créer sur les pas de Napoléon. Le czar s'y refusa, et en cela trouva sa famille, sa cour et sa nation d'accord avec lui, car si on ne voulait pas subir l'empire de Napoléon, on ne désirait pas davantage précipiter la guerre avec ce redoutable adversaire. Il prit donc le parti d'attendre encore, avant de quitter Saint-Pétersbourg de sa personne, quelque acte non pas plus significatif, mais plus formellement agressif que celui de la marche des Français jusqu'à la Vistule. Il eut avec M. de Lauriston de derniers entretiens où il ne dissimula aucun de ses sentiments, où plusieurs fois même il laissa échapper quelques larmes en parlant de la guerre qu'il considérait comme certaine, et de la contrainte qu'on voulait exercer envers lui en l'obligeant contre toute justice, contre le traité de Tilsit qui n'en disait rien, à renoncer à tout commerce avec les neutres. Il répéta que les décrets de Milan, de Berlin, ne le regardaient pas, ayant été rendus sans le consulter; qu'il n'était engagé qu'à maintenir l'état de guerre contre l'Angleterre, à lui fermer ses ports, qu'il remplissait cet engagement mieux que Napoléon avec le système des licences, et qu'exiger davantage c'était lui demander l'impossible, le réduire à la guerre, qu'il ne ferait pas volontiers, on pouvait assez le voir à sa manière d'être, mais qu'il ferait terrible et en désespéré, une fois qu'on l'aurait forcé à tirer l'épée.

Toujours préoccupé des nouvelles qui venaient des frontières, qu'il s'attendait à chaque instant à voir franchies, il demanda à M. de Lauriston s'il aurait par hasard la faculté de suspendre le mouvement des troupes françaises. M. de Lauriston, qui n'était autorisé à s'engager à cet égard que pour prévenir le passage du Niémen par les Russes, ne s'expliqua pas clairement, mais répondit qu'il prendrait sur lui d'envoyer aux avant-postes français, et d'essayer d'arrêter leur marche, s'il s'agissait d'une proposition qui valût la peine d'être transmise à Paris. Alexandre, comprenant au vague de ce langage que M. de Lauriston ne pouvait pas grand'chose, répliqua que du reste il était bien naturel que Napoléon, dont les desseins étaient toujours profondément calculés, n'eût pas laissé à un ambassadeur la faculté d'interrompre les mouvements de ses armées, et sembla renoncer complétement à cette ressource extrême. M. de Lauriston le pressa beaucoup, s'il n'envoyait pas M. de Nesselrode, de répondre néanmoins à la démarche que Napoléon avait faite par l'entremise de M. de Czernicheff, d'expédier quelqu'un avec des instructions, des pouvoirs, et une lettre que dans tous les cas on devait à Napoléon, puisqu'il avait pris l'initiative d'écrire. Alexandre, comme importuné d'une telle demande, à laquelle il aurait satisfait spontanément s'il y avait vu un moyen de sauver la paix, répondit que sans doute il enverrait quelqu'un, mais que cette démarche ne servirait de rien, qu'il n'y avait aucune chance de négocier utilement, car ce n'était certes pas pour négocier que Napoléon avait remué de telles masses d'hommes et les avait portées si loin.

En effet, pour n'avoir aucun tort et aucun regret, Alexandre se décida à écrire une lettre à Napoléon, en réponse à celle dont M. de Czernicheff avait été porteur, lettre triste, douce, mais fière, dans laquelle il disait qu'à toutes les époques il avait voulu s'arranger à l'amiable, et que le monde serait un jour témoin de ce qu'il avait fait pour y parvenir; qu'il expédiait au prince Kourakin des pouvoirs pour négocier, pouvoirs qu'au surplus cet ambassadeur avait toujours eus, et qu'il souhaitait ardemment que sur les nouvelles bases indiquées on pût en arriver à un arrangement pacifique. C'était M. de Serdobin qui devait être porteur de ce dernier message. Les conditions qu'il était chargé de transmettre au prince Kourakin étaient de celles qu'on propose quand on n'espère plus rien, et lorsqu'on ne songe qu'à sauver sa dignité. Alexandre était prêt, disait-il, à entrer en négociation, et à prendre pour Oldenbourg le dédommagement qu'on lui offrirait, quel qu'il fût; à introduire dans l'ukase de décembre 1810, dont l'industrie française se plaignait, tel changement qui serait compatible avec les intérêts russes, à examiner même si le système commercial imaginé par Napoléon pouvait être adopté en Russie, à condition qu'on ne demanderait pas l'exclusion absolue des neutres, surtout américains, et qu'on promettrait d'évacuer la Vieille-Prusse, le duché de Varsovie et la Poméranie suédoise. Dans ce cas Alexandre s'engageait à désarmer sur-le-champ, et à traiter pacifiquement et à l'amiable les divers points contestés.

Avril 1812.
avec autorisation de les faire connaître au cabinet français.

Parler à Napoléon d'un mouvement rétrograde était une chose qu'on n'aurait pas essayée, si on avait cru qu'il voulût sérieusement négocier à Paris. Mais Alexandre et M. de Romanzoff ne conservaient plus aucun espoir, et s'ils envoyèrent M. de Serdobin, ce fut sur les vives instances de M. de Lauriston, qui, même sans une lueur d'espérance, tentait les derniers efforts pour le salut de la paix. M. de Serdobin partit le 8 avril, un mois environ après l'arrivée de M. de Czernicheff à Saint-Pétersbourg. Alexandre passa quelques jours encore dans une extrême agitation, et pendant ce temps la société russe, qui comprenait ses sentiments, qui s'y conformait avec respect, mettait grand soin à ne pas provoquer les Français, à les ménager partout où elle les rencontrait, à ne leur montrer ni jactance ni effroi, mais à leur laisser voir une détermination chagrine et ferme.

Avril 1842.

Alexandre s'occupe de nouer les rares alliances sur lesquelles il peut compter dans le moment.

Envoi de M. de Suchtelen à Stockholm pour entamer avec l'Angleterre des pourparlers longtemps différés.

Traité d'alliance avec la Suède signé le 5 avril 1842.

On n'avait pas encore pris d'engagement avec l'Angleterre, dans la pensée fortement arrêtée de se tenir libre, et de ne hasarder aucune démarche qui pût rendre la guerre inévitable. Mais, par l'intermédiaire de la Suède, on avait entamé des pourparlers indirects, qui préparaient un rapprochement pour le moment où l'on n'aurait plus de ménagements à garder. Ce moment étant venu, ou bien près de venir, puisque Napoléon n'avait pas hésité à conclure ses alliances avec la Prusse et l'Autriche, Alexandre fit partir M. de Suchtelen pour Stockholm, afin de s'aboucher avec un agent anglais envoyé dans cette capitale, M. Thornton, et convenir avec lui non-seulement des conditions de la paix avec l'Angleterre, mais de celles d'une alliance offensive et défensive, dans la vue d'une guerre à outrance contre la France.

Il fallait, en se servant de la Suède comme intermédiaire, s'entendre enfin avec elle sur ce qui la concernait, et opter entre son alliance intime, ou son hostilité déclarée, tant le prince Bernadotte, qui sans être revêtu de l'autorité royale en exerçait le pouvoir, était devenu pressant afin d'obtenir une réponse à ses propositions. La Russie avait longtemps hésité à s'engager avec la cour de Stockholm, parce qu'elle ne voulait pas être liée encore, parce qu'elle considérait comme très-grave de dépouiller le Danemark au profit de la Suède, parce qu'enfin elle n'avait pas confiance dans le caractère du nouveau prince royal, car, fidèle ou traître envers son ancienne patrie, il méritait également qu'on se défiât de lui. Pourtant l'urgence avait fait évanouir ces raisons. Des ménagements, il n'y avait plus à en garder. Le Danemark n'était plus à considérer, dès qu'il s'agissait pour l'empire russe d'être ou de n'être pas, et quant aux relations véritables de Bernadotte avec la France, l'occupation de la Poméranie suédoise par les troupes du maréchal Davout venait de les mettre dans une complète évidence. En conséquence le 5 avril (24 mars pour les Russes), l'empereur Alexandre conclut un traité avec la cour de Stockholm, par lequel il lui concédait l'objet ardent de ses vœux, c'est-à-dire la Norvége. Par ce traité d'alliance, destiné à rester secret, les deux États se garantissaient leurs possessions actuelles, c'est-à-dire que la Suède garantissait la Finlande à la Russie, et consacrait ainsi sa propre dépossession. En retour la Russie promettait à la Suède de l'aider à conquérir la Norvége dans le présent, et de l'aider également à la conserver dans l'avenir. Pour l'accomplissement des vues communes, la Suède devait réunir une armée de 30 mille hommes, et la Russie lui en prêter une de 20; le prince royal devait commander ces 50 mille soldats, envahir d'abord la Norvége, puis cette opération, qu'on regardait comme facile, consommée, descendre sur un point quelconque de l'Allemagne afin de prendre l'armée française à revers. Il n'était pas dit, mais entendu, que les subsides et les troupes britanniques concourraient à cette redoutable diversion. Quant au Danemark, si lestement spolié, on devait faire auprès de lui une démarche de courtoisie, l'avertir de ce qui venait d'être stipulé, lui offrir de s'y prêter moyennant un dédommagement

Avril 1812.

Communications au Danemark à la suite du traité d'alliance.

en Allemagne, qu'on ne désignait pas, mais que la future guerre ne pouvait manquer de procurer. Si le Danemark ne consentait pas à une proposition présentée en de tels termes, on devait se mettre immédiatement en guerre avec lui; et comme on pouvait douter de l'effet d'un pareil traité sur l'opinion de l'Europe, peut-être même sur celle de la Suède, qui était honnête et amie de la France, on convint, sans l'écrire, que le cabinet suédois commencerait par déclarer non pas son alliance avec la Russie, mais sa neutralité à l'égard des puissances belligérantes. De la neutralité elle passerait ensuite à l'état de guerre contre la France. Ainsi fut ménagée la transition à cette infidélité, l'une des plus odieuses de l'histoire.

La question la plus importante pour Alexandre, c'était la paix avec les Turcs. Sur la persistance qu'on mettait à exiger une partie de leur territoire, les Turcs avaient rompu les négociations et recommencé les hostilités. La certitude d'une guerre prochaine de la France avec la Russie avait été pour eux une raison décisive de ne rien céder. Néanmoins ils persistaient à ne pas devenir nos alliés, car le ressentiment de la conduite tenue à Tilsit n'était point effacé chez eux, bien que la politique nouvelle de la France fût de nature à les dédommager. Ils voulaient profiter de l'occasion pour sortir indemnes de cette guerre, sans se mêler de la querelle qui allait s'engager entre des puissances qu'ils avaient alors l'imprévoyance de haïr au même degré. Rien ne pouvait être plus malheureux pour la Russie qu'une continuation d'hostilités contre les Turcs, car, indépendamment d'une armée de 60 mille combattants présents au drapeau, ce qui n'en supposait guère moins de 100 mille à l'effectif, elle était obligée d'en avoir une autre de 40 mille, sous le général Tormasof, pour lier ses forces du Danube avec celles de la Dwina et du Dniéper. Recouvrer la disponibilité de ces deux armées était d'une extrême importance, quelque plan de campagne qu'on adoptât. Les têtes fermentaient autour d'Alexandre, et parmi les généraux russes, et parmi les officiers allemands qui avaient fui à sa cour pour se soustraire à l'influence de Napoléon. Les amateurs de chimères prétendaient qu'on pouvait, avec les cent mille Russes qu'occupaient les Turcs, envahir l'Illyrie et l'Italie, entraîner l'Autriche, et préparer peut-être un bouleversement de l'empire français, en revanche de l'agression tentée par Napoléon contre la Russie. Ce résultat était à leurs yeux presque certain, si on signait promptement la paix avec les Turcs, et si on poussait le rapprochement avec eux jusqu'à une alliance. Les esprits plus pratiques pensaient que, sans aspirer à de si vastes résultats, cent mille hommes ramenés du Danube sur la Vistule, et portés dans le flanc des Français, suffiraient pour changer le destin de la guerre. Alexandre, qui, à force de s'occuper de combinaisons militaires, avait fini par se faire sur ce sujet des idées justes, était de ce dernier avis. Il avait auprès de lui un homme dont les opinions presque libérales, l'esprit brillant et vif, lui plaisaient beaucoup, et lui faisaient espérer d'éminents services, c'était l'amiral Tchitchakoff. Il jeta les yeux sur lui pour le charger d'une mission importante en

Avril 1812.

Orient, et le choix était bien entendu, car l'amiral était propre en effet à la partie pratique, comme à la partie chimérique du rôle qu'on l'appelait à jouer dans ces contrées. Alexandre lui donna le commandement immédiat de l'armée du Danube, le commandement éventuel de l'armée du général Tormasof, actuellement en Volhynie, le chargea de faire en Turquie ou la paix ou la guerre, l'autorisa à se départir d'une portion des exigences russes, à se contenter par exemple de la Bessarabie, en prenant le Pruth pour frontière au lieu du Sereth, à négocier à ce prix non-seulement la paix, mais une alliance avec les Turcs, à les brusquer au contraire s'il ne parvenait pas à les faire entrer dans la politique russe, à fondre sur eux afin de leur arracher par un acte vigoureux ce qu'on n'aurait pas obtenu par les négociations, à s'emparer peut-être de Constantinople, et à revenir ensuite, avec ou sans les Turcs, se jeter ou sur l'empire français par Laybach, ou sur l'armée française par Lemberg et Varsovie. La brillante imagination, le courage également brillant de l'amiral, convenaient à ces rôles si divers et si aventureux.

Au milieu de ces résolutions, que des nouvelles arrivant à chaque instant interrompaient ou précipitaient, l'anxiété allait croissant à Saint-Pétersbourg, lorsqu'il survint tout à coup un employé de la légation russe, M. Divoff, expédié de Paris par le prince Kourakin, pour raconter un incident fâcheux et récent. M. de Czernicheff, en quittant Paris, avait imprudemment laissé dans son appartement une lettre, compromettant de la manière la plus grave un employé du ministère de la guerre, celui même qui lui avait livré une partie des secrets de la France. Cette lettre, remise aux mains de la police, avait révélé toutes les menées au moyen desquelles M. de Czernicheff était parvenu à corrompre la fidélité des bureaux. Par suite des recherches de la police, un des serviteurs de l'ambassade russe avait été arrêté, et refusé au prince Kourakin, qui le réclamait vainement au nom des priviléges diplomatiques. Une instruction criminelle était commencée, et tout annonçait qu'il tomberait une ou plusieurs têtes pour ce crime de trahison, qui, à l'égard des agents français, n'admettait ni excuse ni indulgence. Mais, chose plus grave encore, M. Divoff, qui apportait les pièces de cette désagréable affaire, avait rencontré les troupes du maréchal Davout au delà d'Elbing. Ce n'était pas le dossier dont il était chargé, quelque pénible qu'il fût, mais le fait dont il apportait la nouvelle, et dont il avait été le témoin oculaire, qui causa à Saint-Pétersbourg une émotion décisive. Les partisans anciens et ardents de la guerre, comme ses partisans récents et résignés, prétendirent qu'Alexandre ne pouvait plus se dispenser de se rendre à son quartier général, que c'était tout au plus s'il arriverait à temps pour y être lorsque les Français passeraient le Niémen, qu'il ne devait donc pas différer davantage, que sa présence même était nécessaire pour prévenir des imprudences, car les généraux russes étaient si animés à l'armée de Lithuanie, qu'ils étaient capables de se livrer à quelque démarche imprudente qui ferait évanouir les dernières chances de paix, s'il y

Avril 1812.

Cette dernière nouvelle détermine le départ de l'empereur Alexandre pour son quartier général.

en avait encore. M. de Romanzoff voulut s'opposer à ce départ, car laisser partir Alexandre de Saint-Pétersbourg, c'était forcer Napoléon à partir de Paris, et rendre la collision inévitable. Mais il ne put l'emporter au milieu de l'émotion qui régnait, et le départ d'Alexandre pour le quartier général fut instantanément résolu. Ce qui contribua surtout à précipiter cette résolution, ce fut tout à la fois le désir de donner une satisfaction au sentiment public, et le désir aussi d'empêcher les généraux de compromettre les dernières chances de la paix par quelque acte irréparable. Alexandre n'eut point le temps de voir M. de Lauriston, mais il lui fit témoigner la plus grande estime pour sa noble conduite, et réitérer l'assurance qu'il ne quittait pas sa capitale pour commencer la guerre, mais au contraire pour la retarder, s'il était possible, affirmant une dernière fois que même à son quartier général il serait prêt à négocier sur les bases les plus équitables et les plus modérées.

Le 21 avril au matin il se rendit à l'église de Cazan pour assister à l'office divin avec sa famille, puis il partit entouré d'une population nombreuse émue de sa propre émotion et de celle qu'elle apercevait sur le visage de son souverain. Il monta en voiture au milieu des hourras, et se mit en route accompagné des personnages les plus considérables de son gouvernement et de sa cour. On y comptait le ministre de l'intérieur prince de Kotchoubey, le ministre de la police Balachoff, le grand maître Tolstoy, M. de Nesselrode, le général Pfuhl, Allemand qui enseignait à l'empereur la science de la guerre,

PASSAGE DU NIÉMEN.

et enfin un Suédois expatrié, fort mêlé aux intrigues du temps, le comte d'Armsfeld. M. de Romanzoff devait quelques jours plus tard rejoindre le cortége impérial pour se mettre à la tête des négociations, s'il arrivait qu'on négociât. L'empereur, en se rendant à Wilna, se proposait de s'arrêter dans le château des Souboff, où il allait en quelque sorte faire appel à tous les partis, en visitant une famille fameuse par le rôle qu'elle avait joué lors de la mort de Paul Ier. Le général Benningsen, fameux au même titre et à d'autres encore, car il avait commandé l'armée russe avec gloire, devait s'y trouver également. Ainsi les sentiments les plus légitimes étaient immolés en cet instant à l'intérêt commun de la patrie menacée. Au moment même de son départ, l'empereur reçut une communication assez satisfaisante. L'Autriche lui fit dire qu'il ne fallait prendre aucun ombrage du traité d'alliance qu'elle venait de conclure avec la France, qu'elle n'avait pu agir autrement, mais que les trente mille Autrichiens envoyés à la frontière de Gallicie y seraient plus observateurs qu'agissants, et que la Russie, si elle n'entreprenait rien contre l'Autriche, n'aurait pas grand'chose à craindre de ces trente mille soldats[1]. Alexandre, qui du reste

Avril 1812.

Communication de la cour d'Autriche à l'empereur Alexandre, au moment où il quitte Saint-Pétersbourg.

---

[1] Je n'avance jamais des faits sans en être assuré, et je prends d'autant plus cette précaution qu'ils sont plus graves. J'ai pu me procurer une correspondance, fort développée et fort curieuse, entre l'empereur Alexandre et l'amiral Tchitchakoff pendant l'année 1812. L'amiral Tchitchakoff avait toute la confiance de son maître et la méritait. J'ai trouvé dans sa correspondance avec lui la preuve du fait que j'avance ici, et de plus l'indication claire et précise des sentiments que je prête dans mon récit, soit à l'empereur Alexandre, soit à sa cour. Il est de mon devoir d'ajouter que ce n'est point à la famille de l'amiral, dépositaire de ses

Avril 1812.

En apprenant le départ de l'empereur Alexandre, Napoléon se dispose à quitter Paris.

s'était bien douté qu'il en serait ainsi, hâta son voyage en se dirigeant sur Wilna. M. de Lauriston demeura seul à Saint-Pétersbourg, entouré d'égards, mais de silence, et attendant que sa cour le tirât de cette fausse position par un ordre de départ. Il ne voulait pas, en demandant ses passe-ports, ajouter un nouveau signal de guerre à tous ceux qu'on avait déjà donnés malgré lui.

Napoléon n'attendait que le moment où Alexandre quitterait Saint-Pétersbourg pour quitter lui-même Paris. M. de Lauriston lui avait mandé les préparatifs du départ avant le départ même, et il avait pu prendre ainsi toutes ses dispositions. La principale avait consisté à prescrire un troisième mouvement à ses troupes, pour les porter définitivement sur la ligne de la Vistule, où elles devaient passer tout le mois de mai. Le maréchal Davout était déjà sur la Vistule, et l'avait même dépassée pour s'avancer jusqu'à Elbing. Napoléon lui ordonna, tout en continuant les opérations particulières dont il était chargé relativement au matériel et à la navigation, de se concentrer entre Marienwerder, Marienbourg, Elbing, les Prussiens toujours en avant-garde jusqu'au Niémen. (Voir les cartes n⁰ˢ 36 et 37.) Il prescrivit au maréchal Oudinot de se concentrer à Dantzig même pour former la gauche du maréchal Davout, à Ney de s'établir à Thorn pour former sa droite, au prince Eugène de se porter à Plock sur la Vistule avec les Bavarois et les Italiens, au roi Jérôme de réunir à Varsovie les Po-

papiers et établie en France, que j'ai dû la communication de ces lettres, qui sont pour l'histoire de la plus haute importance.

lonais, les Saxons, les Westphaliens, à la garde de se rassembler à Posen, aux Autrichiens d'être prêts à déboucher de la Gallicie en Volhynie. Dans cette nouvelle position, l'armée devait occuper la ligne de la Vistule, de la Bohême à la Baltique, et y présenter la masse formidable de cinq cent mille hommes, les réserves non comprises, les Prussiens nous servant toujours d'avant-garde sur la frontière russe, sans qu'on eût à leur reprocher aucun acte d'agression puisqu'ils étaient chez eux. On pouvait de la sorte attendre sans crainte les progrès de la végétation dans le Nord, car au premier mouvement des Russes on serait prêt à leur barrer le chemin, avant qu'ils eussent le temps de commettre la moindre dévastation.

Avril 1812.

L'armée française rangée tout entière sur la Vistule.

Bien qu'on n'eût plus à redouter de leur voir commencer brusquement les hostilités, Napoléon, plein du souvenir de 1807, se rappelant qu'il n'avait jamais pu dans ces contrées agir efficacement avant le mois de juin, voulut se ménager avec encore plus de certitude toute la durée du mois de mai, et eut recours pour y réussir à de nouveaux subterfuges, subterfuges qui devaient lui être funestes, comme si la Providence, résolue de le punir de son imprudence politique en confondant sa prudence militaire, l'avait poussé elle-même à tout ce qui devait le perdre, car c'était le retard même des opérations qui allait être l'une des principales causes des malheurs de cette campagne. Napoléon craignant qu'Alexandre, entouré à l'armée des caractères les plus ardents, n'ayant plus auprès de lui M. de Lauriston pour contre-balancer leur influence,

Nouvelle démarche pour empêcher l'empereur Alexandre de sortir de sa politique expectante.

ne finit par prendre l'initiative, résolut de lui dépêcher un nouvel envoyé, qui pût lui répéter les discours que M. de Lauriston lui avait tenus tant de fois, et les lui redire sinon en un langage nouveau, du moins avec un nouveau visage. Napoléon avait sous la main un personnage des plus propres à ce rôle : c'était M. de Narbonne, entré à son service en 1809 comme gouverneur de Raab, depuis employé comme ministre en Bavière, et actuellement en mission à Berlin, où il y avait bien des choses à faire supporter au malheureux roi de Prusse, dont on saccageait le territoire en le traversant avec quelques centaines de mille hommes. Napoléon ordonna donc à M. de Narbonne de se rendre au quartier général d'Alexandre pour complimenter ce prince, et, tout en évitant des discussions étrangères à sa mission, de lui témoigner le désir, même l'espérance d'une négociation armée, qui aurait lieu sur le Niémen entre les deux souverains, et aboutirait presque certainement non pas à la guerre, mais au renouvellement de l'alliance entre les deux empires. M. de Narbonne devait donner pour motif à sa mission la volonté de prévenir ou de réparer les fautes des généraux, qui, par impatience ou irréflexion, auraient pu se livrer à des actes agressifs sans ordre de leur gouvernement. Si les Russes étaient dans ce cas, M. de Narbonne devait montrer la plus grande indulgence, et si, par exemple, dans le désir fort naturel de border le Niémen comme nous bordions la Vistule, ils avaient envahi les petites portions du territoire prussien qui aux environs de Memel formaient la rive droite de ce fleuve, il devait considérer cette conduite de leur part comme une précaution militaire fort excusable, offrir de s'en entendre à l'amiable, et entretenir Alexandre pendant vingt ou trente jours dans l'idée et la confiance d'une négociation, dont l'issue ne serait pas la guerre. Il était chargé en outre de lui faire connaître la circonstance diplomatique qui suit.

Napoléon n'avait jamais commencé une seule de ses grandes guerres sans débuter par une espèce de sommation pacifique adressée à l'Angleterre. Il imagina d'agir de même cette fois, d'envoyer un message au prince régent par la marine de Boulogne, et de lui proposer la paix aux conditions suivantes. La France et l'Angleterre conserveraient ce qu'elles avaient acquis jusqu'à ce jour, sauf quelques arrangements particuliers soit en Italie, soit en Espagne. En Italie, Murat garderait Naples et renoncerait à la Sicile, qui serait l'apanage des Bourbons de Naples. Dans la Péninsule, Joseph garderait l'Espagne, mais laisserait le Portugal aux Bragance. C'était, comme on doit s'en souvenir, la paix proposée par l'intermédiaire de M. de Labouchère au marquis de Wellesley. Il n'y avait pas grande chance que la proposition fût même écoutée, mais c'était une manifestation pacifique qui pouvait être d'un certain effet moral à la veille de la plus terrible guerre de l'histoire, qui devait d'ailleurs fournir matière à de nouveaux entretiens avec Alexandre. M. de Narbonne était spécialement chargé d'en faire part à ce prince, et de lui donner cette nouvelle preuve des dispositions amicales et conciliantes du puissant empereur des Français.

En chargeant M. de Narbonne de tenir un pareil langage, Napoléon, du reste, lui fit connaître à lui-même la vérité tout entière, afin qu'il remplît mieux sa mission. Il lui déclara qu'il ne s'agissait pas de ménager une paix dont on ne voulait point, mais de gagner du temps, pour différer d'un mois les opérations militaires, et lui recommanda, comme il était bon officier et bon observateur, de tout examiner autour de lui, hommes et choses, soldats, généraux et diplomates, afin que l'état-major de l'armée française pût tirer un utile parti des lumières recueillies au quartier général russe. M. de Narbonne avait ordre de quitter Berlin lettre reçue. Il devait être en route pour Wilna dès les premiers jours de mai.

Ces dernières précautions prises, Napoléon se disposa lui-même à partir. Son projet, en quittant Paris, était de se rendre à Dresde, d'y faire un séjour de deux ou trois semaines avant d'aller se mettre à la tête de ses armées, d'y tenir une cour magnifique, et d'y donner un spectacle de puissance que le monde n'avait jamais présenté peut-être, même aux temps de Charlemagne, de César et d'Alexandre. L'empereur d'Autriche sollicitait l'autorisation d'y venir, pour voir sa fille, et pour y ménager lui-même le rôle difficile qu'il aurait bientôt à jouer entre la France et la Russie. Le roi de Prusse exprimait aussi le désir d'y paraître, pour réclamer en faveur de son peuple, que des milliers de soldats foulaient aux pieds. Quand de tels souverains demandaient à visiter, à entretenir, à implorer le futur vainqueur du monde, il n'est pas besoin de dire combien d'autres invoquaient le même honneur.

L'empressement était général, et Napoléon, qui voulait frapper son adversaire par le déploiement de sa puissance politique autant que par le déploiement de sa puissance militaire, accueillit toutes ces demandes, et donna en quelque sorte rendez-vous à l'Europe entière à Dresde. L'Impératrice et sa cour devaient l'y accompagner.

<small>Mai 1812.</small>

Au moment de s'éloigner, il se décida, malgré les instances du prince archichancelier, à une mesure administrative des plus violentes, et qui, à l'échafaud près, heureusement aussi antipathique à son cœur qu'à son esprit, rendait son gouvernement l'égal de tous les gouvernements révolutionnaires qui avaient précédé. Cette mesure fut la taxe des blés. La disette avait continué de sévir. Le blé se vendait à 60 et 70 francs l'hectolitre, prix qui serait exorbitant aujourd'hui, mais qui l'était bien plus en ce temps-là. La population poussait le cri ordinaire de la faim, passion la plus légitime et la plus aveugle de toutes, et accusait d'accaparement les fermiers et les commerçants. Jusque-là Napoléon s'était borné à verser sur le marché de Paris les grains de la réserve, ce qui, sans être un acte de violence, était pourtant une manière d'écarter l'action bienfaisante du commerce en se substituant à lui. Mais le moyen étant devenu insuffisant pour retenir les prix même à Paris, où s'opéraient pourtant les versements de la réserve, Napoléon ne résista pas au désir d'empêcher violemment cette cherté excessive, et croyant pouvoir agir avec le commerce comme avec l'Europe, par un acte de sa toute-puissante volonté, il décida par plusieurs décrets, ren-

<small>Derniers préparatifs de départ.</small>

<small>Taxe des grains décrétée avant de quitter Paris.</small>

dus dans les premiers jours de mai, que les préfets auraient le pouvoir non-seulement de tarifer les blés suivant les circonstances locales, mais de les amener forcément au marché. Ainsi, la veille même du jour où il partait pour une guerre insensée, il essayait de violenter ce qu'on n'a jamais pu violenter, le commerce, en lui imposant des prix arbitraires. C'était comme un témoignage d'affection qu'il voulait donner à ce peuple français dont il allait conduire des milliers d'enfants à la mort, triste témoignage qui n'était qu'une flatterie vaine et funeste, pour apaiser les murmures que la faim et la conscription faisaient élever jusqu'à lui. Le 9 mai, après avoir confié ses pouvoirs personnels à l'archichancelier Cambacérès, après lui avoir recommandé d'en user non pas fidèlement, ce dont il ne doutait point, mais énergiquement, ce dont il était moins certain; après lui avoir laissé pour garder sa femme, son fils et le centre de l'Empire quelques centaines de vieux soldats de la garde impériale, incapables d'aucun service actif; après avoir répété, non-seulement au prince Cambacérès, mais à tous ceux qu'il eut occasion d'entretenir, qu'il ne hasarderait rien dans cette guerre lointaine, qu'il agirait avec lenteur, avec mesure, et qu'il accomplirait en deux campagnes, même en trois s'il le fallait, ce qu'il ne croirait pas sage de vouloir faire en une; après leur avoir répété ces assurances sans les tranquilliser entièrement, il partit pour Dresde avec l'Impératrice, entouré non plus de l'affection des peuples, mais de leur admiration, de leur crainte, de leur soumission : départ funeste, que nulle résistance ni des hommes ni des institutions n'avait pu empêcher, car pour les hommes, aucun n'était capable de se faire écouter, aucun même n'aurait osé l'essayer; pour les institutions, il n'y en avait plus qu'une seule, sa volonté, celle qui le menait au Niémen et à Moscou!

Mai 1812.

Napoléon s'était fait précéder du prince Berthier pour l'expédition de ses ordres militaires, et avait laissé en arrière M. le duc de Bassano pour l'expédition de certaines affaires diplomatiques qui exigeaient encore quelques soins. Il marchait accompagné de sa maison militaire et de sa maison civile, avec un appareil que les souverains les plus magnifiques n'avaient point surpassé, sans en être moins simple de sa personne, moins accessible, comme il convenait à un homme extraordinaire qui ne craignait jamais de se montrer aux autres hommes, tout aussi sûr d'agir sur eux par le prestige de son génie que par les pompes sans égales dont il était environné.

Arrivé le 11 à Mayence, il employa la journée du 12 à visiter les ouvrages de la place, à donner des ordres, et commença le spectacle des réceptions souveraines dans lesquelles devaient figurer, les uns après les autres, la plupart des princes du continent. Il reçut à Mayence le grand-duc et la grande-duchesse de Hesse-Darmstadt, et le prince d'Anhalt-Cœthen. Le 13, la cour impériale franchit le Rhin, s'arrêta un instant à Aschaffenbourg, chez le prince primat, toujours sincèrement épris du génie de Napoléon et ne croyant pas l'être de sa puissance, rencontra ensuite dans la journée le roi de Wurtemberg, ce fier souverain d'un petit État, qui,

Arrivée à Mayence.

Entrevue de Napoléon

Mai 1812.

avec le roi de Wurtemberg.

Curiosité et affluence des populations allemandes.

par son caractère violent mais indomptable, son esprit pénétrant, s'était attiré de Napoléon plus d'égards que n'en avaient obtenus les plus grands monarques, et qui lui faisait la politesse de se trouver sur son chemin, mais non la flatterie de le suivre jusqu'à Dresde. La cour impériale passa la nuit à Wurtzbourg chez le grand-duc de Wurtzbourg, ancien grand-duc de Toscane, oncle de l'Impératrice, prince excellent, conservant à l'empereur Napoléon l'amitié qu'il avait conçue jadis en Italie pour le général Bonaparte, amitié sincère, quoique intéressée. Le lendemain 14, Napoléon alla coucher à Bareuth, le 15 à Plauen, traversant l'Allemagne au milieu d'une affluence inouïe des populations germaniques, chez lesquelles la curiosité contrebalançait la haine. Jamais, en effet, le potentat qu'elles détestaient ne leur avait paru entouré de plus de prestige. On parlait avec une sorte de surprise et de terreur des six cent mille hommes qui de toutes les parties de l'Europe accouraient à sa voix; on lui prêtait des projets bien autrement extraordinaires que ceux qu'il avait conçus; on disait qu'il se rendait par la Russie dans l'Inde; on répandait ainsi mille fables cent fois plus folles encore que ses résolutions véritables, et on croyait presque à leur accomplissement, tant ses succès constants avaient à son égard découragé la haine d'espérer ce qu'elle désirait. De vastes bûchers étaient préparés sur les routes, et la nuit venue on y mettait le feu, afin d'éclairer sa marche, de sorte que l'émotion de la curiosité produisait presque les empressements de l'amour et de la joie. Le 16 au ma-

Arrivée

tin, les bons souverains de la Saxe accoururent jusqu'à Freyberg au-devant de leur puissant allié, et le soir rentrèrent à ses côtés dans la capitale de leur royaume.

Mai 1812.

à Dresde le 16 mai.

Le lendemain 17, Napoléon reçut à son lever les officiers de sa couronne, ceux de la couronne de Saxe, puis les princes allemands qui l'avaient précédé ou suivi à Dresde. Il se montra courtois, mais haut, et dut leur paraître enivré de sa puissance, beaucoup plus qu'il ne l'était réellement, car en approchant du danger, certaines lueurs avaient traversé les profondeurs de son esprit, et il marchait à cette nouvelle lutte moins convaincu qu'entraîné par ce courant de guerres auquel il s'était livré. Mais ses doutes étaient courts, et interrompaient à peine la confiance immense qu'il puisait dans la constance de ses succès, dans l'étendue de ses forces, et dans la conscience de son génie. Poli avec les princes allemands, il ne se montra tout à fait amical qu'avec le bon roi de Saxe, qu'il aimait et dont il était aimé, qu'il avait arraché à une vie simple et droite pour le jeter dans le torrent de ses propres aventures, et qu'il avait achevé de séduire en lui rendant, sous le titre de grand-duché de Varsovie, la royauté de la Pologne, l'une des anciennes grandeurs de sa famille, royauté qui devait s'accroître encore si la guerre de 1812 était heureuse. Cet excellent roi était enchanté, glorieux de son hôte illustre, et le montrait avec orgueil à ses sujets, qui oubliaient presque leurs sentiments allemands au spectacle des splendeurs rendues et promises à la famille régnante de Saxe.

Réceptions à Dresde.

Napoléon attendait à Dresde son beau-père l'empereur d'Autriche et l'impératrice sa belle-mère, issue par les femmes de la maison de Modène, épousée en troisièmes noces par l'empereur François II, mère d'adoption pour Marie-Louise, princesse douée de beaucoup d'agréments, mais vaine, altière, et détestant les grandeurs qu'on l'avait invitée à venir voir. Elle avait obéi, en se rendant à Dresde, à la politique de son époux, et à sa propre curiosité.

L'empereur et l'impératrice d'Autriche arrivèrent à Dresde un jour après Napoléon et Marie-Louise, tout juste pour laisser à ceux-ci le temps de prendre possession du palais du roi de Saxe. L'empereur François qui aimait sa fille, et qui, sans oublier la politique de sa maison, était satisfait de retrouver cette fille heureuse, comblée de gloire et de soins par son époux, l'embrassa avec une vive satisfaction. Il ouvrit presque franchement les bras à son gendre, et vécut à Dresde dans une sorte d'inconséquence plus sincère et plus fréquente qu'on ne l'imagine, balancé entre le plaisir de voir sa fille si grande et le chagrin de sentir l'Autriche si amoindrie, flottant ainsi entre des sentiments divers sans chercher à s'en rendre compte, promettant à Napoléon son concours après avoir mandé à Alexandre que ce concours serait nul, se disant qu'après tout il avait fait pour le mieux en se garantissant à la fois contre les succès de l'un et de l'autre adversaire, croyant beaucoup plus cependant à ceux de Napoléon, et se disposant à en profiter par les conditions de son traité d'alliance. Les âmes sont en général si faibles et les esprits si vacillants, que beaucoup d'hommes, même honnêtes, vivent sans remords dans des trahisons semblables, s'excusant à leurs yeux par la nécessité d'une position fausse, souvent même ne cherchant pas à s'excuser, et sachant très-bien échapper par l'irréflexion aux reproches de leur conscience.

Mai 1812.

L'empereur François avait préparé à sa fille un présent singulier et qui peignait parfaitement l'esprit de la cour d'Autriche. Un de ces pauvres érudits dont il n'y a plus (il faut l'espérer) les pareils en France, et dont il restait alors quelques-uns en Italie, savants qui trouvent des généalogies à qui les apprécie et les paye, avait découvert que dans le moyen âge les Bonaparte avaient régné à Trévise. L'empereur François, après avoir ordonné ces recherches, en apportait avec joie le résultat à sa fille et à son gendre. Celui-ci en rit de bon cœur, sauf à s'en servir dans certains moments; Marie-Louise ajouta ce hochet à son incomparable grandeur, et les courtisans purent dire que cette famille avait été destinée de tout temps à régner sur les hommes.

L'empereur d'Autriche apporte en présent à Napoléon les preuves de la noblesse des Bonaparte.

L'impératrice d'Autriche, traitée par Napoléon avec des égards délicats, flattée de son accueil, jalouse parfois des magnificences de sa belle-fille, mais dédommagée par mille présents qu'elle recevait chaque jour, s'adoucit beaucoup, sauf à revenir bientôt à son dénigrement habituel lorsqu'elle serait de retour à Vienne. Napoléon, qui n'eût cédé le pas à aucun monarque au monde, le céda cette fois à son beau-père avec une déférence toute filiale, et ne cessa de donner le bras à sa belle-mère avec la courtoisie la plus empressée, à tel point que

Soins délicats de Napoléon pour l'impératrice d'Autriche sa belle-mère.

l'empereur François fut ravi du rôle qu'il jouait à Dresde, comme si la maison d'Autriche eût recouvré par ces procédés quelque chose de ce qu'elle avait perdu.

Mai 1812.

Spectacle extraordinaire que présente en ce moment la ville de Dresde.

On assista le premier jour à un somptueux banquet chez le roi de Saxe, mais les jours suivants ce fut Napoléon, dont la maison avait été envoyée à Dresde, qui réunit chez lui les nombreux souverains venus à sa rencontre, même le roi de Saxe, qui, dans sa propre capitale, semblait recevoir l'hospitalité au lieu de la donner. Une foule immense remplissait Dresde, bien que Napoléon eût écarté, pour l'envoyer à Posen, tout ce qui était purement militaire, jusqu'à son beau-frère Murat, jusqu'à son frère Jérôme, consignés l'un et l'autre à leurs quartiers généraux. Malgré cette précaution, l'affluence des princes, de leurs grands officiers, de leurs ministres, était extraordinaire. Napoléon sortait-il à cheval ou en voiture, la foule se pressait pour le voir, et il fallait que les grenadiers saxons, qui seuls le gardaient en ce moment, accourussent pour prévenir les accidents. Dans l'intérieur des appartements impériaux l'empressement n'était pas moins tumultueux. On se précipitait au devant de lui dès qu'il paraissait : pour en être remarqué, pour en obtenir une parole, un regard, on se heurtait; puis s'apercevant que par trop d'impatience on avait coudoyé un supérieur, un premier ministre, un roi peut-être, on reculait avec respect, on s'excusait, et on recommençait à courir encore après l'objet de toutes ces démonstrations. Les plus éminents personnages politiques n'étaient pas les moins prompts à se trou-

ver sur ses pas, car au désir de se montrer auprès
de lui, d'être honorés de son entretien, se joignaient
la curiosité, l'intérêt de deviner quelques-unes de
ses intentions à la tournure de ses discours, ce qui
n'empêchait pas, lorsqu'on était hors de ce tumulte,
lorsqu'on se croyait garanti des oreilles indiscrètes,
des bouches infidèles, de se demander si cette scène
éblouissante n'était pas près d'un tragique dénoûment, si dans les distances, dans les frimas que le
conquérant allait braver, il n'y aurait pas quelque
chance d'être débarrassé d'un joug abhorré secrètement, quoique publiquement adoré. Mais après
s'être livré sans bruit à ces espérances, on était
bientôt ramené à la crainte, à la soumission, par
le souvenir d'un bonheur constant; on n'augurait
alors, surtout en public, que des victoires, on déclarait Napoléon invincible, le czar atteint de folie;
et si on ne pouvait dire ces choses à Napoléon, souvent difficile à aborder quoique toujours poli, on
allait les dire à M. de Bassano, qui était récemment
arrivé à Dresde, et dont la vanité savourait avec
délices l'encens que l'orgueil de Napoléon trouvait
insipide. Mais ces pompeuses représentations n'étaient qu'un voile jeté sur une incessante activité
politique et militaire. Les mille courriers qui suivaient Napoléon lui apportaient d'innombrables affaires qu'il expédiait la nuit quand il n'avait pas pu
les expédier le jour.

Il avait, notamment avec le roi de Prusse, appelé
à ce rendez-vous et point encore arrivé, des questions assez graves et assez délicates à traiter. Le cri
des peuples allemands contre le passage des trou-

Mai 1812.

Pourparlers indispensables avant d'amener le roi de Prusse à Dresde.

pes était devenu général et violent. Napoléon avait compté, pour nourrir ses armées pendant leur marche, sur les denrées que la Prusse s'était engagée à fournir à un prix convenu. Mais ne voulant pas révéler la direction de ses mouvements, il n'avait pas dit d'avance quels chemins suivraient ses troupes, et elles étaient réduites à dévorer où elles passaient la subsistance des populations. Les soldats du maréchal Davout, toujours bien pourvus à l'avance, ceux du maréchal Oudinot, sortis à peine des mains du maréchal Davout, avaient causé moins de mal parce qu'ils avaient éprouvé moins de besoins. Au contraire ceux du maréchal Ney et du prince Eugène, venant de plus loin, ayant déjà beaucoup souffert, et comptant dans leurs rangs un grand nombre d'Allemands, s'étaient très-mal conduits. Les Wurtembergeois, dans le corps du maréchal Ney, les Bavarois, dans celui du prince Eugène, avaient excité des cris de douleur sur leur route, s'inquiétant peu d'encourir une réprobation qui devait s'adresser aux Français plus qu'à eux. Une circonstance plus grave encore s'était produite. Napoléon, bien qu'il eût sur l'Oder Stettin, Custrin, Glogau, et sur l'Elbe Magdebourg et Hambourg, voulait avoir entrée dans Spandau, surtout à cause de Berlin dont cette forteresse était la proche voisine. Il lui fallait aussi Pillau qui était la clef du Frische-Haff, belle mer intérieure, au moyen de laquelle on pouvait aller par eau de Dantzig à Kœnigsberg sans rencontrer les Anglais. On avait à peine parlé de ces places dans le traité d'alliance, mais on avait dit que la Prusse n'y aurait que des vétérans, et que la France pourrait y déposer son matériel de guerre. On s'était servi de ces stipulations insidieuses pour s'emparer de Spandau et de Pillau. On y avait d'abord introduit avec du matériel des artilleurs français pour le garder, et bientôt des bataillons d'infanterie. L'émotion avait été vive à Berlin, et toute l'adresse de M. de Narbonne, qui s'était occupé de ces affaires avant de partir pour Wilna, n'avait pas suffi pour calmer le roi de Prusse et M. de Hardenberg. Ceux-ci étaient revenus l'un et l'autre à leurs terreurs accoutumées. Le roi voulait voir Napoléon à quelque prix que ce fût, mais ce prince, toujours triste depuis ses malheurs, détestant les fêtes et l'éclat, croyant lire dans tous les regards une offensante pitié, à peine à l'aise chez lui, plus mal à l'aise chez les autres, aurait désiré recevoir Napoléon à Potsdam, plutôt que d'aller au milieu des pompes de Dresde lui apporter ses craintes, ses chagrins, ses pressantes questions. Néanmoins tenant à s'aboucher avec lui, n'importe où, pour se rassurer sur ses intentions, pour lui faire entendre le cri des peuples, il était résigné à se rendre à Dresde, s'il le fallait absolument, et il avait envoyé M. de Hatzfeld auprès de Napoléon pour s'expliquer avec lui sur ce sujet. M. de Hatzfeld était ce grand seigneur prussien que Napoléon avait failli faire fusiller en 1806, et que depuis il avait pris en singulière faveur (ce qui prouve, indépendamment de raisons plus hautes, qu'il ne faut pas se hâter de faire fusiller les gens); il venait exposer à Napoléon les perplexités de son souverain.

Mai 1812.

Enlèvement de Spandau.

Renouvellement des terreurs du roi de Prusse.

Il voudrait voir Napoléon, mais le voir à Potsdam.

Mai 1812.

Il est convenu qu'il le verra à Dresde.

Napoléon le reçut bien, et le rassura autant qu'il put ; mais ne se souciant ni d'entendre de trop près les plaintes des Prussiens, ni de perdre son temps à faire un long détour, voulant surtout compléter la grande scène qu'il donnait à Dresde par la présence du roi de Prusse, il fit dire au roi que Potsdam n'était pas sur sa route, qu'il lui était impossible d'y passer, et qu'il tenait beaucoup à l'entretenir à Dresde même. Ce désir était un ordre, qui fut transmis sur-le-champ au roi Frédéric-Guillaume.

Nouvelles que M. de Bassano apporte à Dresde en y arrivant.

M. de Bassano, en arrivant à Dresde, y avait apporté d'autres affaires non moins graves, d'abord la réponse de l'Angleterre au dernier message pacifique de la France, secondement le récit d'une démarche fort singulière et fort imprévue du prince Kourakin. Le ministère anglais avait accueilli avec moins de hauteur que d'ordinaire cette nouvelle proposition de paix, il l'avait accueillie en cabinet que la lutte a fatigué, mais que l'expérience a rendu incrédule. L'attribution de la Sicile à la maison de Bourbon, du Portugal à la maison de Bragance, lui aurait suffi, malgré tous les autres changements opérés en Europe, si on avait ajouté à ces concessions la restitution de la couronne d'Espagne à Ferdinand VII, non que le gouvernement britannique tînt beaucoup au prisonnier de Valençay, mais parce que le public de Londres, épris des Espagnols, ne voulait pas les abandonner. Il y avait donc un commencement de rapprochement dans les données des deux puissances, mais, indépendamment de l'obstacle toujours entier et toujours insurmontable de la couronne d'Espagne, le cabinet anglais n'avait point paru croire que la proposition de paix fût sérieuse, tout en l'accueillant plus poliment que de coutume.

Cette réponse de l'Angleterre à nos ouvertures n'avait pas du reste plus d'importance que les ouvertures elles-mêmes, mais la dernière démarche du prince Kourakin affecta bien autrement Napoléon. Constamment préoccupé du soin de différer les hostilités jusqu'au mois de juin, afin de laisser pousser l'herbe et reposer ses troupes une vingtaine de jours sur la Vistule, il n'avait pas cessé d'appréhender, malgré toutes ses précautions, une brusque initiative des Russes. Or, la démarche du prince Kourakin était de nature à le confirmer dans ses craintes. Ce prince, fastueux et doux, fort attaché à la paix, et ayant travaillé sans relâche à la conserver, venait cependant, à la veille même du départ de M. de Bassano, de demander ses passe-ports. Ses motifs, alors assez difficiles à démêler, n'étaient autres que les suivants. D'abord on avait refusé de lui rendre le domestique de l'ambassade compromis dans l'affaire du commis de la guerre; le commis avait été jugé, convaincu, et fusillé; le domestique était détenu; ensuite on n'avait pas daigné discuter les propositions apportées par M. de Serdobin, parce qu'on ne voulait pas s'expliquer, et parce que la condition de rétrograder au moins sur l'Oder déplaisait souverainement. Le prince Kourakin, susceptible, quoique assez conciliant, prenant ces refus et ce silence pour un dédain qui lui était personnel, croyant qu'au point où en étaient les choses il serait exposé à Paris à des traitements tous les jours plus

Mai 1812.

Demande de passe-ports faite à l'improviste par le prince Kourakin.

Mai 1812.

M. de Bassano décide le prince à la reprendre.

humiliants, avait, sans ordre de son gouvernement, demandé ses passe-ports. M. de Bassano s'était attaché à lui montrer tout ce qu'une pareille démarche présentait de grave, lui avait expliqué le refus de rendre le domestique réclamé par la nature des inculpations dirigées contre ce domestique, le refus de négocier sur les bases qu'avait apportées M. de Serdobin par ce qu'avait d'inadmissible la proposition d'un mouvement rétrograde, et était ainsi parvenu à lui faire retirer ou suspendre la demande de ses passe-ports. Mais restait le fait de cette demande inexplicable, et Napoléon tenait tellement à son plan, que le moindre doute sur l'exécution de ce plan le remplissait d'inquiétude. Ses troupes se reposaient sur la Vistule depuis les premiers jours de mai. Il persistait dans son projet de les y laisser jusqu'aux approches de juin, puis d'employer quinze jours à les porter sur le Niémen, et de commencer ainsi les hostilités à la mi-juin. Craignant qu'Alexandre ne fût pas assez contenu depuis qu'il n'avait plus M. de Lauriston à ses côtés, ne comptant pas assez sur l'influence de M. de Narbonne, il imagina, même après toutes les démarches qu'il avait déjà ordonnées, une démarche nouvelle pour parer au danger qu'il redoutait. M. de Lauriston était resté à Saint-Pétersbourg, comme M. de Kourakin à Paris, depuis le départ des deux empereurs. M. de Lauriston, quoique toujours traité avec égards, ne voyait personne, rencontrait quelquefois M. de Soltikoff, chargé des relations extérieures en l'absence du chancelier, mais le rencontrait pour ne rien dire, et ne rien entendre. Napoléon lui expédia le 20

Napoléon, inquiet sur les dispositions que semble supposer la conduite du prince Kourakin, ordonne une nouvelle démarche à M. de Lauriston, toujours pour empêcher les Russes de prendre l'initiative.

mai l'ordre de demander à se rendre sur-le-champ à Wilna, auprès de la personne du czar, pour des communications importantes qu'il ne pouvait faire qu'à lui seul, ou à son chancelier; de se transporter ensuite à Wilna, de voir Alexandre et M. de Romanzoff, de les instruire de la demande de passeports présentée par le prince Kourakin, de se récrier beaucoup sur une démarche si brusquement hostile, de se récrier également sur la condition apportée par M. de Serdobin, et consistant à exiger avant toute négociation l'évacuation immédiate de la Vieille-Prusse (la supposition était fort exagérée, car l'évacuation devait suivre, et non précéder les négociations); de déclarer qu'à aucune époque, après Austerlitz, après Friedland, Napoléon n'avait imposé au czar vaincu une condition aussi déshonorante, de s'informer enfin si décidément on voulait avoir la guerre, si on voulait la rendre inévitable et violente en portant atteinte à l'honneur d'un adversaire qui ne comptait pas la faiblesse parmi ses défauts, ni l'humilité parmi ses qualités. Si M. de Lauriston n'obtenait pas la permission de pénétrer jusqu'à l'empereur Alexandre, ce qui serait rigoureux, car un ambassadeur peut toujours prétendre à s'approcher du souverain auprès duquel il est accrédité, il devait prendre ses passeports. Mais ces nouvelles communications transmises à Wilna, devant provoquer des réponses de Wilna à Saint-Pétersbourg, ne pouvaient manquer d'exiger du temps, et comme il s'agissait de gagner seulement quinze à vingt jours, il était à croire qu'on y réussirait. M. de Lauriston, s'il obtenait la per-

Mai 1812.

mission de se rendre à Wilna, avait ordre de tout observer avec ses yeux fort exercés de militaire, d'expédier même chaque jour des courriers bien choisis pour le quartier général français, car, ajoutait Napoléon, dans ce moment d'hostilités imminentes, où toutes les communications deviennent plus difficiles qu'en guerre même, un courrier intelligent qui vient de traverser les avant-postes est le meilleur des informateurs.

Quelques nouvelles de Suède et de Turquie.

D'autres affaires attirèrent encore l'attention de Napoléon au milieu des fêtes de Dresde. La Suède, la Turquie, avaient en effet de quoi l'occuper. On avait reçu de Stockholm de nouvelles communications qui paraissaient venir du prince royal; elles étaient de nature à faire supposer qu'il était possible de le ramener, et Napoléon, qui ne se figurait pas à quel point la haine avait pénétré dans ce cœur, à quel point l'ambition des Suédois s'était détournée de la Finlande vers la Norvége, et qui d'ailleurs ignorait le traité secret du 5 avril, n'était pas loin d'espérer une diversion opérée sur le flanc des Russes par trente ou quarante mille Suédois. Aussi attendait-il avec impatience M. Signeul, plusieurs fois annoncé, mais point encore arrivé.

Les nouvelles de Turquie semblaient lui promettre une autre diversion également très-importante. Il en était sous le rapport des informations, aux événements qui avaient fait envoyer l'amiral Tchitchakoff sur le bas Danube, c'est-à-dire au refus des Turcs de traiter, et à la reprise des hostilités contre les Russes. De plus, les Turcs se croyant trompés par tout le monde, et voulant tromper tout le monde à leur tour, n'avaient pas dit qu'en refusant la Moldavie et la Valachie, ils étaient prêts cependant pour avoir la paix à sacrifier la Bessarabie, et afin d'engager les Français à entrer immédiatement en campagne, ils leur promettaient leur alliance, qu'ils étaient bien décidés à ne jamais accorder. Napoléon, qui avait nommé, en quittant Paris, le général Andréossy, personnage instruit et grave, son ambassadeur à Constantinople, lui fit expédier de pressantes instructions pour conclure définitivement l'alliance avec les Turcs, en leur annonçant qu'à l'arrivée de ces nouvelles instructions les hostilités seraient commencées. Il se flatta donc que menant déjà les Prussiens et les Autrichiens avec lui contre les Russes, il parviendrait aussi à jeter dans leurs flancs les Suédois d'un côté, les Turcs de l'autre.

Mai 1812

Restait à régler, avant de s'enfoncer dans les régions septentrionales, l'importante affaire de la Pologne, au sujet de laquelle la présente guerre semblait engagée. Si jamais occasion avait paru opportune pour revenir sur l'acte odieux et impolitique du partage de la Pologne, que le grand Frédéric avait eu l'audace de concevoir, que Marie-Thérèse avait eu la faiblesse de consentir, et Catherine l'adresse de se faire proposer, c'était celle assurément où le plus grand des guerriers modernes, n'ayant plus à compter avec les copartageants de la Pologne, ayant arraché à la Prusse la part qu'elle avait eue jadis, et pouvant payer à l'Autriche celle qui lui appartenait encore, marchait contre la Russie à la tête de six cent mille soldats. Une de ces batailles comme il en avait gagné dans les champs d'Auster-

Nécessité d'arrêter ses idées sur l'avenir de la Pologne en commençant la nouvelle guerre de Russie.

litz, d'Iéna, de Friedland, paraissait en ce moment devoir suffire. Aussi tout le monde s'attendait à voir reconstituer la Pologne, et pensait même que c'était là le motif qui mettait encore une fois les armes aux mains de Napoléon. On se trompait, comme ce récit a dû le prouver; mais poussé à cette nouvelle guerre par l'entraînement de sa destinée et de son caractère, que pouvait-il faire en se portant au delà de la Vistule et du Niémen, s'il n'essayait pas de reconstituer la Pologne? A quoi employer, en effet, ces provinces qu'une guerre heureuse devait bientôt lui soumettre, si ce n'est à ce noble usage? Il allait conquérir, tout l'annonçait au moins, la Lithuanie et la Volhynie, il pouvait acheter la Gallicie, n'était-il pas naturel de les joindre au grand-duché de Varsovie pour les constituer en royaume? Sans être l'un de ces politiques systématiques pour lesquels la restauration de la Pologne est le grand but que devraient poursuivre sans relâche les nations européennes, Napoléon, amené de nouveau à combattre la Russie, avait admis le projet de cette restauration comme la suite naturelle de la guerre qu'il était sur le point d'entreprendre. Malheureusement son bon sens, qui, dans ses entreprises téméraires, le poursuivait comme une sorte de remords, lui laissait peu espérer le succès de cette œuvre réparatrice. Dans sa première campagne de 1807, il avait trouvé de l'enthousiasme à Posen, à Cracovie, à Varsovie surtout, et dans quelques autres grandes villes, foyers ordinaires des sentiments nationaux, mais nulle part il n'avait remarqué cet élan universel et irrésistible qui aurait pu rendre praticable une reconstitution nationale. Et les choses n'étaient pas en 1812 sensiblement changées! La haute noblesse était partagée, la petite ruinée, le peuple péniblement occupé à lutter contre la misère : personne en tout cas ne comptait assez complétement sur le succès pour se livrer corps et âme à la nouvelle entreprise. Ajoutez, comme circonstance aggravante, que le blocus continental, onéreux surtout en Pologne, avait peu attaché les intérêts du pays à la France, et entièrement aliéné les juifs, qui dans une guerre auraient pu être d'une grande utilité à cause de leurs ressources commerciales. La ferveur des sentiments polonais se rencontrait presque exclusivement dans l'armée, dont une partie avait combattu avec nous en Italie, en Allemagne, en Espagne, dont l'autre, formée sous le prince Poniatowski, mais toujours à notre école, s'était illustrée en 1809 dans la défense du grand-duché. Toutes deux en effet étaient remplies d'une noble ardeur. Le corps qui avait été confié au prince Poniatowski était d'environ 36 mille hommes. On en avait réuni neuf à dix mille en une division, qui, sous le commandement du général Grandjean, servait dans le corps du maréchal Davout, et un nombre à peu près égal dans une autre division, qui, sous le général Girard, servait dans le corps de réserve du maréchal Victor. Enfin il arrivait d'Espagne, sous le titre de légion de la Vistule, trois régiments excellents, que Napoléon voulait placer dans sa garde. C'était, avec quelques dépôts répandus à Dantzig, à Modlin, à Varsovie, avec plusieurs régiments de lanciers polonais, un total d'environ 70

Mai 1812.

L'armée polonaise véritable foyer des sentiments patriotiques polonais.

Sa distribution et son éparpillement dans les divers corps de l'armée française.

mille hommes, dignes compagnons des Français, les aimant, en étant aimés, et poussant jusqu'à la rage la haine des Russes. La vraie Pologne était là; elle était aussi dans la grande et patriotique ville de Varsovie, et dans deux ou trois autres villes du grand-duché, dont il était facile de réveiller l'enthousiasme. Mais soulever toute la nation par une commotion générale, subite, électrique, qui aurait pu produire des prodiges, Napoléon ne s'en flattait guère en se reportant à l'année 1807, où malgré le prestige de la nouveauté et l'entraînement d'espérances alors indéfinies, le résultat avait été si restreint. Ne se promettant pas des Polonais tout ce qu'il aurait eu besoin d'en obtenir, il ne voulait pas leur promettre tout ce qu'ils auraient pu désirer, et n'entendait par exemple s'engager à exiger de la Russie leur rétablissement en corps de nation, que dans le cas où ils l'aideraient à la vaincre complétement. Sur quoi il comptait le plus, c'était sur la possibilité de développer l'armée polonaise, de la porter à 150 mille hommes, peut-être à 200 mille, et à refaire ainsi la nation par l'armée. La chose était praticable en effet, car la vaillante race des Polonais pouvait encore fournir dans la petite noblesse d'excellents officiers, dans le peuple d'excellents soldats, et en nombre très-considérable, mais à une condition cependant, c'est qu'on ferait pour la Pologne, qui était ruinée, les frais de cette organisation. Il fallait pour cela dépenser cinquante, peut-être cent millions, réunir en un seul corps tout ce qu'on avait de Polonais, au lieu de les disperser dans l'immensité de l'armée française, et employer une campagne entière à y fondre cent vingt mille recrues, levées de la Vistule au Niémen. Par malheur il n'était guère probable que Napoléon voulût, en venant si loin, borner son rôle à celui d'instructeur des Polonais, et surtout dépenser à cet usage une telle partie de ses économies. N'ayant pas les puissantes ressources du crédit, ne se procurant des moyens financiers qu'à force d'ordre, ayant d'immenses armées à nourrir, il était devenu presque avare. On l'avait vu refuser à son frère Joseph des sommes qui auraient infiniment facilité la pacification de l'Espagne, se quereller aigrement avec Murat, avec Jérôme, avec Louis, pour des règlements de compte dont l'importance ne semblait pas le mériter; et on peut dire qu'il était aussi prodigue du sang de ses peuples qu'économe de leur argent, sachant bien qu'ils tiennent à l'un presque autant qu'à l'autre. Il était donc douteux qu'il fît pour la reconstitution de la Pologne le principal effort, celui de dépenser de l'argent, effort qui eût été le plus efficace, car lorsqu'on a fait une armée, on a presque fait une nation.

Mai 1812.

Napoléon, sans beaucoup attendre de la Pologne, se flattait cependant qu'on pourrait, au bruit d'une si vaste expédition, entreprise en apparence pour elle seule, exciter dans son sein un élan patriotique, et en obtenir au moins des soldats et de l'argent. Il était donc résolu à ne rien négliger pour provoquer cet élan, une chose toutefois exceptée, celle de s'engager irrévocablement dans une lutte à mort contre la Russie, à moins que la Pologne n'accomplît des prodiges; car, tout en se lançant dans cette guerre, son bon sens, malheureusement

Projet moyen imaginé par Napoléon relativement à la Pologne.

Mai 1812.

tardif, lui disait déjà, et trop peut-être, qu'il ne fallait pas la rendre implacable. Il aimait à penser qu'un coup brillant comme Austerlitz, Iéna ou Friedland, pourrait mettre l'empereur Alexandre à ses pieds, et lui procurer prochainement la paix continentale et maritime. Ce n'était pas, comme on l'a dit quelquefois, la liberté des Polonais qu'il craignait, car la liberté commençait à ne plus lui faire peur, depuis qu'il l'avait si bien étouffée en France. Mais l'engagement de ne signer qu'une paix triomphale, comme il l'aurait fallu pour obtenir de la Russie et de l'Autriche le rétablissement de la Pologne, était un engagement qu'il ne voulait prendre avec personne, parce que la fortune ne l'avait pas pris avec lui. Dans ces dispositions quelque peu incertaines, et qui malheureusement pouvaient en produire de semblables chez les Polonais, il avait résolu de choisir un homme considérable pour l'envoyer à Varsovie à titre d'ambassadeur, ce qui était, du reste, une première déclaration assez claire qu'il voyait dans le grand-duché de Varsovie un État nouveau, non plus simplement annexé à la Saxe, mais existant par lui-même, et pouvant devenir l'ancien royaume de Pologne. Ce personnage devait diriger les Polonais, les pousser à se confédérer, à se lever en masse, à former une diète générale et des diétines, à doubler, à tripler l'armée du prince Poniatowski, à expédier dans toutes les provinces les plus anciennement détachées de la Pologne, comme la Lithuanie et la Volhynie, des émissaires pour les exciter au même mouvement, en ajournant toutefois de semblables menées en Gallicie, à cause de l'Autriche dont il fallait ménager l'alliance. Cet ambassadeur, chargé de reconstituer l'ancienne Pologne, devait être un personnage considérable, aussi propre à inspirer la prudence que la hardiesse, capable de prendre un grand ascendant, et par son nom seul indiquant l'importance de l'entreprise qu'il était chargé de diriger. Pour cette difficile mission, Napoléon avait songé à M. de Talleyrand, et bien que ce personnage nonchalant et railleur manquât un peu de chaleur pour un tel rôle, il était parfaitement choisi, car, indépendamment de ce qu'en sa vie il avait été tout, même révolutionnaire, et pouvait l'être encore, il avait un art de flatter les passions, une dextérité à les manier, une grandeur personnelle, qui en auraient fait en ce moment le vrai restaurateur de la Pologne, si elle avait pu être restaurée. A toutes ces aptitudes se joignait chez lui une convenance qui n'était pas à dédaigner, c'était d'être le confident, le favori jusqu'à l'infidélité de la cour de Vienne, et dès lors il devait moins qu'un autre inquiéter cette cour dans l'accomplissement d'une tâche délicate surtout à cause d'elle. Mais c'est par ce côté même que le projet échoua, car, avec une sorte d'impatience peu digne de lui, il commit sur ce sujet à Vienne, soit pour se faire valoir, soit pour se faire agréer, des indiscrétions qui déplurent singulièrement à Napoléon, réveillèrent en lui de nouvelles défiances, et le portèrent ainsi à se priver d'un instrument précieux. Il renonça donc à M. de Talleyrand, et arrivé à Dresde, cherchant autour de lui quelqu'un à envoyer à Varsovie, arrêta son choix sur un archevêque, car un prêtre convenait

Mai 1812.

Idée d'envoyer un grand personnage à Varsovie, et choix pour ce rôle du prince de Talleyrand.

Ce choix abandonné par la faute de M. de Talleyrand.

Mai 1812.

Choix de M. de Pradt pour l'ambassade de Varsovie.

assez à la catholique Pologne. Cet archevêque fut celui de Malines, M. de Pradt. Il aurait été difficile de choisir un homme qui eût plus d'esprit et moins de conduite. Sans suite, sans tact, sans l'art de se mouvoir au milieu des partis, sans aucune des connaissances administratives dont il aurait fallu aider les Polonais, capable uniquement de saillies étincelantes, de plus assez peureux, il ne pouvait qu'ajouter à la confusion d'un soulèvement patriotique la propre confusion de son esprit. Mais Napoléon, très-restreint dans ses choix en fait d'hommes à employer dans un pays libre, trouvant sous sa main M. de Pradt, parce qu'il avait amené avec lui son aumônerie, fit brusquement appeler ce prélat, lui annonça sa mission, lui en traça la marche et le but d'un ton bref et impérieux, et du reste

Instructions verbales données par Napoléon à M. de Pradt.

avec une parfaite sincérité. — Il allait, disait-il, essayer de ramener à moins de grandeur, à moins d'ambition, à moins d'orgueil, le colosse russe, sans avoir toutefois la prétention de le détruire. Avec de telles intentions, refaire la Pologne était une chose indiquée, mais à la condition que la Pologne concourrait fortement à se refaire elle-même, et lui fournirait les moyens de vaincre la Russie, de la vaincre assez complétement pour qu'elle fût obligée de consentir à une pareille entreprise. Par quels moyens réussirait-il à battre une puissance qui avait l'immensité de l'espace pour refuge, et qui ne perdait pas grand'chose en livrant du territoire, puisque c'était du territoire sans culture et sans habitants, il n'avait pas à le dire, et il n'était pas même définitivement fixé sur la manière de s'y prendre. Peut-être il frapperait un coup écrasant, et terminerait la guerre en quelques mois. Mais cela n'était possible que si l'ennemi s'offrait d'assez près pour qu'on pût l'atteindre au cœur. Si la chance se présentait moins favorable, il s'établirait aux limites de la Vieille-Pologne, s'occuperait d'organiser celle-ci, lui demanderait deux cent mille hommes, en ajouterait cent mille des siens, et leur laisserait le soin d'épuiser la constance et les moyens de la Russie. Dans tous les cas, et surtout dans le dernier, il fallait que la Pologne montrât un grand élan, qu'elle donnât son sang en abondance, car la France ne pouvait pas avec le sien seulement lui rendre la vie. De plus, il fallait avec beaucoup d'élan beaucoup de prudence à l'égard de l'Autriche, propriétaire de la Gallicie, et médiocrement disposée à s'en dessaisir, se conduire par conséquent avec autant de mesure que de hardiesse, sans quoi on ferait échouer l'entreprise au début même. Mais par-dessus tout il fallait un entier dévouement de la part de la Pologne, car les efforts qu'il ferait pour elle seraient toujours proportionnés à ceux qu'elle ferait pour elle-même. — Partez, monsieur l'archevêque, ajouta Napoléon, partez sur-le-champ, dépensez beaucoup, animez tous les cœurs, mettez la Pologne à cheval sans me brouiller avec l'Autriche, et vous aurez bien compris et bien rempli votre mission. — Cela dit, il congédia l'archevêque sans lui laisser le temps d'élever des objections, que du reste il ne songeait guère à opposer, bien qu'il s'en soit vanté depuis. L'archevêque partit, à la fois effrayé et ébloui de sa tâche, car il avait l'ambition d'être dans son temps l'un de ces grands

Mai 1812.

politiques dont le clergé a fourni jadis de si imposants modèles; mais il n'avait ni la patience ni le courage des rôles qu'il entreprenait, et en avait dégoût et peur dès qu'il les avait commencés. On lui annonça de riches appointements, et on lui ordonna de se mettre sur-le-champ en route pour Varsovie. Sa nomination avait été si brusque, qu'il n'avait à sa disposition aucune des choses qu'il lui aurait fallu pour donner de l'éclat à une ambassade: il emprunta de l'argent, des domestiques, des secrétaires, et s'achemina vers sa destination.

L'ordre qu'il avait reçu de ménager l'Autriche, tout en travaillant à exalter l'esprit des Polonais, était fort approprié à la difficulté du moment. En effet l'Autriche, qu'on avait actuellement sous la main, puisqu'on possédait à Dresde l'empereur et son ministre dirigeant, ne se montrait guère empressée à concourir à la reconstitution de la Pologne. Elle y avait cependant un grand intérêt, et la chose, pour la première fois, pour la dernière peut-être, était possible; de plus, la Prusse et la Russie y avaient perdu, et devaient y perdre plus qu'elle en territoire; l'Illyrie enfin était un beau prix de la Gallicie. Mais alors, opprimée par Napoléon, il était naturel que l'Autriche fût peu occupée de se créer des barrières contre la Russie; d'ailleurs elle se défiait de la compensation qu'on lui destinait. Effectivement, Napoléon, qui lui faisait espérer l'Illyrie, pourrait bien lui prendre la Gallicie, et puis ne lui restituer en Illyrie que des lambeaux qui seraient loin de la dédommager. Elle avait été si maltraitée dans les arrangements du siècle, surtout lorsque Na-

Mai 1812.

Départ de M. de Pradt pour Varsovie.

Dispositions peu favorables de l'Autriche à l'égard du rétablissement de la Pologne.

poléon en avait été l'auteur, qu'elle n'avait nulle envie d'être encore amenée à traiter avec lui des questions de territoire. Son langage était donc sur ce sujet froid, évasif, dilatoire, et Napoléon, sentant qu'elle allait être bientôt sur son flanc et ses derrières, la ménageait, et attendait tout d'une divinité de laquelle il avait l'habitude de tout attendre, la victoire.

Mai 1812.

Napoléon avait déjà consacré une quinzaine de jours à ces diverses affaires, et se disposait à partir, lorsque le roi de Prusse, après avoir hâté ses préparatifs de voyage, parut à Dresde pour y compléter l'affluence des courtisans couronnés. Il y arriva le 26 mai, et y fut reçu avec les égards dus à son caractère, respectable quoique faussé par une dure nécessité, et à son rang, bien élevé encore parmi les rois, malgré les malheurs de la Prusse.

Arrivée du roi de Prusse à Dresde.

Napoléon lui parla avec sincérité de ses projets, dans lesquels la destruction du royaume de Prusse n'entrait nullement, quoiqu'on le dît à Berlin et dans toute l'Allemagne, destruction cependant qui deviendrait un fait à l'instant même, s'il avait la moindre raison de se défier d'une puissance dont le territoire était sa base indispensable d'opérations. Il parvint à cet égard à rassurer Frédéric-Guillaume et son chancelier, M. de Hardenberg, à leur persuader que l'occupation de Spandau, de Pillau, était la suite non d'une arrière-pensée, mais d'une prudence bien naturelle quand on s'aventurait si loin, et au milieu de populations travaillées de l'esprit le plus hostile; il s'excusa des maux causés aux sujets du roi en alléguant l'urgence et la nécessité,

Ses entretiens avec Napoléon.

et consentit à faire porter dans le compte ouvert avec la Prusse toutes les fournitures arrachées aux habitants par les corps en marche; il promit enfin au roi et à son ministre un large dédommagement territorial si la guerre était heureuse. Pourtant, malgré la netteté de son langage, plein d'autant de franchise que de hauteur, il ne parvint à donner ni au roi ni au ministre cette sécurité entière dont ils auraient eu besoin pour devenir sincères, et que ne pouvait pas inspirer d'ailleurs un conquérant si prompt et si variable dans ses desseins, qui depuis son apparition dans le monde imposait chaque année une face nouvelle au continent européen. Toutefois le roi Frédéric-Guillaume, qui avait d'abord résolu de se retirer en Silésie, pour ne pas rester à Potsdam sous le canon de Spandau, ou à Berlin sous l'autorité d'un gouverneur français, consentit à ne pas quitter sa royale demeure, afin de montrer dans son allié une confiance qui devait agir heureusement sur l'esprit des peuples. Le roi présenta son fils à Napoléon, le lui offrit comme un de ses aides de camp, et parut moins triste que de coutume, quoique entouré, dans cette prodigieuse assemblée de princes, de moins d'empressement qu'il n'en méritait, et que ne lui en accordait Napoléon lui-même. Rois ou peuples, les hommes sont peu généreux pour le malheur, et ils n'aiment que la force, la gloire et l'éclat. Le malheur déchirant les touche comme un spectacle; le malheur triste et discret les trouve froids, négligents, soigneux de l'éviter. C'était le cas ici; et tel de ces princes qui s'était vendu à Napoléon pour des territoires, trouvait mauvais que pour sauver les restes de sa couronne Frédéric-Guillaume eût épousé l'alliance de la France. Toutefois on se montrait mesuré, car on était devant un maître redoutable, qui n'aurait permis aucune inconvenance sous ses yeux. On se bornait à négliger le malheur, et on sacrifiait à la fortune, au milieu d'un tumulte inouï d'allées et de venues, de fêtes et de prosternations, auxquelles, pour compléter cette scène étrange, ne manquaient ni les vœux secrets contre celui qui était l'objet de tous les empressements, ni les chuchotements, bien secrets aussi, sur les périls auxquels il allait bientôt s'exposer.

Mai 1812.

Le mois de mai touchait à sa fin, la saison des opérations militaires allait commencer, et il convenait de mettre un terme à cette représentation, qui se serait inutilement prolongée, tout l'effet politique qu'on pouvait en espérer étant produit. D'ailleurs M. de Narbonne venait d'arriver de Wilna, après avoir rempli la mission dont il avait été chargé auprès de l'empereur Alexandre. Il en rapportait la conviction que la guerre était inévitable, à moins de renoncer aux exigences qu'on avait affichées à propos de la question commerciale, et de promettre l'évacuation des États prussiens dans un délai assez prochain. Il affirmait qu'Alexandre, triste, mais résolu, soutiendrait la lutte opiniâtrément, se retirerait s'il le fallait dans les profondeurs de son empire, plutôt que de conclure une paix d'esclave, comme en avaient conclu jusqu'ici tous les monarques de l'Europe, qu'il fallait donc s'attendre à une guerre sérieuse, probablement longue, et certainement très-sanglante. Du reste il affirmait que l'empereur

La fin de mai étant arrivée Napoléon songe à quitter Dresde.

Arrivée à Dresde de M. de Narbonne, et son rapport sur la mission qu'il vient de remplir à Wilna.

Il annonce une guerre opiniâtre et sanglante.

Mai 1812.

Alexandre ne prendrait pas l'initiative des hostilités. Bien que Napoléon en approchant de la difficulté en sentît mieux la grandeur, il n'y avait dans les rapports de M. de Narbonne rien qui fût de nature à l'ébranler. Il était encore en ce moment plein d'espérance à l'égard de la Porte et de la Suède; il partait satisfait de la soumission des princes germaniques, et notamment des deux principaux d'entre eux, l'empereur d'Autriche et le roi de Prusse. Trompé, malgré sa profonde sagacité, par la déférence apparente de tous ces souverains, grands et petits, par leurs protestations de dévouement, par l'affluence des peuples eux-mêmes, qu'une ardente curiosité avait attirés sur ses pas, il croyait que tout lui resterait soumis sur le continent, et que les forces réunies de l'Europe concourraient à ses desseins. Une seule chose l'étonnait, sans l'embarrasser néanmoins, c'était la résolution d'Alexandre, qu'il ne s'attendait pas à trouver aussi constante et aussi ferme qu'on la lui dépeignait; mais il se flattait de la faire bientôt évanouir par quelque grand coup frappé sur l'armée russe. Au surplus, de tout ce que lui avait appris M. de Narbonne, la seule chose qui l'intéressât véritablement, c'était la déclaration réitérée d'Alexandre qu'il ne serait pas l'agresseur, et laisserait violer sa frontière avant d'agir. Cette déclaration donnait à Napoléon une entière sécurité quant à l'achèvement paisible de ses mouvements préparatoires, et il se regardait comme désormais assuré d'avoir tout le temps nécessaire pour se mouvoir de la Vistule au Niémen. Mais il jugea que le moment était venu de partir, car il lui

De tout ce qu'annonce M. de Narbonne, une seule chose touche Napoléon, c'est la certitude que les Russes ne prendront pas l'initiative.

fallait du 1ᵉʳ juin au 15 pour porter son armée de la Vistule au Niémen, surtout en voulant marcher sans précipitation. Il se décida donc à quitter Dresde le 29 mai, pour se rendre par Posen, Thorn, Dantzig, Kœnigsberg, sur le Niémen. Après avoir comblé son beau-père de prévenances toutes filiales, sa belle-mère d'attentions recherchées, de présents magnifiques, et souvent réduit la malveillance connue de cette princesse à une inconséquence risible; après avoir témoigné les plus parfaits égards au roi de Prusse, la plus cordiale amitié à son hôte, le roi de Saxe, et une politesse altière mais gracieuse à ses royaux visiteurs, il embrassa l'Impératrice avec émotion, et la laissa plus affligée qu'on ne l'aurait supposé d'une épouse que la politique avait choisie, mais qui s'était promptement éprise de la personne, de la puissance, et de la bonté extrême pour elle de son glorieux époux. Il fut convenu qu'elle irait à Prague, au sein de sa famille, oublier au milieu des fêtes, des hommages, des souvenirs d'enfance, cette séparation, qui était la première, et qu'elle semblait alors incapable de supporter longtemps.

Napoléon après ces adieux, abandonnant à l'Impératrice les pompes de la cour, prenant pour lui un cortége tout militaire, se faisant suivre de MM. de Caulaincourt, Berthier, Duroc, laissant à Dresde, pour y terminer quelques affaires, MM. de Bassano et Daru, partit pour Posen le 29 mai, en propageant le bruit qu'il irait à Varsovie, quoique résolu à n'en rien faire. Il ne voulait pas en effet contracter avec les Polonais des engagements personnels, avant de savoir ce qu'il pouvait obtenir d'eux; mais il vou-

Mai 1812.

Napoléon quitte Dresde le 29 mai.

Ses adieux à ses visiteurs; sa séparation d'avec l'Impératrice.

lait leur laisser des espérances indéfinies, et persuader en même temps à l'ennemi que ses premiers efforts se porteraient sur la Volhynie, tandis qu'il songeait au contraire à les diriger dans un sens entièrement opposé.

Arrivé à Glogau, puis à Posen, il trouva partout la trace récente des souffrances que ses troupes avaient causées aux populations. Se résignant à celles qu'avaient essuyées les Prussiens, il se montra moins insouciant pour celles dont avaient à se plaindre les Polonais, car il avait besoin d'exciter leur zèle et non leur haine. A Thorn il fut révolté lui-même des excès commis par les Wurtembergeois, les Bavarois et en général les Allemands, qui, moins doux que les Français, et s'en prenant d'ailleurs de la guerre actuelle aux Polonais, avaient pillé, dévasté sans pitié tout le duché de Posen. Napoléon adressa de graves reproches au maréchal Ney qui avait les Wurtembergeois dans son corps d'armée, au prince Eugène qui avait les Bavarois dans le sien, traita fort durement le prince héréditaire de Wurtemberg, qui commandait ses propres troupes, et s'écria qu'on allait lui attirer une *guerre de Portugal* si on dévastait ainsi les pays que l'armée traverserait. Que serait-ce quand on se trouverait dans des contrées déjà ravagées par l'ennemi?

Bien qu'il y eût peut-être quelque chose à redire à la conduite des chefs qui s'étaient attiré ses reproches, ils avaient une excuse à faire valoir dans la longueur des marches qu'ils avaient eu à exécuter, et auxquelles le temps accordé, quoique fort long, avait à peine suffi. Le prince Eugène venant de Vérone avec les Français et les Italiens, d'Augsbourg avec les Bavarois, le maréchal Ney venant de Mayence avec la plus grande partie de ses troupes, avaient eu bien de la peine pour satisfaire aux besoins de leurs soldats, et ne l'avaient pu qu'en vivant aux dépens des pays qu'ils avaient parcourus. Leurs embarras avaient été fort accrus par la nombreuse artillerie dont Napoléon avait tenu à les pourvoir, et surtout par les énormes charrois employés à porter les vivres. L'espèce de voiture choisie pour remplacer l'ancien caisson d'infanterie était jugée trop lourde pour les plaines fangeuses de la Lithuanie, et on lui préférait les voitures légères dites à la comtoise. On abandonnait donc les premières pour les remplacer par les secondes, autant du moins qu'on le pouvait. Le maréchal Davout, prenant beaucoup sur lui, avait déjà fait construire une grande quantité de voitures à la comtoise. Pour le surplus il s'était servi, en les payant, des chars du pays. On avait encore essuyé bien d'autres mécomptes. Les bœufs, par lesquels on avait essayé de remplacer les chevaux, semblaient à la pratique ne pas offrir autant d'avantages qu'on l'avait cru d'abord : ils étaient difficiles à ferrer, difficiles à conduire, contractaient par suite de leur agglomération des maladies dangereuses, et devenaient ainsi, quand on voulait s'en nourrir, un aliment très-malsain. Enfin les bataillons du train, troupe spéciale, chargée d'un service ingrat et dangereux dans les pays qu'on allait traverser, avaient été remplis de recrues à peine formées, et qui n'avaient pas encore les qualités de leur arme. Déjà donc il y avait bien des illusions reconnues, soit

Juin 1812.

Mécomptes qui se produisent déjà dans la création des moyens de transport.

Juin 1812.

dans la valeur, soit dans l'étendue des moyens que Napoléon avait imaginés pour vaincre le grand obstacle des distances. Une foule de voitures en retard, les unes venant d'Italie, les autres des bords du Rhin, obstruaient les routes de l'Allemagne, y creusaient des ornières profondes, ou les couvraient de cadavres de chevaux attachés trop jeunes à un service trop dur. On y suppléait en prenant les chevaux des paysans, qu'on payait avec des bons sur la Prusse. Du reste on se flattait qu'aux bords du Niémen une halte de quelques jours permettrait à cette longue file de charrois de rejoindre, et de commencer à la suite de l'armée le service des vivres auquel ils étaient destinés. Heureusement que la belle navigation du Frische-Haff, organisée par le maréchal Davout, devait suffire au transport des magasins généraux de l'armée jusqu'au Niémen, car aucune force vivante n'aurait pu par terre les transporter jusque-là.

Napoléon à Thorn.

Développement inouï des états-majors.

La ville de Thorn, où Napoléon était arrivé le 2 juin, après avoir employé quatre jours à visiter Glogau, Posen et les points intermédiaires, présentait un tumulte inouï. La jeunesse la plus élégante du temps, appartenant à la nouvelle et à l'ancienne noblesse, avait voulu faire cette campagne, dont les hommes les plus sensés appréciaient seuls le danger, mais qui, exécutée sous les yeux de l'Empereur, avec d'immenses moyens, promettait à des esprits légers les plus brillants succès, et les plus éclatantes récompenses. A entendre cette jeunesse étourdie, on marchait à des triomphes certains, on allait conquérir les capitales du Nord et même de l'Orient, visiter en vainqueurs Saint-Pétersbourg, Moscou, qui sait encore? Pour ces voyages merveilleux, on s'était pourvu de riches équipages, et le nombre des voyageurs était grand. Il y avait en effet, outre l'état-major de l'Empereur, celui du major général Berthier, celui du roi Murat, du prince Eugène, du roi Jérôme, des maréchaux Davout, Ney, Oudinot, etc.; il y avait des aides de camp d'aides de camp, car les officiers de l'Empereur avaient eux-mêmes des officiers à leurs ordres. Le quartier général, étant destiné à centraliser une quantité de services sous la main de Napoléon, comprenait à lui seul plusieurs milliers d'hommes, plusieurs milliers de chevaux, et une quantité prodigieuse de voitures. La diversité des nations et des langues ajoutait à cette confusion, car on parlait à la fois français, allemand, italien, espagnol, portugais, à des habitants qui ne parlaient que le polonais. Ainsi était parvenu à un excès effrayant ce système militaire et pompeusement monarchique créé autour de la personne de Napoléon, et cela dans le moment où l'on aurait eu plus que jamais besoin d'être équipé à la légère. Napoléon fut assourdi et irrité du tumulte de Thorn, et alarmé des embarras que le goût du luxe chez les uns, la prévoyance chez les autres, allaient multiplier sur ses pas. Il donna des ordres rigoureux pour alléger autant que possible le fardeau dont on semblait se charger à plaisir. Il fit divers règlements sur le nombre des voitures que chacun selon son grade, roi, prince ou maréchal, pourrait emmener; il divisa son quartier général en grand et petit quartier général, l'un plus lourd qui

Juin 1812.

Efforts de Napoléon pour y porter remède.

Juin 1812.

ne devait suivre qu'à distance le théâtre mobile des opérations militaires, et l'autre plus léger composé de quelques officiers et de quelques objets indispensables, destiné à l'accompagner partout, et à coucher avec lui près de l'ennemi. Il limita les états-majors des princes et rois servant sous ses ordres, et obligea de rebrousser chemin une troupe de diplomates, que les monarques ses alliés avaient choisis parmi les plus alertes de leur profession, pour les envoyer à la suite de la grande armée, et être informés par eux des moindres événements. Napoléon mit du soin à écarter ces témoins, aussi incommodes par leur curiosité que par leur attirail, et leur fit défendre d'approcher de plus de vingt lieues du quartier général.

Mouvement général de tous les corps d'armée de la Vistule au Niémen.

Après ces sévérités fort raisonnables mais bientôt inutiles à l'égard des états-majors, il s'occupa de réduire au strict nécessaire les transports de l'armée. Ne voulant traîner après lui que les vivres indispensables aux hommes et à la cavalerie, il décida la mise au vert de tous les chevaux de trait, consacra tous les charrois à porter ou du pain ou des farines, accorda pour chaque corps un nombre déterminé de voitures, et de plus une certaine quantité de bétail qui serait abattue à chaque couchée. De la sorte il espérait qu'on ne se débanderait pas le soir pour vivre, et que tout le monde marcherait serré au drapeau. Il fixa au 6 juin le mouvement général de la Vistule au Niémen. (Voir la carte n° 54.) Le roi Jérôme, formant la droite, devait avec les Saxons sous Reynier, avec les Polonais sous Poniatowski, et les Westphaliens sous son commandement direct, s'avancer par Pultusk, Ostrolenka, Goniondz, sur Grodno. Reynier seul, s'éloignant un peu de cette direction par un mouvement à droite, était chargé de remonter le Bug, pour donner la main aux Autrichiens. Le vice-roi Eugène, formant le centre avec les Bavarois sous Saint-Cyr, avec l'armée d'Italie sous ses ordres immédiats, devait partir le 6 de Soldau, où il s'était rendu en quittant Plock, pour passer par Ortelsbourg, Rastenbourg, Olezkow, et aboutir au Niémen dans les environs de Prenn, traversant ainsi les plus tristes provinces de la Pologne. Les maréchaux Oudinot, Ney, Davout, la garde, composant la gauche de l'armée et sa masse la plus importante, devaient remonter les routes de la Vieille-Prusse, s'avancer parallèlement, mais par des chemins différents, de manière à ne pas se faire obstacle les uns aux autres, et venir border le Niémen de Tilsit à Kowno : Ney, en passant par Osterode, Schippenbeil, Gerdaun; Oudinot par Marienwerder, Liebstadt, Eylau, Vehlau; Davout par Elbing, Braunsberg, Tapiau. La garde et les parcs avaient ordre de se tenir en arrière, et à une certaine distance, afin de prévenir l'encombrement. Napoléon, avec sa profondeur habituelle de combinaison, avait calculé que le maréchal Davout, étant de tous les corps le plus à gauche, serait, grâce au coude que la Vistule forme vers le nord à partir de Bromberg, le plus près placé de Kœnigsberg, et en mesure de tenir tête à l'ennemi avec 90 mille hommes, si contre toute vraisemblance les Russes prenaient l'initiative. Il comptait que du 15 au 16 juin tous ses corps seraient en ligne le long du Niémen, et qu'après trois

Juin 1812.

Projet de passer le Niémen.

ou quatre jours de repos ils pourraient, à dater du 20, entrer en opération. Après avoir donné ses derniers ordres et vu partir les belles troupes du maréchal Ney, après avoir inspecté à Marienwerder celles d'Oudinot qui n'étaient pas moins belles, il se rendit par Marienbourg à Dantzig, où il avait, outre beaucoup d'objets à examiner, ses lieutenants Davout et Murat à entretenir, car il n'avait rencontré ni l'un ni l'autre depuis deux ou trois années.

C'est à Marienbourg, sur la Vistule, que Napoléon vit le maréchal Davout, au moment où ce maréchal partait pour Kœnigsberg, afin de prendre la tête du mouvement. L'accueil ne fut pas conforme à la vieille confiance que Napoléon avait toujours eue dans les grands talents et le solide caractère de l'illustre maréchal. Les causes de ce refroidissement méritent d'être indiquées.

Le maréchal Davout venait d'exercer un vaste commandement. Outre le soin de bloquer toutes les côtes du Nord, confié à sa probité autant qu'à sa sévérité, il avait eu la mission d'organiser l'armée, et il s'en était acquitté avec un talent d'organisation qui, à cette époque, Napoléon toujours excepté, n'appartenait au même degré qu'à lui et au maréchal Suchet. Il avait eu jusqu'à trois cent mille hommes à la fois sous la main, et grâce à des cadres admirables, et à une application constante, il en avait fait non pas des soldats endurcis, sachant marcher, se nourrir et combattre, mais des recrues bien instruites, manœuvrant avec précision, et hardies comme la jeunesse. Quant à son corps proprement dit, composé en grande partie des plus vieux soldats de l'Europe, formé actuellement de cinq divisions, et avec l'artillerie et la cavalerie présentant une armée d'environ 90 mille hommes, jamais rien de plus beau ne s'était vu au monde. Tout y avait été prévu sous le rapport de l'équipement, de l'armement, de l'alimentation, pour aller aux extrémités de l'Europe. Outre leurs munitions de guerre et leurs outils de campement, les troupes du 1er corps avaient sur le dos pour dix jours de vivres, et comme trop souvent le soldat jette ses provisions sur les routes, aimant mieux attendre sa subsistance du hasard que de la porter sur ses épaules, chaque homme devait tous les soirs rendre compte de ses vivres comme de ses armes. Indépendamment de ces dix jours de vivres dans le sac des soldats, des convois en portaient pour quinze jours encore, et bien qu'on eût enlevé pour la garde impériale une partie des moyens de transport préparés pour le 1er corps, la prévoyance du maréchal y avait immédiatement suppléé. Enfin un troupeau de bœufs confié à des soldats formés à ce service, fournissait en suivant les régiments un magasin mobile de vivres-viande. Telle était l'organisation que le maréchal Davout avait donnée à son corps d'armée. Il avait de plus réuni le matériel colossal d'une armée de 600 mille hommes, consistant en 1800 bouches à feu approvisionnées pour deux campagnes, en six équipages de pont, deux parcs de siége, un vaste parc du génie, et les immenses magasins de Dantzig, Elbing, Braunsberg.

Le maréchal Davout avait exécuté ces choses hors de proportion avec toutes les choses connues

Juin 1812.

Napoléon par quelques actes d'autorité, que la jalousie du prince Berthier avait travestis.

du même genre, en suivant les ordres de Napoléon, mais en les modifiant au besoin d'après sa propre expérience, d'après les circonstances locales, et sans crainte de suppléer ou de redresser son maître. Si en agissant de la sorte il déplaisait ou non, si des jaloux ne calomniaient pas son activité incessante et quelque peu dominatrice, le maréchal Davout n'y avait point songé. Malheureusement il avait auprès de Napoléon un ennemi secret et dangereux, c'était le major général Berthier. Celui-ci était resté inconsolable de ce qu'en 1809 on l'avait accusé d'avoir compromis l'armée, tandis qu'on attribuait au maréchal Davout le mérite de l'avoir sauvée; de plus il jalousait dans ce maréchal des talents qui avaient quelque analogie avec les siens, car Davout, outre qu'il était un redoutable général de combat, aurait été pour Napoléon un chef d'état-major accompli, s'il eût été moins rude. Par ces motifs peu dignes de lui, le prince Berthier, devenu avec l'âge chagrin et défiant, relevait auprès de Napoléon les moindres résistances que le maréchal Davout opposait aux ordres impériaux, et s'il y avait quelques détails qui ne répondaient pas au plan général conçu de loin, ce qui devait arriver souvent, provoquait contre ce maréchal une lettre sévère. Par un fâcheux concours de circonstances, les Polonais, en quête d'un roi pour le cas prochain de leur reconstitution, voyant le médiocre Bernadotte élu héritier du trône de Suède, avaient songé au prince d'Eckmühl, car ils trouvaient dans sa probité, sa fermeté, son génie organisateur, des qualités heureusement choisies pour leur créer une royauté toute militaire, et même dans sa morne sévérité un utile correctif de leur caractère brave, brillant, mais léger. Après l'avoir pensé, ils l'avaient dit et répété dans leurs salons de Varsovie, au point d'être entendus jusqu'aux Tuileries; et Napoléon, offusqué de la tentative de royauté essayée en Portugal, plus offensé encore de la tentative de royauté essayée et réalisée en Suède, trouvant que ses lieutenants devenaient trop ambitieux à son école, se demandant si un cri spontané des peuples n'allait pas encore faire, à son insu, de l'un de ses lieutenants un roi qui ne lui devrait pas son élévation, avait conçu de cette disposition des Polonais un déplaisir extrême, et s'en était pris au maréchal Davout, qui l'ignorait, et ne s'en souciait guère. Ce maréchal, gentilhomme de naissance, avait éprouvé une sorte d'étonnement lorsqu'on l'avait fait prince d'Eckmühl, et n'avait vu dans cette grandeur empruntée qu'un revenu momentané, qui, sagement économisé par une épouse prudente, procurerait un bien-être assuré à ses enfants. Vivant toujours dans les plaines du Nord, au milieu de ses soldats, au point de n'avoir pas en dix ans passé trois mois à Paris; occupé exclusivement de son métier, taciturne, dur pour lui autant que pour les autres, il était du petit nombre de ses compagnons d'armes qui ne s'étaient pas enivrés au somptueux banquet de la fortune. Napoléon, sans trop s'enquérir de la vérité, rencontrant partout sur les bords de la Vistule la trace d'une profonde obéissance pour le maréchal Davout, une immense quantité de choses mues par sa volonté, et son nom dans toutes les bouches, fut non pas jaloux (de qui aurait-il pu l'être?), mais fatigué d'une importance qu'il avait créée, écouta volontiers ceux qui, avec Berthier, disaient que ce maréchal faisait tout, ordonnait tout, tranchait en tout du maître, en attendant qu'il tranchât du roi, prêta l'oreille à ceux qui taxaient d'ambition son active volonté, d'orgueil sa gravité sévère, d'arrière-pensée dangereuse sa taciturnité habituelle. Il accueillit le maréchal avec froideur, et en beaucoup d'occasions lui donna tort contre Berthier. Le maréchal n'y prit garde, habitué aux brusqueries de Napoléon, imputant leur renouvellement plus fréquent à une irritabilité qui croissait avec l'âge, avec la fatigue, avec les soucis, et courut à Kœnigsberg, tout préparer sur les pas de l'armée, afin de surmonter les difficultés d'une entreprise que dans son bon sens il eût appelée folle, si sa forte nature n'avait été courbée à la plus complète obéissance. Pourtant sa grande faveur était passée. Ainsi Lannes était mort, Masséna entièrement disgracié, Davout en commencement de défaveur! Ainsi Napoléon, inconstant pour ses lieutenants comme la fortune allait bientôt l'être pour lui-même, devançant pour eux les caprices de cette mobile divinité, semait de morts et de disgrâces la route fatale qui allait bientôt le conduire à une chute épouvantable.

Napoléon, arrivé le 7 juin à Dantzig, rencontra un autre de ses lieutenants, ce fut Murat, moins heureux d'être devenu roi que Davout d'être resté simple commandant d'armée. Ce prince, comme nous avons eu à le dire tant de fois, bon mais inconséquent, capable de devenir infidèle par vanité, ambition, mauvais conseil, et toujours le plus brillant des cavaliers, le plus téméraire des héros, avait inspiré de telles défiances à Napoléon, pour quelques communications maritimes avec les Anglais, que le général Grenier, ainsi qu'on l'a vu, avait reçu l'ordre de se tenir prêt à marcher sur Naples. Napoléon, qui ne craignait dans Murat que la légèreté, l'avait appelé à l'armée, d'abord pour avoir à sa disposition le meilleur général de cavalerie du siècle, et ensuite pour tenir sous sa main un parent qui près de lui serait toujours soumis et dévoué, et loin de lui serait livré au hasard de toutes les suggestions. Sur la simple indication de cette volonté, Murat s'était hâté d'accourir au quartier général, pour servir sous les ordres de son beau-frère, et reprendre son commandement ordinaire, celui de la réserve de cavalerie. Pour éviter l'inconséquence de ses propos, Napoléon n'avait pas voulu qu'il vînt à Dresde, et l'avait consigné sur la Vistule. Murat, fatigué, malade, s'était arrêté à Berlin, où il avait été dédommagé des rigueurs de son suzerain par les empressements de la cour de Prusse. Napoléon, le voyant à Dantzig, pâle, défait, et n'ayant pas sa bonne mine ordinaire, lui demanda brusquement ce qu'il avait, et s'il n'était pas content d'être roi. — Mais, sire, répondit Murat, je ne le suis guère. — Je ne vous ai pas faits rois, vous et vos frères, repartit durement Napoléon, pour régner à votre manière, mais pour régner à la mienne, pour suivre ma politique, et rester Français sur des trônes étrangers. — Après ces mots, Napoléon, vaincu par la bonhomie de Murat, et n'étant dur

Juin 1812.

Cet accueil s'adoucit après

Juin 1812.

quelques jours.

que par boutades, lui rendit cette familiarité, inégale comme les circonstances, mais gracieuse et subjuguante, que ses lieutenants trouvaient auprès de lui. Il rencontra aussi à Dantzig le gouverneur Rapp, qui lui avait déplu par quelques avis sincères sur l'état de la Pologne, et par quelques facilités suspectes accordées au commerce de Dantzig, mais auquel il pardonnait en considération d'une grande

Séjour de Napoléon à Dantzig.

bravoure, et d'un esprit franc et original. Il passa là plusieurs jours avec Berthier, Murat, Caulaincourt, Duroc, Rapp, occupé à inspecter les fortifications d'une place qui devait jouer un rôle si important dans cette guerre, à visiter les magasins et les ponts de la Vistule, rectifiant, complétant tout ce qui avait été fait, avec un coup d'œil que rien n'égalait quand il s'exerçait sur les choses elles-mêmes, puis, lors-

Ses efforts pour convaincre ses lieutenants, qui n'en veulent rien croire, de la nécessité de la présente guerre.

que la chaleur, extrême dans cette saison et dans ces latitudes, l'obligeait à rentrer, s'entretenant familièrement avec ses compagnons d'armes, et se montrant plus persuadé qu'il ne l'était de l'utilité d'une guerre qu'ils paraissaient craindre profondément. De Dantzig il se rendit à Elbing, d'Elbing à Kœnigsberg, où il arriva le 12 juin, pour s'occuper des moyens de navigation intérieure qui devaient porter ses vastes approvisionnements du dépôt de Dantzig au sein même des provinces russes.

Description de la navigation du Frische-Haff, et son extension jusqu'à Wilna.

Le maréchal Davout avait déjà, par ses ordres, préparé cette navigation. Napoléon en perfectionna encore et en ordonna lui-même les derniers apprêts. Il suffit pour en comprendre l'utilité de jeter un regard sur la configuration de ces contrées. (Voir la carte n° 54.) La Vistule, comme tous les grands fleuves, bifurquée près de son embouchure par l'effet des atterrissements qui brisent et divisent son cours, jette un de ses bras vers Dantzig, l'autre vers Elbing. Celui-ci débouche dans la vaste lagune qu'on appelle le Frische-Haff, qu'une langue de terre sépare de la Baltique, avec une ouverture à Pillau seulement, et qui va recevoir la Prégel, vers Kœnigsberg. Des convois de bateaux venus de Dantzig en suivant les deux bras de la Vistule, pénétrant ensuite dans le Frische-Haff, pouvaient gagner Kœnigsberg à la voile. C'était un premier trajet par eau déjà très-considérable. De Kœnigsberg on devait remonter la Prégel jusqu'à Tapiau. De Tapiau à Labiau, une rivière, la Deime, pouvait livrer passage à de moindres bateaux, et les faire aboutir dans une autre lagune, celle du Curische-Haff, qui s'étend jusqu'à Memel. Le canal de Frédéric donnait la facilité d'atteindre le Niémen par une voie plus courte, et de le joindre à Tilsit même. Puis on devait le remonter jusqu'à Kowno, et à Kowno entrer dans la Wilia. Cette rivière, navigable jusqu'à Wilna, permettait de terminer par eau, c'est-à-dire par un moyen de transport qui admet tous les fardeaux, un trajet total d'environ deux cents lieues. Le colonel Baste, cet officier des marins de la garde déjà signalé à Baylen et sur le Danube, aussi intrépide sur terre que sur mer, et doué en outre d'une activité infatigable, fut chargé de diriger cette navigation, qui, commençant à Dantzig, passant par la Vistule, le Frische-Haff, la Prégel, la Deime, le Curische-Haff, le Niémen, la Wilia, ne finissait qu'à Wilna même. Il devait réunir les bâtiments, les adapter à chaque cours d'eau, éviter le plus possible les transbordements, organiser enfin les moyens de traction pour suppléer à la voile lorsqu'on s'éloignerait de la mer, et y pourvoir soit avec des chevaux, soit avec des relais de gens du pays convenablement rétribués. On lui confia également la défense du Frische-Haff et du Curische-Haff, et on lui donna pour cet usage deux bataillons des marins de la garde impériale, qui devaient occuper ces vastes lagunes avec des chaloupes canonnières fortement armées.

Napoléon donna ensuite ses soins aux places de Dantzig, de Pillau, de Kœnigsberg. Dans toutes il y avait des Saxons, des Polonais aussi sûrs que des Français, des Badois qui l'étaient moins, mais des artilleurs et des marins exclusivement français. A Dantzig se trouvaient les dépôts de la garde et ceux du maréchal Davout. On pouvait avec les uns et les autres fournir, indépendamment des troupes laissées dans les ouvrages, une division mobile de 8 mille hommes à Dantzig, une de 6 mille à Kœnigsberg, lesquelles, communiquant par de la cavalerie, seraient toujours en mesure de se réunir à temps contre une attaque imprévue. Napoléon, s'étant assuré par ses propres yeux de l'exécution de ses ordres, prescrivit immédiatement le départ d'un premier convoi comprenant 20 mille quintaux de farine, 2 mille quintaux de riz, 500 mille rations de biscuit, et tout le matériel des six équipages de pont, dont nous avons exposé ailleurs la composition, et dont l'illustre général Éblé avait la direction supérieure. Le deuxième convoi devait porter la même quantité de farine, de riz et de biscuit, plus des avoines et

PASSAGE DU NIÉMEN. 549

des munitions d'artillerie. Les suivants devaient porter des farines, rarement des grains, souvent des vêtements, et l'un des deux équipages de siége, celui qui était destiné à l'attaque de Riga.

Tandis que ces convois s'acheminaient vers la Prégel et le Niémen, Napoléon donna son attention aux hôpitaux, et en fit organiser pour vingt mille malades, entre Kœnigsberg, Braunsberg, Elbing. Ayant employé à ces divers objets la première quinzaine de juin, il s'apprêta à commencer enfin cette redoutable et célèbre campagne, qu'il fallait faire précéder de certaines formalités diplomatiques. Il leur consacra quelques instants avant de se rendre au bord du Niémen.

M. le duc de Bassano l'avait rejoint, et lui avait apporté les nouvelles de Suède vainement attendues à Dresde. Le lendemain même du jour où Napoléon était parti de cette capitale, M. Signeul y était arrivé de Stockholm, avec un message du prince royal. Ce prince astucieux avait fait une double communication, l'une officielle par les ministres accrédités de la Suède, et destinée à toutes les cours, l'autre profondément secrète, transmise en grande confidence à M. Signeul, et donnée en réponse aux ouvertures dont la princesse royale avait suggéré l'idée. La communication officielle, froide, hautaine, annonçait l'intention de demeurer neutre entre les puissances belligérantes, ce qui était déjà une infraction des obligations contractées envers la France par le dernier traité de paix. Elle disait que les vrais ennemis de la Suède étaient ceux qui menaçaient l'indépendance du Nord de l'Europe, que sous ce rapport

Juin 1812.

Organisation des hôpitaux.

Dernières formalités diplomatiques avant de commencer les hostilités.

Réponse longtemps attendue de Bernadotte.

la Russie était en ce moment plus menacée que menaçante, que c'était là le motif pour lequel, sans aller à son secours, on ne se prononçait pas contre elle ; qu'au surplus on offrait de s'entremettre, et de faire accepter par la Russie la médiation de la Suède, si la France voulait sincèrement la paix. Cette prétention du prince royal de servir de médiateur entre deux potentats tels que Napoléon et Alexandre, n'était que ridicule ; mais elle était la conséquence forcée des engagements pris avec la Russie par le traité du 5 avril. Quant à la communication secrète, Bernadotte, aussi infidèle à son nouvel allié qu'à son ancienne patrie, répétait qu'il n'avait que faire de la Finlande, qui, toujours convoitée par la Russie, mettrait la Suède en conflit perpétuel avec cette puissance ; que le dédommagement naturel de la Finlande, c'était la Norvége, province destinée par son site à être suédoise, tenant à peine au Danemark dont elle était séparée par la mer, tandis qu'elle ne formait qu'un seul tout avec la Suède, et en constituait pour ainsi dire la moitié ; que c'était là une précieuse conquête à lui procurer, à lui Bernadotte, pour son avénement au trône ; qu'on aurait dans la Poméranie suédoise une compensation tout indiquée à offrir au Danemark, dont après tout l'importance n'était pas assez grande pour qu'on s'inquiétât beaucoup de son acquiescement ; qu'enfin relativement au subside, la Suède ne saurait s'en passer pour équiper une armée ; que la faculté d'introduire des denrées coloniales sur le continent, évaluée à une somme de vingt millions, serait illusoire, les Anglais ne pouvant manquer de s'apercevoir des motifs de cette introduction, et devant dès lors l'empêcher sur-le-champ. A cette double condition de la Norvége et d'un subside effectif de vingt millions, le prince royal de Suède offrait de se lier par un traité avec la France, sans doute en violant celui qu'il avait signé en avril avec la Russie.

Juin 1812.

Napoléon, en écoutant cette communication apportée par M. de Bassano, se livra à un violent accès de colère. — Le misérable, s'écria-t-il plusieurs fois, il me propose une trahison envers un allié fidèle, le Danemark, et il met à ce prix sa fidélité envers la France! Il parle de la Norvége, de l'intérêt qu'a la Suède à posséder cette province, et il oublie que le premier des intérêts de la Suède c'est de réduire la puissance de la Russie, qui tôt ou tard la dévorera; que si la Finlande la met en collision forcée avec la Russie, c'est parce que la Finlande la couvre, et découvre la Russie; que le repos acquis pour un moment avec ce redoutable voisin par l'abandon de la Finlande, sera troublé plus tard lorsque la Russie aura besoin du Sund, et qu'en un jour de gelée les soldats russes pourront être des îles d'Aland à Stockholm; que l'occasion d'abaisser la Russie est unique, que cette occasion négligée il ne la retrouvera plus, car on ne verra pas deux fois un guerrier tel que moi, marchant avec six cent mille soldats contre le formidable empire du Nord!... Le misérable! répéta plusieurs fois Napoléon, il manque à sa gloire, à la Suède, à sa patrie; il n'est pas digne qu'on s'occupe de lui; je ne veux plus qu'on m'en parle, et je défends qu'on lui fasse arriver aucune réponse, ni officielle, ni officieuse. — Devenu

Rupture définitive avec la Suède.

plus calme après ce premier emportement, il persista néanmoins à laisser sans un mot de réponse M. Signeul, qui s'était rendu aux bains de Bohême pour attendre les déterminations du cabinet français.

Cette résolution, fort honnête et presque forcée par la difficulté de décider le Danemark à abandonner la Norvége, était cependant très-regrettable, car trente ou quarante mille Suédois, menaçant Saint-Pétersbourg au lieu de menacer Hambourg, pouvaient changer le destin de cette guerre. Peut-être en offrant au Danemark des dédommagements, fallût-il les chercher non-seulement dans la Poméranie suédoise, mais dans les départements anséatiques, peut-être aurait-on pu le décider à satisfaire Bernadotte; mais l'irritation, la confiance en ses moyens, empêchèrent Napoléon même d'y penser.

Subterfuge imaginé par Napoléon pour mettre sur le compte de l'empereur Alexandre la rupture immédiate.

La seconde affaire diplomatique dont on avait à s'occuper était la déclaration à publier en commençant la guerre. Maintenant ce n'était plus une question que celle de savoir si la Russie prendrait ou non l'initiative des hostilités. On était près d'atteindre le Niémen avec 400 mille hommes, sans compter 200 mille laissés en réserve, et on n'avait guère à s'inquiéter de ce qu'elle ferait. Il ne s'agissait donc plus d'endormir Alexandre, mais de rejeter sur lui la responsabilité de cette guerre. M. de Lauriston, chargé de solliciter l'autorisation de se rendre à Wilna, afin de retenir Alexandre quelques jours de plus, n'avait pas encore pu répondre. Si par exemple on avait su que sa demande de se transporter auprès d'Alexandre avait été repoussée, on aurait eu dans ce refus un excellent prétexte pour lui ordonner de prendre ses passe-ports; mais on l'ignorait. Cependant on avait besoin d'un motif, car on était au 16 juin, et il fallait avoir franchi le Niémen du 20 au 25, et pour le faire décemment avoir trouvé une raison de rupture immédiate. Napoléon, avec sa fertile adresse, en imagina une peu solide, mais spécieuse, assez spécieuse même pour tromper plusieurs historiens, et cette raison, c'était que la Russie ayant exigé l'évacuation de la Prusse comme préliminaire de toute négociation, avait voulu imposer à la France une condition déshonorante. Or, il y avait là une inexactitude radicale. La Russie avait réclamé l'évacuation, non pas comme condition préalable, mais comme suite assurée de toute négociation qu'on entamerait sur les divers points en litige. On négligea cette distinction, et on résolut de soutenir que la condition préalablement exigée, tendant à ramener Napoléon du Niémen sur la Vistule, même sur l'Elbe, était pour la France un outrage qu'elle ne pouvait pas supporter; que, cette condition, on avait eu soin de la tenir secrète pour être dispensé de s'en offenser, mais qu'elle venait de s'ébruiter, qu'elle commençait à être connue de tout le monde, que dès lors l'offense cessant d'être cachée, ne pouvait plus être supportée, et devait entraîner la guerre immédiate. A cette offense se joignait, disait-on, une sorte de provocation réitérée du prince Kourakin, qui avait demandé ses passe-ports à M. de Bassano la veille du départ de celui-ci, et les avait redemandés depuis avec insistance. Il faut convenir que cette condition d'évacuer le territoire prussien, connue à peine de quelques personnes

Juin 1812.

Faux prétexte sur lequel Napoléon fait reposer la déclaration de guerre.

bien informées, et signifiant seulement l'évacuation après qu'on se serait entendu, que la demande de passe-ports faite par le prince Kourakin, retirée d'abord, puis renouvelée quand il s'était vu seul à Paris, sans communication avec aucun ministre, n'étaient pas de ces offenses insupportables pour lesquelles une nation est tenue de verser tout son sang, et qu'en tout cas Napoléon avait assez entrepris sur autrui, pour se montrer à son tour quelque peu endurant. Mais il fallait un prétexte plausible, et Napoléon adopta celui-ci, faute d'en avoir un meilleur. En conséquence, il fut ordonné à M. de Lauriston de prendre immédiatement ses passe-ports, sous le prétexte que la prétention de nous faire évacuer la Prusse étant devenue publique, l'outrage ne pouvait plus être toléré; et dans la supposition que M. de Lauriston serait peut-être déjà rendu à Wilna (ce qui écarte absolument l'idée que le refus de l'admettre à Wilna fût la cause de la rupture), on lui recommanda de ne pas présenter la demande de ses passe-ports avant le 22, Napoléon voulant franchir le Niémen le 22 ou le 23. On l'avertit en même temps que la dépêche qu'on lui écrivait le 16 de Kœnigsberg serait antidatée, porterait la date de Thorn et du 12, pour persuader aux Russes en la leur remettant, que Napoléon se trouvait encore éloigné, et moins en mesure d'agir qu'il ne l'était réellement. Un courrier fut donc adressé de Kœnigsberg à M. de Lauriston avec les ordres et les instructions que nous venons de rapporter [1].

[1] M. Fain, dans son Manuscrit de 1812, s'en fiant aux renseignements de M. le duc de Bassano, qui avait été son informateur principal, et

Cette formalité diplomatique remplie, Napoléon, qui croyait le moment d'agir venu, partit de Kœnigsberg le lendemain pour rejoindre ses troupes sur la Prégel, les passer en revue, et s'assurer définitivement si elles avaient tout ce qu'il leur fallait pour entrer en campagne. Il tenait, pour les premières opérations, à leur procurer seulement dix jours de vivres, se flattant d'exécuter dans ces dix jours des manœuvres décisives, et ne voulant pas être gêné dans ses mouvements par la difficulté des subsistances, difficulté qui, en Italie et en Allemagne, n'en était jamais une, parce qu'on y trouvait toujours de gros villages à dévorer, mais qui était immense en Lithuanie, où l'on ne rencontrait la plupart du temps que des marécages et des forêts. Ses soldats ayant de quoi vivre dix jours, il espérait comme à Ulm en 1805, à Iéna en 1806, à Ratisbonne en 1809, frapper un de ces coups terribles, qui, dès le début des opérations, accablaient ses

Juin 1812.

ignorant plusieurs dépêches qui ne lui avaient pas été communiquées, est du nombre des historiens qui se sont attachés à représenter Napoléon comme ayant été amené à cette guerre malgré lui, et après avoir épuisé tous les moyens de l'éviter. A ses yeux les missions données tour à tour à M. de Narbonne et à M. de Lauriston n'avaient d'autre objet que de prévenir la rupture avec la Russie, et cependant le texte même des dépêches prouve invinciblement qu'elles avaient pour unique but de gagner du temps, dans un intérêt exclusivement militaire. Quant à la condition d'évacuer la Prusse et les places fortes de l'Oder, il la prend comme un outrage, tandis qu'on ne demandait que l'assurance de cette évacuation, la négociation étant terminée au gré des parties. Relativement aux places de l'Oder, on ne demandait à Napoléon de les restituer qu'après les contributions de guerre acquittées, ainsi que cela résultait de la convention du 17 septembre 1808. Enfin M. Fain fait dater la résolution de rompre seulement de Gumbinnen et du 19, jour où M. Prevost, secrétaire de la légation française, vint de Saint-Pétersbourg annoncer le refus essuyé par M. de Lauriston relativement au désir qu'il

Juin 1812.

Départ de Napoléon pour Gumbinnen.

ennemis, et les déconcertaient pour le reste de la guerre. Les premiers convois par eau avaient apporté des vivres jusqu'à Tapiau sur la Prégel; il fallait, à force de voitures, les faire transporter jusqu'à Gumbinnen au moins, point assez rapproché de celui où l'on allait franchir le Niémen. A partir de cet endroit, dix jours de vivres devaient nous conduire au milieu de la Lithuanie. Afin d'assurer ce résultat, Napoléon se rendit à Insterbourg, où il arriva le 17 juin au soir.

Plan de campagne.

Le plan général de ses premières opérations était définitivement arrêté dans sa tête, et c'était à Kowno qu'il voulait passer le Niémen. Ses vues en cela étaient, comme toujours, aussi vastes que profondes, car s'il a pu avoir des égaux comme tacticien sur le champ de bataille, il n'a eu ni supérieurs, ni égaux dans la direction générale des opérations militaires. Pour comprendre ses motifs, il faut jeter un regard sur les vastes contrées qui allaient servir

avait exprimé de se rendre à Wilna, tandis que cette résolution, déjà fort ancienne, fut matériellement prise le 16 à Kœnigsberg, quoique reportée au 12 par un mensonge avoué dans la date. Nous ajouterons qu'il y a des historiens, aussi naïfs dans leur haine que M. Fain dans son idolâtrie, qui supposent qu'en recevant M. Prévost le 19, Napoléon se livra aux transports d'une colère burlesque, et, ne se possédant plus, rompit la paix, et franchit le Niémen. Or, les documents authentiques qui existent font tomber tous ces récits de l'amour et de la haine, en reportant au 16, jour où les calculs de Napoléon le décidaient à agir, la résolution de la rupture. Napoléon ne fit pas un seul effort pour la paix, car il voulait la guerre, bien qu'en approchant du moment il en sentît davantage le danger, et ne feignit de négocier que pour avoir le temps d'arriver sur le Niémen sans coup férir. En cherchant à le peindre comme une victime, on le rend ridicule, car on enlève au lion sa crinière et ses ongles pour en faire un mouton. On lui ôte ainsi sa force sans lui donner la mansuétude qu'il n'avait pas, et on fait une sotte caricature de sa figure aussi grande qu'originale.

de théâtre à cette guerre formidable, la plus grande certainement et la plus tragique des siècles.

Les immenses plaines qui de la mer Baltique s'étendent jusqu'à la mer Noire et à la mer Caspienne, sont traversées d'un côté par l'Oder, la Vistule, la Prégel, le Niémen, la Dwina, fleuves coulant à l'ouest, de l'autre par le Dniester, le Dniéper (ou Borysthène), le Don, le Volga, fleuves coulant à l'est, et composent, comme on le sait, le territoire de la Vieille-Prusse, de l'ancienne Pologne, de la Russie. (Voir la carte n° 27.) C'est dans ce champ si vaste que Napoléon, de tous les guerriers connus celui qui a embrassé les plus grands espaces, car du couchant à l'orient il est allé de Cadix à Moscou, et, du midi au nord, du Jourdain aux sources du Volga, c'est dans ce champ qu'il allait essayer de vaincre, par les efforts de son génie, la plus grave des difficultés de la guerre, celle des distances, surtout quand elles ne sont ni habitées ni cultivées. Les parties inférieures et pour ainsi dire les embouchures de l'Oder, de la Vistule, de la Prégel, du Niémen, forment le territoire triste, mais prodigieusement fertile de la Vieille-Prusse. En remontant ces fleuves et en marchant de l'occident à l'orient (voir la carte n° 54), on atteint des contrées plus sablonneuses, moins couvertes de sol végétal, où il existe moins de culture matérielle et morale, moins d'habitations, plus de forêts et de marécages, où se montrent, au lieu de villes nombreuses, propres, riches, et protestantes, des villages catholiques, sales, accroupis pour ainsi dire autour de châteaux habités par une noblesse brave et oisive, et

Juin 1812.

Traits généraux du théâtre de la guerre.

Juin 1812.

une fourmilière de juifs pullulant partout où ils trouvent à exploiter la paresse et l'ignorance de peuples à demi barbares. Plus on s'élève, en allant à l'orient, vers les sources de la Vistule, de la Narew, du Niémen, de la Dwina, plus on découvre les caractères que nous venons de décrire. Parvenu aux sources de la Vistule et de ses affluents, à celles du Niémen et de la Dwina, pour se porter sur l'autre versant, c'est-à-dire aux sources du Dniester et du Dniéper, on rencontre un sol dont la pente incertaine, n'offrant aucun écoulement aux eaux, est couverte de marécages et de sombres forêts : on est là dans la Vieille-Pologne, dans la Lithuanie, au plus épais de ces contrées humides, boisées, qu'on traverse sur de longues suites de ponts, jetés non-seulement sur les rivières, mais sur les marécages, et où les routes, à défaut de la pierre qui manque, sont établies sur des lits de fascines, et sur des rouleaux de bois. En marchant toujours à l'est à travers cette région, on arrive entre les sources de la Dwina et du Dniéper, qui sont distantes d'une vingtaine de lieues, et on se trouve placé ainsi dans une espèce d'ouverture, comprise de Witepsk à Smolensk, par laquelle on sort de la Vieille-Pologne pour entrer en Russie. Alors les eaux coulant plus franchement, les marécages, les forêts disparaissent, et on voit s'étendre devant soi les plaines de la Vieille-Russie, au sein desquelles s'élève Moscou, Moscou la Sainte, comme l'appelle le patriotisme de ses enfants.

Véritables portes de la Russie

Avec son coup d'œil sans égal, Napoléon avait aperçu d'un regard que sa marche à lui, qui venait de l'occident, devait se diriger vers cette ouverture qui est située entre les sources de la Dwina et du Dniéper, entre Witepsk et Smolensk. Ce sont là pour ainsi dire les portes de l'Orient, et c'est là en effet que jadis les Polonais et les Moscovites, dans leurs victoires et leurs défaites alternatives, s'étaient en quelque sorte réciproquement arrêtés, car la Dwina d'un côté, le Dniéper de l'autre, étaient la limite entre la Russie et l'ancienne Pologne, avant le fameux partage, qui a été le malheur et la honte du dernier siècle.

Juin 1812.

selon Napoléon.

Mais avant de toucher à ces portes, il fallait traverser la Vieille-Prusse, et cette partie récemment restaurée de la Pologne qui avait reçu le nom de grand-duché de Varsovie. La frontière qui séparait le grand-duché et la Vieille-Prusse du territoire russe était la suivante. (Voir la carte n° 54.)

Le cours supérieur du Bug, et le cours supérieur aussi de la Narew, l'un et l'autre affluents de la Vistule, formaient dans leurs diverses inflexions la première partie de la ligne frontière du grand-duché, du côté de la Russie. Cette ligne frontière, après avoir suivi tantôt le Bug, tantôt la Narew, depuis Brezesc-Litowsky jusqu'aux environs de Grodno, joignait le Niémen à Grodno même, longeait ce fleuve en s'élevant au nord jusqu'à Kowno, séparant ainsi la Pologne proprement dite de la Lithuanie. A Kowno, le Niémen prenant définitivement sa direction à l'ouest, et courant vers Tilsit, séparait non plus la Pologne mais la Vieille-Prusse de la Russie. La ligne frontière à franchir courait donc au nord de Brezesc à Grodno, en suivant tour à tour le Bug

Frontières du grand-duché, qu'il fallait franchir pour pénétrer en Russie.

ou la Narew, puis courait encore au nord de Grodno à Kowno, en suivant le Niémen, et enfin tournant brusquement au couchant vers Kowno, allait jusqu'à Tilsit, continuant à suivre, à partir de ce point, le cours du Niémen. Elle faisait donc à son extrémité nord un coude vers Kowno. C'est là que Napoléon avait résolu de passer le Niémen, pour recouvrer, en se portant d'un trait sur la Dwina et le Dniéper, tous les restes de l'ancienne Pologne, point où, selon les circonstances, il s'arrêterait peut-être, et duquel peut-être aussi partirait-il pour forcer les portes de la Vieille-Russie et s'enfoncer dans ses immenses plaines.

Quatre routes pour pénétrer en Russie.

Voici quels avaient été ses motifs. Quatre routes s'offraient pour pénétrer en Russie : une au midi, se dirigeant à l'est, par les provinces méridionales de l'empire russe, franchissant le Bug à Brezesc, longeant la rive droite du Pripet jusqu'à sa jonction avec le Dniéper au-dessus de Kiew, traversant par conséquent la Volhynie, ancienne province polonaise, et de Kiew se redressant au nord pour se rendre à Moscou, par les plus belles provinces de l'empire; la seconde, tracée entre le midi et le nord, se dirigeant au nord-est par Grodno, Minsk, Smolensk, en pleine Lithuanie, passant à travers la trouée qui sépare le Dniéper de la Dwina, et tirant ensuite sur Moscou par la ligne la plus courte; la troisième, parallèle à la précédente, mais située un peu plus haut, se dirigeant par Kowno, Wilna, sur la trouée du Dniéper et de la Dwina, pénétrant dans la Vieille-Russie par Witepsk, au lieu d'y pénétrer par Smolensk, et aboutissant également à

PASSAGE DU NIÉMEN.

Moscou; la quatrième enfin, allant droit au nord, à travers les provinces septentrionales de l'empire russe, par Tilsit, Mitau, Riga, Narva, pour finir à Saint-Pétersbourg.

Juin 1812.

De ces quatre routes, celle du midi par Brezesc et Kiew, celle du nord par Tilsit et Riga, avaient les inconvénients des partis extrêmes, et étaient inadmissibles pour un homme d'un jugement aussi sûr que Napoléon en fait de grandes opérations militaires. L'une et l'autre exposaient l'envahisseur à une redoutable manœuvre de la part des Russes, qui, étant concentrés en Lithuanie, pouvaient, par Kobrin, Pinsk ou Mosyr, se jeter en masse dans le flanc de l'armée qui aurait marché sur Kiew, ou par Witepsk et Polotsk, dans le flanc de l'armée qui aurait marché sur Saint-Pétersbourg. Chacune de ces deux routes extrêmes avait en outre ses inconvénients particuliers. Celle qui, traversant les provinces méridionales, passait entre la Volhynie et la Gallicie, parcourait de beaux pays, mais aurait placé l'armée française dans la dépendance absolue de l'Autriche, et c'était donner à cette puissance de dangereuses tentations que de se remettre entièrement dans ses mains. Celle qui s'élevait au nord ne parcourait que des provinces couvertes de marécages et de bruyères, sous le climat le plus âpre de la Russie, et dans des contrées où le sol n'aurait fourni aucune partie de la subsistance des troupes.

Avantages et inconvénients de chacune de ces routes

Il ne fallait donc songer à aucune de ces deux voies. Le choix n'était possible qu'entre les routes intermédiaires, se dirigeant toutes deux au nord-est, toutes deux sur Moscou, sans interdire une marche sur Saint-Pétersbourg au moyen d'une inflexion au nord, toutes deux aussi pénétrant par la trouée qui sépare les sources de la Dwina et celles du Dniéper, l'une par Grodno, Minsk et Smolensk, l'autre par Kowno, Wilna et Witepsk.

Napoléon se décide à pénétrer en Lithuanie par la route de Kowno à Wilna.

Après mûr examen de ces deux routes, Napoléon préféra la dernière. La première, de Grodno à Minsk, quoique plus courte, côtoyait la partie la plus marécageuse du pays, connue sous le nom de Marais de Pinsk, et on pouvait par un choc vigoureux de l'ennemi y être jeté pour n'en plus sortir. La seconde, un peu moins directe, allant de Kowno à Wilna, capitale de la Lithuanie, et de Wilna à Witepsk, quoique traversant des pays difficiles, comme l'étaient d'ailleurs tous ceux qu'il s'agissait de parcourir, n'offrait pas le même inconvénient que la précédente, et de plus, ce qui devait déterminer définitivement la préférence en sa faveur, procurait le moyen assuré de couper les forces ennemies en deux masses, qui pourraient bien ne plus se réunir du reste de la campagne.

Distribution présumée des forces russes.

La distribution des forces russes, telle qu'on pouvait déjà l'entrevoir, était en effet de nature à confirmer Napoléon dans la pensée qu'il méditait, et qu'il avait conçue dès les premiers rapports qui lui étaient parvenus de l'armée ennemie.

Les Russes, bien qu'ils eussent leurs avant-postes à leur frontière même, sur le cours supérieur du Bug et de la Narew, et tout le long du Niémen, n'avaient cependant considéré comme ligne véritable de défense que la Dwina et le Dniéper. Ces fleuves, nous l'avons dit, naissent à une vingtaine de lieues l'un de l'autre, pour couler, la Dwina vers la Baltique, le Dniéper vers la mer Noire, et présentent, sauf l'ouverture existant entre Witepsk et Smolensk, une ligne continue et immense, qui se dirige du nord-ouest au sud-est, et traverse tout l'empire de Riga à Nikolaïeff. Depuis que la concentration de leurs forces était commencée, les Russes avaient naturellement formé deux rassemblements principaux, un sur la Dwina, de Witepsk à Dunabourg, un autre sur le Dniéper, de Smolensk à Rogaczew, et ces rassemblements s'étaient peu à peu convertis en deux armées, qui s'étaient avancées, la première jusqu'à Wilna, la seconde jusqu'à Minsk, avec le projet de se réunir plus tard, ou d'agir séparément, selon les circonstances. Mais toutes deux avaient leur base sur la grande ligne que nous venons de décrire. La première, commandée par le général Barclay de Tolly, établie sur la Dwina, avec son quartier général à Wilna et ses avant-postes à Kowno sur le Niémen, devait recevoir les réserves du nord de l'empire. La seconde, commandée par le prince Bagration, établie sur le Dniéper, avec son quartier général à Minsk et ses avant-postes à Grodno sur le Niémen, devait recevoir les réserves du centre de l'empire, et se lier par l'armée du général Tormasof avec les troupes de Turquie. Telle était la distribution des forces russes, en attendant qu'à Wilna on eût pris un parti définitif sur le plan de campagne. Cette distribution, d'après la configuration des lieux, était naturelle, et n'était pas une faute encore, si on savait se résoudre à temps devant l'ennemi si prompt auquel on avait affaire.

Napoléon, qui, entre autres parties du génie militaire, possédait au plus haut degré celle de deviner la pensée de l'ennemi, avait clairement entrevu cette répartition des masses russes. Sur les rapports toujours confus, souvent contradictoires, des agents envoyés en reconnaissance, il avait parfaitement discerné qu'il existait une armée de la Dwina, une du Dniéper, l'une qui avait dû s'avancer dans la direction de Wilna et Kowno, l'autre dans la direction de Minsk et Grodno, l'une qu'on disait de 150 mille hommes, sous Barclay de Tolly, l'autre de 100 mille, sous le prince Bagration. Le nombre importait peu pour lui, qui seulement en première ligne amenait 400 mille hommes, et la disposition des forces ennemies était l'unique circonstance à considérer.

Sur-le-champ il prit son parti. Le Niémen, comme on vient de le voir, coule au nord de Grodno à Kowno, puis se retournant brusquement, coule au couchant de Kowno à Tilsit. Napoléon, s'avançant sur Kowno au sein de l'angle formé par le Niémen, n'avait qu'à franchir le Niémen à Kowno même, avec une masse de 200 mille hommes, se porter sur Wilna avec cette vigueur foudroyante qui signalait toujours le début de ses opérations, et là, se plaçant entre l'armée de Barclay de Tolly ou de la Dwina, et l'armée de Bagration ou du Dniéper, il était assuré de les séparer l'une de l'autre pour le reste de la campagne. Il pouvait même s'avancer ainsi jusqu'à Moscou, s'il le voulait, n'ayant sur sa gauche et sur sa droite que les débris divisés de la puissance russe.

Outre cet avantage principal, une pareille manière d'opérer avait des avantages secondaires d'un

PASSAGE DU NIÉMEN.

grand intérêt. En pénétrant au fond de cet angle du Niémen, dont le sommet était à Kowno, on marchait couvert sur les ailes par les deux branches de l'angle. Puis ce fleuve franchi à Kowno, et en poussant jusqu'à Wilna, on trouvait de Kowno à Wilna la Wilia, rivière navigable, laquelle devenait ainsi un précieux prolongement de notre ligne de navigation. Enfin à Wilna même, on frappait en y entrant un premier coup, dont l'effet moral devait être très-grand, car on expulsait Alexandre de son premier quartier général, et on s'emparait de la capitale de la Lithuanie, ce qui, pour les Polonais, n'était pas de médiocre importance.

Juin 1812.

consistant à s'emparer, dès le début, de la capitale de la Lithuanie.

Ces vues, dignes de son génie, une fois arrêtées, Napoléon s'occupa sur-le-champ de les réaliser. En conséquence, il résolut de réunir sous sa main, pour percer par Kowno, les corps des maréchaux Davout, Oudinot, Ney, la garde impériale, et en outre deux des quatre corps de la réserve de cavalerie. C'était une masse d'environ 200 mille hommes, après quelques réductions opérées déjà dans les effectifs par la longueur des marches. Tandis qu'avec cette masse écrasante, comprenant ce qu'il avait de meilleur, Napoléon s'avancerait par Kowno sur Wilna, le maréchal Macdonald, dont il n'avait pas été content en Catalogne, mais dont il faisait cas pour la grande guerre, devait sur sa gauche passer le Niémen à Tilsit, prendre possession des deux rives de ce fleuve, en écarter les Cosaques, et assurer la libre navigation de nos convois. Napoléon lui avait composé un corps d'environ 30 mille hommes, au moyen de la division polonaise Grandjean, et du contingent

Distribution des armées de Napoléon pour le passage du Niémen.

La masse principale, composée des corps des maréchaux Davout, Oudinot et Ney, de la garde et de la cavalerie de réserve, doit passer à Kowno.

Le maréchal Macdonald avec les Prussiens et une division polonaise

prussien, réduit à 16 ou 17 mille hommes par les garnisons laissées à Pillau et autres postes. Le but des opérations ultérieures du maréchal Macdonald devait être la Courlande. A sa droite, Napoléon avait préparé un autre passage du Niémen, et en avait chargé le prince Eugène. Ce prince, qui formait récemment à Plock le centre général de l'armée et qui en ce moment allait en former la droite, devait, avec les troupes françaises et italiennes parties de Vérone, avec la garde royale italienne, avec les Bavarois, et le troisième corps de cavalerie de réserve commandé par le général Grouchy (80 mille hommes environ), passer le Niémen un peu au-dessous de Kowno, à un endroit nommé Prenn. Plus à droite encore et plus au sud, c'est-à-dire à Grodno, le roi Jérôme devait franchir le Niémen avec les Polonais, les Saxons, les Westphaliens, et le 4ᵉ corps de cavalerie de réserve commandé par le général Latour-Maubourg. Cette extrême droite comprenait environ 70 mille hommes. C'étaient donc 380 mille combattants, faisant, avec les parcs, plus de 400 mille hommes, traînant à leur suite mille bouches à feu largement approvisionnées, indépendamment d'une réserve de 140 à 150 mille hommes laissée en arrière, laquelle avec 60 mille malades, dont beaucoup étaient légèrement atteints, complétait la masse totale de 600 à 610 mille soldats, dont nous avons parlé. Il faut remarquer que le nombre des malades s'était déjà élevé de 40 à 60 mille, par les marches de l'Elbe à l'Oder, de l'Oder à la Vistule, de la Vistule au Niémen. Les 30 mille Autrichiens partis de la Gallicie pour se diriger sur Brezesc, étaient en dehors de

PASSAGE DU NIÉMEN. 567

Juin 1812.

cette armée colossale, et portaient à environ 640 mille le nombre des soldats employés à cette croisade des nations occidentales contre la Russie, croisade entreprise malheureusement à une époque où ces nations, plus sensibles au mal du moment qu'au danger de l'avenir, auraient mieux aimé réunir leurs forces contre la France que les réunir contre la Russie.

Napoléon avait prescrit à son frère Jérôme, s'il apprenait que le prince Bagration remontât la rive droite du Niémen de Grodno à Kowno, d'imiter ce mouvement en suivant la rive gauche, et de se serrer ainsi contre le prince Eugène, tandis que ce dernier se serrerait contre l'armée principale. Si au contraire le prince Bagration, attirant à lui le corps de Tormasof, qui était en Volhynie, opérait le mouvement opposé, pour se jeter sur Varsovie et les Autrichiens, on devait profiter de cette bonne fortune, le laisser faire, en avertir les Autrichiens, afin qu'ils se repliassent sur Varsovie et Modlin, et puis, quand le prince Bagration serait bien engagé sur notre droite et nos derrières, de manière à n'en pouvoir plus revenir, se rabattre sur lui, et le prendre tout entier, comme Mack avait été pris sept ans auparavant à Ulm.

Napoléon à Gumbinnen inspecte tous ses corps.

Après avoir ordonné dans le moindre détail ces vastes dispositions, Napoléon quitta Kœnigsberg le 17 pour se rendre successivement à Vehlau, Insterbourg, Gumbinnen, sur la Prégel, rivière qui coule parallèlement au Niémen, mais à quelques lieues en arrière, et sur les bords de laquelle tous nos corps d'armée étaient venus se ranger pour y recevoir leurs vivres. Il les passa en revue, trouva celui de Davout parfaitement dispos et approvisionné, celui d'Oudinot un peu fatigué par la marche et par la faim, parce qu'il avait cheminé dans un pays moins riche, et avec des moyens de transport moins bien organisés; celui de Ney dans le même état, par les mêmes causes. La garde, bien pourvue, avait l'attitude qui convenait à son bien-être et à sa discipline. Les 22 mille cavaliers des généraux Nansouty et Montbrun, dont moitié de cuirassiers, déployaient sous Murat leurs magnifiques escadrons, et montraient une ardeur extraordinaire. Ils ne comprenaient que la moitié de la cavalerie attachée à l'armée principale que Napoléon dirigeait en personne, puisqu'il y en avait un nombre à peu près égal répandu dans les corps de Davout, d'Oudinot et de Ney. Napoléon se hâta, au moyen des voitures déjà arrivées, de faire charrier de Vehlau à Gumbinnen assez de rations pour que chacun pût emporter au moins six jours de vivres, au lieu de dix qu'il avait espéré réunir pour les premières opérations. Il expédia en avant la réserve de cavalerie sous Murat, la réserve d'artillerie, les équipages de pont, et ordonna au maréchal Davout de les escorter avec son corps sur Wilkowisk, afin d'être du 22 au 23 devant Kowno.

Tandis qu'il était à Gumbinnen, un secrétaire de légation, M. Prévost, vint lui annoncer que le général Lauriston n'avait pu obtenir de se rendre à Wilna, ce qui eût été, si on l'avait su quelques jours auparavant, un grief fort utile à recueillir et à faire valoir. Mais il n'était plus temps, et on avait d'ailleurs fourni au général Lauriston des motifs bien suffisants, vu le sérieux d'une pareille polémique, pour appuyer sa demande de passe-ports[1]. Napoléon, sans donner attention à une nouvelle qui ne lui apprenait rien d'intéressant, car il n'attachait aucune importance à ce que M. de Lauriston fût ou ne fût pas reçu à Wilna, quitta Gumbinnen le 24, et parvint le 22 à Wilkowisk, n'étant plus séparé de Kowno et du Niémen que par la grande forêt de Wilkowisk. Le moment fatal était donc arrivé pour lui, et il était au bord de ce fleuve, qui, on peut le dire, était le Rubicon de sa prospérité! Tous ses corps se trouvaient sur les bords du Niémen, et il ne pouvait plus hésiter à le franchir.

Juin 1842.

de cette circonstance, à laquelle certains historiens ont faussement attribué la rupture définitive avec la Russie.

Concentration de l'armée dans la grande forêt de Wilkowisk.

Les nouvelles de son extrême gauche à son extrême droite étaient uniformes, et révélaient de la part des Russes une complète immobilité. Ainsi ses desseins s'accomplissaient malheureusement, et il donnait en plein dans le piége que lui tendait la fortune. A sa gauche, il prescrivit au maréchal Macdonald de traverser immédiatement le Niémen à Tilsit; sur sa droite, il recommanda au prince Eugène de s'approcher de Preun, afin d'avoir franchi ce fleuve le plus tôt possible, et au roi Jérôme d'être rendu à Grodno le 30 au plus tard. Il manda ce qui allait se passer au duc de Bellune à Berlin, afin que ce maréchal armât Spandau et se tînt bien sur ses gardes,

Complète immobilité des Russes.

[1] Ce détail prouve combien sont peu sérieuses les assertions des flatteurs et des ennemis de Napoléon, qui attribuent au retour de M. Prévost la résolution de la guerre, en disant les uns qu'il n'avait pu supporter tant d'outrages, les autres qu'il s'était livré à l'aveugle colère d'un tyran qui ne sait plus se contenir. Les dates seules font tomber ces ridicules suppositions de l'idolâtrie et de la haine.

car les premiers coups de fusil allaient être tirés, de grands événements devaient s'ensuivre, et il importait d'avoir, à l'égard des Allemands, l'œil ouvert et la main prête.

Le 23 juin, après avoir couché au milieu de la forêt de Wilkowisk, dans une petite ferme, et entouré de 200 mille soldats, Napoléon déboucha de la forêt avec cette armée superbe, et vint se ranger au-dessus de Kowno, en face du fleuve qu'il s'agissait de franchir. La rive que nous occupions dominait partout la rive opposée, le temps était parfaitement beau, et on voyait le Niémen coulant de notre droite à notre gauche s'enfoncer paisiblement au couchant. Rien n'annonçait la présence de l'ennemi, si ce n'est quelques troupes de Cosaques, qui couraient comme des oiseaux sauvages le long des rives du fleuve, et quelques granges incendiées dont la fumée s'élevait dans les airs. Le général Haxo, après une soigneuse reconnaissance, avait découvert à une lieue et demie au-dessus de Kowno, vers un endroit appelé Poniémon, un point où le Niémen, formant un contour très-prononcé, offrait de grandes facilités pour le passage. Grâce à ce mouvement demi-circulaire du fleuve autour de la rive opposée, cette rive se présentait à nous comme une plaine entourée de tous côtés par nos troupes, dominée par notre artillerie, et offrant un point de débarquement des plus commodes sous la protection de cinq à six cents bouches à feu. Napoléon, ayant emprunté le manteau d'un lancier polonais, alla, sous les coups de pistolet de quelques tirailleurs de cavalerie, reconnaître les lieux en compagnie du général Haxo, et

PASSAGE DU NIÉMEN.

les ayant trouvés aussi favorables que le disait ce général, ordonna l'établissement des ponts pour la nuit même[1]. Le général Éblé, qui avait fait arriver ses équipages de bateaux, eut ordre de jeter trois ponts, avec le concours de la division Morand, la première du maréchal Davout.

A onze heures du soir en effet, le 23 juin 1812, les voltigeurs de la division Morand se jetèrent dans quelques barques, traversèrent le Niémen, large en cet endroit de soixante à quatre-vingts toises, prirent possession sans coup férir de la rive droite, et aidèrent les pontonniers à fixer les amarres auxquelles devaient être attachés les bateaux. A la fin de la nuit, trois ponts, situés à cent toises l'un de l'autre, se trouvèrent solidement établis, et la cavalerie légère put passer sur l'autre bord.

Le 24 juin au matin, ce qui, dans ce pays et en cette saison, pouvait signifier trois heures, le soleil se leva radieux, et vint éclairer de ses feux une scène magnifique. On avait lu aux troupes, qui étaient pleines d'ardeur, une proclamation courte et énergique, conçue dans les termes suivants :

« Soldats, la seconde guerre de Pologne est com-
» mencée. La première s'est terminée à Friedland et
» à Tilsit !... A Tilsit, la Russie a juré une éternelle
» alliance à la France et la guerre à l'Angleterre.
» Elle viole aujourd'hui ses serments; elle ne veut
» donner aucune explication de son étrange con-

Juin 1812.

Choix d'un point de passage un peu au-dessus de Kowno.

Trois ponts de bateaux jetés dans la nuit du 23 au 24 juin.

Proclamation lue aux troupes le 24 au matin.

---

[1] On a nié le fait du déguisement emprunté par Napoléon; mais il est authentique, et constaté d'ailleurs par le bulletin du passage que Napoléon rédigea lui-même, et dans lequel il n'eût pas menti sur une circonstance de si peu d'importance, entourée de tant de témoins oculaires.

» duite, que les aigles françaises n'aient repassé le
» Rhin, laissant par là nos alliés à sa discrétion...
» La Russie est entraînée par la fatalité; ses destins
» doivent s'accomplir. Nous croit-elle donc dégé-
» nérés? Ne serions-nous plus les soldats d'Aus-
» terlitz? Elle nous place entre le déshonneur et la
» guerre : notre choix ne saurait être douteux.
» Marchons donc en avant, passons le Niémen, por-
» tons la guerre sur son territoire. La seconde guerre
» de Pologne sera glorieuse aux armes françaises.
» Mais la paix que nous conclurons portera avec elle
» sa garantie; elle mettra un terme à la funeste in-
» fluence que la Russie exerce depuis cinquante ans
» sur les affaires de l'Europe. »

Cette proclamation applaudie avec chaleur, les troupes descendirent des hauteurs en formant trois longues colonnes, qui tour à tour paraissaient et disparaissaient en s'enfonçant dans les ravins qui aboutissaient au fleuve. Toutes les pièces de douze, rangées sur le demi-cercle des hauteurs, dominaient la plaine où allait déboucher l'armée, soin du reste inutile, car l'ennemi ne se montrait nulle part. Napoléon, sorti de sa tente et entouré de ses officiers, contemplait avec sa lunette le spectacle de cette force prodigieuse, car si on a rarement vu deux cent mille hommes agissant à la fois dans une guerre, on les a vus plus rarement encore réunis sur un même point, et dans un tel appareil, et cependant presque au même moment, et à quelques lieues de là, deux cent mille autres traversaient le Niémen!

L'infanterie du maréchal Davout, précédée de la cavalerie légère, se porta la première au bord du

PASSAGE DU NIÉMEN.   573

fleuve, et chaque division passant à son tour sur la rive opposée, vint se ranger en bataille dans la plaine, l'infanterie en colonnes serrées, l'artillerie dans les intervalles de l'infanterie, la cavalerie légère en avant, la grosse cavalerie en arrière. Les corps des maréchaux Oudinot et Ney suivirent; la garde après eux, les parcs après la garde. En quelques heures la rive droite fut couverte de ces troupes magnifiques, qui, descendant des hauteurs de la rive gauche, se déroulant en longues files sur les trois ponts, semblaient couler comme trois torrents inépuisables dans cette plaine arrondie qu'elles remplissaient déjà de leurs flots pressés. Les feux du soleil étincelaient sur les baïonnettes et les casques; les troupes, enthousiasmées d'elles-mêmes et de leur chef, poussaient sans relâche le cri de Vive l'Empereur! Ce n'était pas d'elles qu'on devait attendre et désirer la froide raison qui aurait pu apprécier et prévenir cette fabuleuse entreprise. Elles ne rêvaient que triomphes et courses lointaines, car elles étaient convaincues que l'expédition de Russie allait finir dans les Indes. On a souvent parlé d'un orage subit qui serait venu comme un oracle sinistre donner un avis non écouté : il n'en fut rien, hélas! le temps ne cessa pas d'être superbe[1], et Napoléon, qui n'avait pas eu les avertissements de l'opinion publique, n'eut pas même ceux de la superstition.

Juin 1812.

les corps d'armée.

Après avoir contemplé pendant quelques heures ce spectacle extraordinaire, contemplation enivrante et stérile, Napoléon, montant à cheval, quitta la hau-

Après avoir longtemps contemplé le spectacle magnifique que présentait son armée, Napoléon

[1] Un orage eut lieu en effet, mais plus loin et quelques jours plus tard. C'est l'armée d'Italie qui l'essuya en passant le Niémen à Preun.

teur où avaient été disposées ses tentes, descendit à son tour au bord du Niémen, traversa l'un des ponts, et tournant brusquement à gauche, précédé de quelques escadrons, courut vers Kowno. Notre cavalerie légère y entra sans difficulté, à la suite des Cosaques, qui se hâtèrent de repasser la Wilia, rivière navigable, avons-nous dit, qui coule de Wilna sur Kowno, et y joint le Niémen, après quarante lieues environ du cours le plus sinueux. Napoléon, accompagné des lanciers polonais de la garde, voulait être sur-le-champ maître des deux bords de la Wilia, afin d'en rétablir les ponts, et de pouvoir suivre les arrière-gardes russes. Prévenant ses désirs, les lanciers polonais se jetèrent dans la rivière, en serrant leurs rangs, et en nageant de toute la force de leurs chevaux. Mais arrivés au milieu du courant, et vaincus par sa violence, ils commencèrent à se désunir et à se laisser entraîner. On alla à leur secours dans des barques, et on réussit à en sauver plusieurs. Malheureusement vingt ou trente payèrent de leur vie cet acte d'une obéissance enthousiaste. Les communications furent immédiatement rétablies entre les deux rives de la Wilia, et on put dès ce moment en remonter les deux bords jusqu'à Wilna. Napoléon alla coucher à Kowno, après avoir ordonné au maréchal Davout d'échelonner ses avant-gardes sur la route de Wilna.

Ainsi le sort en était jeté! Napoléon marchait vers l'intérieur de la Russie à la tête de 400 mille soldats, et suivi de 200 mille autres! Admirez l'entraînement des caractères! Ce même homme, deux années auparavant, revenu d'Autriche, ayant réfléchi un instant à la leçon d'Essling, avait songé à rendre la paix au monde et à son empire, à donner à son trône la stabilité de l'hérédité, à son caractère l'apparence des goûts de famille, et dans cette pensée avait contracté un mariage avec l'Autriche, la cour la plus vieille, la plus constante dans ses desseins. Il voulait apaiser les haines, évacuer l'Allemagne, et porter en Espagne toutes ses forces, pour y contraindre l'Angleterre à la paix, et avec l'Angleterre le monde, qui n'attendait que le signal de celle-ci pour se soumettre. Telles étaient ses pensées en 1810, et, cherchant de bonne foi à les réaliser, il imaginait le blocus continental qui devait contraindre l'Angleterre à la paix par la souffrance commerciale, s'efforçait de soumettre la Hollande à ce système, et celle-ci résistant, il l'enlevait à son propre frère, la réunissait à son empire, et donnait à l'Europe, qu'il aurait voulu calmer, l'émotion d'un grand royaume réuni à la France par simple décret. Puis trouvant le système du blocus incomplet, il prenait pour le compléter les villes anséatiques, Brême, Hambourg, Lubeck, et, comme si le lion n'avait pu se reposer qu'en dévorant de nouvelles proies, il y ajoutait le Valais, Florence, Rome, et trouvait étonnant que quelque part on pût s'offusquer de telles entreprises! Pendant ce temps, il avait lancé sur Lisbonne son principal lieutenant, Masséna, pour aller porter à l'armée anglaise le coup mortel; et jugeant au frémissement du continent qu'il fallait garder des forces imposantes au Nord, il formait une vaste réunion de troupes sur l'Elbe, ne consacrait plus dès lors à l'Espagne que des forces insuffisantes, laissait

Juin 1812.

lui rendant la paix, est amené en 1812 à entreprendre la plus formidable de toutes les guerres, et à remettre le sort du monde au hasard.

Masséna sans secours perdre une partie de sa gloire, permettait que d'un lieu inconnu, Torrès-Védras, surgît une espérance pour l'Europe exaspérée, qu'il s'élevât un capitaine fatal pour lui et pour nous; puis n'admettant pas que la Russie, enhardie par les distances, pût opposer quelques objections à ses vues, il reportait brusquement ses pensées, ses forces, son génie, au Nord, pour y finir la guerre par un de ces grands coups auxquels il avait habitué le monde, et beaucoup trop habitué son âme, abandonnant ainsi le certain, qu'il aurait pu atteindre sur le Tage, pour l'incertain, qu'il allait chercher entre le Dniéper et la Dwina! Voilà ce qui était advenu des desseins de ce César rêvant un instant d'être Auguste! Et en ce moment il s'avançait au Nord, laissant derrière lui la France épuisée et dégoûtée d'une gloire sanglante, les âmes pieuses blessées de sa tyrannie religieuse, les âmes indépendantes de sa tyrannie politique, l'Europe enfin révoltée du joug étranger qu'il faisait peser sur elle, et menait avec lui une armée où fermentaient sourdement la plupart de ces sentiments, où s'entendaient toutes les langues, et qui n'avait pour lien que son génie, et sa prospérité jusque-là invariable! Qu'arriverait-il, à ces distances, de ce prodigieux artifice d'une armée de six cent mille soldats de toutes les nations, suivant une étoile, si cette étoile qu'ils suivaient venait tout à coup à pâlir? L'univers, pour notre malheur, l'a su, de manière à ne jamais l'oublier; mais il faut, pour son instruction, lui apprendre, par le détail même des événements, ce qu'il n'a su que par le bruit d'une chute épouvantable. Nous allons nous engager dans ce douloureux et héroïque récit : la gloire, nous la trouverons à chaque pas : le bonheur, hélas! il y faut renoncer au delà du Niémen.

Juin 1812.

FIN DU LIVRE QUARANTE-TROISIÈME
ET DU TOME TREIZIÈME.

TABLE DES MATIÈRES

CONTENUES

DANS LE TOME TREIZIÈME.

LIVRE QUARANTE ET UNIÈME.

LE CONCILE.

Naissance du Roi de Rome le 20 mars 1811. — Remise au mois de juin de la cérémonie du baptême. — Diverses circonstances qui dans le moment attristent la France, et compriment l'essor de la joie publique. — Redoublement de défiance à l'égard de la Russie, accélération des armements, et rigueurs de la conscription. — Crise commerciale et industrielle amenée par l'excès de la fabrication et par la complication des lois de douanes. — Faillites nombreuses dans les industries de la filature et du tissage du coton, de la draperie, de la soierie, de la raffinerie, etc. — Secours donnés par Napoléon au commerce et à l'industrie. — A ces causes de malaise se joignent les troubles religieux. — Efforts du Pape et d'une partie du clergé pour rendre impossible l'administration provisoire des diocèses. — Intrigues auprès des chapitres pour les empêcher de conférer aux nouveaux prélats la qualité de vicaires capitulaires. — Brefs du Pape aux chapitres de Paris, de Florence et d'Asti. — Hasard qui fait découvrir ces brefs. — Arrestation de M. d'Astros; expulsion violente de M. Portalis du sein du Conseil d'État. — Rigueurs contre le clergé, et soumission des chapitres récalcitrants. — Napoléon, se voyant exposé aux dangers d'un schisme, projette la réunion d'un concile, dont il espère se servir pour vaincre la résistance du Pape. — Examen des questions que soulève la réunion d'un concile, et convocation de ce concile pour le mois de juin, le jour du baptême du Roi de Rome. — Suite des affaires extérieures en attendant le baptême et le concile. — Napoléon retire le portefeuille des affaires étrangères à M. le duc de Cadore pour le confier à M. le duc de Bassano. — Départ de M. de Lauriston pour aller remplacer à Saint-Pétersbourg

M. de Caulaincourt. — Lenteurs calculées de son voyage. — Entretiens de l'empereur Alexandre avec MM. de Caulaincourt et de Lauriston. — L'empereur Alexandre sachant que ses armements ont offusqué Napoléon, en explique avec franchise l'origine et l'étendue, et s'attache à prouver qu'ils ont suivi et non précédé ceux de la France. — Son désir sincère de la paix, mais sa résolution invariable de s'arrêter à l'égard du blocus continental aux mesures qu'il a précédemment adoptées. — Napoléon conclut des explications de l'empereur Alexandre, que la guerre est certaine, mais différée d'une année. — Il prend dès lors plus de temps pour ses armements, et leur donne des proportions plus considérables. — Il dispose toutes choses pour entreprendre la guerre au printemps de 1812. — Vues et direction de sa diplomatie auprès des différentes puissances de l'Europe. — État de la cour de Vienne depuis le mariage de Napoléon avec Marie-Louise ; politique de l'empereur François et de M. de Metternich. — Probabilité d'une alliance avec l'Autriche, ses conditions, son degré de sincérité. — État de la cour de Prusse. — Le roi Frédéric-Guillaume, M. de Hardenberg, leurs inquiétudes et leur politique. — Danemark et Suède. — Zèle du Danemark à seconder le blocus continental. — Mauvaise foi de la Suède. — Cette puissance profite de la paix accordée par la France pour se constituer l'intermédiaire du commerce interlope. — Établissement de Gothenbourg destiné à remplacer celui d'Héligoland. — Difficultés relatives à la succession au trône. — La mort du prince royal adopté par le nouveau roi Charles XIII laisse la succession vacante. — Plusieurs partis en Suède, et leurs vues diverses sur le choix d'un successeur au trône. — Dans leur embarras, les différents partis se jettent brusquement sur le prince de Ponte-Corvo (maréchal Bernadotte), espérant se concilier la faveur de la France. — Napoléon, étranger à l'élection, permet au prince de Ponte-Corvo d'accepter. — A peine arrivé en Suède, le nouvel élu, pour flatter l'ambition de ses futurs sujets, convoite la Norvége, et propose à Napoléon de lui en ménager la conquête. — Napoléon, fidèle au Danemark, repousse cette proposition. — Dispositions générales de l'Allemagne dans le moment où semble se préparer une guerre générale au Nord. — Tout en préparant ses armées et ses alliances, Napoléon s'occupe activement de ses affaires intérieures. — Baptême du Roi de Rome. — Grandes fêtes à cette occasion. — Préparatifs du concile. — Motifs qui ont fait préférer un concile national à un concile général. — Questions qui lui seront posées. — On les renferme toutes dans une seule, celle de l'institution canonique des évêques. — Avant de réunir le concile on envoie trois prélats à Savone pour essayer de s'entendre avec Pie VII, et ne faire au concile que des propositions concertées avec le Saint-Siége — Ces prélats sont l'archevêque de Tours, les évêques de Nantes et de Trèves. — Leur voyage à Savone. — Accueil qu'ils reçoivent du Pape. — Pie VII donne un consentement indirect au système proposé pour l'institution canonique, et renvoie l'arrangement général des affaires de l'Église au moment où on lui aura rendu sa liberté et un conseil. — Retour des trois prélats à Paris. — Réunion du concile le 17 juin. — Dispositions des divers partis composant le concile. — Cérémonial, discours d'ouverture, et serment de fidélité au Saint-Siége. — Les prélats à peine réunis sont dominés par un sentiment commun de sympathie pour les malheurs de Pie VII et d'aversion secrète pour le despotisme de Napoléon. — La crainte les contient. — Premières séances du concile. — Projet d'adresse en réponse au message impérial. — Difficultés de la rédaction. — A la séance où l'on discute cette adresse les esprits s'enflamment, et un membre propose de se rendre en corps à Saint-Cloud pour demander la liberté du Pape. — Le président arrête ce mouvement en suspendant la séance. — Adoption de l'adresse après de nombreux retranchements, et refus de Napoléon de la recevoir. — Rôle modérateur de M. Duvoisin, évêque de Nantes, et de M. de Barral, archevêque de Tours. — Maladresse et orgueil du cardinal Fesch. — La question principale, celle de l'institution canonique, soumise à une commission. — Avis divers dans le sein de cette commission. — Malgré les efforts de M. Duvoisin, la majorité de ses membres se prononce contre la compétence du concile. — Napoléon irrité veut dissoudre le concile. — On l'exhorte à attendre le résultat définitif. — M. Duvoisin engage la commission à prendre pour base les propositions admises par le Pape à Savone. — Cet avis adopté d'abord, n'est accepté définitivement qu'avec un nouveau renvoi au Pape, qui suppose l'incompétence du concile. — Le rapport, présenté par l'évêque de Tournay, excite une scène orageuse dans le concile, et des manifestations presque factieuses. — Napoléon dissout le concile et envoie à Vincennes les évêques de Gand, de Troyes et de Tournay. — Les prélats épouvantés offrent de transiger. — On recueille individuellement leurs avis, et quand on est assuré d'une majorité, on réunit de nouveau le concile le 5 août. — Cette assemblée rend un décret conforme à peu près à celui qu'on désirait d'elle, mais avec un recours au Pape qui n'emporte cependant pas l'incompétence du concile. — Nouvelle députation de quelques cardinaux et prélats à Savone, pour obtenir l'adhésion du Pape aux actes du concile. — Napoléon, fatigué de cette querelle religieuse, ne vise plus qu'à se débarrasser des prélats réunis à Paris, et à profiter de la députation envoyée à Savone pour obtenir l'institution des vingt-sept évêques nommés et non institués. — L'esprit toujours dirigé vers la prochaine guerre du Nord, il se flatte que victorieux encore une fois, le monde entier cédera à son ascendant. — Nouvelles explications avec la Russie. — Conversation de Napoléon avec le prince Kourakin, le soir du 15 août. — Cette conversation laisse peu d'espoir de paix, et porte Napoléon à continuer ses préparatifs avec encore plus d'activité. — Départ des quatrièmes et sixièmes bataillons. — Emploi de soixante mille réfractaires qu'on a obligés de rejoindre. — Manière de les plier au service militaire. — Composition de quatre armées pour la guerre de Russie, et préparation d'une réserve pour l'Espagne. — Voyage de Napoléon en Hollande et dans les provinces du Rhin. — Plan de défense de la Hollande. — La présence de Napoléon sert de prétexte pour réunir la grosse cavalerie et l'acheminer sur l'Elbe. — Création des lanciers. — Inspection des troupes destinées à la guerre de Russie. — Séjour à Wesel, à Cologne et dans les villes du Rhin. — Affaires diverses dont Napoléon s'occupe chemin faisant. — Arrangement avec la Prusse. — Le ministre de France est rappelé de Stockholm. — Suite et fin apparente de la querelle religieuse. — Acceptation par Pie VII du décret du concile, avec des motifs qui ne conviennent pas entièrement à Napoléon. — Celui-ci accepte le dispositif sans les motifs, et renvoie dans leurs diocèses les prélats qui avaient composé le concile. — Son retour à Paris en novembre, et son application à expédier toutes les affaires intérieures, afin de ne rien laisser en souffrance en partant pour la Russie. 1 à 226

LIVRE QUARANTE-DEUXIÈME.

TARRAGONE.

Suite des événements dans la Péninsule. — Retour de Joseph à Madrid, et conditions auxquelles il y retourne. — État de l'Espagne, fatigue des esprits, possibilité de les soumettre en accordant quelques secours d'argent à Joseph, et en lui envoyant de nouvelles forces. — Situation critique de Badajoz depuis la bataille d'Albuera. — Empressement du maréchal Marmont, successeur de Masséna, à courir au secours de cette place. — Marche de ce maréchal, sa jonction avec le maréchal Soult, et délivrance de Badajoz après une courageuse résistance de la part de la garnison. — Réunion de ces deux maréchaux, suivie de leur séparation presque immédiate. — Le maréchal Soult va réprimer les bandes insurgées de l'Andalousie, et le maréchal Marmont vient s'établir sur le Tage, de manière à pouvoir secourir ou Ciudad-Rodrigo ou Badajoz selon les circonstances. — Lord Wellington, après avoir échoué devant Badajoz, est forcé par les maladies de prendre des quartiers d'été, mais il se dispose à attaquer Badajoz ou Ciudad-Rodrigo au premier faux mouvement des armées françaises. — Opérations en Aragon et en Catalogne. — Le général Suchet, chargé du commandement de la basse Catalogne et d'une partie des forces de cette province, se transporte devant Tarragone. — Mémorable siège et prise de cette place importante. — Le général Suchet élevé à la dignité de maréchal. — Reprise de Figuères un moment occupée par les Espagnols. — Lord Wellington ayant fait des préparatifs pour assiéger Ciudad-Rodrigo, et s'étant approché de cette place, le maréchal Marmont quitte les bords du Tage en septembre, et réuni au général Dorsenne qui avait remplacé le maréchal Bessières en Castille, marche sur Ciudad-Rodrigo, et parvient à le ravitailler. — Extrême péril de l'armée anglaise. — Les deux généraux français, plus unis, auraient pu lui faire essuyer un grave échec. — Fin paisible de l'été en Espagne, et résolution prise par Napoléon de conquérir Valence avant l'hiver. — Départ du maréchal Suchet le 15 septembre, et sa marche à travers le royaume de Valence. — Résistance de Sagonte, et vains efforts pour enlever d'assaut cette forteresse. — Le général Blake voulant secourir Sagonte vient offrir la bataille à l'armée française. — Victoire de Sagonte gagnée le 25 octobre 1811. — Reddition de Sagonte. — Le maréchal Suchet quoique vainqueur n'a pas des forces suffisantes pour prendre Valence, et demande du renfort. — Napoléon fait converger vers lui toutes les troupes disponibles en Espagne, sous les généraux Caffarelli, Reille et Montbrun. — Investissement et prise de Valence le 9 janvier 1812 avec le secours de deux divisions amenées par le général Reille. — Inutilité du mouvement ordonné au général Montbrun, et course de celui-ci jusqu'à Alicante. — Lord Wellington profitant de la concentration autour de Valence de toutes les forces disponibles des Français, se hâte d'investir Ciudad-Rodrigo. — Il prend cette place le 19 janvier 1812 avant que le maréchal Marmont ait pu la secourir. — Injustes reproches adressés au maréchal Marmont. — Dans ce moment Napoléon, au lieu d'envoyer de nouvelles troupes en Espagne, en retire sa garde, les Polonais, la moitié des dragons, et un certain nombre de quatrièmes bataillons. — Il ramène le maréchal Marmont du Tage sur le Douro, en lui assignant exclusivement la tâche de défendre le nord de la Péninsule contre les Anglais. — Profitant de ces circonstances, lord Wellington court à Badajoz, et prend cette place d'assaut le 7 avril 1812, malgré une conduite héroïque de la part de la garnison. — Avec Ciudad-Rodrigo et Badajoz tombent les deux boulevards de la frontière d'Espagne contre les Anglais. — Napoléon, se préparant à partir pour la Russie, nomme enfin Joseph commandant en chef de toutes les armées de la Péninsule, en lui laissant des forces insuffisantes et dispersées. — Résumé des événements d'Espagne pendant les années 1810 et 1811, et les premiers mois de l'année 1812.   227 à 384

LIVRE QUARANTE-TROISIÈME.

PASSAGE DU NIÉMEN.

Suite des événements du Nord. — Un succès des Russes sur le Danube, écartant toute apparence de faiblesse de leur part, dispose l'empereur Alexandre à envoyer M. de Nesselrode à Paris, afin d'arranger à l'amiable les différends survenus avec la France. — A cette nouvelle, Napoléon, ne voulant pas de cette mission pacifique, traite le prince Kourakin avec une extrême froideur, et montre à l'égard de la mission de M. de Nesselrode des dispositions qui obligent la Russie à y renoncer. — Derniers et vastes préparatifs de guerre. — Immensité et distribution des forces réunies par Napoléon. — Mouvement de toutes ses armées s'ébranlant sur une ligne qui s'étend des Alpes aux bouches du Rhin, et s'avance sur la Vistule. — Ses précautions pour arriver insensiblement jusqu'au Niémen sans provoquer les Russes à envahir la Pologne et la Vieille-Prusse. — Ordre donné à M. de Lauriston de tenir un langage pacifique, et envoi de M. de Czernicheff pour persuader à l'empereur Alexandre qu'il s'agit uniquement d'une négociation appuyée par une démonstration armée.

— Alliances politiques de Napoléon. — Traités de coopération avec la Prusse et l'Autriche. — Négociations pour nouer une alliance avec la Suède et avec la Porte. — Efforts pour amener une guerre de l'Amérique avec l'Angleterre, et probabilité d'y réussir. — Dernières dispositions de Napoléon avant de quitter Paris. — Situation intérieure de l'Empire; disette, finances, état des esprits. — Situation à Saint-Pétersbourg. — Accueil fait par Alexandre à la mission de M. de Czernicheff. — Éclairé par les mouvements de l'armée française, par les traités d'alliance conclus avec la Prusse et l'Autriche, l'empereur Alexandre se décide à partir pour son quartier général, en affirmant toujours qu'il est prêt à négocier. — En apprenant ce départ, Napoléon ordonne un nouveau mouvement à ses troupes, envoie M. de Narbonne à Wilna pour atténuer l'effet que ce mouvement doit produire, et quitte Paris le 9 mai 1812, accompagné de l'Impératrice et de toute sa cour. — Arrivée de Napoléon à Dresde. — Réunion dans cette capitale de presque tous les souverains du continent. — Spectacle prodigieux de puissance. — Napoléon, averti que le prince Kourakin a demandé ses passe-ports, charge M. de Lauriston d'une nouvelle démarche auprès de l'empereur Alexandre, afin de prévenir des hostilités prématurées. — Fausses espérances à l'égard de la Suède et de la Turquie. — Vues relativement à la Pologne. — Chances de sa reconstitution. — Envoi de M. de Pradt comme ambassadeur de France à Varsovie. — Retour de M. de Narbonne à Dresde, après avoir rempli sa mission à Wilna. — Résultat de cette mission. — Le mois de mai étant écoulé, Napoléon quitte Dresde pour se rendre à son quartier général. — Horribles souffrances des peuples foulés par nos troupes. — Napoléon à Thorn. — Immense attirail de l'armée, et développement excessif des états-majors. — Mesures de Napoléon pour y porter remède. — Son accueil au maréchal Davout et au roi Murat. — Son séjour à Dantzig. — Vaste système de navigation intérieure pour transporter nos convois jusqu'au milieu de la Lithuanie. — Arrivée à Kœnigsberg. — Rupture définitive avec Bernadotte sur des nouvelles reçues de Suède. — Déclaration de guerre à la Russie fondée sur un faux prétexte. — Plan de campagne. — Arrivée au bord du Niémen. — Passage de ce fleuve le 24 juin. — Contraste des projets de Napoléon en 1810, avec ses entreprises en 1812. — Funestes pressentiments!   385 à 577

FIN DE LA TABLE DU TREIZIÈME VOLUME.

GRAVURES

CONTENUES DANS LE TOME TREIZIÈME.

                                                                     Pages
1. Le Roi de Rome. . . . . au titre
2. Passage du Niémen. 572

Avis. — La gravure de la planche, *Passage du Niémen*, n'étant pas terminée, nous la donnerons avec le quatorzième volume.

www.ingramcontent.com/pod-product-compliance
Lightning Source LLC
Chambersburg PA
CBHW060310230426
43663CB00009B/1647